U0901910

The Collected Linguistic Works of Luo Changpei

羅常培文集

山东教育出版社
Shandong Education Press

《罗常培文集》编辑委员会

顾　问　吕叔湘　吴宗济　马学良　邢公畹
张清常　高华年　任继愈

主　编　王　均

副主编　周定一　高更生　孙宏开　尉迟治平

编　委（按汉语拼音字母顺序排列）

蔡美彪　高更生　李钊祥　罗慎仪
罗圣仪　邵荣芬　孙宏开　王　均
杨耐思　尉迟治平　周定一

1953年农历七月初四生日，摄于北京颐和园谐趣园。

1953年8月，罗常培与夫人黄婉如、外孙董晓平、吴晓铃之女吴葳在北京颐和园谐趣园。

1935 年罗常培与长女罗坤仪、儿子罗泽珣摄于北京。

1953年农历七月初四生日，罗常培（右）与郑天挺摄于北京颐和园。罗常培与郑天挺为同年同月同日诞辰。后排为罗常培女儿罗慎仪（左）和罗圣仪。

1955年10月25日现代汉语规范问题学术会议。前排右起第三人为罗常培。

编印说明

本卷所收大体为音韵学论文,可分两部分:前部分《恬庵语文论著甲集》是罗先生1942年自订本,均为序跋文章;后部分主要是与汉语音韵学外来影响有关的论文和20世纪三四十年代在报刊发表的其他几篇文章,"汉语音韵学的外来影响"系编缉《文集》时补加的题目。《甲集》中《蒙古字韵跋》已见《八思巴字与元代汉语》,今删去。又《唐写本〈经典释文〉残卷四种跋》刊于1942年,后又加校《尚书音义》残卷一种共六行资料,改题为《唐写本〈经典释文〉残卷五种跋》,刊于1951年。两篇文章基本相同,仅后篇多出若干条校文而已,今抽去前篇而换用后篇。全卷共收论文23篇,另有《甲集》自序一篇,《甲集》他序三篇,附录三篇。

《甲集》定稿罗先生请人誊清后送独立出版社,但一直未能出版。1969年抄本在台湾为唐健垣所发现,并于1973年影印问世。《甲集》有些论文较初刊时有所订补,故此次编纂《文集》即以此影印本为依据,篇次也因仍不改。其中《敦煌写本守温韵学残卷跋》原刊时文末附有《梵藏汉字母对照表》和《守温字母源流表》,罗先生自订《甲集》时因怕印刷困难,均删去,今据原刊本补入。本卷由邵荣芬、杨耐思编校。2007年后本卷由麦耘编校。

目　录

恬庵语文论著甲集

汉语音韵学的外来影响

恬庵语文论著甲集

唐　序

古者《书》有序，《诗》有序，《周易》有《序卦传》，时所谓序者，次第篇章、敷述要旨而已。及汉而太史公有自序；刘向父子校书，辄疏其大意，考校其事，爰有《别录》，论其体制，即后世之序跋文字矣。唐、宋以来，凡著书必有序之者。序跋既多，往往皆率尔酬应，强为谀词，陈陈相袭，无裨实学。及清世诸儒，崇尚朴学，考据精密，不为空言，是则序跋之文与论著无异矣。余友罗莘田先生，顷裒集其十年来所作序跋之文十馀篇为《恬庵语文论著甲集》，以示余。余惟莘田先生邃于语言音韵之学，其专著如《厦门音系》《临川音系》《唐五代西北方音》，既已为海内外学者所交重，乃其为序跋之文，类能深入浅出，明白条畅，读之如对乾嘉老儒。虽一字一音，务归翔实；而仍娓娓不倦，使人不觉其为专门之学，题曰“论著”，我无间然。

余于此学，虽未涉藩篱，亦颇笃好。窃谓：论中古语音，当以陆法言《切韵》、陆德明《经典释文》为主。盖前者综《韵集》以下韵书之大成；后者为孙炎以后音义之总汇。若考隋唐之际一系之语言，自当求之《切韵》；而欲求汉魏以来字音之演变，则《释文》尚矣。《切韵》一书，旧有陈澧、成蓉镜之《切韵考》。（成书未有刊本。往时余主编《东北丛镌》曾写印两卷。九一八变后，遂中辍。今并《丛镌》亦不可得矣。）近瑞典高本汉氏作《中国音韵学研究》，亦以其反切为根据。而《释文》一书前人未有注意及之者。今读莘田先生书，则有关于《释文》之跋文四篇，可见其精力所萃，即此已于高氏书外，自树一帜矣。

然高氏之书，犹多可议：余考《切韵》成于隋世；下至唐末，乃有等韵学之兴起。其间语音上盖尝有一最重要之变革，为前人所未知。《切韵》之齐、荠、霁，先、铣、霰、屑，萧、篠、啸，青、迥、径、锡，添、忝、㮇、怗，凡18韵，其声母为“乌、呼、古、苦”等，盖为一等韵也；而后世韵表列于四等。魏了翁所见《唐韵》，于齐韵别出“移(成栖反)、臡(人兮反)”二字为一部(夏竦《古文四声韵》所据唐《切韵》即有移韵)，盖以“移”为禅母，“臡”为日母，故与一等声母不合也，则彼时齐韵尚未变为四等可知矣。然敦煌所传守温之韵学残卷，则先、锡等韵已入四等。降至《集韵》，遂往往改此诸韵之纯粹声母为腭化。(如烟，乌前反；宴，乌见反；噎，乌结反。《集韵》：烟，因莲切；宴，伊甸切；噎，一结切。高氏以为《集韵》不分纯粹与腭化，非也。)而《韵镜》祭、仙、宵、清、盐诸图，则以其四等别为一图，反以齐、先、萧、青、添为其四等矣。(此殆韵表家认为四等元音当高于三等，故以同元音之四等属于别图，而以此诸韵代之耳。)然则此剧变之发生，或即在唐末欤？高本汉氏以一、二、四等为纯粹声母，三等为腭化声母，此由不知所谓诸用纯粹声母之四等，于《切韵》时代本为一等，宋世实已腭化为四等，而《广韵》承用旧音，未有变易耳。且《切韵》中自有腭化之四等韵，而幽、黝、幼三韵，高氏合于齐、先等韵为一类，不知此三韵未尝用纯粹声母也。其他如支、纸、寘，脂、旨、至，祭，真、轸、震、质，仙、狝、线、薛，宵、小、笑，清、静、劲、昔，侵、寝、沁、缉，盐、琰、艳、叶等30韵，则又总名曰三、四等与二、三、四等，不知《切韵》反语实分三、四等为两类也。因此谓喻(四等)、邪等韵均为纯粹声母，不知一、二等韵以及由一等变成之四等韵均无喻、邪也。以近代方音考之，苟腭化必沿及于四等。而高氏创为四等为纯粹声母之说，上违隋世幽、黝、幼等韵之反语，下乖近代腭化之实例，则其说之有待于订正者多矣。且三百篇用韵，似不分等。（若分等，则元音当有异，而与《切韵》同，不当相叶，今不然，故知不分等也。）四等之分不知起于何时，然唐末尚有由一等变为四等之迹象，则四等之完成，似当不远。莘田先生精熟《释文》，倘能为我析此疑乎？

1942 年 12 月 9 日，唐兰

郑　　序

莘田集其所作序跋文字为一编，署曰《恬庵语文论著甲集》，余首受而读之。

窃惟序跋文字体式无碍，包罗万有，古人精蕴，往往而在。就有清诸老言之：王怀祖《淮南子杂志·后序》条六十四例，古人校雠科律盖莫能外。谈允厚《资治通鉴补·后序》举《通鉴》七病，涑水之用心与其得失灿然具见。戴东原《水经注·序》谓经例云过，注例云迳，又谓《水经》上不逮汉，下不及晋初，此杜君卿、王伯厚、顾景范、胡朏明所不及知，千载之秘于焉以启。钱晓征跋《经典释文》，凡正陆氏经文用字不当六事；跋《说文解字》，凡正大徐妄以意说二十二字；卢绍弓《新唐书纠缪·跋》，凡正吴氏不细审前后三事：皆因其书以订正乖违。全绍衣《斯庵沈公诗集·序》辨《明史》郑延平沉鲁王之诬，假其诗而旁疏时事。钱晓征《春星草堂诗集·序》谓诗有四长，才学识情；张皋文《词选·序》谓词之至者罔不恻隐盱愉，不徒雕琢曼饰：虽一家论文指归，足以昭示千古。钱晓征《黄昆圃先生集·序》，卢绍弓《周礼订义·书后》，登一时师友过从；朱锡鬯《北窗炙輠·跋》，全绍衣《姜贞文先生集·序》，备作者颠末行事。卢绍弓《古文孝经孔氏传·序》，论次今古文升降显晦之迹；黄太冲《明文案·序》，偻陈有明文章胜衰振废之由。凡此之属，其所涉不徒一书一事已也。而论者或侪之空率酬应之列，不将失之！

莘田此集凡收文12篇，各有精虑，并皆赅洽：其序《续方言》稿，则比勘杭、戴两氏之书，兼纂诸家续作本末。跋《韵史》，则抉其改定字母、拘守五声、误解等呼、臆易反切四失。跋段校《释文》，则索王、陈诸家迻录先后，考核《释文》版本源流。跋宋大字本《尚书释音》，则参摭徐、卢、段、王诸家校本是非。跋法校《释文》，则举其创通音例、辨章音类、精研等韵、据音正字四长。跋唐写本《释文》残卷，则证明唐、宋两代改窜《释文》系于文字者众，牵涉音韵者寡。跋《韵学源流》，论莫氏所疑于《广韵》者类多精辟。跋《声韵同然集》，则究求作者生平，更寻诸家改择反切无功之故。跋韵学残卷，则考守温生卒里居，考守温字母为三十，考守温三十字母无正齿音二等及轻唇音，考等韵创自唐时，门法繁于宋代，并辨增删字母得失。序《七音略》，则推阐宋、元等韵流派，韵图肇始，《七音略》与《韵镜》异同，至治本与殿本、浙本疏密。序《十韵汇编》，则遍叙新出韵书大凡，及遮罗补缀以研覃求新之要。跋《蒙古字韵》，则订《提要》之误，辟近人之疑。学者于此分之可以明学问之流变，窥音义之精微，穷旧籍之渊奥，衡作者之纯驳；合之可以为文字音韵训诂之通说，悟治学之轨则。其所涉亦不徒一书一事已也。

余与莘田生同日，长同师，壮岁各以所学游四方，又多与共，知其穷年兀兀殚竭之所极；每深夜纵论上下古今，亦颇得其甘苦。用敢逞其愚陋，弁言卷首，为读者告。

此集清钞既竟，莘田思以12月17日付之剞劂，以申敬于国立北京大学。会余病失期，病中三逢警报，余固莫能走避，而莘田亦留以相伴。古人交情复见今日，序成归之，有馀愧焉。

1943年1月16日愚弟及时学人郑天挺谨序于昆明。

罗　序

吾友罗莘田集十馀年来所为语文学序跋为一卷,题曰《恬庵语文论著甲集》,索言弁首。愚于语文学无所知,不能赞一词;无已,就其所谂莘田平生为学勤劬之状,略记一二,以勖从学之士,知学问之成就非幸获也。

莘田夙有审音才,其专力于声音训诂之学,则自1924年主持西北大学国学专修科始。1927年讲学厦门而益肆,1928年执教广州而有成。1928年夏,愚在沪,接郑毅生兄自广州遗愚书,曰:"莘田在此间教书,劬苦殆不可状,所任课皆编有极详讲义,吾辈之健者也。"此讲义即中国声韵学史之初稿,盖已淩躐诸老先生矣。其秋,愚亦因莘田介至中山大学任教,即主其家。东山署前街之一小楼中,同处者一年,莘田日恒先愚而起,后愚而息,一几一灯,昼夜无辍,不复知窥园菜。愚尝劝其稍事游散,莘田曰:"余以未济名斋,十年不易,弟以我为既济乎?"出其业,则密行细字硃墨戢孴者,又已盈寸矣。

翌年,国立中央研究院历史语言研究所成立于广州东山柏园,莘田与赵元任、李方桂两先生共主持第二组,尽读中外语文学书,世之治斯学者始共知中国有罗常培教授。其年,史语所迁北平,愚亦展转浙、粤,相见日少,而莘田著作日丰,弟子遍于国内外,斯学风气因之丕变。然偶因行旅,一访莘田于旧京北海之静心斋,或上海曹家渡小万柳堂,则一灯一几,犹是东山共处时也。

北京大学文科研究所原有语音乐律实验室，故教授刘复博士实主持之。莘田既来母校任教，益出其所学，国文系及研究所从学之士学风为之一变。卢沟难作，随校展转湘、滇间，图书仪器悉留旧京；然五年以来，自所成就及所沾溉于从学者，初无异于曩时，兹集特其沧海蹄涔而已。

清儒论学，有三字，曰精、博、通。然历观乾嘉诸老之所成就，知通之难也。治朴学者，苟能批郤导窾，缘督为经，则虽思入微芒，而实行所无事，乾嘉诸老并享大年者以此。莘田尝谓朴学可以养心，又取以知养恬之义自署曰恬庵，是皆足以见其学之所诣。读是集者，能于是焉求之，则莘田之德，其不孤矣。

1942 年 12 月 17 日，同学弟江都罗庸敬书于昆明侨寓之习坎斋。

自　序

集15年来有关训诂校勘音韵之序跋文12篇及附录2篇为一卷，署曰《恬庵语文论著甲集》。“甲”者非关时序，不涉品第，首集之也。首集之而取此十数篇者，以其无僻字音标，便于印刷，一也；除一篇外皆用文言，二也；同属序跋，三也。

结集文字为身后子孙门人所为事，今年方不惑，何必亟亟？曰：频年蓬转，丛稿散在四方，偶欲披寻，殊感非易。及时理董，庶免散佚，且以便从学之士也。又战时经济，有失均衡，侏儒常饱，臣朔常饥：九儒十丐，广文犹下于舆台；八斗一家，饔飧时虞其不给。以此易米，差胜覆瓿，遂不虑殃及手民矣。

昔郑燮云：“板桥诗文，最不喜求人作叙。求之王公大人，既以借光为可耻；求之湖海名流，必至含讥带讪，遭其荼毒而无可如何：终不如不叙为得也。”今卷端有二三知友所作序，而作者皆我辈中人，既无借光之嫌，庶免讥讪之辱，故弁之篇首，以志因缘。

此集抄校之役，由及门东台周法高、巨野逯钦立、荣成马学良、安庆邢庆兰、通县王达津、南平高华年、六合殷焕先、鄗县周定一、新会赵仲邑诸子分任之，兹值付印，特并志谢。

1942年12月17日，国立北京大学建校44周年纪念日，罗常培序于昆明青园。

（原载《读书通讯》58期，1943年）

戴东原《续方言》稿序

1928年冬，江阴刘半农先生于北平厂肆得戴东原手写《续方言》稿二卷，共14叶，叶20行，行21字。所采之书凡四种：从"昉"以下至"于诸"30条，皆何休《公羊传注》所云；从"讦"以下至"翈"125条，皆许慎《说文解字》所云；从"惠"以下至"掌"38条，皆刘熙《释名》所云；从"衢道"以下至"咸感也"20条，出于《荀子》本文者11，出于杨倞注者9：各依原书为序，未加类次。钱大昕、段玉裁、洪榜、王昶等为东原作《别传》《年谱》《行状》《墓志》均未著录此书，意为东原辑而未竟之稿，既睹杭世骏书，遂即中辍者也。

按，杭世骏《续方言》二卷，《四库全书》收入经部小学类。其成书年月，不见明文，卷首所载齐召南、胡天游二序，亦无年月可考。然稚威卒于清乾隆二十三年戊寅(1758年)，在次风卒前10年，在大宗卒前15年。据胡元琢为其父所订年谱，稚威自乾隆元年(1736年)至十七年(1752年)均留北京，十八年以后即赴蒲州，其为《续方言》作序，当在与大宗同旅北京时。大宗以乾隆八年(1743年)二月癸巳因考选御史对策获谴(《东华续录》)，次年即与施蘖斋、全谢山逍遥馀姚，同游龙山诸胜(董秉纯《全谢山年谱》)。则杭书之成，必在乾隆八年以前矣。今考段玉裁《戴东原年谱》，乾隆二十年乙亥(1755年)，戴氏始以《方言》写于李焘《许氏说文五音韵谱》之上方，自题云："乙亥春以扬雄《方言》分写于每字之上，字与训两写，详略互见。"玉裁按：

“所谓写其字者，以字为主，而以《方言》之字傅《说文》之字也；写其训者，以训为主，而以《方言》之训傅《说文》之字也。又或以声为主，而以《方言》同声之字傅《说文》。所谓详略互见者，两涉则此彼分见，一详一略，因其便也。先生知训诂之学自《尔雅》外，惟《方言》《说文》切于治经，故傅诸分韵之《说文》，取其易检。既入四库馆纂修，取平时所校订，遍稽经史诸子之义训相合，及诸家之引用《方言》者，详为疏证，今此书为小学断不可少之书。奉命刻聚珍板惠海内，而此分写本者，乃草创之始也。”是东原专攻《方言》实自乾隆二十年始，其补苴拾遗，必更后。且以此稿笔势与旌德吕氏所藏乾隆十六年辛未（1751年）东原手抄《春酒堂诗集》相较，遒逸峻整之异，一望可辨。则此稿为辛未以后所书，亦可得一旁证。故其属稿年代约在乾隆二十年专攻《方言》之后，三十八年（1773年）入四库馆以前。然其经始虽后于大宗，而实闭户暗合，未尝相袭。盖大宗汇辑群书，依《尔雅》类次，但不明标其目；而东原所辑，俱以原书为序，未经排比。又大宗引用之书，于《十三经注疏》《逸周书》《战国策》《说文》《释名》《经典释文》《玉篇》《集韵》而外，尚有《博物志》、《水经注》、王逸《楚辞注》、高诱《淮南子注》、韦昭《国语注》、陆玑《毛诗草木鸟兽虫鱼疏》、郭象《庄子注》、裴骃《史记集解》、司马贞《史记索隐》、张守节《史记正义》、颜师古《汉书注》、李贤《后汉书注》、李善《文选注》、颜师古《急就章注》、王应麟《急就章补注》等十馀种；较东原所引，惟缺《荀子》杨倞注一种，馀则博赡过之。然据《四库全书》杭世骏《续方言》提要云，所引之书既及王应麟《忽就篇补注》，则宋以前书皆当详采。“往往耳目之前显然遗漏：如《玉篇》引《仓颉篇》云：楚人呼灶曰寤。《列子·黄帝篇注》引何承天《纂文》云：吴人呼瞬目为眴目。《古今韵会》引魏李登《声类》云：江南曰辣，中国曰辛。《尔雅·释草释文》、宋庠《国语补音》引晋吕忱《字林》云：楚人名蔆曰芰，鸒，秦名雅乌，鳀，青州人呼鲇鳀。《初学记》及《太平御览》引《纂文》云：梁州以豕为豨，河南谓之彘，渔阳以猪为豝，齐、徐以小猪为貗。《太平御览》又引《纂文》云：秦以钴錛为锉鑹。《尔雅·释亲释文》引《纂文》云：妹，媦也。《初学记》引服虔《通俗文》曰：南楚以美色为娃。《初学记》及《山堂考索》又引《通俗文》云：晋船曰舶。《埤雅》引《广志·小学篇》云：蝼蛄，会稽谓之蟠蛄。《北户录》引颜之推《证俗音》云：南人谓凝牛羊鹿血为峪；豨貗，内国呼为糫饼，亦呼寒具；粰糇，今江南呼曰馓饣；蝘蜓，山东谓之蛈蝷；鲼，吴人呼为鲫鱼也。凡此诸条，皆六朝以前方言，正可以续扬雄之著，而俱佚之，岂举远者反略近欤？"按，钱大昕《邵二云墓志》云："自四库馆开，而士大夫始重经史之学，言经学则推戴吉士震，言史学则推君。"是经部小学类书，大都应经东原审核。若使此稿已成，或有意剿袭，则引据不当更陋于大宗。且即两家同引之《公羊传注》《说文》《释名》三书互校之，则杭有戴无者凡13条：

徐者皆共之辞也，关东语。（成十五年《公羊传注》）

齐人与妻婢奸曰姘。（《说文》引《汉律》）

楚人谓寡妇为霜。（杭原注《说文》，沈龄《续方言疏证》改作《诗·桃夭疏》引《说文》）

汝南平舆里门曰闬。

盐官三斛为一餋。

北方以二十两为锊。

蔑貉女子无袴，以帛为胫空，用絮补核，名曰缚衣。状如襜褕。

稻江东呼秔。

齐谓麦秣也。

江南橦材其实谓之柍。

南越名犬獿狻。（以上皆见《说文》）

天，豫、司、兖、冀以舌腹言之，天显也。青、徐以舌头言之，天坦也，坦然而高也。

风，兖、豫、司、冀横口合唇言之，风泛也，其气博泛而动物也。青、徐言风踧口开唇推气言之，风放也，气放散也。（以上皆见《释名》）

戴有杭无者凡22条：

伐人者为客，读伐长言之，齐人语也。见伐者为主，读伐短言之，齐人语也。（庄二十八年《公羊传注》）

沇州谓欺曰诧。

怃，爱也。韩、郑曰怃。

迣，迾也。晋、赵曰迣，读如寘。

控，引也。匈奴言引弓曰控弦。

俗语谓死曰大殇。

北方谓鸟腊曰腒。

俗语谓始生子曰鼻子。

楚人名门曰阊阖。

槈，斫也。齐谓镃錤。

东齐谓缶曰甾。

爨，齐谓之炊。

鞑，马尾鞑也。或谓之般缗。

镤，鍱也。齐谓之鍱。

豨，河内名豕也。上谷名猪曰豭。

喌喌，呼鸡重言之，读若祝。（以上皆见《说文》）

汝、颍言敏曰闵。

汉已来谓死为物故，言其诸物皆就朽故也。

不借，齐人云搏腊，博腊犹把作，麤貌也。荆州曰麤，麻韦草皆同名也。

齐人谓扇为翣。

齐、鲁谓光景曰枉矢。(以上皆见《释名》)

互有详略,不相雷同。至大宗于《说文》泛称"俗语""或曰"及方域不明者,皆削而不书;东原于《释名》舌腹舌头、横口蹴口之喻,亦不入录:斯盖义例之殊,非关各人之疏密矣。

窃谓东原于致力《方言》之馀,初亦有意补苴扬书,惟涉笔摭录,未遑理董。及见大宗所续,引据类次,均出己右,遂止于二卷,不再裒集。而以其有关扬雄本书者,采入《方言疏证》。是以《提要》于大宗所引之书,虽讥其"耳目之前,显然遗漏",而亦不得不称其"搜罗古义,颇有裨于训诂","大致引据典核,在近时小学家犹最有根柢者也"。今检稿中,凡圈句或加识者,皆《方言疏证》所收:

燕、代、东齐谓信曰訦。(《方言疏证》卷一页十一下,据微波榭刻《戴氏遗书》本。以下但注卷页数)

沇州谓欺曰詑。(卷一页一下)

怃,爱也。韩、郑曰怃。(卷一页三下)

南楚谓相惊曰猲。(卷二页七下)

青、徐谓惭曰惧。(卷六页二下)

河内之北谓贪曰惏。(卷一页九下)

秦、晋谓好曰娙娥。南楚之外曰嫷,吴、楚之间曰娃。(卷一页二上,卷二页二上)

秦、晋谓细要为嫢。(卷二页四下)

益州鄙言人盛讳其肥谓之驤。(卷二页四下)

朝鲜谓卢童子曰盱。(卷二页三下)

眄,袤视也。海、岱之间曰睎,江、淮之间曰瞷,南楚曰睇,眄,秦语也。(卷二页十下)

朝鲜谓儿泣不止曰咺，秦、晋曰唴，楚曰嗷咷，宋、齐曰喑。（卷一页五下）

退，往也。往，适之也。退，齐语；适，宋鲁语。（卷二页八下）

逆，迎也。关东曰逆，关西曰迎。（卷一页十五下）

楚人谓跳跃曰蹠。（卷一页十四上）

齐谓多为夥。（卷一页十二下）

自关已西，凡取物之上者为挢捎。（卷二页九下）

摕，拔取也。南楚语。（卷一页十五上。摕，《方言》作攓）

拓，拾也。陈宋语也。（卷一页十五下）

饴，相谒食麦也。秦人谓相谒而食麦曰馒馆。楚人曰飵，陈、楚之间曰餥。（卷一页十六上）

东齐婿谓之倩。（卷三页一下）

东齐谓布帛之细曰绫。（卷二页五下）

宋、卫之间谓华奕丽曰偞偞。（卷二页三上）

青、齐、沇、冀谓木细枝曰蔆。（卷二页五下，以上均见《说文》）

其未加圈识而录入《疏证》者，亦有18条：

谲，权诈也。益、梁曰谬欺天下曰谲。（卷三页七下）

益州谓瞋目曰矔，吴、楚谓瞋目顾视曰眮。（卷六页三下）

益、梁之州谓聋为聹，秦、晋听而不闻、闻而不达谓之聹。吴、楚之外凡无耳者谓之𦖇。言若断耳为盟。（卷六页一下）

东夷谓息为呬。（卷二页十下）

楚谓疾行为逞。（卷二页十三下）

自关已东谓取曰揜。（卷六页四下）

楚人谓药毒曰痛瘌。朝鲜曰痨。（卷三页七上）

关东谓之槌,关西谓之持,㭊,槌之横者也,关西谓之㯓。(卷五页九上)

江淮之间谓釜曰锜,朝鲜曰锛,秦名土釜曰鬴。(卷五页一上)

楚谓大巾曰帉。(卷四页十下)

南楚谓禅衣曰褋。(卷四页一下)

襤,楚谓无缘衣也。(卷四页九下)

益州部谓螾场曰坥。(卷六页六下,以上均见《说文》)

荆州谓单衣曰布襹。(卷四页三上)

绡头或曰陌头,齐人谓之㡌。(卷四页十一上)

韠,齐人谓之巨巾。(卷四页三下)

齐人谓韦屦曰屝。(卷四页十二下)

不借,齐人云搏腊,搏腊犹把作,麤貌也。荆州曰麤,麻韦草皆同名也。(卷四页十二下,以上均见《释名》)

绎其略例,大致与《方言》本文全同者,圈而⌉之;与本文字句微异者,⌉而不圈;不见于本文而有可资诠释者,圈而不⌉。至其未加圈识者,则并与本文不尽相傅者也。

自《方言疏证》成,此稿遂废。然戴氏著作之有录无书者,如《六书论》三卷、《转语》二十章及《七经小记》中之《诂训》《学礼》两篇,或仅存其序,或只著其名,原稿并皆佚而不传。此稿从未经东原道及,亦不见于诸家著录。今半农先生竟于无意中幸获之,俾后之览者,知东原于《方言疏证》而外尚有此未竟之长编,则吉光片羽盖已弥足珍矣。承半农先生不自秘庋,允以原稿由历史语言研究所影印流传,并命常培序其颠末,因举杭、戴两书之异同,及其有关《方言疏证》者,述之如右。惟半农先生及海内通人匡而正之!

抑自杭、戴而后,采摭经传故记以补子云之遗者,尚有程际盛

《〈续方言〉补正》一卷，徐乃昌《〈续方言〉又补》二卷，程先甲《广〈续方言〉》四卷、《广〈续方言〉拾遗》一卷，张慎仪《〈续方言〉新校补》二卷。际盛所补仅数十条，增引之书惟《后汉书》、《越绝书》及郭璞《山海经》、《穆天子传》两注。其余三书较为晚出，引据互有疏密，综其所甄录者，自史传、诸子、杂纂、类书，以迄古佚残编、旧籍解诂，都凡六七十种，皆大宗、东原、东冶之所未及。旁搜雅记，广罗逸典，囊括唐宋小学诸书，辅轩所采，摭拾略备。然并征引有加，义例未改。其或分地为书及考证常言熟语者，自明清以来亦有李实《蜀语》、张慎仪《蜀方言》、胡文英《吴下方言考》、孙锦标《南通方言疏证》、毛奇龄《越语肯綮录》、茹敦和《越言释》、刘家谋《操风琐录》、胡韫玉《泾县方言》、詹宪慈《广州语本字》、罗翙云《客方言》，及岳元声《方言据》、杨慎《俗言》、钱大昕《恒言录》、钱坫《异语》、翟灏《通俗编》、张慎仪《方言别录》、孙锦标《通俗常言疏证》、谢璿《方言字考》等，凡十馀种。至散见诸家笔乘及各省方志者，尤不胜䙝缕。综其义例，虽与杭、戴有别，然自罗翙云等二三人外，大致如章太炎先生所谓："撮录字书，勿能为疏通证明，又不丽于今语。"或"沾沾独取史传为征，亡由知声音文字之本柢"。纵有"略及训诂，亦多本唐宋以后传记杂书，于古训藐然亡丽。俄而撮其一二，又棝不理析也"。章君以为："考方言者，在求其难通之语，笔札常文所不能悉，因以察其声音条贯，上稽《尔雅》《方言》《说文》诸书，敫然如析符之复合，斯为贵也。……戴君作《转语》二十章，其自述曰：'人之语言万变，而声气之微有自然之节限，是故六书依声托事，假借相禅。其用至博，操之至约。五方之言，及小儿学语未清者，其展转讹溷，必各如其位。昔人既作《尔雅》《方言》《释名》，余以为犹阙一卷书，创为是篇，用补其阙。疑于义者，以声求之，疑于声者，以义正之。'善哉！非耳顺者孰能与于斯乎？"因以比类，创通六例，成《新方言》十一卷，循音变友纪，博考今言，以推迹语根。

杭、程诸家，远非其匹。顾凡语皆求本字，以上合于《尔雅》《说文》，必欲“今之殊言，不违姬、汉”，则犹未能如戴氏所谓“去其穿凿，自然符合”者也。然则，戴氏《续方言》未成，尚无关宏旨，而《转语》散佚，实至可惜。傥能演绎序文，阐彼遗意，旁搜方言殊语，明其孳衍所由，声义互明，古今交证，不泥不凿，信而有征，则其所以酬东原之宿志，奠语学之新基，固愈于墨守《声类表》以释补《转语》者远矣！

1932年4月5日，罗常培序于中央研究院历史语言研究所。

（原载中央研究院历史语言研究所《集刊》第2本第4分；又载《戴东原续方言手稿》，1932年中央研究院历史语言研究所影印本）

泰兴何石闾《韵史》稿本跋

1933年5月，泰兴郑权伯（肇经）先生以其乡前辈何石闾先生所著《韵史》稿八十卷及总目四卷见示。余因卷帙浩繁，且鲜暇晷，迁延数月，始获卒读。综绎全书，虽间有可商，而体大功深，未尝不令人心折也。

按，石闾名萱，号窦庐，道光岁贡。其先自皖之休宁移居泰兴，六传至石闾，以家业中落，徙如皋石庄，蹴居汤氏废圃，老屋数椽，蓬蒿没人，而积书至数千卷，诵读不辍。晚乃归泰兴，益屏弃举业，杜门撰述。尝与同邑陈东之（潮）往复商榷。东之潜心勾股四元之学，拟撰《算鉴》，未竟而殁。石闾乃发愤以成是书，其毕生精力萃于此，亦瘁于此矣！以清道光二十一年辛丑卒，年68（1774～1841）。其所著书，于《韵史》而外，有《红露馆文集》十卷，《诗集》一卷，《琴法指掌》二卷，均未刊行。当时硕学如武进李申耆、邵阳魏默深、江都汪孟慈、仁和龚定盦等皆与之友善，申耆于《韵史》尤多所商定；而大兴徐星伯、临榆吴百盉、寿阳祁醇甫亦并索观其书，议付梓而未果。迄今百年，迭更事变，而全稿幸存，亦足珍矣！①

《韵史》纂述旨趣，具详石闾《答吴百盉书》，盖欲综文字之形音义三端而一以贯之。收字以《说文》为本，而佐以《玉篇》《广韵》；以《说

① 节采江阴郑经拟《石闾何先生家传》及《光绪泰兴县志》卷二二，第23页。

文》为正编,《玉篇》《广韵》为副编。其论字形则以篆隶同体者为正,隶稍简易而不悖乎篆意者亦为正;其义同而字晚出者附见焉,义同而体俗陋者明辨焉。其论字义则以本义为先,引申之义次之,皆以《说文》为首而得注笺疏次第隶焉。且以假借为声音文字之大用,故尤致意于正借之辨,欲使学者真识字而无难。至其论字音也,则较形义为独详,而尤斤斤于"形有定部,部有定形"之义。盖据段懋堂古韵十七部以矫《广韵》以下同部者荡析离居之失,因形定音,援音求义,明古今之变,通音义之邮,亦足尚矣。然其改定字母,拘守五声,误解等呼之说,臆改反切旧法,则皆不可不辨也。

石闾以为:今所传见、溪、郡、疑等三十六母有复有漏,未为精善,"非、敷、泥、娘皆一误为二,复矣;见、端等母有阴无阳,明、微等母有阳无阴,漏矣;知、彻、澄三母之字,古音同于端、透、定,今音同于照、穿、床,不必另出,另出亦复矣"。其说盖本于潘次耕《类音》。然观其所定"见、起、影、晓,短、透、乃、赉,照、助、耳、审,床、净、羲、信,谤、並、命、匪、未"二十一字母,则又本方密之说而别出影母,复虽已删,漏乃未益,实元、明以来北音之声系也。至于字母标目避免平声,而谓"平声有阴有阳,应以二十一为四十二",则与明李登《书文音义便考私编》"平则三十一母,仄则二十一母"之说立旨相近,误认"清浊"为"阴阳",乃使声母与声调莫辨矣。惟清代治古音者,率多精于辨韵而疏于别声,石闾生乎顾、江、戴、段之后,古韵分部已具规模,古声系统仍无定论,既未甘于守温旧谱,遂致惑于元、明北音,误虽须订,情实可恕:此应辨正者一也。

四声各有清浊,孙愐所论最为明确。自"清浊"之辨不显,而后"阴阳"之说乃兴。周挺斋云:"阴阳字平声有之,上去俱无。"方密之承其说,更定为啌嗌上去入五声。此皆元、明以来之变音,治古音者固可存而不论也。而石闾谓:"音之有清浊也,为平声言之也。阴平为清，阳平为浊，不容淆也。上去二声各只一音，无阴阳清浊之可言也；强欲言之，亦姑曰上去为阴阳而已。……入声每字皆含阴阳二声，视水土之轻重而判：轻则清矣，其出音也，送之不足而为阴；重则浊矣，其出音也，送之足而为阳；《韵史》内入声阴阳并合者此也。”是于方音入声本有阴阳之别者，亦宁过而合之，拘执方氏五声之说，于考古审音两无所当！窃谓治古音者非特无须分别阴阳，抑且不必囿于四声。段懋堂云：“古四声不同今韵，犹古本音不同今韵也。考周、秦、汉初之文，有平上入而无去；洎乎魏、晋，上入声多转而为去，平声多转为仄声，于是乎四声大备而与古不侔。有古平而今仄者，有古上入而今去者，细意搜寻，随在可得其条理。”江子兰亦云：“段氏论音，谓古无去，故谱诸书，平而上入。今次《说文》，得声以贯，来流为麦，特出于之，而为悪音，不得不读，古今音异，轻重难分。即如谱中，来猷在入，夕恶在平。若以区分，必成矛盾，不如合之，以省穿凿。”今石间既据段氏十七部说以排比《说文》全部谐声，而《韵史》序次，则“每类之中由平而上，而去入，而副编”，以致同从一声散见数处（例如，第一部从亥声者平声“该、晐、垓、陔、郂、侅、胲、痎、頦、核、荄”及“咳、孩、骸”既分为“艮哉”“汉材”两切，而“亥、骇”则列入上声，“恔、劾”则列入去声：举此一例，他可隅反）。同部虽未荡析离居，异韵仍难同条共贯：此应辨正者二也。

宋、元韵谱，“等”与“呼”别。自“等”义失传，而后《韵法直图》舍“等”增“呼”，徒乱人意；潘耒《类音》减“呼”为四，始就定型：虽与前轨有殊，实亦自成流派。今石间谓：“等韵之说，蒙向所不晓，私心为可无庸，故《韵史》只用四呼。开口、合口两呼其音侈，侈则洪矣；齐齿、撮口两呼其音敛，敛则纤矣。举洪纤而等摄尖团在其中，不知后人何以必言等韵也。”是犹遵循明、清人说，并未远于矩矱。然其分配等呼也，则以一等为开口呼，二等为合口呼，三等为齐齿呼，四等为撮口呼，昧于等呼交错为用之旨，遂致以肴为合，以幽为撮，于宋于清，皆未为是！故其失不在屏弃等韵，而在误解四呼：此应辨正者三也。

反切之有类隔，因为旧法之弊，然古今音异，正可借以考明：此钱晓徵古无轻唇舌上之论所以为卓识也。石闾力辟类隔之法，于《韵史》悉改音和，上字则“每母每呼各用两字出切，一母四呼，凡用八字，惟唇音不备”，下字则“每韵每呼亦用两字行韵，惟平声因阴阳而分为四”。其所操术虽与杨选杞、李光地辈前后略同，而彼在革新，此则稽古，旨趣既异，得失遂殊。盖以声准近代，韵拟周、秦，“海”“骇”共为一音（汉乃切），“意”“异”竟成同切（隐记切）；尚论《说文》旧读既嫌枘凿难合，推稽古声遗迹亦复面目全非：此应辨正者四也。

然此书虽以“韵史”名，而其所以嘉惠来学者，乃在训诂，不在音韵。段懋堂云：“谐声之字半主义半主声。凡字书以义为经而声纬之，许叔重之《说文解字》是也；凡韵书以声为经而义纬之，商、周当有其书而亡佚久矣。”戴东原《答段氏论韵书》亦云：“谐声字半主义半主声，《说文》九千余字以义相统，今作谐声表，若尽取而列之，使以声相统，条贯而下如谱系，则亦必传之作也。”段氏频年欲为之而未果，至嘉庆十年乙丑（1805）乃属江子兰谱之，历四年而《说文解字音均表》成（1809）。其书但以《说文》为主，尚未旁及传注笺疏也。《韵史》成书年月虽无明文，然以何氏卒年（1841）考之，则在段氏《说文解字注》（1794）后47年，在阮氏《经籍籑诂》（1799）后42年，在江氏《说文解字音均表》（1809）后32年，故石闾晚年当已得见诸书。其能不墨守《说文》而旁罗传注笺疏以明字义正借之辨者，盖受阮氏之启迪至大，惜误于明、清等韵家言，未能尽沿江氏义例耳。并石闾同时而著书旨趣相近者，则有朱允倩（1788～1858）《说文通训定声》。朱书经始于道光丁亥、庚寅间（1827～1830），乙未（1835）而前半脱稿，戊申（1848）而全书刻成；其于《韵史》当为闭户暗合，未尝丽泽相取也。以两书体例观之,朱则纯以谐声相统,何乃参用今音条贯,识见虽异,而功力实同。然百年以来,朱书则传诵士林,《韵史》则沉霾闾里,斯亦事之不平者已!傥有识者,授诸剞劂,俾后之学人借知当时风尚所趋,前贤精力所萃,则其有功于清代汉学史者,岂浅鲜欤?

1933年12月6日,罗常培识于上海小万柳堂。

(原载中央研究院历史语言研究所《集刊》第4本第2分,1933年;又载《罗常培语言学论文选集》,1963年)

段玉裁校本《经典释文》跋

《经典释文》刻本之传世者，惟昆山徐氏《通志堂经解》及馀姚卢氏《抱经堂丛书》中有之。两本同出于震泽叶林宗影宋钞本，而叶本则由书工谢行甫就钱牧斋绛云楼所藏明文渊阁宋椠本影写者也。及绛云一炬，宋椠为灰，幸赖叶本流传，此书系统得以不斩(见冯班跋)。然宋本之讹脱间有甚于今本者，“当徐氏梓入《经解》时，其扑尘扫叶诚不为无功。惟有宋本是而或不得其意因而误改者，亦所不免”(见卢文弨《重雕经典释文缘起》)。卢氏乃就吴县朱文游所藏叶本手校重雕(臧庸堂《校本跋》)，更于“书中是非及今所因革，以尝闻于师友者，别为考证，附于当卷之末”(《重雕经典释文缘起》)。召弓以垂暮之年，刻成犹再三雠校，目昏弗恤，其嘉惠后学之功，良不可没，然臆改之处，亦间与徐氏之失惟均。乾隆癸丑(1793)，叶本展转入吴县周漪塘家，金坛段玉裁闻而往借，嘱武进臧庸堂细校，庸堂因复自临一部。按此本缺笔至“慎”字，其所影之底本当刻于南宋时，故《尚书》《孝经》等音义窜改最甚。惟《毛诗》卷末有乾德、开宝间勘官名衔，或为南宋重刻北宋本。今卢、徐两刻移名衔于卷终《尔雅》音义后，则似全书皆出北宋矣(见臧庸堂《校本跋》)。即此一端，已足见叶本之佳处，非徐、卢两刻所及，则段、臧二氏据叶本所校勘者，固不可忽视也。

余所见段校《释文》，凡有二本：其一，为徐乃昌积学斋所藏段氏手校本。卷首有“经韵楼”白文印及“积学斋徐乃昌藏书”朱文印；卷二首页有“玉裁校正”、“徐乃昌读”及“积馀秘笈识者宝之”三朱文印；卷五、卷八、卷一〇、卷一二、卷一五、卷一九、卷二二、卷二六之首，各有“玉裁校正”印，与卷二同。书端弁以端毓东（虚晨）识语云：

己酉九月既望，随盦主人手通志堂所刊《经典释文》示毓东曰：此段先生若膺以宋板手斠本也。详慎邃密，毫发不苟。又得袁氏又恺、臧氏庸堂、顾氏抱冲、王氏秋水，博稽故籍，分识上方。而江氏艮庭、卢氏召弓、顾氏涧蘋三家之说，亦附见焉。其《春秋左氏》音义，段先生复补钮氏非石校本数事，件系于次。盖一时老师大儒，集数十年之精力学术，共成此书，诚为天壤间之第一鸿宝。昔姚江翁氏于《困学纪闻》合阎、何、王三注为一本，学者尚矜为奇笈，况诸老亲御丹铅，尤精神所专注者哉！惜《尔雅》群经扃钥，诸老心得必多，而廿九、三〇两卷之《尔雅》音义久付阙佚，今虽仍以通志原本补成完帙，而诸家评校竟无从缀拾矣。又校语每称叶本盖即叶林宗倩书工谢行甫景钞之绛云楼本也。主人之言如此，毓东既仰主人汲古之深，而复自庆其眼福也，谨书以为跋。

此跋于校勘原委，所记颇详。至于各家题识分见卷中者，则卷五《毛诗》音义上首页书眉云：

顾安道有宋刊《毛诗》郑笺，其所载音义特佳，足以正今本之误，略识于上方。甲寅夏秋间事也。若膺。

卷七《毛诗》音义下末页云：

顾安道有宋刻《毛诗》郑笺，南宋光宗时刻也。其好处与岳本略同，其所载音义佳处，略书于此本上方。甲寅六月十九日若膺氏。

又眉批云：

叶抄本此下有名衔，刻本误移于《尔雅》后。

卷一七《春秋左氏》音义三末页云：

七月初一日又以钮非石校本补数事。甲寅六月卅日,若膺。

卷一八《春秋左氏》音义四末页云:

甲寅六月卅日依宋刊校,黑笔是。

卷二〇《春秋左氏》音义六末页云:

顾抱冲有北宋刊《春秋》音义,抱冲既为予以其善处书此本之上方矣,予仍借其校出本补注之,黑字是也。凡与叶抄合者用黑圈,凡抱冲以红字书上方者,亦用黑圈。甲寅六月卅日若膺氏。凡不用黑圈者,皆不与叶抄宋本同者也。

以上诸条盖皆出于段玉裁氏。此外若膺于《礼记》更参校宋抚州公使库本、岳珂本、钟人杰本,《周礼》更参校钱孙保所藏宋本、岳珂本、余仁仲本,固不囿于叶本已也。又卷四《尚书》音义下末页云:

第一本袁又恺(廷梼)临校,以下皆庸堂手校。

卷六《毛诗》音义中第二十六页下"废为(如字,忕也,一音發)"眉批云:

庸堂按,忕也条但"忕"字误从犬耳,馀所言均不误。

卷七《毛诗》音义下第二页下"肬肬(音武,美也,《韩诗》同)"朱笔改"同"为"作膴",眉批云:

庸堂按,不必改,谓《韩诗》训同耳。

同卷第十四页上"湎"字下"《韩诗》云饮酒闭门不出客曰湎",眉批云:

庸堂按,"客"字误,《韩诗》作"容"。

又第二十一页上"矢施(如字,《尔雅》作'弛',式支反)",朱笔改"《尔雅》作'弛'"为"《孔子闲居》'矢'作'弛'",眉批云:

庸堂按,不必改,《尔雅》有之。

又第二十九及三十一页上"不吴",墨笔改"吴"为"娱",眉批云:

庸堂校改。在东校定。

此臧庸堂说也。卷一二《礼记》音义二第一页上"大祝"下"《说文》云:祝祭主替词者",眉批云:

逵按,“替”宋刻“赞”。

卷一五《春秋左氏》音义一第二十页下“愎谏(皮逼反)”,眉批云:

逵按,宋刊本“愎谏,皮逼反”五字在“己卯晦”上,叶抄同,横多一“愎”字误也。

卷一七《春秋左氏》音义三第五页上“鸩乎”“鸩解”,眉批云:

逵按,北宋本已作“鸩”。

卷二〇《春秋左氏》音义六第十五页下“志父音甫,杜云志父赵简子之改名也”,眉批云:

“改”宋椠杜注本作“一”,及观诸宋刻《释文》皆同,宜从“一名”为是,逵附记。

卷二五《老子》音义末云:

后学顾之逵借校一过,并附惠松崖语于上方。甲寅春日。

此顾抱冲说也。卷二《周易》音义第五页下“彙古文作曹”,眉批云:

江声据《类篇》当云:“古文作‘蒦’。”

卷六《毛诗》音义中第三十六页下“妖大(古卯反,本又作‘姣’,姣音与骄反)”,毛居正改“姣”为“妖”,眉批引顾千里曰:

原本不误,惟“姣”音当从《注疏》本作“一音”。

卷一五《春秋左氏》音义一第五页下“八音”下“木柷敔”,墨笔改“敔”为“梧”,眉批云:

“敔”作“梧”,与《周礼注》合。此字顾校不取,钮校取之。

此江艮庭、顾涧蘋、钮匪石诸家说也。卷二三《孝经》音义第一页上“郑氏(相承解为郑玄)”,眉批云:

惠云:郑氏郑小同也。今所传乃唐明皇注,郑注已亡。

卷二四《论语》音义第六页上“崔子(郑注云:‘《鲁》读崔为高,今从古’)”,眉批云:

王充《论衡》云:犹吾大夫高子也,本《鲁论》。惠松崖。

同卷第八页上“学易(如字,《鲁》读易为亦,今从古)”,眉批云:

《外黄令高彪碑》云:恬虚守约,五十以敩。此从《鲁论》“亦”字连下读也。敩音效,约音要。惠氏。

第十二页上“人傩”下“《鲁》读为献”,眉批云:

惠云:古读献为莎,声近傩。

第十五页上“直躬(孔云躬身也,郑本作‘弓’,云直人名弓)”,眉批云:

《吕览》云:直躬之信,不如无信,郑说为长。惠氏。

此惠松崖说也。诸家精力萃于一书,其足以补订卢氏考证者,不胜缕举。惟据端虚晨跋云:校本尚有王秋水、卢召弓两家之说,且谓:“卢校多出考证之外。”今遍检全书,迄未见秋水识语,而校本转引召弓说者亦只三见:卷一《序录》页五下第二行“自败,蒲迈反”,眉批云:

“蒲迈”,卢《考证》作“薄迈”。

卷二《周易》音义页十七上第四行“陆,商陆也,虞云苋蒉也,陆商也”。卢氏《考证》改作“陆,当陆也,虞云:苋,说也,陆,和也”,并云:“旧作‘陆,商陆也’,则与马、郑同,非。又‘说也’作‘蒉也’,或作‘萁也’,‘和也’作‘商也’,皆讹。今据宋本正,苋通莞,故训说,陆通睦,故训和。”今按宋本惟“商陆”作“当陆”,馀并同今义,故段氏校语云:

此条卢氏云据宋本改之,载入《考证》,不可信也。

又卷二四《论语》音义页十三上第六行“屡空,力从反”,眉批云:

卢校抄本云“从”当作“住”。

其出考证之外者惟此一条而已。端氏之说不知何所据也。原校本藏国立北平图书馆,1935年春嘱唐虞君借出迻录之,朱墨笔校语,悉仍其旧。

其二,为萧山朱氏藏王筠转录陈奂所抄段校本。底本系乾隆补刊通志堂本,与原刻微有出入。第一、第五、第八、第十一、第十三、第十五、第二十一、第二十三、第二十八各卷首皆有“菉友”朱文印,及“王筠私印”白文印,惟第十八卷首但有白文而无朱文。卷末有王氏跋语云:“内弟高敬庵(光俨)赠余此书,因借朱石君先生所藏宋本及叶氏影宋本校之。其佳处固多,而谬误亦不少。或且以宋本讹字改此本之正字,过矣。道光乙亥(按道光无乙亥年,依下列校勘程序,如此跋作于全书校毕之后,则当系丁亥即1827年之讹)八月朔王筠记。”书中另以别纸记其校勘程序,兹依年月排比如下:

道光六年丙戌(1826):

八月八日灯下依朱氏影宋本校《仪礼》。

中秋前四日覆校《毛诗》。

中秋前一日覆校《礼记》三。

中秋灯下覆校《礼记》四。

八月十六日覆校《尚书》。

八月廿三日自西苑归,下车覆校至《周易》。

八月念四日燓烛覆校《穀梁》。

九月二日依叶本覆校《尔雅》。

九月二十九日依叶本覆校《尚书》。

道光七年丁亥(1827):

暮春假陈硕甫(奂)所藏段茂堂先生校本复校《尚书》,惜行笈中厪携《泰誓》至《秦誓》一卷耳。

三月十八日假陈硕甫所藏段茂堂先生校本复校《周官》一过。

三月念六日假汪孟慈所藏叶本复校《仪礼》。

三月念八日雨窗依叶本复校《左氏》三。

三月念九日雨窗依叶本复校《穀梁》。

三月念九日雨窗复校《左氏》六。

三月念九日依叶本复校《老子》。

三月晦日依叶本复校《礼记》二。

四月朔日灯下校毕《礼记》四。

夏杪李方赤，依朱本叶本校《毛诗》，又以陈硕甫所抄段氏校本校之。

秋八月二十日依余仁仲本校《公羊》音义。

道光十一年辛卯(1831)：

八月九日读《仪礼识误》中引《释文》异今本者，皆墨笔记之，其误者不录。

准是则王氏于陈抄段校本外，又参以朱石君所藏影宋本及汪孟慈所藏叶本，更依余仁仲本校《公羊》音义，依张淳《仪礼识误》所引《释文》校《仪礼》音义。至于陈抄本与段氏手校本异者，则陈抄本卷末有臧庸堂跋语云：

癸丑年十月初九日临校毕。巫山知县段先生若膺曰：写本名衔在《毛诗》末，甚是，故此书系南宋本，故《尚书》《孝经》等《音义》窜改最甚，全非陆氏之旧。而《毛诗》或本之北宋，有乾德、开宝间名衔，因仍之。如徐、卢两家刻本移于卷终，似全书皆北宋本矣。余是其论断之精，遂识以为校勘之跋。内《周官》《仪礼》最善，馀亦多佳者，不暇详论云。段君校定处别以墨笔。匝月而卒业。武进臧庸堂，时寓金阊袁氏拜经阁。

又云：

此书旧藏吴县朱文游家，学士卢召弓先生曾借校，今刻行抱经堂本是也。近又归同邑周漪塘。金坛段明府若膺闻之，往借是编，属余细校，因复自临一部。冯、叶两跋旧钞有之，更有陆稼书、卢学士题，未录。庸堂同日记。

此两跋段氏手校本均无之，其异一也。又段氏手校本《春秋左氏》音义卷四及卷末若膺自加识语，《礼记》音义据抚州公使库本所校墨笔及顾之逵案语，《孝经》《论语》音义书眉顾之逵所引惠松崖校语等(并见上文)，皆系甲寅以后所增补者，陈抄本悉无之，其异二也。《尔雅》

音义以下,段氏手校本已佚,陈抄本犹可补其残缺,并于卷下页十一第十一行“柀音披”条云:“段氏云‘披’当作‘彼’,苏恭谓《本草》‘彼子’即‘柀子’。”又页十一下第七行“旄《字林》作楙”条云:“段氏云:‘楙’当作‘楸’,见《说文》。”凡两引段语,其异三也。据此推断,则陈硕甫抄本当出自臧庸堂自临之一部,故于甲寅以后段若膺、顾抱冲增订处,除《毛诗》音义所录宋刻《毛诗郑笺》外,皆付阙如。而积学斋所藏则庸堂据叶本校勘后,又经段氏亲加丹铅者也。此外王氏所校朱本与叶本无大歧异,惟《毛诗》《周礼》所录陈硕甫案语,及菉友据张淳《仪礼识误》所校《仪礼》音义,据余仁仲本所校《公羊》音义,皆为段氏所未及耳。1935 年秋,承陆颖明先生介,假得此本,嘱唐虞君逸录之,以紫色代朱笔,蓝色代墨笔,避与手校本混也。王氏所据朱本,今亦藏于国立北平图书馆。

后出诸本为段、臧、顾、王所未见者,尚有唐写本《周易》《尚书》《礼记》《释文》残卷四种,黄氏士礼居影刊宋蜀大字本《论语》《孝经》《孟子》音义,黎氏《古逸丛书》影刊宋大字本《尚书释音》等。近闻徐森玉先生云:海源阁杨氏藏有影宋本《释文》,后归济宁潘氏,实则行款已易,是抄非影。又逊清溥仪以天禄琳琊藏书私赠其弟溥杰,其中有《经典释文》一部,杰持付文德堂装订,徐先生曾见之,断为宋椠,行款似浙本。果尔,则绛云灾后犹有宋椠《释文》流传人间,惜此秘笈,今已不知沦落何所矣。

余既以若膺、庸堂、抱冲、菉友诸家校语汇录一书,又手校唐写本《释文》残卷四种及宋刊《尚书释音》二卷,更参取法伟堂校语,以补诸家所未备,拟荟萃众说,写为校记,或可较《四部丛刊》本所附万以增迻录者差为精赡。1937 年秋,中日战起,余避地南来。书籍文稿,半与故都同陷。惟转徙湘、滇,幸以此书自随。今烽燧频惊,虑有佚毁,校记既未克即时问世,因先记诸家校本之源流如此,以就正于并世学人。

释文版本源流表

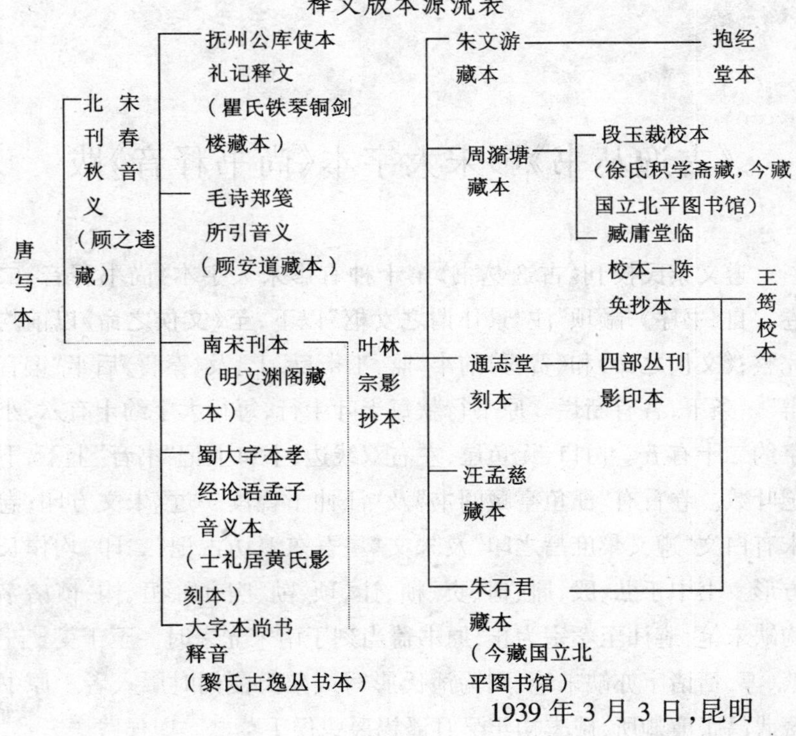

1939年3月3日，昆明

（原载《图书季刊》新1卷2期，1939年，署名罗四培，“四”疑误）

《古逸丛书》影宋大字本《尚书释音》跋

遵义黎氏校刊《古逸丛书》第十种有影宋大字本《尚书释音》二卷。自《书序》"颛顼"注"景仆谓之女枢"以下，至《文侯之命》以前均完整；《文侯之命》和《费誓》前半"监，工衔反"上，及《秦誓》后半"谝音辩"一条下，各有断烂。原书行款每半叶十行，每行大字约十有六，小字约二十有五。白口，无鱼尾，左右双线边；书口上记"书音"上下，下记叶数。卷首有"汪鱼亭藏阅书"及"汪仲子曾读一过"朱文方印；卷末有白文"遵义黎庶昌之印"及朱文"星吾东瀛访古记"二印，均作长方形。书中于弘、殷、胤、恒、贞、桢、让、项、勖、煦、酗、桓、构、慎诸字均缺末笔，避讳至孝宗为止，原书盖当刻于南宋光宗时。至于旻、宁、琰、淳、恬诸字亦缺末笔，则为潘氏影写或黎氏覆刻时羼入者。原书藏武昌张廉卿所，咸丰初年吴县潘锡爵辔侯手摹之。辔侯跋语云：

> 此余影写宋本《尚书释文》也。其每叶行数、字数与士礼居影刊之《孝经》《论语》《孟子》音义相同，知其为宋本无疑。原本据小印知为陆氏所藏，后藏仁和汪氏振绮楼。咸丰元二间，元和管吉云明经请诸其师陈硕父征君假之，用玻璃纸影钞一过，未及转钞，纸黏而黑，渐致模糊。己未仲者，吉云语余，属任影写之役。余因用白纸影写两本，月余而毕，以一本归诸吉云，一本藏诸家塾，即此本也。其本为卢绍弓、段若膺、顾千里、黄绍武诸先生所未见，故其校通志堂本曾未一引，而余乃得钞校而读之，不

亦幸欤。

后依庶昌婿张沆议刻入《古逸丛书》中，杨守敬以非得自日本，力阻未果，乃于《日本访书志》中评其得失云：

此书非陆氏之旧……为宋开宝中太子中舍陈鄂奉诏刊定。以德明所释乃古文《尚书》与唐明皇所定今文驳异。今鄂删定其文，改从隶书。……不特“浅”改作“饯”，“庸”改作“镛”，“鸟”改作“岛”，“苞”改作“包”，“旄”改作“毛”，“鏐”改作“璆”，皆深没陆氏原文，惟“颇”改作“陂”注云：“旧本作‘颇’”，此有唐明皇之诏，故不能没之。最可笑者，《舜典》下注云：“王氏注。相承云梅赜上孔氏传古文《尚书》亡《舜典》一篇，时以王肃注颇类孔氏，取王注从‘慎徽五典’以下为《舜典》，以续《孔传》。徐仙民亦音此本，今依旧音之。”又“曰若稽古”二十八字云：“聊出之，于王注无施也。”是陆氏于《舜典》全用王注，不用方兴传，而今本则改用方兴传，而以王注间载注中，又不申明用姚改王之故，而但存陆氏用王氏注于《舜典》题下，岂非大谬！又篇中“至于北岳如西礼”注云：“方兴本同”，似仍用王本者，其实所载音字皆方兴传，与今本无一字出入，且多明明与王注不照者。陈鄂不学至此而以删定通儒之书，岂非千古恨事！

则杨氏力阻此书汇入《古逸丛书》者，固不徒以其非得自东瀛已也。至此书与今本《释文》之优劣，杨氏谓亦宜分别观之：

《序》下“训”下“摄十四三篇亡”，卢刻本“四”“三”互倒，“科斗”下“虾蟆”不作“蟇”；《尧典》“毴”下“如兖反”不作“如充反”，“女于”下“上奥據反”，不作“而據反”；《舜典》下“难，乃丹反”不作“乃但反”，“橐饫”不作“槖”；《大禹谟》“解”不作“懈”；《禹贡》‘雍’下“州名後同”不作“後名州同”，“钩般”不作“盘”，“犀，细兮反”，不作“緸”；《武成》“四月始生魄然貌”，不作“然也”；《酒诰》

"文王第称穆"下"黄僕"不作"皇僕";《召诰》"度,待洛反",不作"时洛";《洛诰》"惟七年周公摄政",卢本脱"周公"二字;《君奭》"奔走"下"使人归趣之"不作"趋之";《君陈》"长,诛丈反",不作"丁丈":此皆胜于卢本者也。若《序》"高辛"下"母不见"脱"名"字;《舜典》"四朝"下"四季"误"四季";《禹贡》"道"作"导",而误"音导"为"言道";《洪范》"无虐"马本作"亡侮",此误作"悔";《蔡仲之命》"從车"此误作"徒";《顾命》"车渠,车辋"此误作"轫":是皆形近之误,或影摹失之。(《日本访书志》卷一,九至十二叶。)

按,杨氏所举各条"犀,细兮反""度,待洛反",通志堂及抱经堂本无作"缅兮"及"时洛"者,而"四季""车轫"则徐误卢不误,"乃但"(卢作"乃旦")、"然也"则卢误徐不误,固未可一概相量也。

今以此书与徐氏通志堂本、卢氏抱经堂本、《尚书注疏》本、段玉裁所校叶林宗本、王筠所校朱石君藏宋本及法伟堂校本等,互相校勘,则杨氏论之未尽者尚有数端,可得而言:

第一,此本可以订正徐、卢沿用叶、朱两本之误者,凡六事:

一、卷上页三上第十一行"毴……徐又而充反,又如充反",唐写本两"充"字均作"兖",段玉裁云:"当作而充反,又如兖反",法伟堂谓下"充"字乃"兖"之讹,黄季刚先生云:"而充、如充必有一误,而兖、如兖亦必有一误。"(见吴承仕《经籍旧音辨证识语》)按,"如充"此作"如兖","而充"与徐本同。

二、页十二下第九行"朡,子公反",按,"朡"此作"腏",《注疏》本同。

三、卷下页一上第八行"匮,其魏反",法伟堂云:"《广韵》'匮'收至,'魏'收未。"按,"魏"此作"愧",与"匮"同在至韵,《注疏》本同。

四、页一下第二行"狥,以俊反",法伟堂云:"'以'当作'似'。"按,"以"此作"似",《注疏》本同。

五、页三下第三行、页十下第二行“燮”,此均作“燮”。卢氏《考证》云:“旧下从火,讹,今改正。”

六、页十一下第十一行“戺音俟”,“音俟”下此有“徐音士”三字,《注疏》本同,卢亦据改。

第二,此本与叶、朱两本同可订正徐本之误而未经卢氏校改者,凡十三事:

一、卷上页四上第三行“女子,上而據反”,法伟堂云:“《广韵》‘女,尼據切’,此作‘而’,殆类隔也。”按,“而”此作“恧”。

二、页五上第七行“饕,七刀反”,法伟堂云:“‘七’乃‘土’之讹。”按,“七”唐写本作“吐”,《注疏》本同。

三、页五下第九行“槀,苦报反”,“槀”此作“稾”,《注疏》本同。阮元《尚书校勘记·舜典》“槀饫”条云:“唐石经‘槀’从木,岳本、闽本、明监本同,《注疏》同。按‘槀’即‘枯槁’字也,今《注疏》本作‘稾’从禾,非。”

四、页六下第四行“慝,他侧反”,法伟堂云:“‘侧’乃‘则’之讹。”按,“侧”此作“则”,《注疏》本同。

五、页十一上第一行“数,色主反”,“主”此作“住”。按,《孔传》云:“济水入河,并流十数里,而南截河,又并流数里,溢为荥泽。”两“数”字并应读去声。

六、页十二下第十一行“坰,故萤反,徐钦萤反又古萤反”,法伟堂云:“‘古萤’,与‘故萤’同,未详。”按,“古萤”此作“古营”。

七、页十四下第十行“恪,苦角反”,法伟堂云:“‘角’当作‘各’,见《皋陶谟》。”按,“角”此作“各”,《注疏》本同。

八、卷下页三上第八行“晢,之舌反,徐之列反”,法伟堂云:“‘之列’与‘之舌’同,叠出未详。下条云:‘徐音制,又音晢’,《广韵》‘晢’照纽,‘哲’知纽,则此当作‘徐陟列反’矣。”又云:“‘晢’‘哲’并从折声,故徐读同之,《广韵》分二字为二纽,徐则否也。"按,"之列"此作"丁列",与法说合,《注疏》本同。

九、页三下第七行"庑,徐莫杜反","杜"此作"柱",《注疏》本同。

十、页六下第十行"恬,田廉反","廉"此作"兼"。

十一、页八上第九行"逖,他力反",段玉裁云:"'力'当作'历',《注疏》本亦误,《牧誓》作'历'。"按,"力"此作"历"。

十二、页十一上第一行及页十三上第三行"长,丁丈反","丁"此作"诛",《注疏》本同。但《释文》"长"他处多作"丁丈反"。

十三、页十三下第十一行"差,侧加反",法伟堂云:"'差'无'侧加'音,'侧'当作'测'。"按,"侧"此作"测"。

第三,此本与叶、朱本同可订正徐本之误而已经卢氏校改者,凡四十一事:

一、卷上页一下第四行"三王五帝","王"此作"皇"。(凡卢氏校改与此本同者,不别出,下同。)

二、页四上第六行"云《舜典》一篇","云"此作"亡",《注疏》本亦误作"云"。(以下凡《注疏》本与徐本同者,不别出。)

三、页四下第五行"守或作狩","或"上此有"本"字,《注疏》本同。

四、页四下第十一行"荆杨","杨"此作"扬"。

五、页五上第六行"故以比二凶也","二"此作"三",唐写本及《注疏》本同。

六、页六上第五行"奄,於简反","简"此作"捡",卢改"检",《注疏》本同。

七、第九行"懈,于卖反","于"此作"工",卢改"佳"。

八、页六下第四行"號,亡高反","亡"此作"户",《注疏》本同。

九、页七上第一行"严……马、徐鱼简反","简"此作"捡",卢改"检",《注疏》本同。

十、页七下第四行“彝郑云宗彝虎也”,“也”此作“蜼”。

十一、第六行“出又敕遂反”,“敕”此作“尺”,《注疏》本同。

十二、页八上第四行“马云鸟兽荀簴也”,“荀”此作“筍”,《注疏》本同。

十三、同上“跄,《说文》作枪”,“枪”此作“牄”,《注疏》本误作“跄”。

十四、第五行“省,悉并反”,“并”此作“井”,《注疏》本同。

十五、页九下第五行“张须无缘江图”,“无”此作“元”,《注疏》本同。

十六、页十上第九行“璆音虬,徐又居虬反”,两“虬”字此均作“虯”。

十七、同上“郭注《尔雅》璆即紫磨金”,“璆”此作“镠”。卢氏《考证》云:“璆,韦昭、郭璞云:‘紫磨金。’按陆氏本必本是‘镠’字。《史记集解》引郑注‘黄金之美者谓之镠’。因入之《孔传》,下遂改‘璆’为‘镠’。《传》云‘璆,玉名’,此殊不相合。下有‘按郭注《尔雅》:“镠即紫磨金”’,十字与上文复。‘镠’亦讹‘璆’,此又后人妄增改。”

十八、页十一下第三行“‘勦’马本作‘巢’”,“巢”此作“剿”。

十九、页十二上第十行“契,息例反”,“例”此作“列”,《注疏》本同。

二十、页十三上第六行“暴或作虣”,“或”上此有“字”字,《注疏》本同。

二十一、页十五上第一行“殽,户教反”,“反”下此多“下如字”三字,《注疏》本同。

二十二、第四行“奉,孚勇反”,“反”下此多“注同”二字,《注疏》本同。

二十三、页十五下第一行“亶诚也”,“诚”此作“诫”,《注疏》本同。

卢氏《考证》云："按，宋元本、足利古本皆作诫字。"

二十四、页廿七第四行"伯亦作拍"，"拍"此作"柏"，《注疏》本同。

二十五、同上"戠，《说文》作戋"，法伟堂云："'戋'，当作'戕'。"按，"戋"此作"戕"。

二十六、卷下页二上第九行"剌，七亦反"，"剌"此作"刺"。

二十七、页三上第八行"俨，鱼简反"，"简"此作"捡"，卢改"检"，《注疏》本同。

二十八、页三下第三行"辟，徐補亦反"，"補"此作"甫"，与徐邈音例合。

二十九、页四上第二行"易，羊质反"，"质"此作"隻"。

三十、页四下第一行"辟，《说文》作壁"，"壁"此作"檗"。

三十一、页七上第二行"臒，在略反"，"在"此作"杜"，《注疏》本同。

三十二、页九上第二行"括，土活反"，"土"此作"工"。

三十三、页十下第七行"俾，马本作辦"，"辦"此作"辨"，《注疏》本作"辩"。

三十四、页十一下第八行"《说文》夷玉即珣玕琪"，法伟堂云："'玕'当从'于'。"按，"玕"此作"玗"，《注疏》本同。

三十五、页十二上第三行"咤，《说文》作诧，下故反"，法伟堂云："'下'当作'丁'。"按，"诧"此作"诧"，"下"此作"丁"，《注疏》本"丁"亦不误。

三十六、第六行"鬣，力辄又"，"又"此作"反"，《注疏》本同。

三十七、页十二下第八行"施，始锐反"，"锐"此作"豉"，《注疏》本同。

三十八、页十三上第三行"囟，字亦作巺"，"巺"此作"羿"。

三十九、同上第六行"恖，本亦作思"，"思"此作"悤"。

四十、页十三下第十一行“凡五百三十二锾三分之一”，“三十二”此作“三十三”。

四十一、页十四上第一行“并，必致反”，“致”此作“政”，《注疏》本同。

第四，此本音切用字异于叶、朱、徐、卢诸本而音类无出入者，凡十三事：

一、卷上页八上第四行“韶，时昭反”，“昭”此作“招”。

二、页九下第一行“乔，其骄反”，“骄”此作“娇”。

三、同上第七行“沱，徒何反”，“何”此作“河”。

四、页十下第十一行“汇，徐胡罪反”，“胡”此作“湖”。

五、页十三上第六行“覆，芳服反”，“服”此作“復”。

六、同上第八行“罹，本亦作羅，洛何反”，“何”此作“河”，《注疏》本同。

七、卷下页一上第十行“贯，古乱反”，“古”此作“工”。

八、页一下第十一行“孜孜，音滋”，“滋”此作“兹”，《注疏》本同。

九、页四上第九行“植，时織反”，“織”此作“職”。

十、页四下第二行“鸮，于骄反”，“骄”此作“娇”，《注疏》本同。

十一、页九下第八行“烝，之承反”，“承”此作“丞”。

十二、页十二上第四行“互，音護”，“護”此作“户”，《注疏》本同。

十三、页十五上第一行“谝，音辨”，“辨”此作“辩”。

第五，此本与叶、朱本音切用字异于徐、卢本而音类无出入者，凡十事：

一、卷上页三下第六行“滔，土刀反”，“土”此作“吐”，《注疏》本同。

二、页八下第四行“壤，汝丈反”，“汝”叶、朱本作“入”，此作“若”，《注疏》本同。

三、页十上第五行“遏,乌葛反”,“葛”此作“曷”。

四、页十二上第一行“鬱,音蔚”,“蔚”此作“欝”,叶、朱本讹作“鬰”。

五、页十五下第七行“告,工號反”,“號”此作“号”。

六、页十七上第五行“圻,巨依反”,“依”此作“衣”。

七、卷下页一下第三行“酗,况具反”,“具”此作“付”,《注疏》本同。

八、页三下第八行“别,彼列反”,“彼”此作“方”,轻重类隔。

九、页十一下第二行及页十二下第四行“度,待洛反”,“待”此作“徒”,《注疏》本前作“杜”,后同徐本。

十、页十二下第四行“更,古衡反”,“衡”此作“行”。

第六,此本与叶、朱本音切用字异于徐、卢本而音类有出入者,一事。

一、卷下页八下第一行“谚,鱼变反”,“鱼变”此作“五旦”。卢氏《考证》云:“此音与《大学》同,宋本作‘五旦反’与《论语》‘喭’音同。”按,“鱼变”在线韵,“五旦”在翰韵。

第七,此本与叶、朱、徐、卢诸本因写法正俗而小异者,凡九事:

一、卷上页五下第十行,页六上第二行“總为一卷”,页八上第七行“马云:丛總也”,“總”此均作“捴”,唐写本、叶本、朱本及《注疏》本并同。

二、页八上第一行“戛,马云:栎也”,“戛”此作“戞”,“栎”此作“捒”。

三、页八下第一行“冀,居器反”,“冀”此作“兾”,叶、朱本同。

四、页十三下第七行及第十一行“远,于萬反”,“萬”此作“万”,《注疏》本同。

五、卷下页五上第二行,页六上第九行,页十二下第三行“毖,音秘",又页九下第四行"《费誓》,上音秘","秘"此均作"祕",《注疏》本同。

六、页五上第十一行"魄,马云:㲉朏也","㲉"此作"魄"。

七、页九上第四行"使人归趨","趨"叶、朱本作"趋",此作"趣"。

八、页十上第五行"趣,七口反","趣",此作"趣",《注疏》本同。卢亦改"趣"。

九、页十三上第八行"耄本亦作薹","薹"此作"薹"。王筠云:"《说文》作'薹'。"

第八,此本字句与叶、朱、徐、卢诸本微有出入者,凡九事:

一、卷上页四上第四行"杜预注《左传》云:水之限曲曰汭","云"此作"曰"。

二、页七上第四行"襄,案《尔雅》作儴",此无"案"字。

三、第八行"蕝,音子绝反","蕝"下此有"字"字。

四、页八下第五行"中,马云:土地有高下","土地"此作"地土"。

五、页十四上第三行"括,故活反,注同",此无"注同"二字,《注疏》本同。

六、卷下页二下第四行"大王,大音泰",《注疏》本"泰"作"太",此作"大王,上音泰"。

七、页五下第九行"所大恶、疾恶、亦恶并音同","音同"此作"同音"。

八、页七上第十一行"供注、供待同","供待"此作"共待"。

九、页十一下第十一行"重,直用反","重"此作"以重"。

第九,此本字句与叶、朱本同,而与徐、卢本微有出入者,凡五事:

一、卷上页六下第五行"夔夔",此只有一"夔"字,《注疏》本同。

二、页七上第三行"明畏,畏如字",此作"明畏,下如字",叶、朱本"下"讹为"不"。

三、页十四上第四行“令，力呈反”，“令”下此有“音”字。

四、卷下页八上第二行“摄政七年”，“摄政”上此有“周公”二字，《注疏》本同。

五、页十三下第七行“度，马云：造谋也”，“造谋”此作“谋造”。

第十，此本与叶、朱、徐、卢诸本因古今字而异者，凡十一事：

一、卷上页二下第八行“汉以前称传”，“以”叶、朱、徐、卢本并同，此作“已”，与《注疏》本同。

二、页六上第九行，页十四上第八行，卷下页七下第十行，页十下第六行“厭”字此均作“猒”。

三、页六上第九行“懈，于卖反”，“懈”，叶、朱、徐、卢本并同，此作“解”，与《注疏》本同。

四、页六下第五行“齊，侧皆反”，“齊”，叶、朱、徐、卢本并同，此作“齋”，与《注疏》本同。阮元《尚书校勘记·大禹谟》“夔夔齋慄”条云：“唐石经、岳本、闽本、葛本《纂传》同，明监本、毛本‘齋’作‘齊’，葛本注亦作‘齊’。按《释文》云：‘齊，侧皆反’，明不作‘齋’，盖陆氏据古文，而唐石经则从今文也。”

五、页九上第七行“蠙，字又作比”，“比”此作“玭”，叶、朱本同，徐本右旁空白，卢改“玭”，《注疏》本同。按，《说文》“玭，珠也”，段玉裁注：“玭本是蚌名，以为珠名。”

六、页九上第十行“三江，韦昭云：谓吴淞江、钱唐江、浦阳江也。”“唐”，叶、朱、徐、卢本并同，此作“塘”。

七、页九下第六行“始于鄂陵”，“于”此作“於”，叶、朱本及《注疏》本同。

八、卷下页二下第九行“责，侧界反”，“责”此作“债”，与叶、朱本及《注疏》本并同。阮元《尚书校勘记·武成》“施舍已债”条云：“古本、岳本、宋板同，毛本‘债’作‘责’，按《释文》作‘责’，‘责’‘债’古今字。”

九、页五上第九行"穗，本亦作䅎"，"䅎"此作"䆃"，叶、朱本同，《注疏》本讹为"遂"。

十、页八上第十行"啻，徐本作翅"，"翅"此作"商"，叶、朱本讹为"商"。

十一、页十二上第九行"与《顾命》著异叙"，"叙"此作"序"。

第十一，此本与叶、朱本同误，而徐、卢本不误者，凡十五事：

一、卷上页一下第二行"母名不见"，此无"名"字，《注疏》本"名"作"曰"。

二、第五行"多与孔不同"，"多"此作"并"，《注疏》本作"与孔子同"，亦误。

三、页五上第十行"竹簏，笛也"，"簏"此作"篪"，《注疏》本同。

四、页十上第五行"荷，又士可反"，"士"此作"土"，《注疏》本同。惟卢改"工"不误。

五、页十下第五行"导，音道"，"音"此作"言"，杨守敬谓应作"道，音导"。

六、第十行"伾，字或作邳"，"邳"此作"酥"。

七、页十五上第七行"迟，徐持夷反"，"持"此作"侍"，卢所改亦同。

八、页十七下第六行"顾，徐音鼓"，"鼓"此作"豉"。

九、卷下页五上第十一行，"梓，音子"，"子"此作"予"。

十、页六上第七行"皇仆为昭，差弗为穆"，"皇"此作"黄"，"差"此作"羌"。按，《史记·周本纪》作"皇仆"与"差弗"，惟宋板及闽本《尚书注疏》"差"亦作"羌"。

十一、页七上第七行"朏，徐又芳愦反"，"愦"此作"愤"。

十二、页七下第六行"被，又彼美反"，"彼"此作"被"，《注疏》本同。法伟堂云："'被'，音'美'，疑'義'之误。又按'被'无读邦纽者，即读上声，亦应如《广韵》‘皮彼切’，此‘彼美’二字并非。”

十三、页十下第三行“处，昌吕反”，“吕”此作“虑”，据《孔传》：“三公之官不必备人，惟其人有德乃处之”，“处”字应读上声。

十四、页十二上第十一行“督，丁木反”，“督”此作“督”。

十五、页十四上第二行“劾，亥代反”，“劾”此作“刻”。

第十二，此本误而叶、朱、徐、卢诸本不误者，凡二十七事。

一、卷上页二上第九行“《泰誓》三篇”，此作“《秦誓》二篇”。

二、页三上第五行“暘，音阳”，“暘”此作“暘”。

三、页五上第六行“不念孤寡”，“念”此作“分”，与唐写本同。

四、页五下第十行“故存”，第十一行“见存”，“存”此均作“有”，唐写本“见存”作“见在”。

五、页六下第二行“正音政”，“政”此作“正”。

六、页七上第十一行“下，深二彻同”，“二”此作“一”。

七、页八下第八行“九河，钩盤八”，“盤”此作“般”。按，《正义》云：“钩盤，言河水曲如钩，屈折如盤也。”但杨守敬以“钩般”为正。

八、页九上第十行“松江东北行七十里”，此无“北”字。

九、页九下第八行“榦，本又作幹”，“幹”此作“榦”。

十、页十三上第一行“一云成谥也”，“一”此作“又”。

十一、页十三上第五行“裕，徐以树反”，“裕”此作“裕”。

十二、页十三下第一行“慆，他刀反”，“刀”此作“力”。

十三、页十五上第九行“侮，亡甫反”，“亡”此作“云”。

十四、页十六上第七行“眩，玄遍反，徐又呼縣反”，此无“徐又”二字。

十五、页十六下第六行“醋，七故反”，“醋”此作“错”，卢改“酢”。

十六、卷下页三上第十一行“无虐，马本作亡侮”，“侮”此作“悔”。

十七、页三下第三行“能治，直吏反”，“吏”此作“治”。

十八、页五上第七行“笃,本又作竺”,“竺”此作“笁”。

十九、页七下第二行“既相,息亮反,注及下同”,“及”此作“反”。

二十、页八下第三行“服,马本作俾”,“俾”此作“俜”。

二十一、页九上第十行“辟,婢亦反”,“婢”此作“俾”。

二十二、页九上第十行“從车,上才用反”,“從”此作“徒”。

二十三、页十三上第八行“度,法度也”,“法”此作“注”。

二十四、页十三下第六行“日勤,一音曰”,“曰”此作“日”。阮元《尚书校勘记·吕刑》“今尔罔不由慰曰勤”条云:“按段玉裁云:‘曰勤’《释文》作日月字,‘人实反,一音曰’。‘音曰’当作‘音越’。”

二十五、页十四上第四行“《文侯之命》第三十”,“三”此作“二”。

二十六、页十四下第六行“峙,《尔雅》云:具也”,“具”此作“臭”,《注疏》本同。

二十七、第十一行“仡仡,徐云:强状”,“状”此作“壮”。

以上诸端第一、第二可补卢本之未备,第三可资卢本之佐证,第四至第九虽与卢本略有出入而与正讹无关,至于第十及十一两条则正如卢氏所谓“宋本之讹脱反更甚焉”者也。

1938年岁杪,以此本嘱杨君佩铭与通志堂本对校一通,因复参斠诸本识其异同如此。稿成,经张苑峰兄及周君法高订正数事,应并致谢。

1939年2月18日,即夏历戊寅除夕,写于昆明,1942年10月30日重订于龙泉镇。

(初稿原载《图书季刊》新2卷1期,1940年)

法伟堂校本《经典释文》跋

曩在故都,尝取积学斋徐氏所藏段玉裁手校本《经典释文》及萧山朱氏所藏王筠转录陈奂迻抄段校本汇录一书,于懋堂、菉友两家外,并附见袁又恺(廷梼)、臧庸堂(镛)、顾抱冲(之逵)、江艮庭(声)、顾涧蘋(广圻)、钮匪石(树玉)、惠松崖(栋)诸家校语;嗣更取敦煌写本《周易》《尚书》《礼记》《释文》残卷及《古逸丛书》影宋大字本《尚书释音》合校之,流传各本搜罗殆遍(参阅《段玉裁校本〈经典释文〉跋》)。1936 年 8 月,又自秀水唐立庵先生处假得法伟堂校本重迻之,此于诸家校本外盖别成一格者也。

按,《清史稿·儒林传》三《郑杲传》附《法伟堂传》云:"法伟堂字小山,胶州人。光绪十五年进士,官青州府教授。精研音韵之学,考订陆德明《经典释文》,多前人所未发。"今周览全书,绎其通例,凡有四事可得而言:

一曰遍考陆书,创通音例也。按,陆书体制,凡一字两音者,除偶有疏舛,其音必异。法氏据此考之,因得窥见德明之用心,揭出音切之通则。例如:

> 《尚书》音义上叁·一(叁表页数,一表行数,后半页行数通前半页计,行款以通志堂本为准,下皆仿此),"被皮寄反,徐扶義反",法云:"'皮寄'与'扶義'同,易徐者改类隔为音和也。"
>
> 《周易》音义拾陆·六,"窒,珍栗反,徐得悉反",法云:"'珍

栗’与‘得悉’同，易徐者改类隔为音和也。”

《尚书》音义上肆·三，“女于，上而據反”，法云：“《广韵》尼據切，此作‘而’，殆类隔也。”

《礼记》音义贰贰·十九，“呐，如悦反，徐奴劣反”，法云：“‘奴劣’与‘如悦’同，据此可知日、泥本同纽。”

按，“古无轻唇音”及“舌音类隔之说不可信”，自钱大昕明之（见《十驾斋养新录》卷五）；“泥、娘、日一音”，自邹汉勋明之（见《邹叔子遗书·五均论·廿声卌论》）。余近钩稽《释文》中徐邈音切，知轻唇、舌上与娘、日两纽徐氏作音时尚未分化，及陆纂《释文》则唇音轻重已分，而泥、娘、日界划犹混（参看拙著《〈经典释文〉中的徐邈音》[①]）。法氏考明徐、陆音异由于类隔音和之不同，验之全书，绝无例外，以证吾说，益觉信而有征矣。又如：

《周易》音义玖·二〇，“所芘，本又作庇，必利反，又悲備反”，法云：“‘必利’‘悲備’，至部重唇分两类，与《广韵》合，后仿此。”

《毛诗》音义上捌·五，“摽有梅，婢小反，徐符表反，落也”，法云：“摽音易徐者，唇音分两类，且改类隔为音和也。”

《毛诗》音义中叁叁·四，“怭怭，毗必反，又符笔反”，法云：“怭二音唇音分二类也。”

《尚书》音义下拾·四，“暋，眉谨反，徐亡巾反，一音闵”，法云：“《广韵》‘暋’‘闵’收轸，‘谨’收隐，隐部无重唇，若陆收‘谨’于轸，则不得云一音闵矣。殆轸部唇音分二类欤？以‘徐亡巾反’证之，知轸部唇音分二类，故陆收‘谨’于轸也。”

《周易》音义拾捌·四，“岐山，其宜反，或祁支反”，法云：“‘其

① 编者注：其第三段后抽出刊于《罗常培纪念论文集》（商务印书馆，1984 年），题为《〈经典释文〉中徐邈音辨》；全文收入《罗常培文集》第七卷。

宜’‘祁支’一部内分两类也。《广韵》亦渠羁、巨支二切。”

《仪礼》音义贰伍·一四，“繘，均必反，刘俱笔反”，法云：“繘二音，质部分两类也。”

按，《广韵》支、脂、宵、真、质诸韵，唇音、牙音各分三、四两等，验诸反切，证以等韵，无不契合。陈澧作《切韵考》支分四类，脂、真、质各分三类，宵分二类，亦并因唇、牙而别析。余旧从蕲春黄先生（侃）说，并支为漪、逶二类，脂为伊、惟二类，真为因、赟二类，质为一、颲二类，宵仍立要、飆二类（黄氏删并之，左证详见所著《音略》）。近周生法高作《玄应音研究》（国立北京大学文科研究所1940年度毕业论文），涉论及此，溯诸古音，证以方言，按之玄应所作反切，均与《广韵》分类若合符节。法氏紬绎陆书音例亦烛见此秘，虽或误为依声而分而明敏殊不可及。至若：

《周易》音义贰·二二，“磐，本亦作盤，又作槃，步干反”，法云：“凡一等重唇音本书多属开口，与《广韵》异。即如此条，《广韵》‘磐’收桓，‘干’收寒。”

《尚书》音义上拾肆·一四，“沃，乌毒反，徐於毒反”，法云：“沃音易徐，殆因一等字不宜用於纽也。《广韵》例如此，陆殆与之同。”

《毛诗》音义中叁拾·九，“田稺，音稚”，法云：“‘稺’‘稚’同，以俗字音正字也。”

或辨呼等，或别正俗，亦并能融贯全书，挈其纲维者也。

二曰勘究切语，辨章音类也。《释文》音系与《切韵》不同。余所作《〈经典释文〉陆氏音切考》，穷年研索，条贯粗成，窃谓江东方音异于河北。法氏校语虽犹未能判明系统，纲举目张，而辨纽分韵，所见差的。例如：

《周易》音义拾壹·四，“嚼，详略反”，法云：“嚼音详略反误，陆于从、邪多混，《广韵》在爵切。”

《毛诗》音义上拾伍·一三，“墙有茨，茨音徐资反”，法云：“茨

《广韵》疾资切，此作徐资，从、邪不分也。"

按，六朝吴音不分从、邪，余系联陆书音切，参以原本《玉篇》音系（参阅周生祖谟《万象名义中之原本玉篇音系》，1935年度国立北京大学中国文学系毕业论文）及日译吴音，皆可证其确凿不易。法氏于《释文》从、邪两纽与《广韵》出入处均表而出之，惟所指元朗之"误"适足见元朗之"异"耳！又如：

《尚书》音义下拾叁·四，"绳，市陵反"，法云："绳，《广韵》食陵切，陆氏'市''食'不分。"

《周礼》音义下柒·二，"乘石，如字，刘常烝反"，法云："乘，《广韵》食陵切，与'常'不同纽。"

《仪礼》音义拾伍·二，"坐乘，承證反"，法云："乘，他皆作绳證反，是也。《广韵》'乘''承'不同纽，陆盖不分。"

按，《释文》音系船（床纽三等）、禅不分，余于《音切考》中已明之。法氏所论殆已先得我心之同然矣。又如：

《毛诗》音义下叁拾·二，"有驈，户橘反，阮孝绪于密反，顾野王馀橘反，郭音述"，法云："'户橘''于密'分两类也。旧读匣纽，顾读喻纽，此匣喻之混。据此可知馀纽即匣之讹。荣，永兵切，即此之'于密'也；营，馀倾切，即此之'户橘''馀橘'也。"

《礼记》音义之一，叁叁·八，"熊，乎弓反"，法云："'乎'卢依《斯干》音改'于'是也。然本书'乎''于'亦互用。"

按，《释文》及原本《玉篇》中匣、于（喻三等）两纽每相关涉，余统考两书并参证王融、庾信所为双声诗，已另著专篇论之（参阅历史语言研究所《集刊》第八本第一分[①]）。法氏校语盖亦心知其意。又如：

① 编者注：题为《〈经典释文〉及原本〈玉篇〉反切中的匣于两纽》；全文收入《罗常培文集》第七卷。

《尚书》音义上肆·一六，“巡，似遵反，徐养纯反”，法云：“‘似遵’‘养纯’邪、喻互变也。”

《毛诗》音义上拾玖·三，“洋洋，音羊，徐又音祥”，法云：“洋音羊祥，喻、邪互变也。”

《周礼》音义上柒·二〇，“醳音亦，徐音昔”，法云：“音亦之字徐多音夕，喻、邪交变，此‘昔’‘疑’‘夕’之误。再通考之。”

《礼记》音义之一，陆·四，“驯，似遵反，徐食伦反，沈养纯反”，法云：“驯三音，邪、禅、喻互变也。”

凡此所论徐、陆异同，亦与余所考之徐邈音相符。此并法氏辨纽之语也。至其辨韵者则：

《尚书》音义上玖·一，“绨，勑其反”，法云：“‘绨’‘其’不同部，《广韵》丑飢切，是也。”

《尚书》音义上拾伍·七，“迟，直疑反，徐持夷反”，法云“迟音易徐，嫌‘迟’‘夷’不同类也，然改‘夷’为‘疑’更不同部，《广韵》直尼切，是也。”

《毛诗》音义上拾壹·二，“来如字，古协思韵，多音梨”，法云：“‘梨，当作‘釐’，陆之、脂不分。”

明脂、之两韵之出入也。又如：

《毛诗》音义中肆·二二，“榛，侧巾反，又仕巾反，《字林》庄巾反”，法云：“‘榛’‘巾’不同部，《字林》盖亦并臻于真也。”

《毛诗》音义中叁叁·一八，“莘，所巾反”，法云：“‘莘’‘巾’不同部。”

《毛诗》音义下肆·八，“瑟，所乙反”，法云：“《广韵》‘瑟’‘乙’不同部。”

《周礼》音义下贰柒·一七，“栁人，庄密反，本或作榔”，法云：“‘栁’‘密’不同部。”

明真、臻,质、栉之出入也。又如:

> 《毛诗》音义中叁·三,“蕑,古颜反,兰也。郑改作莲,练田反”,法云:“《广韵》‘蕑’收山,‘颜’收删,按,《郑·溱洧》同。”

明山、删之出入也。又如:

> 《尚书》音义下壹肆·一五,“槛,户减反”,法云:“《广韵》‘槛’‘减’不同部。”

> 《毛诗》音义上贰玖·一一,“掺,所衔反,又所感反,徐又息廉反”,法云:“‘掺’收衔部,与《广韵》异。”

明咸、衔之出入也。按,以上各韵,余钩稽《释文》音切已得系联之证,法氏虽已知其互相关涉,惟囿于《广韵》反切,但能指出两书之不同,犹未能见及《释文》之特异,斯盖昧于陆书音系所致耳。此外法氏辨韵之语尚多,原书具在,不悉备举。

三曰精研等韵,审音入微也。法氏通解等韵,精于审音,明辨开合,详究弇侈,清代音韵学家慎修、初堂、晋三、兰甫之外,尚鲜其匹。例如:

> 《周易》音义陆·七,“于莽,莫荡反,王肃冥党反”,法云:“‘冥党’与‘莫荡’同出者,‘莽’一等字,不当以四等之‘冥’为双声也。此音例后密于前处。”

> 《周易》音义陆·一二,“大车,王肃刚除反”,法云:“刚除反以三等字而用一等双声,亦音例之疏。”

> 《尚书》音义上拾伍·二〇,“劓,鱼器反,徐吾气反”,法云:“劓音易徐,因三等字不得用一等之吾纽也。”

> 《周礼》音义下贰柒·四,“组约,如字,刘阿驳反”,法云:“刘阿驳反,读约为二等也。故《春官·典同》,戚音於教反,《巾车》又音於貌反。”

此辨等之洪细也。又如:

《周易》音义拾叁·一八，“藩，方袁反，徐甫言反”，法云：“‘方袁’与‘甫言’同，易徐者，嫌‘藩’为合口，‘言’为开口也。”

《周易》音义拾肆·十，“莅，履二反，又律秘反”，法云：“‘履二反’开口也，‘律秘反’合口也，即他处所谓音利又音类也。”

《毛诗》音义中叁陆·二，“卷音权，又眷勉反，沈其言反”，法云：“‘卷’与‘言’开合异呼，沈音非也。”

《周礼》音义下贰伍·一二，“臀，徒门反，徐徒恩反”，法云：“‘臀’音易徐者，嫌‘恩’为开口字也。”

《礼记》音义之一，肆·四，“唯，于癸反，徐于比反”，法云：“‘于癸’与‘于比’同，唇音分属开口、合口，故徐以‘比’叠韵，陆嫌其不切而易之。”

此别呼之开合也。此外，辟旧切之疏失则有不能为切纽之例：

《仪礼》音义肆·一一，“湆，口恰、口劫二反”，法云：“‘口’‘恰’双声不能为切纽，‘恰’盖‘给’之讹。”

《仪礼》音义伍·七，“税，舒锐反，刘诗税反”，法云：“阮云叶抄宋本作‘诗说反’，是也。伟按，‘诗’‘说’同纽，作‘说’亦非，疑本作‘悦’，上‘说服’条可证。”

《仪礼》音义叁柒·二二，“朊，火吴反，注音哻，况甫反，刘呼孤反”，法云：“‘呼’‘孤’同部，不可为切纽，二字必有一讹。”

《春秋左氏》音义之五，贰陆·七，“著，直除反，又直虑反”，法云：“‘直’‘除’同纽不能为切，他处皆‘直居反’，见昭四年及十四年。”

与不能为切脚之例：

《仪礼》音义肆·九，“巾，居近反”，法云：“‘近’有上、去二读不能为切脚，且与‘巾’不同部，疑‘觐’之误，见《考工记》、《春官·序官》及《大射仪》。”

甚至于发音部位亦注意及之：

《周礼》音义上贰捌·四，“兴，许应反，刘虚甑反”，法云：“‘兴’音易刘者，嫌‘甑’为舌前音也。”

其辨析毫芒，不爽锱铢，良有足多者矣。

四曰据音正字，为卢、段所不逮也。昆山徐氏据震泽叶林宗景宋钞本《经典释文》梓入《通志堂经解》，扑尘扫叶，不为无功。惟有宋本是而或不得其解，因而误改者，亦所不免。及卢召弓、段懋堂更据叶本重加校雠，别白是非，附以考证，而后宋本之佳处乃以复显，然法氏精究声韵，创通音例，于讹字之不能勘照宋本者，辄以音订之，胜义间出，往往为卢、段所不逮。例如：

《毛诗》音义上贰叁·九，“骤，竹救反”，法云：“‘竹’误，文十四年、哀十四年《左传》音义并作‘仕救反’，是也。”

《毛诗》音义上贰肆·一五，“疐，市坎反”，法云：“‘市’，当作‘巿’，宋本已误，见毛居正《六经正误》。”

《毛诗》音义上贰捌·一九，“薄，普各反，徐扶各反”，法云：“‘普’盖‘蒲’之误，陆用音和，徐用类隔，书中多此例，此字不容有异读也。《集韵》亦误收。”

《毛诗》音义中贰·一五，“窈，乌了反，又于表反”，法云：“‘于表’当作‘於表’，与下条‘夭’字音同。《集韵》篠、小二部收‘窈’字，并在影纽，是其所据本尚不误也。”

《周礼》音义上玖·二，“齐，徐、刘于西反”，法云：“‘于’乃‘子’之误，卢本亦误。”

《仪礼》音义叁叁·九，“饯，挾浅反”，法云：“‘挾’不成字，乃‘疾’之讹。”

《毛诗》音义中贰拾·一七，“载，才冉反”，法云：“‘冉’当作‘再’。”

《毛诗》音义下贰玖·二二,“坰,古荧反,徐又音苦营反或苦琼反”,法云:“‘苦营’与‘苦琼’同,‘营’盖‘萤’之误。《书·仲虺之诰序》至于大坰,徐音钦萤反,是其证。”

《周礼》音义上陆·一三,“莔,莫千反”,法云:“‘千’当作‘干’,阮云:叶本作‘千’。”

《仪礼》音义贰陆·二〇,“朼,必季反”,法云:“卢、阮并云‘季’宋本作‘李’是也,然‘朼’‘李’不同部,‘李’当作‘履’,见《特牲馈食》。”

《礼记》音义之一,叁壹·六,“蝉始,市志反”,法云:“‘志’字误,此为‘蝉’字作音,非为‘始’字作音也。篇中屡以‘始’字纪候,皆无异读,不应此独去声,即为去声亦当仍为审纽字,何又改为禅纽?种种不合。然《群经音辨》《集韵》并收此读,且引‘蝉始鸣’为证,则宋时已讹。《集韵》收于审纽内,较贾氏稍有斟酌,盖已微觉其误矣。《诗·荡》《尔雅·释虫》音义,‘蝉’并音‘市延反’,当据彼改正。”

《礼记》音义之二,拾柒·八,“鹿豞,於伪反”,法云:“豞,卢云:《广韵》作‘䴠’,於为切,音不同。伟按,此第据支韵言之耳,《广韵》寘部固有‘豞’字,音义并与此同。”

诸如此类,枚举难终。亦有不据音理而是正鲁鱼亥豕之讹者:

《毛诗》音义上叁肆·二,“伐,如字,本或作戫,音同”,法云:“‘戫’,卢改‘瞂’是,‘戫’乃俗体,不当以见于《集韵》而遂从之。”

《毛诗》音义上叁肆·十,“隒,鱼简反,又音简”,法云:“‘简’当作‘检’,此明末避怀宗讳所改也。考各本附音皆作‘检’,叶林宗于崇祯时写此本,全书内往往有改‘检’为‘简’者。今按,《王·葛藟》音义并仍作‘检’。”

《毛诗》音义上贰柒·一二,“著,直居反,又直据反,又音於”,

法云："'直居'，王观国《学林》引作'直屡反'，误。昭四年、十四年《左传》著邱公音义并云'直居反'，徐'直据反'，可以为证。'又音於'三字，殆有误。"

以较据音正字之例，则多寡悬殊矣。

综上四端，皆法氏校本特应称扬者。书中遇有疑滞，法氏亦慎守盖阙之义，未敢妄加武断。例如：

《毛诗》音义下叁·十，"拔，蒲贝反，又蒲盖反"，法云："按，《广韵》'贝'，'布盖切'，则'贝''盖'同部，'蒲贝'即'蒲盖'也，未知其所以异。疑二'蒲'字有一作'浦'者。"

《毛诗》音义下拾柒·八，"饑音飢，又音機"，法云："'饑'既具二音，则陆亦知'飢''饑'不同部矣，他处又混之，何也?"

《礼记》音义之二，贰叁·六，"瞿瞿，纪具反，又纪力反"，法云："'又纪力反'，未详。"

《礼记》音义之四，拾伍·一四，"壶颈，吉并反，又九领反，徐其声反"，法云："'吉并'，卢本作'吉井'，以《玉藻》证之，则作'井'殆是。然作'吉井'则与'九领'非异读，不当别出。且《玉藻》亦'吉井''吉成'两读，'吉并'与'吉成'同。今姑仍之，俟考。"

《春秋左氏》音义之六，贰壹·一一，"遒音囚，又音巡"，法云："'又音巡'，未详。《汉志》晋灼音酋。"

然亦有《广韵》同部而法氏认为不同部者：

《礼记》音义之一，拾贰·一四，"萌，亡耕反"，法云："'萌''耕'不同部，此当作'武庚切'，《广韵》亦误。"（按，"萌""耕"《广韵》同在耕韵。）

《礼记》音义之一，贰壹·二，"啖，徒暂反"，法云："'暂'疑误，《广韵》去声虽有'啖'字，然别一义，且'啖''暂'亦不同部，或者亦动静异读乎?”

或《广韵》本属同音而法氏存疑者:

《庄子》音义下贰捌·六,“槀,旧古考反”,法云:“古考反,则字当作‘稾’。”(按,《广韵》皓韵“槀”“稾”同“古老切”。)

《庄子》音义下贰玖·二二,“连犿,本亦作抃,同芳袁反,又音獾”,法云:“‘獾’不知何字之讹。”(按,《广韵》桓韵“犿”“獾”同“呼官切”。)

此皆千虑一失,未足苛责也。

往岁既为段玉裁校本《经典释文》及《古逸丛书》影宋大字本《尚书释音》二跋布诸《图书季刊》,嗣又成《唐写本〈经典释文〉残卷四种跋》以为清华大学30周年庆,窃于《释文》版本源流及唐、宋本之异同,略有诠发矣;今值国立北京大学43周年纪念,谊当有作,以祝宏庥,乃复董理旧稿,以成兹篇,略发都凡,以为披览法氏校本之一助,或亦治元朗书者所不弃欤?

1941年12月17日写于昆明龙泉镇北大文科研究所,同月27日重订。

(原载《图书月刊》2卷4期,1942年)

唐写本《经典释文》残卷五种跋

余所见唐写本《经典释文》残卷，凡有五种：

其一：《周易》音义，自《大有》起至卷末，前佚《乾》至《同人》十三卦。卷尾书题后有记五行云：

开元廿六年九月九日于蒲州赵全岳本写此年八月七日奉

敕简过放冬集　敕头卢济甲头张抃又奉十二日

敕放春选差御史王佶就军试　敕头陈令祖

己卯开元廿七年正月十七日在新泉勘音并易一遍

五月廿五日于晋州卫杲本写指例略

盖非一时所成也。此卷写于玄宗时，而《周易略例》出"隆墀"字不缺笔，使无题记所著年月，但据避讳字断定写本时代，固不能无失矣。原件藏法国巴黎国家图书馆（don4802），罗振玉曾印入《鸣沙石室古籍丛残》中。写本与今本之详略异同，国人犹鲜论及。

其二：《周易》音义，自《泰》至《同人》共存六行有半，首尾及每行下段均有残缺。原件存伦敦大英博物馆（S.5735），北京图书馆藏有王重民所摄副本，与第一种笔迹相同，盖为一件之断烂。惜《泰》卦以前已不可复睹矣。

其三：《尚书》音义，起《尧典》"表"字，讫《舜典》末，共存百有五行，"毻"字以前上半残缺。原件藏法国巴黎国家图书馆。1916年伯希和（Paul Pelliot）随使来华，道出沪上，张元济得其影本，亟复印之,收入《涵芬楼秘笈》第四集中,并附吴士鉴校语二卷;罗振玉亦别有影印本收入《吉石庵丛书》中。自伯希和[①]、吴士鉴外,马叙伦[②]、胡玉缙[③]、洪业[④]、吴承仕[⑤]、狩野直喜[⑥] 等,均为文论之。要皆辨章形体,未遑论及音切同异。吴士鉴尝论写本与今本之不同云:"综其大要,与今本不同者有六:此本多承用古文,而今本《释文》悉已改窜,当出卫包之手,其不同者一。此本间采《孔传》,而今本太半刊削,然注疏本所载《释文》往往而在,其不同者二。今本音训但有经传,而此本《舜典》并及《正义》凡十馀条,其不同者三。元朗用《王注》,《正义》用姚方兴本,自是不同,乃今本所列之字无一出姚本之外者,而此本则犹存《王注》,未为后人所削,其不同者四。放勋殂落,屡见故书,今本已失其旧,得此单文,可征元朗所据经文与今本有截然歧异者,其不同者五。此书音训先经后传,每节每句略可寻省,惟'挚'字之音乃属下文,因此考见元朗句读与今本亦异,其不同者六。"[⑦] 提纲挈领,异同判然,惜于音切因革,亦未有所诠发耳。

其四:《礼记》音义之一,自《檀弓》上"可传(直宣)"起,至《檀弓》下"入见(贤遍)"止。原件藏国立北京图书馆(编目为殷字四十四

① Paul Pelliot 有《古文尚书及尚书释文考》,见 *Mémoires Concernant L'Asie Orientale*, 1916(publiés par L'Académie des Inscriptions et Belles-Lettres, Sous la direction de MM. Senart, Chavannes, Cordier, 3 tomes, t. Ⅱ, 123 ff)。

② 马叙伦有《唐写本经典释文残卷校语补正》一卷,天马山房自印本。

③ 胡玉缙有《写本经典释文残卷书后》,载《燕京学报》第 13 期,第 197 页。

④ 洪业有《尚书释文敦煌残卷与郭忠恕之关系》,载《燕京学报》第 14 期,第 185 页。

⑤ 吴承仕有《唐写本尚书舜典释文笺》,载《国立北平图书馆月刊》第 1 卷,第 403 ~ 415 页。

⑥ 狩野直喜有《唐钞古本尚书释文考》,载《艺文》第六年第二号,第 157 页;又《唐钞古本尚书释文考正误》,载《艺文》第六年第三号,第 364 页。

⑦ 见吴士鉴《唐写本经典释文校语序》。

号),湘阴许国霖编入所辑《敦煌写经题记与敦煌杂录》中,由商务印书馆排印行世。钞刊之误,在所不免。

其五:《礼记》音义之四,存《中庸》第三十一至《昏义》第四十四,中间脱《奔丧》一篇,而《中庸》《缁衣》《大学》《昏义》《冠义》,亦均不完。卷中"民"字均缺末笔,当为唐写本无疑。原件藏日本奈良兴福寺,昭和十年五月由日本京都帝国大学文学部影印流行。狩野直喜曾以抱经堂本为底本,取此本与宋淳熙间所刻抚州公使库本、清嘉庆间张敦仁重刊抚本及通志堂本互勘异同,著为校记,其精处往往非徐、卢所能及也。

按,两《唐书》并著录陆德明《经典释文》三十卷。[①] 周显德二年(955)二月,诏刻《序录》和《易》《书》《周礼》《仪礼》四经释文,皆田敏、尹拙、聂崇义校勘。自是拙等相继校勘《礼记》《三传》《毛诗》音。宋建隆三年(962)判监崔颂上新校《礼记释文》。开宝五年(972)判监陈鄂与姜融等四人校《孝经》《论语》《尔雅》释文上之。二月,李昉知制诰,李穆、扈蒙校定《尚书释文》。先是,唐天宝三年(744),玄宗以《尚书》原本为隶古定,诏集贤学士卫包改定古文《尚书》为今文,收旧本藏诸秘府,人间不复诵习。[②] 至是以德明《释文》用古文,与卫包所定今文驳异,乃命判监周惟简与陈鄂重修定,诏并刻板颁行,而周惟简勘定之古本竟微。咸平二年(999)十月十六日,直讲孙奭请摹印《古文尚书》音义,与新定《释文》并行,从之。是书周显德六年(959)田敏等校勘,郭忠恕覆定古文,并书刻板。景德二年(1005)二月甲辰,命孙奭、杜镐校定《庄子释文》。四月丁酉,吴铉言国学板本《尔雅释文》多误,命杜镐、孙奭详定。天圣四年(1026)五月戊戌,国子监请摹印

① 《旧唐书》肆陆《经籍志》、《新唐书》伍柒《艺文志》均著录之。

② 《新唐书》伍柒《艺文志·书类》。

德明《音义》二卷颁行。[①] 盖自周显德以后,《释文》各卷均经陆续刊行,而以《尚书》《尔雅》改窜特甚。宋代刻本晚近流传甚希,钱谦益尝得明文渊阁所藏宋椠,储之于绛云楼,一时惊为秘籍。及绛云一炬,宋椠成灰,幸赖叶林宗影写本尚存,而后徐乾学通志堂本及卢文弨抱经堂本乃得有所祖。然则有清以降,非特开宝以前之原本《释文》不可复睹,即开宝改窜后之宋本亦只一脉单传,绝无参证。清内廷天禄琳琅虽藏有宋刻本,[②] 但为封建帝王一人所有,外人无由观览。迨清亡以后,天禄秘籍散佚者多,《释文》一书之存亡亦阒焉无闻矣。不意前年北京图书馆及沈阳博物馆竟各购得原书之一半,因合为全帙,交故宫博物院庋藏,千载秘籍遂重显于世。今此五种唐代写本,《周易》固有开元廿七年写讫之明文,《尚书》亦非据卫包改定之今本,《礼记》两卷更远在淳熙所刻抚本之前,其可贵又在宋椠之上矣。

关于各本之参差,文字之同异,诸家校语论之已详,可按原文,无烦赘引。余所为《〈经典释文〉音切考》,钩稽陆书音切,构拟六朝吴音,取材既以通志、抱经两本为渊薮,则写本音切与今本有无出入,于所得结论之信否,牵连至钜。故兹篇所论,首重审音,聊详前人所略,以奠音系之始基,藉免筑崇台于砂碛之上而已。

闲尝通考五种写本之音切,以与通志堂本互勘,综计于649条中籀得九例:

一曰,今本与写本音切用字不同而音类亦异者:

《周易》音义拾柒·五“比(毗志反)”,写本作“比(必夷反)”。“毗”属並纽,“必”属帮纽,“志”属去声志韵,“夷”属平声脂韵,两音声韵调并异。按,《释文》陆氏反语,“比”作去声“毗志反”者一

① 王应麟《玉海》肆叁·十五“开宝校释文”条。

② 见彭元瑞《天禄琳琅书目续编》卷三。原书亦为明文渊阁故物。

百三十一,“必利反”者三十四,“必二反”者六,“方二反”者一,作上声“必履反”者七,“必尔”“必里”“并里”“并是”者各一,无作平声“必夷反”者。写本作此,未详何据。(“拾柒”表页数,“五”表行数,后半页行数通前半页计,行款以通志堂本为准,声纽沿用三十六字母,韵部沿用《广韵》标目,取便对照,其与《释文》音系不同者另加说明。下皆准此。)

贰壹·十“豐(芳忠反,《字林》匹忠反)”,写本作“豐(芳宗反,《字林》匹恵反)”。《广韵》“忠”属东韵,“宗”属冬韵,韵部不同。按,《释文》陆氏反语“豐”作“芳弓反”者四,“芳中”“芳忠”“敷冯”者各一,均属东韵三等,无作“芳宗反”者。写本不知何据。今本《广韵》“豐”讹作“敷空反”,《切韵残卷》及故宫本王仁昫《刊谬补缺切韵》均作“敷隆反”,五代刻本韵书作“孚隆反”,可以据正。陈澧《切韵考》据二徐《说文》反切改作“敷戎切”,亦合。“豐”“恵”皆形近而讹。

《礼记》音义之四,拾柒·十五“分(徐扶问反)”,写本“扶”作“甫”。“扶”属奉纽,“甫”属非纽。按,《释文》陆氏反语“分”字去声作“扶问反”者五十五,“符问反”者二十一,“扶运反”者三,惟《左传·僖公元年》“分灾”之“分”作“甫问反”,此处所引徐音清浊异纽,未详孰是。

拾捌·二“臭(昌救反)”,写本“救”作“據”。“救”在宥韵,“據”在御韵。按,《释文》陆氏反语“臭”作“昌又反”者五,“昌救反”者二,“尺求反”者一,绝无作“昌據反”者。此或因“處”作“昌據反”,类推致误耳。

二曰,今本与写本音切用字不同而音类不异者:

《周易》音义捌·六“忒(吐得反)”,写本“吐”作“他”。“吐”“他”同属透纽。

捌·二二“分(扶问反)”,写本“扶”作“苻”;又贰肆·一八,贰玖·五“分(符问反)”,写本“符”亦作“苻”。“扶”“苻”“符”同属奉纽。按,段玉裁、王筠所校叶林宗影宋本前作“符问反”,后作“苻问反”。

拾壹·四“朵(多果反)”,写本“多”作“都”,“多”“都”同属端纽。

拾贰·四“祇(音支,又祁支反)”,写本“祁”作“祈”,无“反”字,“祁”“祈”同属群纽。

拾柒·十九“僻(匹亦反)”,写本“匹”作“疋”。按,“疋”《五音集韵》“譬吉切”,与“匹”同音,并属滂纽。

拾玖·二二“劲(古政反)”,写本“古”作“吉”。按,“古”“吉”同属见纽,但“古”为一、二、四等上字,“吉”为三等上字,以一、二、四等不与三等同切言,则写本为正,今本或因形近讹省。“劲”《广韵》“居正切”,《集韵》“坚正切”。

贰拾·十三“腓(符非反)”,写本“符”作“苻”,“符”“苻”同音,同属奉纽。

贰壹·五“眇(弥小反)”,写本“弥”作“妙”,“弥”“妙”同属明纽。

贰贰·十六“断(丁乱反)”,写本“丁”作“都”,“丁”“都”同属端纽;又贰捌·十六“断(都乱反)”,写本“都”作“丁”,“都”“丁”互易,尤为同类之征。

贰叁·十三,又贰肆·六“憊(備拜反)”,写本“備”作“蒲”,“備”“蒲”同属並纽。

贰陆·十六“扐(郎得反)”,写本“郎”作“力”,“郎”“力”同属来纽,但“郎”为一、二、四等上字,“力”为三等上字。

贰陆·十八“酢(在洛反)”,写本“在”作“才”,“在”“才”同属从纽。

贰柒·七“阖(胡腊反)”,写本“胡”作“户”,“胡”“户”同属匣纽。

贰玖·三“介(徐音戒,众家作介,徐云:王廙古黠反)”,写本“众家作介”之“介”作“砎”,“古”作“吉”,无“徐云”二字。按,“古”“吉”同属见纽,但“古”为一、二、四等上字,“吉”为三等上字。《广韵》“介”“古黠切”,字宜从写本,切应从今本。卢文弨《经典释文考证》云:“‘砎’旧讹‘介’,今从雅雨本正。”

贰玖·十三,又叁贰·十一“远(于万反)”,写本“于”作“袁”,“于”“袁”同属喻纽云类。

叁拾·二一“羿(主树反)”,写本“主”作“注”,“主”“注”同属照纽章类。

叁壹·六“胄(直又反)”,写本“直”作“丈”,“直”“丈”同属澄纽。

《尚书》音义上,叁·十七“滔(土刀反)”,写本“土”作“吐”,《古逸丛书》影宋大字本《尚书释音》同,“土”“吐”同属透纽。

肆·三“妻(千计反)”,写本“千”作“七”,“千”“七”同属清纽。

伍·十八“黜(丑律反)”,写本“丑”作“敕”,“丑”“敕”同属彻纽。

伍·二〇“共(音恭,王己勇反)”,写本“己”作“恭”,“己”“恭”同属见纽。

《礼记》音义之一,拾陆·十“瑣(息果反,依字作琐)”,写本作“瑣(苏果,依字)”,“息”“苏”同属心纽。

拾陆·十六“碑(彼皮反)”,写本“彼”作“必”,“彼”“必”同属帮纽。

拾陆·二〇“邃(先遂反)”,写本作“邃(虽遂)”,“先”“虽”同属心纽。

拾柒·四“剥(邦角反)”,写本“邦”作“并”,“邦”“并”同属帮纽。

拾柒·十八“遗(维季反)”,写本作“遗(唯季)”,“维”“唯”同属喻纽以类。

拾柒·十九“纰(避支反)”,写本“避”作“辟”,“避”“辟”同属並纽。

拾捌·二“蟜(居表反)”,写本“居”作“君”,“居”“君”同属见纽。

《礼记》音义之四,壹·六“傚(胡教反)”,写本“胡”作“户”,“胡”“户”同属匣纽。

壹·七“恐(匡勇反)”,写本“匡”作“曲”,“匡”“曲”同属溪纽。

肆·十三“恳(口很反)”,写本“口”作“苦”,“口”“苦”同属溪纽。

陆·十八“蔽(毕世反,又音弊)”,写本“毕”作“必”,“又”上多一“王”字,“毕”“必”同属帮纽。

捌·二二“败(补迈反)”,写本“补”作“必”,“补”“必”同属帮纽。

玖·十“笥(司吏反)”,写本作“笥(徐思吏反)”,“司”“思”同属心纽。

拾壹·九“怛(都达反)”,写本“怛”误“恒”,“都”作“丹”,“都”“丹”同属端纽。

拾壹·十七,又拾叁·一“苫(始占反)”,写本“始”作“失”,“始”“失”同属审纽书类(前条“苫”讹作“苦”,互见例八)。

拾壹·十八“匐(蒲北反)”,写本“蒲”作“薄”,“蒲”“薄”同属並纽。

拾壹·二二“跛(补祸反,又彼我反)”,写本作“跛(波我反)”,“彼”“波”同属帮纽。

拾叁·十一“称(赤证反)”,写本“赤”作“尺”,“赤”“尺”同属穿纽昌类。

拾叁·十四“巡(徐词均反)”,写本“词”作“辝”,“词”“辝”同音,属邪纽。

拾肆·八“髀(毕婢反)”,写本“毕”作“必”,“毕”“必”同属帮纽。

拾肆·十四“纯(之允反,又之闰反)”,写本“之允”作“诸允”,“之”“诸”同属照纽章类。

拾陆·七“摈(必慎反)”,写本“必”作“宾”,“必”“宾”同属帮纽。

拾柒·九“沮(徐在吕反)”,写本“在”作“慈”,“在”“慈”同属从纽。

拾柒·十五“谤(补浪反)”,写本“补”作“布”,“补”“布”同属帮纽。

拾柒·十七“累(力伪反)”,写本“力”作“劣”,“力”“劣”同属来纽。

拾玖·一“济(子礼反)”,写本“子”作“则”,“子”“则”同属精纽。

拾玖·十八“拂(扶弗反)”,写本“扶”作“佛”,“扶”“佛”同属奉纽。

拾玖·二一“猥(烏罪反)”,写本“烏”作“焉”,“烏”“焉”同属影纽。

贰拾·十一“迎(鱼敬反)”,写本“鱼”作“逆”,“鱼”“逆”同属疑纽。

贰拾·二〇“供(俱用反)”,写本“俱”作“恭”,“俱”“恭”同属见纽。

此反切上字不同而声类不异者也。又如:

《礼记》音义之四,柒·一“彖(吐乱反)”,写本“吐”作“敕”,“吐”属透纽,“敕”属彻纽。

《尚书》音义上,叁·十八“涤(大历反)”,写本“大”作“直”,“大”属定纽,“直”属澄纽。

《礼记》音义之四,陆·二一“传(丈专反)”,写本“丈”作“大”,“丈”属澄纽,“大”属定纽。

又拾伍·一“度(徒洛反)”,写本“徒”作“直”,“徒”属定纽,“直”属澄纽。

据余所考陆氏音系舌头、舌上两音尚未分化,则“吐”与“敕”、“大”与“直”、“丈”与“大”、“徒”与“直”在《广韵》虽属两纽,在《释文》实同声类。又如:

《尚书》音义上,肆·三“女(而据反)”,写本“而”作“恧”,宋大字本《尚书释音》同,“而”属日纽,“恧”属娘纽。法伟堂《经典释文校语》云:“《广韵》‘尼據切’,此作‘而’,殆类隔也。”

据余所考陆氏音系娘、日同隶一纽,故“而”与“恧”在《释文》实同声类。又如:

《尚书》音义上,伍·十三“猾(户八反)”,写本作“滑(于八反)”,“户”属匣纽,“于”属喻纽云类。

《礼记》音义之四,拾柒·十“坏(乎怪反)”,写本“乎”作“于”,“乎”属匣纽,“于”属喻纽云类。

据余所考陆氏音系匣、云同隶一纽,故“户”与“于”、“乎”与“于”在《释文》实同声类。[①]又如：

《尚书》音义上，肆·十六"巡（似遵反，徐养纯反）"，写本作"巡（古作徇，以选反，徐养纯反）"，"似"属邪纽，"以"属喻纽以类。

《礼记》音义之四，拾柒·十五"接（似辄反）"，写本"似"作"以"，"似"属邪纽，"以"属喻纽以类。

按，《释文》陆氏音切以类与邪纽每相涉入，则"似""以"声实相近，未必即为形讹也。

至于反切下字之异者，则有：

《周易》音义陆·五"辩（王肃卜免反）"，写本作"辩（肃卜勉反）"，"免""勉"同属明纽狝韵。

玖·五"贲（李轨府瓮反）"，写本作"贲（李府盆反）"，"瓮""盆"同属並纽魂韵。

玖·十七"辨（郑符勉反，王肃否勉反）"，写本作"辨（郑符免反，肃不免反）"，"勉""免"同属明纽狝韵。

拾·二〇"曰（音越，郑人实反）"，写本作"曰（越音，又人质反）"，"实""质"同属质韵。

拾壹·十六"稊（徒稽反）"，写本作"稊（徒奚反）"，"稽""奚"同属齐韵。

拾贰·十"错（郑、徐七各反）"，写本作"错（郑七洛反）"，又贰陆·二一"错（七各反）"，写本"各"作"洛"，"各""洛"同属铎韵。

拾贰·十二"嗟（王肃又遭哥反）"，写本无"王""又"二字，"哥"作"歌"，"哥""歌"同属见纽歌韵。

① 参看拙著《〈经典释文〉和原本〈玉篇〉反切中的匣于两纽》，载中央研究院历史语言研究所《集刊》第8本第1分。（编者按：此文收入《罗常培文集》第七卷）

拾贰·十三"沱(徒河反)",写本"河"作"何","河""何"同属匣纽歌韵。

拾叁·九"遯(徒巽反)",写本"巽"作"逊","巽""逊"同属心纽恩韵。

拾肆·七"和(胡卧反)",写本"卧"作"过","卧""过"同属过韵。

拾肆·十一"遁(徒逊反)",写本"逊"作"困",同属恩韵。

拾捌·二一"养(如字,徐以上反)",写本作"养(以尚反)","上""尚"同在禅纽漾韵。

拾玖·十七"否(悲己反)",写本"己"作"纪","己""纪"同属见纽止韵。

贰拾·一"虩(许逆反)",写本"逆"作"戟","逆""戟"同属陌韵。

贰壹·四"弊(婢世反)",又贰壹·七"袂(弥世反)",两"世"字写本均作"势","世""势"同属审纽书类祭韵。

贰贰·十四"顣(千寂反)",写本"千寂"作"干戚","寂""戚"同在锡韵,"干"乃"千"之讹。

贰肆·十一"蹇(纪勉反)",写本"勉"作"免","勉""免"同属明纽狝韵。

贰肆·十八"见(贤徧反)",写本"徧"作"遍","徧""遍"同属帮纽线韵。

贰伍·二一"翕(虚级反)",写本"级"作"急","级""急"同属见纽缉韵。

贰柒·二一"隤(大回反)",写本"回"作"迴","回""迴"同属匣纽灰韵。

贰玖·八"数(色柱反)",写本"柱"作"主","柱""主"同在麌韵。卢氏《考证》云:"'主'旧作'柱'讹,宋本作'拄',仍据前后例改作'主'。"法伟堂云:"'柱'卢改'主',是。"所校虽与写本暗合,顾与音类无涉。

《尚书》音义上,叁·五"谷(工木反)",写本"木"作"卜","木""卜"同属屋韵。

叁·十九"佥(七廉反,又七剑反)",写本作"佥(七簾反,皆也;徐又七剑反)","廉""簾"同属来纽盐韵。

叁·二一"否(方久反,不也;又音鄙)",写本作"否(音鄙,又方九反,不也)","久""九"同属见纽有韵。

肆·三"烝(之丞反)",写本"丞"作"承","丞""承"同属蒸韵。

肆·四"嫔(毗人反)",写本作"姘(本又作姘,皆古嫔字,毗真反)","人""真"同属真韵。

肆·九"徽(许韦反)",写本"韦"作"违","韦""违"同属喻纽云类微韵。

伍·十"闢(婢亦反,徐甫亦反)",写本作"辟(本又作闢,婢亦反,徐甫赤反)","亦""赤"同属昔韵。

伍·十四"剕(扶味反)",写本作"厞(扶贵反)","味""贵"同属未韵。

《礼记》音义之一,拾伍·二十"传(直专反)",写本"专"作"宣","专""宣"同属仙韵。

拾陆·五"簨(息允反)",写本"允"作"尹","允""尹"同属准韵。

拾陆·七"向(式上反)",写本"上"作"尚","上""尚"同属漾韵。

拾陆·二〇"壤(而丈反)",写本作"壤(而雨)","雨"为"两"

之讹,“丈”“两”同属养韵。

拾柒·三“著(直略反)”,写本“略”作“若”,“略”“若”同属药韵。

拾柒·八“袂(面世反)”,写本“世”作“制”,“世”“制”同属祭韵。

拾捌·三“说(他活反,本亦作税,徐又音申锐反)”,写本“锐”作“税”,“锐”“税”同属祭韵。

《礼记》音义之四,壹·七“离(力智反)”,写本“智”作“豉”,“智”“豉”同属寘韵。

叁·十八“华(户化、户瓜二反)”,写本作“华(户化反,又户花反)”,“瓜”“花”同属麻韵。

肆·十“貉(本又作貊,武伯反)”,写本作“貉(本又作貊,武百反)”,“伯”“百”同属陌韵。

陆·八“藟(音诔,力水反)”,写本作“藟(力轨反)”,“水”“轨”同属旨韵。

柒·六“鹊(七略反)”,写本“略”作“若”,“略”“若”同属药韵。

捌·一“巷(户降反)”,写本“降”作“绛”,“降”“绛”同属见纽绛韵。

捌·三“格(古伯反)”,又拾捌·一“格(古百反)”,写本“伯”“百”均作“白”,“伯”“百”“白”同属陌韵。

捌·十三“蜡(仕嫁反)”,写本“嫁”作“诈”,“嫁”“诈”同属祃韵。

拾壹·九“肾(市轸反)”,写本作“贤(市忍反)”,“贤”为“肾”之讹,“轸”“忍”同属轸韵。

拾壹·十四“辟(婢尺反,徐扶亦反)”,写本“亦”作“赤”,“亦”

“赤”同属昔韵;又拾肆·二二“辟(徐扶赤反)”,写本“赤”作“亦”。“赤”“亦”互用,尤可证其同韵。

拾壹·十七“枕(之荫反)”,写本“荫”作“鸩”,“荫”“鸩”同属沁韵。

拾壹·十九“断(丁段反)”,写本“段”作“乱”,“段”“乱”同属换韵。

拾壹·二一“秃(吐禄反)”,写本“禄”作“木”,“禄”“木”同属屋韵。

拾壹·二二“颡(桑朗反)”,写本“朗”作“党”,“朗”“党”同属荡韵。

拾贰·十八“苴(七余反)”,写本“余”作“馀”,“余”“馀”同属喻纽以类鱼韵。

拾贰·十九“从(七容反)”,写本“容”作“凶”,“容”“凶”同属锺韵。

拾叁·十三“思(息吏反)”,写本“吏”作“嗣”,“吏”“嗣”同属志韵。

拾叁·十六“啁(张留反)”,写本“留”作“流”,“留”“流”同属来纽尤韵。

拾叁·二一“焉(徐如字,一音於乾反)”,写本“乾”作“虔”,“乾”“虔”同属群纽仙韵。

拾陆·三,又贰拾·六“少(诗照反)”,写本“照”作“召”,“照”“召”同属笑韵。

拾陆·八“铺(普吾反)”,写本“吾”作“吴”,“吾”“吴”同属疑纽模韵。

拾陆·十五“断(音短,直卵反,绝也;又丁乱反)”,写本“卵”作“短”,“卵”“短”同属缓韵。

拾柒·一“蓬(步红反)”,写本“红”作“工”,“红”“工”同属东韵。

拾柒·一“瓮(乌贡反)”,写本“贡”作“弄”,“贡”“弄”同属送韵。

拾柒·三“稽(古奚反)”,写本“奚”作“子”,盖“兮”之俗讹,“奚”“兮”同属匣纽齐韵。

拾捌·六“瑳(七何反)”,写本作“磋,七河反”,“何”“河”同属匣韵歌纽。

拾捌·八“赫(许百反)”,写本“百”作“白”,“百”“白”同属陌韵。

贰拾·四“醮(子笑反)”,写本“笑”作“妙”,“笑”“妙”同属笑韵。

其下字虽殊,而韵类实无差别。亦有下字在《广韵》分隶两韵,而《释文》实同一类者,例如:

《周易》音义贰陆·十一“亹(许觐反)”,写本作“舋(许靳反)”,《广韵》“觐”在震韵,“靳”在焮韵。

据余所考《释文》陆氏音系真、欣不分(举平以赅上去,下同),则“觐”“靳”韵实同类。又如:

《礼记》音义之一,拾柒·三“兕(徐里反)”,写本“里”作“履”,《广韵》“里”在止韵,“履”在旨韵。

《礼记》音义之四,伍·七“恣(咨嗣反)”,写本“嗣”作“自”,《广韵》“嗣”在志韵,“自”在至韵。

据余所考《释文》陆氏音系之、脂不分,则“里”与“履”、“嗣”与“自”,韵实同类。又如:

《礼记》音义之一,拾柒·十六“耆(巨支反)”,写本“支”作“之”,《广韵》“支”在支韵,“之”在之韵。

《礼记》音义之四,拾贰·十九“偯(於起反)”,写本“起”作“岂”,《广韵》“起”在止韵,“岂”在尾韵。

贰拾·三“篮(市至反)”,写本“至”作“制”,《广韵》“至”在至韵,“制”在祭韵。

类此支与之、止与尾、至与祭互相涉入之例,在陆氏音系中亦数见不鲜,尚有:

《尚书》音义上,肆·十七“柴(士皆反)”,写本“皆”作“佳”,《广韵》“皆”在皆韵,“佳”在佳韵。

则皆、佳不分也;

《礼记》音义之四,捌·二〇“柄(音秉,兵永反)”,写本“永”作“领”,《广韵》“永”在梗韵,“领”在静韵。

则庚、清不分也。诸如此类,均可与陆氏音系互相参证。至于反切上下字完全不同,而声韵实无出入者,写本中凡四见:

《周易》音义贰壹·二二“翳(乌细反)”,写本作“翳(於计反)”,“乌”“於”同属影纽,“细”“计”同属霁韵。

贰叁·二〇“蒸(章勝反)”,写本作“蒸(职塍反)”,“章”“职”同属照纽章类,“勝”“塍”同属蒸韵(《广韵》蒸韵“勝,识蒸切”,“塍,食陵切”)。

贰玖·七“撰(仕勉反……王肃士眷反)”,写本“士眷”作“仕篡”,“士”“仕”同属床纽崇类,“眷”《广韵》“居倦切”,“篡”《集韵》“刍眷切”,同属线韵。

叁贰·二“糅(如又反)”,写本“如又”作“女九”。按,陆氏音系娘、日两纽尚未分化,“如”“女”实同一声;“又”或“久”之讹,据《周易》音义贰玖·二一“纣(直又反)”,写本“又”正作“久”,可以为证,“久”与“九”固同音字也。

而直音异字同音者亦不乏其例:

《周易》音义玖·九“皤（董音槃）”，写本“槃”作“盘”，“槃”“盘”《广韵》“薄官切”，同属並纽桓韵。

拾玖·六“洌（音列……王肃音例）”，写本作“洌（音烈）”，“列”“烈”《广韵》“良薛切”，同属来纽薛韵。按，段、王所校叶本“列”亦作“烈”。

贰拾·十三“应（应对之应，又音膺）”，写本“膺”作“鹰”，“膺”“鹰”《广韵》“於陵切”，同属影纽蒸韵。

贰肆·八“蘩（音烦）”，写本作“蘩（繁）”，“烦”“繁”《广韵》“附袁切”，同属奉纽元韵。

《礼记》音义之一，拾陆·九“缪（音木）”，写本“木”作“穆”，“木”《广韵》“莫卜切”，“穆”《广韵》“莫六切”，同属明纽屋韵，但侈弇不同，绳以音例，则写本为是。

拾陆·二一“坊（音防）”，写本“防”作“房”，“防”“房”《广韵》“符方切”，同属奉纽阳韵。

《礼记》音义之四，柒·二二“苛（音何）”，写本“何”作“河”，“何”“河”《广韵》“胡歌切”，同属匣纽歌韵。

拾贰·一“缌（音思）”，写本“思”作“丝”，“思”“丝”《广韵》“息兹切”，同属心纽之韵。

贰拾·七，又贰拾·十五“与（音余）”，写本“余”作“馀”，“余”“馀”《广韵》“以诸切”，同属喻纽以类鱼韵。

他如：

《周易》音义拾玖·五“恻（初力反）”，写本作“恻（缁力反）”，“初”属穿纽初类，“缁”属照纽庄类。

叁贰·四“饬（音敕，注同，整治也。郑本、王肃作饰）”，写本作“饰音勅，注同，整治也，升食反”。《广韵》职韵“饬”“敕”“勅”同“耻力切”，属彻纽，“饰”“赏职切”，属审纽书类。写本“升食反”,即“饰”字切音,但文义疑有脱误。则以两本所据之文字不同,故音切迥异,固未可与上举各例并论也。

三曰,今本作直音,写本有反切者:

《周易》音义陆·十七“繫(音係)”,写本作“繫(盈隸反)”。按,《广韵》霁韵“繫”“係”同“古诣切”,“隸”(俗“隸”字)“郎计切”;惟“盈”属喻纽以类,与“古”异纽,或为“盖”字之讹。

拾壹·二“何(音河,梁武帝音贺)”,写本作“何(音河,梁武帝何可反)”。按,《广韵》哿韵“何”“胡可切”,箇韵“贺”“胡箇切”,上去异调。

贰叁·四“近(附近之近)”,写本作“近(讫靳反)”。按,“近”“靳”《广韵》同属焮韵,惟“近”属群纽,“讫”属见纽,清浊不同。

贰肆·六“繻(而朱反,郑、王肃云音须)”,写本作“繻(作濡,而朱反,又星榆反)”。按,“星榆反”即“须”字切音。

《尚书》音义上,伍·十五“寅(如字,徐音夷)”,写本作“寅(徐音夷,又以真反)”。按,“以真反”即“如字”之音。

《礼记》音义之四,壹·二〇“谲(音决)”,写本作“谲(古穴反)”。按,《广韵》屑韵“谲”“决”同“古穴切”。

伍·十一“雠(音酬)”,写本作“雠(市由反)”。按,《广韵》尤韵“雠”“酬”同“市流切”,“市由”与“市流”音同。

玖·十九“氾(音泛)”,写本作“氾(芳剑反)”。按,《广韵》梵韵“氾”“泛”同“孚梵切”,“剑”“居欠切”;“芳”“孚”同属敷纽。

拾壹·十一“饮(音荫)”,写本作“饮(於鸩反)”。按,《广韵》沁韵“饮”“荫”同“於禁切”,“鸩”“直禁切”。

拾壹·十四“殷(音隐)”,写本作“殷(於谨反)”。按,《广韵》隐韵未收“殷”字,“隐”“於谨切”。

拾贰·十三“乘(音剩)”,写本作“乘(绳證反)”。按,《广韵》

證韵“乘”“剩”同“实證切”,“證”“诸应切”;“绳”“实”同属床纽船类。

拾肆·十三“濯(音浊)”,写本作“濯(直角反)”。按,《广韵》觉韵“濯”“浊”同“直觉切”。

拾柒·十六“厈(音尺)”,写本作“庈(昌亦反)”。按,《广韵》昔韵“庈”(同“斥”)、“尺”同“昌石切”,“亦”“羊益切”。

拾玖·二“蓁(音臻)”,写本作“蓁(侧巾反)”。按,《广韵》臻韵“蓁”“臻”同“侧诜切”,真韵“巾”“居银切”。《释文》陆氏音系真、臻不分,实仍同音。

贰拾·四“適(音嫡)”,写本作“適(丁歷反)”。按,《广韵》锡韵“適”“嫡”同“都歷切”;“丁”“都”同属端纽。

贰拾·十“请(徐音情,又如字)”,写本作“请(徐音情,又七领反)”,“七领反”即“如字”之音。

以上16条惟“繫”“何”“近”三音两本微有参差,其馀虽有如字、直音、反切之殊,音类实无歧异也。

四曰,今本有反切,写本作直音者:

《周易》音义拾玖·一“嚮(许亮反)”,写本作“嚮(向)”。按,《广韵》漾韵“嚮”“向”同“许亮切”。

贰玖·六“缊(本又作氳,纡云反)”,写本作“缊(音氳)”。按,《广韵》文韵“缊”“氳”同“於云切”,“纡”“於”同属影纽。

《礼记》音义之四,柒·九“餤(音谈,徐本作盐,以占反)”,写本作“餤(音谈,徐本作鹽,音盐)”,“以占反”即“盐”字切音。

此例只三见,亦仅注音方式之殊,音类并无出入。

五曰,写本有,今本无者:

《周易》音义陆·二二“匪解”上写本有“上(时掌反)”。

柒·二“为争”上写本有“所恶(乌故反)”。

捌·二〇“桎”上写本有“於著(张虑反)”;二一“木绞”上写本有“不重(直勇反)”。

玖·十四“激”上写本有“强(其良反)”,“亢(苦浪反)”;二〇“覆荫”上写本有“覆(芳富反)”。

拾·一“商旅”上写本有“不省(悉井反)”;十一“不擅”上写本有“不造(曹早反)”;十八“说”上写本有“已则(夷止反)”;二二“抑锐”上及拾壹·一“额”上写本各有“有喜(许意反)”。

拾壹·二“禁暴”上写本有“猾(于八反,又作骨,刚突反)”;六“此行”上写本有“履夫(苻)”;十“厉吉”条下写本有“羡(息练反)”,“嵲(躁音)”。

拾贰·二〇“拇”上写本有“受人(如字,时胄反)”。

拾叁·十三“惫”上写本有“畜(许六反)”。

拾肆·一“不详”条下写本有“不长”(直良反)”。

拾伍·十四“长难”条下写本有“硕(音石)”;十六“坼”上写本有“得中(丁仲反)”。

拾陆·十六“刚幾”上写本有“孚號(胡报反)”。

拾玖·九“乐成”上写本有“已曰(上以,下越)”;十“鞏”上写本有“治曆(直吏反)”。

贰壹·一“安栖”上写本有“之勝(升證反)”;十二“而令”上写本有“通夫(苻,下同)”;十五“暖”上写本有“覆(芳富反)”;二二“治道”上写本有“不见(贤遍反)”。

贰贰·十“所嫉”上写本有“而当(丁口反)”,“於难(诺安反)”;十六“以断”上写本有“令著(张虑反)”。

贰叁·三“以溢”上写本有“大號(胡报反)”;六“德行”上写本有“制数(色具反)”;十三“惫”上写本有“勝(升證反)”,“物校(交皃反)”。

贰肆·一"灾眚"条下写本有"乌离(力知反)";三"濡其"上写本有"之要(於兆反)";九"令物"上写本有"扶难(乃旦反)"。

贰伍·一"而成位乎其中"上写本有"其分(苻问反)";二"迭"上写本有"往復(服)";七"乎介"上写本有"之差(楚佳反)";十二"烟"上写本有"之数(色具反)",又"知周"上写本有"散(苏旦反)";十九"形诘"上写本有"极数(色具反)"。

贰捌·四"为耒"上写本有"揉(如九反,京、姚作柔,《说文》作煣,云曲申木也)"。

《礼记》音义之一,拾柒·二十"共焉"上写本有"以上(时掌)"。

《礼记》音义之四,伍·十五"丰水"上写本有"而强(其两反)"。

以上 47 条今本全缺。然音切类多全书所习见,以较今本固无显然歧异者。此外尚有写本音切详于今本者 10 条:

《周易》音义拾叁·二〇"輹(音福)",写本作"輹(音福,郑作復伏反)"。今本无"郑作復伏反"五字。

拾柒·十四"亨(王肃本同,马、郑、陆、虞等并无此字)",写本作"亨(许庚反,肃同,马、郑、陆、虞等无亨字)"。今本无"许庚反"。

拾玖·六"甃(侧旧反,马云为瓦裹下达上也,子夏传云修治也,干云以砖垒井曰甃,《字林》云井壁也)",写本作"甃(侧旧反,马云为瓦裹下达上也,子夏云修治也,才云以砖垒井也,壮谬反)"。今本无"壮谬反"。

贰叁·十六"遗之(如字)",写本作"遗(如字,肃夷类反)"。今本无"肃夷类反"四字。

叁叁·九"處(谓阳爻不處其位为美)",写本作"處(昌吕反,谓阳爻不處其位为美)”。今本无“昌吕反”。

《尚书》音义上肆·二〇“华(户化反)”,写本作“华(户化反,又户花反)”。今本无“户花反”。

伍·四“窜(七乱反)”,写本作“窜(七乱反,《字林》七外反)”。今本无“《字林》七外反”五字。

伍·十七“堲(徐在力反)”,写本作“堲(徐音在力,疾也,《说文》才尸反)”。今本无“《说文》才尸反”五字。

《礼记》音义之一,拾陆·十“公叔木(音式树反,又音朱,徐之树反)”,写本作“公叔叔木(音戍,或树反,又音朱,徐之树反)”,“或”为“式”之讹。今本无“音戍”二字。

《礼记》音义之四,肆·十二“肫(依注音之淳反)”,写本作“肫(依注音忳之淳反)”,“之淳反”上多一“忳”字。

又有写本标明某家音切而今本未著主名者11条:

《周易》音义拾伍·二〇“解(佳买反)”,写本作“解(徐佳买反)”。

贰壹·十四“蔀(王廙同,蒲户反,王肃普苟反)”,写本作“蔀(徐蒲户反,肃普苟反)”。

《礼记》音义之一,拾陆·十一“巩(恭勇反)”,写本作“巩(蔡恭勇反)”。

《礼记》音义之四,叁·二〇“耿(公迥反,又公顶反,旧音孔顶反)”,写本作“耿(公迥反,徐公顶反,旧音孔须反)”,“须”为“顶”之讹。

肆·十二“倚(依绮、於寄二反)”,写本作“倚(依绮反,徐於寄反)”。

伍·十“创(初亮反,又初良反)”,写本作“创(初亮反,皇初良反)”。

捌·八“纶(音伦,又古顽反)”,写本作“纶(竟伦,徐古顽反)”,“竟”为“音”之讹。

玖·十“笥(司吏反)”,写本作“笥(徐思吏反)”。

拾壹·二二“稽(音启)”,写本作“稽(徐音启)”。

拾叁·五“缬(七恋反)”,写本作“缬(徐七恋反)”。

贰拾·四“彌(音弥)”,写本作“彌(徐音弥)”。

此并足以订补今本之阙遗者也。

六曰,今本有,写本无者:

《周易》音义陆·七“所当(如字)”,十四“斯数(色助反)”,十八“下济(节细反)”。

柒·十八“後甲(胡豆反)”,二一“当事(丁堂反)”,又“盡承(津忍反)”。

捌·二“刚勝(升證反)”,三“佞邪(似嗟反)”,七“省方(悉井反)”,八“趣(促裕反)”,九“观国之光(如字,或音官唤反)”,二一“械(口戒反)”(按,“口”段、王所校叶本及卢校本均作“户”是),二二“未盡(津忍反)”。

玖·二“何校(何可反,又音何,本亦作荷,音同,下同。王肃云荷担)”,九“循(似遵反)”,又“濡(如臾反)”。

拾·七“量斯(音良)”,十二“稼(音嫁)”,“穑(音色)”,十五“夫能(音符,发句皆然。下‘非夫’同)”。

拾壹·七“虎视(徐市志反,又常止反)”,九“而比(毗志反)”,十一“相过之过(并古卧反)”,“栋(徐丁贡反)”,十七“灭顶(徐都冷反)”。

拾贰·五“盡平(津忍反)”,“徽(许韦反)”,六“叢(才公反)”,“法峻(荀润反)”,七“畜(许六反,注同)”,“外强(其良反)”,二〇“各亢(口浪反,本或作有)”。

拾叁·七“而分(扶运反)”,十“夫静(音扶)”,“亢(苦浪反)”,十五“缯(则能反)”,十八“触(徐處六反)”。

拾肆·五“未著(张虑反)”,八“失夫(音符)”,二二“以著(张虑反)”。

拾伍·十四“之长(直良反)”,十五“解之为义(音蟹,下‘以解来复’同)”,十八“所任(而鸩反)”,“斯解(佳买反)”,二一“解难(佳买反)”,二二“将解(佳买反)”。

拾陆·一“以解(佳买反)”,五“偕行(音皆)”,八“以盡(津忍反)”,九“遂长(丁丈反)”,“尚夫(音符)”,十三“盡物(津忍反)”,十六“坦然(他但反)”,二二“弃夫(本亦作去,羌吕反)”。

拾玖·三“注下(章喻反,下同)”,十九“塞(悉则反)”。

贰拾·三“恐致(曲勇反,下文注皆同)”,八“视(如字,徐市至反)”。

贰贰·八“快(苦夬反)”,“斫(诸若反)”,十“所嫉(音疾,《字林》音自,本亦作疾,下同)”。

贰叁·二“逃窜(七乱反)”,九“有它(音他)”,“燕(音鷰)”,十八“盡於(津忍反)”。

贰肆·三“曳(以制反)”。

贰伍·十二“盡聚(津忍反,下同)”,十九“自造(在早反,下同)”,二〇“称极(尺征反)”。

贰陆·四“则盡(津忍反)”,六“咷(道羔反)”,九“可重(直勇反)”。

贰柒·二〇“贞观(官换反,又音官)”。

贰捌·十五“无数(色具反)”,“棺槨(上音官,下音郭)”,十六“而治(直吏反,下同)”,“书契(苦计反)”,二一“蒺(音疾)”,“藜(音梨)”。

贰玖·十五“能循(似伦反)”,十六“其要(於妙反)”,十九“贯(古乱反)”,“而上(时掌反)”。

叁壹·三“矫(纪表反,一本作桥同)”,五“为薄(旁博反)”,十七“所比(毗志反,下注同)”,“所畜(敕六反,本亦作蓄。下及《杂卦》同)”,十九“以否(备鄙反,下同)”。

叁叁·十二“遴浸(子鸩反)”,“长(张丈反)”,十三“难在(乃旦反)”,“亨在(许庚反)”,“大壮触(昌录反)”,“蕃(扶袁反)”,“明夷最远(于万反)”,十四“而难(乃旦反)”,“能溺(甯歷反)”。

《礼记》音义之一,拾伍·二〇“括(古活反)”,二一“从母(才用反)”。

拾陆·一“陵躐(力辄反)”,三“远别(彼列反)”,七“朽(许久反)”,八“孟僖(许宜反)”,九“阅(音悦)”,十“滕伯(徒登反)”,十二“帷堂(意悲反)”,十三“轻凉(音良)”,“子皋(音高)”,“易之(音亦,徐以豉反)”,十五“县棺(音玄)”,二〇“见之(如字,又贤遍反)”,二二“狭(户甲反)”。

拾柒·三“杝(音移)”,五“乾腊(音昔)”,八“袪裼(音昔)”,九“褎绞(户交反)”,十“深邃(虽遂反)”,十一“梓(音子)”,十三“衍(以善反)”,十四“畫辕(音袁)”,十五“诔(力轨反)”,十七“衔枚(上音咸,下木坏反)”,十九“月禫(大感反)”,“月乐(音岳)”。

《礼记》音义之四,肆·十四“之著(张虑反)”,十五“而日(而一反,下同)”,十七“不厌(於艳反)”,二一“易(以豉反)”。

伍·三“用己(音纪)”,六“已至(音以)”,“以远(于万反)”,十五“有数(所住反)”,二一“年数(色住反)”,二二“后已(音以)”。

陆·二“以己(音纪)”,三“惭怖(普故反)”,七“易道(音亦)”,

十三“欲行(下孟反)”,十七“勝而(始證反)”,“以本忲(音誓,与上‘忲於’同)”,二〇“难復(音伏)”,“易之(音亦)”,二一“不勝(世證反,又音升)”,二二“刑曰(音越)”。

柒·十三“亦已(音以)”,十四“顺而说(音悦)”。

捌·五“不任(而鸩反)”,十七“版版(布绾反,注同)”。

玖·十“为说(音悦)”,“傅说(音悦)”。

拾壹·十九“冠者(音官)”。

拾叁·三“居復(音伏)”,七“白纬(音谓)”,九“著(张虑反)”,十一“无易(音亦,注同)”,十三“復生(音伏)”,十四“之属(音蜀)”,“过其(徐音戈,一音古卧反)”,十五“鸣號(音豪,户羔反)”,十六“燕(於见反)”。

拾肆·五“裕(以树反)”,十一“行乃(下孟反,又如字)”,二二“请投(七并反,下文同)”。

拾伍·八“钧(居旬反,等也)”。

拾陆·五“袪尺(去居反)”,十二“难畜(许六反)”,十五“浸(子鸩反)”,十七“不更(居孟反)”,“面数(所具反)”。

拾捌·四“而著(张虑反,后同)”,十“严峻(私俊反)”。

拾玖·五“乐只(音纸)”,十九“畜(许六反,下同)”,二二“已著(张虑反)”。

贰拾·三“重礼(直用反,后同)”,四“以著(张虑反)”。

以上176条写本均无之,然或因重复而省,或因习见而省,其音系固未减损也。此外尚有今本音切详于写本者83条:

《周易》音义陆·三“休否(虚虯反,美也。又许求反,息也。注同)”,写本作“休(美也,息也,又虚虯反)”,无“许求反”。

陆·七“莽(莫荡反,王肃冥党反,郑云丛木也)”,写本作“莽(莫荡反,郑云蘩木)”,无“王肃冥党反”五字。

陆·十五“晢(章舌反,王廙作晣,同音。徐、李之世反,又作哲)”,写本作“辩晢(章舌反,王廙作晣音。徐、李作哲)”,无“之世反”。

柒·三“豫(馀虑反,悦豫也,备豫也,马云豫乐)”,写本作“豫(悦也,备豫也,马、王云豫乐也)”,无“馀虑反”。

捌·十九“勑法(耻力反,此俗字也,《字林》作勅。郑云勑犹理也)”,写本作“勑法(俗字也,《字林》作敕,郑云犹理也)”,无“耻力反”。

捌·二一“噬肤(方于反,马云柔脆肥美曰肤)”,写本作“噬肤(肥美曰肤)”,无“方于反”。

玖·十“翰(户旦反,董、黄云马举头高卬也……亦作寒案反)”,写本作“翰(户旦反,董云马举头高仰也……”,无“亦作寒案反”五字。

玖·十二“戋戋(在千反……又音牋)”,写本无“又音牋”三字。

拾·十七“利已(夷止反,下及注‘已则’‘能已’同,或音纪,姚同)”,写本作“利已(夷止反)”,无“纪”之又音。

拾壹·一“之牙(徐五加反,郑读为互)”,写本作“之牙(郑读为牙)”,无“徐五加反”四字。

拾壹·五“而窥(苦规反)。颠颐(丁田反)”,写本作“窥顛(丁田反)”,无“苦规反”。

拾壹·六“拂(符弗反,违也,薛同,注下皆同。一音敷弗反……)”,写本作“拂(符弗反,违也,薛敷弗反……)”,以“敷弗反”为薛氏音。

拾壹·七“眈眈(丁南反……一音大南反)”,写本无“一音大南反”五字。

拾壹·十一“大过(徐古卧反……王肃音戈)”,写本无“王肃音戈”四字。

拾壹·二一“窞(徒坎反……王肃又作徒感反)”,写本无“王肃又作徒感反”七字。

拾贰·一“枕(徐针鸩反,王肃针甚反……沈直林反)”,写本无“王肃针甚反”及“沈直林反”。

拾贰·二“樽酒(音尊,绝句)”,写本无“音尊”二字。

拾贰·三“自牖(音酉,陆作诱)”,写本作“自牖(诱)”,无“酉”字直音。

拾贰·七“離(列池反,丽也)”,写本作“離(離丽也)”,无“列池反”。

拾贰·十一“大耋(田节反,马云七十曰耋,王肃又他节反,云八十曰耋)”,写本作“耋(田节反,马云七十,肃云八十)”,无“他节反”又音。

拾贰·十二“突(徒忽反,王肃唐屑反,旧又汤骨反,《字林》同,云暂出)”,写本无“徒忽反”至“汤骨反”十三字及“同”字。

拾贰·十三“出(如字,徐尺遂反,王嗣宗勑类反)”,写本无“王嗣宗勑类反”六字。

拾贰·二二“脢(武杯反,又音每……《说文》同,王肃又音灰)”,写本无“又音每”及“《说文》同,王肃又音灰”诸字。

拾叁·一“憧憧(昌容反……徐又音童,又音锺,京作慬,《字林》云慬,迟也,丈冢反)”,写本作“憧憧(昌容反……《字林》云迟也,徐音锺)”,无“童”字又音及“京作慬”“丈冢反”等。

拾叁·六“见於(贤遍反)”,写本作“见(去)”,只标声调,未著反切。

拾叁·十二“勝(升證反,又音升,注同)”,写本无“又音升,注同”五字。

拾叁·十二“说(王肃如字,解说也,师同,徐吐活反,又始锐反)”,写本作“说(肃云如字,解说,徐脱,又始锐反)”,“吐活反”作“脱”,又无“师同”二字。

拾叁·十四“否(音鄙……徐方有反,郑、王肃备鄙反,云塞也)”,写本无“徐方有反”至“塞也”十三字。

拾叁·十九“羸(律悲反,又力追反,下同……徐力皮反,王肃作缧,音螺)”,写本无“又力追反,下同”六字及“徐力皮反”至“音螺”十字。

拾肆·六“愁(状由反,郑子小反)”,写本无“郑子小反”四字。

拾肆·十“蒞(履二反,又律秘反)”,写本无“又律秘反”四字。

拾伍·一“睽(苦圭反,马、郑、王肃、徐、吕忱并音圭)”,写本无“马、郑”至“并音圭”十字。

拾伍·二“同行(如字,王肃遐孟反)”,写本作“同行(去)”,只标声调,未著反切。

拾伍·四“于巷(户绛反,《说文》云里中道也,《广雅》云居也,字书作衖)”,写本作“巷(字书作衖)”,无“户绛反”。

拾伍·十“蹇(纪免反,《彖》及《序卦》皆云难也,王肃、徐纪偃反)”,写本无“《彖》及《序卦》”至“徐纪偃反”十四字。

拾陆·二“损(孙本反,亏减之义也)”,写本无“孙本反”。

拾陆·七“遄(市专反,速也,荀作颛)”,写本无“市专反”。

拾陆·十二“不为(于伪反)”,写本作“不为(或作不居)”,无“于伪反”。

拾陆·十八“以施(始豉反,注同)”,写本作“以施(去)”,只标声调,未著反切。

拾陆·十九“號(户羔反,注及下同,郑、王廙音号)”,写本无“注及下同”以下九字。

拾陆·二一“有愠(纡运反,恨也,旧於问反)”,写本无“旧於问反”四字。

拾柒·三“莧(闲辩反,三家音胡练反,一本作莞,华板反)”,写本无“三家音”以下十三字。

拾柒·七“柅(徐乃履反,又女纪反……《字林》音乃米反)”,写本无“《字林》音乃米反”六字。

拾柒·十二“包瓜(白交反,子夏作苞,马、郑百交反;瓜音工花反)”,写本作“包瓜(上白交反,下工花反)”,无“百交反”又音。

拾柒·十七“若號(绝句,户报反,马、郑、王肃、王廙户羔反)”,写本作“若號(户报反,绝句,郑、王肃户羔反)”,无“马”及“王廙”二姓名。

拾柒·二一“咨(音谘,又将利反)”,写本无“又将利反”四字。

拾捌·三“升虚(如字,空也,徐去馀反,马云丘也)”,写本作“升虚(空也)”,无“去馀反”。

拾捌·三“用亨(许庚反,通也,马、郑、陆、王肃许两反)”,写本“王肃”作“并”字。

拾捌·四“岐山(其宜反,或祁支反)”,写本无“或祁支反”四字。

拾捌·六“刚揜(本又作掩,於检反,李於範反,虞作弇)”,写本作“揜(掩)”,无“於检”“於範”二反。

拾捌·十七“井(精领反……《字林》作井,子挺反)”,写本无“精领”“子挺”二反。

拾捌·十九“繘(音橘,徐又居密反……又其律反,又音述)”,

写本作"繘(音橘……又音述)",无"居密""其律"二反。

拾捌·二〇"幾至(音祈,或音機)",写本作"幾(瓣或機音),无"祈"之直音。

拾玖·二"射(食亦反,注同,徐食夜反,郑、王肃皆音亦,云厌也,荀作耶)",写本作"射(食亦反,徐食夜反,厌也)",无"亦"之又音。

拾玖·三"瓮(屋送反,李於锺反)",写本无"李於锺反"四字。

拾玖·二一"金铉(玄典反,徐又古玄反,又古冥反,一音古萤反)",写本作"铉(玄典反,徐古玄反)",无"古冥""古萤"二反。

贰拾·七"遂泥(乃计反,下同,荀本遂作隊,泥音乃低反)",写本无"下同"以下十二字。

贰拾·十一"艮(根恨反)",写本无"根恨反"。

贰拾·十九"磐(畔干反)",写本"磐"作"盤",又无"畔干反"。

贰拾·二〇"孕(以證反,《说文》云怀子曰孕,弋甑反)",写本作"孕(以證反,《说文》怀子)",无"弋甑反"。

贰壹·六"迟(雉夷反……一音直冀反)",写本无"雉夷""直冀"二反。

贰叁·五"节(薦絜反)",写本无"薦絜反"。

贰叁·十二"或罷(如字,王肃音皮,徐扶彼反)",写本无"王肃音皮"四字。

贰肆·十一"已比(上音纪,下毗志反)",写本无"上音纪,下"四字。

贰伍·七"辩吉凶(虞、董、姚、顾、蜀才并云别也,音彼列反)",写本无"音彼列反"四字。

贰柒·七"闢户(婢亦反,王肃甫亦反)",写本无"王肃甫亦反"五字。

《礼记》音义之一，拾陆·五"竽笙（音于，下音生）"，写本无"下音生"三字。

拾陆·二二"门庑（音武）"，写本无"音武"二字。

拾柒·二二"长殇（丁丈反，下及注同，下式羊反）"，写本"注"下有"皆"字，又无"下式羊反"四字。

《礼记》音义之四，陆·十五"惷而（傷容反，徐昌容反，范汤江反，又丁绛反，《字林》音丑降反，又丑凶反）"，写本"傷"误作"復"，无"又丁绛反"四字，又"《字林》音丑降反，又丑凶反"作"《字林》丑降、丑凶二反"。

玖·二"若已弗克见（音纪，《尚书》无已字）"，写本无"音纪"二字。

拾壹·二十"则著（张虑反，又张略反）"，写本无"张虑反，又"四字。

拾叁·二二"为杀"，又拾肆·九"之杀"均作"色界反，徐所例反"，写本无"徐所例反"四字。

拾肆·六"运肘（竹九反，又张柳反）"，写本无"又张柳反"四字。

拾肆·十二"弗费（芳贵反，又孚沸反，注同）"，写本"弗"作"不"，无"又孚沸反"四字。

拾柒·二"并日（必政反，注同，下而一反）"，写本无"下而一反"四字。

拾捌·七"僩兮（下板反，又胡板反）"，写本"僩"作"襉"，无"下板反，又"四字。法伟堂云："'胡板'与'下板'同，非异读，殆有一误。"

拾捌·九"澳（於六反）"，写本无"於六反"。

拾玖·十三"不啻（音试，诗豉反）"，写本无"音试"二字。

拾玖·十六“佛戾(上扶弗反,下力计反)”,写本无“上”字及“下力计反”四字。

拾玖·十六“迸诸(北孟反,又逼诤反)”,写本无“北孟反,又”四字。

贰拾·十六“朝聘(直遥反,下匹政反)”,写本无“下匹政反”四字。

又有今本标明某家音切而写本未著主名者11条。

《周易》音义玖·十九“近(如字,徐巨靳反)”,写本无“如字,徐”三字。

拾壹·十六“华(如字,徐音花)”,写本无“如字,徐音”四字。

拾叁·十一“何(音河,褚河可反,今不用)”,写本无“音河,褚”及“今不用”各字,又“河”误为“何”。

拾肆·三“三(徐息慙反)”,写本无“徐”字。

拾伍·十三“喜(如字,徐许意反)”,写本无“如字”,“徐”作“又”。

拾陆·十六“决(徐古穴反)”,写本无“徐”字。

拾陆·二二“臀(徐徒敦反)”,写本无“徐”字。

拾柒·七“诰(李古报反)”,写本无“李”字。

拾捌·十二“劓(徐鱼器反)”,写本无“徐”“反”二字。

拾捌·二二“上(如字,师又时掌反)”,写本无“如字,师又”四字。

贰拾·五“贝(如字,荀音败)”,写本无“如字”,“荀”作“又”。

其间固不免窜益失真(如:“僩”下增“胡板反”之类),亦未尝全无所本(如各家切语之主名等),惟就音论音,则未见有标奇立异之迹耳。

七曰,今本误,写本不误者:

《周易》音义捌·二〇“懲(直水反)”①,写本“水”作“冰”,段、王所校叶本及卢校本并同。

玖·十“翰(尸旦反)”,写本“尸”作“户”,段、卢校本同(互见例六)。

拾伍·八“诡(女委反)”,写本“女”作“九”,段、王、卢校本均作“久”,“久”与“九”同一声类。法伟堂云:“‘女’卢改‘久’是。”

拾陆·三“享(香两反,下同,蜀才许庚反)”,又拾陆·十二“享(香两反,注同,王廙许庚反)”,写本“享”作“亨”,毛居正本、明神庙十四年注疏本及卢氏《考证》并同。

拾陆·五“徵(直升反……刘作懲,云清也,蜀才作澂)”,写本“徵”作“懲”,与注疏本同,“懲”作“徵”。卢氏《考证》云:“据训云‘清也’,则当作‘澂’。”法伟堂云:“‘懲’卢改‘澂’是。”按,《广韵》蒸韵“懲”“徵”“澂”并“直陵切”,“徵”“陟陵切”,音义均异。

拾柒·十四“萃(在李反)”,写本“李”作“季”,明神庙十四年注疏本及段、卢校本并同。法伟堂云:“‘李’卢改‘季’是。”

贰肆·一“遇(王付反)”,写本“王”作“玉”,段校本同。卢氏《考证》云:“‘玉’旧作‘王’,今从钱本,毛本、官本同”。

贰伍·十九“诘(去吉也)”,写本“也”作“反”,段、王、卢校本并同。

贰捌·十四“剡(《字林》因冉反)”,写本“因”作“囚”。按,《广韵》“剡”“以冉切”,属喻纽以类,“囚”“似由切”,属邪纽,《释文》切语喻、邪相通,“因”盖形近而讹。《仪礼·聘礼释文》引《字林》作“才冉反”,“才冉”即“囚冉”之音也。法伟堂云:“此与《玉藻》‘因冉反’并‘囚冉’之讹。《聘礼》引徐邈(按,徐邈应作《字林》)

① 编者注:通志堂本“懲”亦作“直冰反”。

‘才冉反’，古从、邪二纽互通，故《字林》作‘囚冉’也。喻、邪最近，影则远矣，况他处亦无用‘因’字为纽者。”黄季刚先生(侃)《经籍旧音考证》校语云“‘因冉’盖当作‘囚冉’，盖‘才冉’是”，亦不谋而合。

贰玖·三“介(众家作介)”，写本注文“介”作“砎”。卢氏《考证》云：“‘砎’旧讹‘介’，今从雅雨本正。”(互见例二)

贰玖·二一“纣(直又反)”，写本“又”作“久”。按，《广韵》“纣”“除柳切”，“久”“举有切”，均在上声有韵，“又”“于救切”，在去声宥韵，写本作“久”是。法伟堂云：“‘又’盖‘久’之讹，《广韵》‘纣’不读去声。”

叁壹·七“蟹(户卖反)”，写本“卖”作“买”。按，《广韵》上声蟹韵“蟹”“胡买切”，不应以去声“卖”字为切。卢氏《考证》云：“本作‘户卖反’，毛居正云当音‘户买反’，‘蟹’字无去声。按，《解》卦音‘蟹’，‘解’字亦无去声。考《礼记·檀弓》‘蟹有匡’，《月令》‘稻蟹’，皆‘户买反’，则‘卖’字实传写之讹。雅雨本从神庙本作‘买’，今从之。”

《尚书》音义上，叁·十一“氄(如勇反，徐又而充反，又如充反)”，写本作“䝦(本又作氄，又作䳜，如勇反，徐又而兖反，又如兖反)”。段玉裁曰：“《书释文》本作‘徐而允反，又如兖反’，俗本并讹作‘充’，而《集韵》《类篇》因有‘而融’‘如容’两切矣。”法伟堂亦谓：“‘充’乃‘兖’之讹。”

伍·七“饕(七刀反)”，写本“七”作“吐”，宋大字本《尚书释音》作“土”。法伟堂云：“‘七’乃‘土’之讹。”

《礼记》音义之一，拾柒·二“衣以(于既反)”，写本“于”作“於”。按，“衣”“於”属影纽，“于”属喻纽云类，作“於”为是。

拾柒·十七“厌(于葉反)”，写本“于”作“於”，段校本同。法伟堂云:"'厌''于'不同纽,'于'乃'於'之误也。"

《礼记》音义之四,壹·十六"拳(音权,又起阮反)",写本"阮"作"院"。按,"拳"在仙韵,"院"在线韵,"阮"在阮韵,"院"与"拳"于音为近,"阮"盖形近之讹。

柒·七"鹑(士伦反)",写本"士"作"上"。按,《广韵》"鹑""常伦切",与"上"同属禅纽,"士"盖形讹。

柒·十一"说(音帨,又始锐反)",写本"帨""锐"均作"悦",段校本同。法伟堂云:"'始锐反'即'音帨'也。阮校叶本、抚本'锐'作'悦',是也。"

玖·十二"吉(音诰,出注,羔报反)",写本作"吉(音诘,羔报反,出注)",卢校本作"吉(依注为告,音诰,羔报反)",似以写本较妥。

拾壹·十七"圹(古晃反)",写本"古"作"苦"。按,《广韵》"圹""苦谤切",属溪纽,应以"苦"字为切。

拾肆·三"被(彼义反)",写本"彼"作"皮"。按,《广韵》"被""平义切",属並纽,应以"皮"字为切。法伟堂云:"'彼'疑'皮'之讹。"

拾肆·八"髀(徐亡婢反)",写本"亡"作"方"。法伟堂云:"注疏本'亡'作'匹'盖是。"按,"匹"实不如"方"形音俱近也。

拾伍·十四"颈(吉并反,又九领反)",写本"吉并"作"古井",无"又九领反"四字。抚州本及卢校本"并"亦均作"井"。按,《广韵》"颈""井"同在静韵,"并"在劲韵,应以"井"字为正。法伟堂云:"'吉并',卢本作'吉井',以《玉藻》证之,则作'井'殆是。然作'吉井'则与'九领'非异读,不当别出。且《玉藻》亦'吉井''吉成'两读,'吉井'与'吉成'同音。今姑仍之,俟考。"使法氏得见写本原无"九领反",亦当涣然冰释矣。

拾陆·十四“攫，俱缚反，一音九碧反”，写本“碧”作“碧”，抚州本及段、卢校本并同。法伟堂云：“阮云抚本‘碧’作‘碧’，十行本、岳本同。伟按，作‘碧’是也，见《月令》。”

拾柒·十二“诛（音硃）”，写本“硃”作“殊”，抚州本及段校本均同。法伟堂云：“阮云，抚本‘硃’作‘殊’，是也。十行本、岳本同。”按，《广韵》“诛”“殊”同“市朱切”，“硃”“章俱切”，应作“殊”音。

拾玖·四“巨（音拒，本亦作拒，其吕反）”，写本“音拒”作“音矩”，“本亦作拒”只作“又”字。按，“拒”与“其吕反”同音，例应作“矩”。

贰壹·二“娩（纡免反）”，写本“免”作“晚”。按，《广韵》“娩”“晚”同在阮韵，“免”在狝韵。法伟堂云：“‘纡免’《内则》作‘纡晚’是也。”

以上29条之讹误，段、王、卢、法诸君已泰半见及，今得写本参证，益可见诸家校勘之精审矣。

八曰，写本误，而今本不误者：

《周易》音义捌·二一“绞（交卯反）”，写本“卯”作“戒”。“戒”俗戒字。按，今本此条下有“械（口戒反）”，此盖涉下讹并为一条。

拾壹·二十“洊（……徐在闷反，旧又才本反……干作荐）”，写本作“洊（……徐又在问……干宝在荐）”。按，“洊”同“荐”，《集韵》“徂闷切”，再也无“在问”之音。“在荐”盖亦反语，下文《震卦》“洊”有“在薦反”一音。

拾贰·十“警（京领反）”，写本“警”作“驚”，“京”作“言”。按，“警”非平声，亦非疑纽，“驚”与“言”均形近而讹。

拾陆·二〇“頄（求龟反，颧也，又音求……王肃音龟，江氏音琴威反)”,写本“琴威”之“威”误作“盛”。

拾玖·三“溪(口啼反)”,写本“口”误作“喻”。

贰拾·三“解(佳卖反)”,写本“卖”作“买”。按,毛居正本、注疏本“解”作“懈”,《广韵》去声卦韵“懈”“解”同“古隘切”,“懈”无上声,故应以“卖”为切。

贰拾·四“洊(在薦反,徐又在闷反)”,写本“薦”作“廌”。按,《广韵》蟹韵“廌”“宅买切”,霰韵“洊”“在甸切”,“薦”“作甸切”,声音迥异,此盖形近而讹。

贰壹·十“豐(《字林》匹忠反,依字作豐)”,写本两“豐”字均作“豊”,“忠”作“恵”。按,《广韵》“豊”“卢启切”,与“豐”异音,“恵”亦“忠”之形讹。(互见例一)

贰壹·二十“阒(一音苦馘反)”,写本“馘”作“䤋”。按,《广韵》“阒”“苦鹀切”,锡韵,“馘”“古获切”,麦韵;《集韵》“䤋”“乙六切”,屋韵,不如“馘”字于音为近。

贰贰·十四“颇(千寂反)”,写本“千寂”作“干戚”,“干”乃“千”之形讹。(互见例二)

贰贰·十五,十七,又贰叁·十九“先(西薦反)”,写本“薦”误作“廌”。

贰肆·二〇“盪(王肃音唐黨反)”,写本“黨”作“當”。按,《广韵》上声荡韵“盪”“徒朗切”,“黨”“多朗切”;“當”只有平去二读。

贰伍·十二“说(宋衷始锐反)”,写本“始”误作“如”。

贰陆·十五“揲(一音思颊反)”,写本“颊”作“夹”。按,《广韵》“颊”“古协切”,帖韵,“夹”“古洽切”,洽韵,依例心纽不得与二等洽韵作切。

贰陆·二一“参(七南反)”,写本“七”误作“乙”。

贰柒·二“蓍(音尸)”,写本“蓍”误作“著”。

贰柒·四“洗(京、荀、虞、董、张、蜀才作先,石经同)”,写本作“洗(虞、董、张等作先石反)”,“先石反”乃转写讹夺。

贰捌·四“斵(陟角反)”,写本“斵”作“斲”。按,《五经文字》“斵经典相承或作斲”,“斲”又“斵”之俗讹者。

贰捌·六“市(《说文》云,市时止反)”,写本“时止反”作“诗也”。按,《说文》“市”无“诗也”义,盖“时止”之讹。

贰玖·一“何(河可反,又音河)”,写本两“河”均作“何”,依例同字不得为音切,则今本为是。又《周易》音义拾叁·十一“何(河可反)”,写本“河”亦作“何”,误与此同。(互见例六)

贰玖·十一“辩(王肃卜免反)”,写本“卜”误作“下”。

贰玖·十六“噫(王肃於力反)”,写本“於力”作“一万”,“於”“一”同属影纽,“万”乃“力”之形讹。

《尚书》音义上伍·九“殂(才枯反)”,写本“枯”作“楛”。按,《广韵》“殂”“枯”同在模韵,“楛”在姥韵,应以作“枯”为是。

伍·九“遏(安葛反)”,写本“葛”作“蔼”,“蔼”盖俗讹。

《礼记》音义之一,拾伍·二〇“嗤(昌之反)”,写本作“嗤(人之)”,“人”盖“尺”之讹损,“昌”“尺”同属穿纽昌类。

拾陆·二“大(音泰,一音他佐反,下注同)”,写本作“大(音泰,一音他,又下同)”,疑有讹夺。

拾陆·四“味(依注音沫,亡曷反)”,写本“亡”作“己”。

拾陆·五“调(直弔反)”,写本“弔”误作“予”。

拾陆·六“孙(音逊)”,写本“逊”亦作“孙”,依例同字不得为音切。

拾陆·七,十一,十九“为(于伪反)”,写本“伪”作“为”,误与上同。

拾陆·十六“敛(力验反)”,写本“验”亦作“敛”,误与上同。

拾陆·十二“绤衰(去逆反,粗葛也,下七雷反)”,写本无“也,下”二字,“七雷反”作“大迴反”。按,注疏本作“七回反”,“大”乃“七”之讹。

拾陆·十六“封(依注作窆,彼验反,下棺也,徐又甫鄧反)”,写本“窆”误作“空”,“鄧”误作“劉”,又无“反”字。

拾陆·十八“遗(于季反,又如字)”,写本“于”误作“子”。

拾陆·十八“垦(苦很反)”,写本“很”作“佷”,无“反”字。按,《集韵》“佷”“胡登切”,非上声。

拾陆·二〇“壤(而丈反)”,写本作“壤(而雨)”,“雨”乃“两”之讹。(互见例二)

拾陆·二一“垄(力勇反)”,写本“垄”作“龙”,无“反”字。按,“龙”无上声。

拾陆·二二“茨瓦(徐在私反,茅覆屋)”,写本“瓦”误作“凡”,“茅”误作“第”。

拾柒·一“易(以豉反)”,写本“以”误作“从”,无“反”字。

拾柒·二“广袤(古旷反,下音茂,徐又亡侯反)”,写本“徐又亡侯反”,作“徐亡尤”。按,《广韵》“袤”“莫候切”,“尤”字殆误。

拾柒·四“楔齿(悉节反)”,写本“悉”作“齿”,沿上而讹。

拾柒·四“缀(丁劣反,又丁衛反)”,写本“衛”误作“衡”,无“反”字。

拾柒·六“要绖(一遥反,下注小要同,下大结反)”,写本“绖”误作“经”,“下注小要同,下大结反”作“注要音”,讹脱不可读。

拾柒·十二“题(徒低反,头也)”,写本“低”误作“位”,无“也”字。

拾柒·十三“为(于伪反)”,写本“于”误作“子”。

拾柒·十五“以刺(七亦反)”,写本“七”作“刺”,沿上而讹。

拾柒·十八“税(始锐反)”,写本“锐”误作“兑”。

拾捌·一“皆下(户嫁反)”,写本“下”作“户”,涉下而讹,又无“反”字。

拾捌·一“杀(色戒反)”,写本“色”作“包”,“戒”作“式”,又无“反”字。

《礼记》音义之四,壹·十六“拳(徐羌权反)”,又壹·十九“倚(徐其蚁反)”,写本“徐”均误作“除”。

叁·七“好(呼报反)”,写本“呼”作“乎”。按,“好”属晓纽,应以“呼”字为切。

叁·十三“从(七容反)”,写本“容”误作“客”。

叁·二〇“耿(旧音孔顶反)”,写本“顶”误作“须”。

叁·二二“峻(思闰反)”,写本“反”误作“不”。

肆·十“见(贤遍反)”,写本“遍”作“扁”。按,《集韵》“见”“遍”同属去声霰韵,“扁”属上声铣韵,例应作“遍”。

伍·十五“怛(丹葛反)”,又拾壹·九“怛(都达反)”,写本“怛”均误作“恒”,“葛”作“曷”,“都”作“丹”。(互见例二)

伍·十七“遗(于季反)”,写本“季”误作“秀”。

陆·二“移(徐又怡耆反,一音以示反)”,写本“耆”误作“者”,“示”误作“尒”。

陆·三“氾(芳剑反)”,写本“氾”误作“汜”,“剑”误作“故”。

陆·九“凯(開待反)”,写本“開待”误作“聞侍”。

陆·十五“惷(傷容反)”,写本“傷”误作“復”。(互见例六)

捌·七“赫(许百反)”,写本“许百”作“诗白”。按,“赫”属晓纽,不应以“诗”字作切。

捌·十一“稽(古兮反)”,又拾柒·三“稽(古奚反)”,“兮”与“奚”写本均作“子”,并“兮”之俗讹。(互见例二)

捌·十六“侈(昌式反)”,写本“式”误作“民”。

玖·六“覆(又芳又反)”,写本“芳又”误作“芳人”。

玖·十三“相(息亮反)”,写本作“相(侧皆反)”,盖涉下文“庄齐(侧皆反)”而误。

玖·十八“祁(巨伊反,徐巨尸反……《字林》上尸反)”,写本“巨”误作“臣”,“上尸”之“尸”误作“尺”。

玖·二〇“度(待洛反)”,写本“洛”误作“浴”。

拾壹·九“肾(市轸反)”,写本“肾”误作“贤”,“轸”作“忍”。(互见例二)

拾壹·十六“忾(徐音慨)”,写本“徐”误作“馀”。

拾壹·十七“苫(始占反)”,写本“苫”误“苦”,“始”作“失”。(互见例二)

拾贰·二“羸(力垂反,劣也,疲也)”,写本作“羸(劣皮反)”,显有讹夺。

拾贰·八“免(音问)”,写本“问”误作“间”。

拾贰·十三“锡(思歷反)”,写本“歷”误作“麻”。

拾叁·二“床(徐仕良反)”,写本“仕”误作“土”。

拾叁·三“柱(一音张炷反)”,写本“炷”作“柱”,依同字不为音切例,作“炷”为是。

拾叁·四“差(初佳反)”,写本“佳”讹损作“住”。

拾叁·十七“顷(苦颖反)”,写本“苦”误作“苫”。

拾肆·二一“肴(户交反)”,写本“交”误作“支”。

拾肆·二二“般(步干反)”,写本“干”误作“于”。

拾伍·八“奇(纪宜反)”,写本“纪”误作“绝”。

拾伍·十五,又拾玖·二一“为(于伪反)”,写本“于”误作“丁”。

拾伍·十六“柘(止夜反)”,写本“止”误作“上”。按,《广韵》“柘”“之夜切”,属照纽章类,应以“止”字为切。

拾陆·六“卒(七忽反)”,写本“忽”误作“急”。

拾陆·十一“处(昌慮反)”,写本“慮”误作“盧”。

拾柒·十“脱(吐外反)”,写本“外”作“路”,盖涉下文“妬(丁路反)”而讹。

拾捌·一“治(直吏反)”,写本“直”作“字”。按,“治”无读从纽者,“字”盖方俗音讹。

拾玖·六“巖(五衔反)”,写本“衔”误作“衡”。

拾玖·二〇“乘(徐绳證反)”,写本“绳”误作“良”。

拾玖·二一“采(七代反)”,写本“代”误作“伐”。

贰拾·十六“沐(音木)”,写本“木”亦作“沐”,同字不得互音,宜从今本。

贰拾·二〇“养(羊尚反)”,写本“羊尚”作“恭用”,盖沿上文“供(恭用反)”之切语致误。

以上101条凡稍具校勘常识、略谙声韵条理者,率能辨其舛讹。盖写工粗陋,不别鲁鱼,瑕瑜互见,固未可一概而论也!

九曰,写本与今本并误者:

《周易》音义柒·七“睢(《字林》火佳反)”,写本同,段、卢校本“佳”皆改“隹”。按,《广韵》“睢”“许葵切”,“隹”“职追切”,并属脂韵,“佳”“古膎切”,属佳韵;“佳”乃“隹”之形讹。

贰壹·十六“沛(本或作旆,谓幡幔也,又普贝反,姚云滂沛也,王廙丰盖反,又补赖反,徐普盖反,子夏作芾,传云小也,郑、干作芾[①],云祭祀之蔽膝)”,写本作“沛(蒲贝反,或作旆,谓幡幔

① 原作“韦”,据段、卢二氏说校改。

也，姚云滂沛也，徐蒲盖反，夏作茀，云小也，茀方末反，郑同夏，云祭祀之蔽膝也）”。按，“普”“蒲”虽分隶滂、並两纽，“贝”“盖”则同属泰韵，“普贝”与“普盖”、“蒲贝”与“蒲盖”实同音也。依《释文》同音不出二反语之例，则两本均有一讹。今以陆氏反语考之，全书中“沛”字作滂纽“普贝”或“普盖”反者各二，作並纽“蒲贝”或“步贝”反者各一[《礼记》音义之一，贰伍·十一“沛也（蒲贝反，何胤云，水所生曰沛，何休注《公羊传》云草棘曰沛），《周易》音义叁叁·十五“之沛（步贝反，又普贝反）”]；“旆”字作“步贝反”者四，“蒲贝反”者三，“步盖”“蒲盖”“薄贝”反者各一，无隶滂纽者。《广韵》“沛，流貌，亦滂沛，普盖切……又音贝”[1]，无“蒲盖切”又读；“旆，旗也，系旐曰旆，蒲盖切”，亦无“普贝切”又读。故“普贝反”字作“沛”，宜从今本；“蒲盖反”字作“旆”，宜从写本。又写本“夏作茀”及“茀方末反”，“茀”均系“芾”之讹。“方末反”系“方未反”之讹。《毛诗》“蔽芾甘棠”，《韩诗外传》引作“蔽茀甘棠”，《广韵》“芾”“茀”同“方味切”。至于今本“丰盖”“补赖”二反即与“沛”之又音“贝”字相当，同音出二反语者，一类隔，一音和也。

《礼记》音义之四，拾壹·一〇“肺（方废反）”，写本“肺”作“脯”，“方”作“孚”。按，《广韵》“肺”“芳废切”，“脯”“方矩切”，声韵迥异，“脯”字显系形讹。又“肺”与“孚”“芳”同属敷纽，“方”属非纽。“方”盖“芳”之讹省。

此3例虽只见，亦足征校读古书未可墨守版本。倘遇两本并误，则须以学识为权衡。笃信误书，展转传讹，纵有古本亦奚足珍？

综览以上九项，五、六、七、八各例两本得失参半，瑕不掩瑜；三、

① 《广韵》“贝”“博盖切”。

四两例注音方式虽殊，音类固无出入；第二例反切用字互异无害声韵之同，第九例两本舛讹相埒，未可强为轩轾；其中微见两本音切之参差者惟第一例四条而已。此四条在全例中仅占0.6%强，纵使绝非钞刊之讹，于音系之异同有何影响？准此而论，则唐宋两代之改窜《释文》，系于文字训释者为多，涉及音韵系统者殊鲜；偶有增益之音切，类多复见习见，绝少超轶原书音系以外者。今勘照通志、抱经两本，参证清代诸家校语，钩稽《释文》音切，以推溯元朗所据之方言，殆不致陷于操末续颠、援今证古之违失也欤？

1941年12月24日即辛巳腊月初八日初稿[①]，1942年5月4日重订，1950年12月17日付印。

（原载《国学季刊》第7卷第2期，1951年）

① 编者注：辛巳腊月初八日当为1942年1月24日，此处误记。《唐写本〈经典释文〉残卷四种跋》所记年月不误。

校印莫友芝《韵学源流》跋

右独山莫友芝《韵学源流》一卷，仪征刘申叔先生入蜀时得此书校钞本于遵义赵幼愚，而城固康率宭以之排印行世者也。考黎庶昌《莫征君别传》及张裕钊《莫子偲墓志铭》，均载《声韵考略》四卷，而不及此书。意此书或即《考略》之初稿，而展转传钞者耳。自李登首创《声类》，吕静踵作《韵集》，韵学之兴，垂一千六百馀年。流别所衍，枝叶繁滋，原委不明，何以深察条贯，辨章然否？清人推迹韵学沿革之作，前乎莫氏者，有万斯同《声韵源流考》及潘咸《音韵源流》二书：万书匡廓粗具，罣漏宏多；潘书凭臆杜撰，难资典要。莫氏此书理明事简，弗尚烦纡，博赡或弗逮万，而纠缠瞀乱之讥庶几可免。且书中论《切韵》以来之部居云："法言书既不传，而《广韵》犹题陆法言撰本，岂《广韵》二百六韵之目，即法言旧部欤？法言《序》既举支、脂、先、仙等为说，则分部又必不自法言，岂自《声类》即已有此等部，而四声既兴，又以四声界之耶？法言又云：'诸家有乖互'，岂合诸家之部分，而去取整齐之耶？"又魏鹤山所见《唐韵》于二十八删、二十九山之后，继以三十先、三十一仙。顾炎武不知鹤山所见何处添多一韵。而莫氏云："今考夏竦《古文四声韵》，齐部之后增多栘部，鹤山所见，岂即增多栘部之本耶？且竦书仙第二之后继以宣第三，上声狝部后分出选部，入声术部后分出聿部，凡二百十部。且覃、谈二部在阳、唐之前，蒸、登二部居添、咸之际，其部序亦异《广韵》，而与颜元孙之《干禄字书》同；

颜祖之推实同法言决定，竦序又自称本《唐切韵》，岂英公所据乃法言以来唐人相传之祖本，而后递有移并欤？"其所致疑，并皆精辟。曏使子偲得见唐写本《切韵》《唐韵》残卷及王仁昫《刊谬补缺切韵》，则隋、唐韵书部次先后，或不待王国维考订，已秩然可观。惟全书取材，多本《四库提要》，故论"古韵"只断至顾、江而不及戴、段、孔、王诸家；论"今韵"则以《洪武正韵》与《韵府群玉》并诋，而不重视《中原音韵》以后之音变；论"反切"则但详《指掌图》《指南》《四声等子》三书，而于前此之《韵镜》《七音略》，后此之《韵法横直图》《字母切韵要法》及明、清等韵别派，亦并略而弗陈。凡兹罅漏均待补苴，犹未可视为完备之声韵学史也。然古今声韵疑滞孔多，倘欲考镜源流，究其通变，举凡周、汉古韵之音读，隋、唐韵书之反切，元、明语音之蜕化，旁及华、梵译语，东西音标，下至殊域方言，民间谣谚，毕须博采旁求，探赜索隐，斯固非一人暂时之力所能及，岂可责全莫氏耶？康氏印本，亥豕累牍，流传亦希，兹于讲贯馀暇，为之厘定章句，移付手民，聊供从学者参考云尔。

1929年2月6日北平罗常培记于广州东山寓斋。

（原刊《中山大学图书馆周刊》6卷5、6期合刊，1929年；又刊《韵学源流》1929年中山大学校排本，1962年中华书局重排本；又刊《罗常培语言学论文选集》，1963年）

《声韵同然集》残稿跋

右《声韵同然集》残稿四卷，首载顺治己亥(1659)梦白斋主人自序，序末有“杨印选杞”及“士季”二章，梦白斋主人当即杨选杞之别署也。选杞事迹，无可考见。惟本书《同然集纪事》云：“余成童时，见字之有切而疑之，询之季兄，兄为举一二隅以示，三四日恍然有得。间与季兄私论其拗者难者，爰揆度二字以易之。其所切之音仍与彼同，而反视彼原切较顺而易。辛卯(1651)糊口旧金吾吴期翁家，其犹子吴芸章一日出《西儒耳目资》以示予。予阅未终卷，顿悟切字有一定之理，因可为一定之法。为集骈肢外数章，以存其书之大指，并志予观书之有得。癸巳(1653)李子秩南授粲梅轩，笔墨六载。风雨篝灯之夜，亦未尝不详为辨论。戊戌(1658)从李子游都，李子下第归，强余成一韵谱。予多病，成而不克终卷。今己亥以特恩制开科目，李子则已迥隔云泥矣，寓书促成其事。时又以夏秋剧病之后，勉力应之。”其所交游及著书缘起，具详于此。期翁、芸章，里居亦未详。考《翰林院馆选录》顺治十六年己亥恩科榜，第九名为浙江山阴人李平。“平”与“秩南”名字相应。雍正《山阴县志·儒林传》云：“李平字秩南，号孜园，顺治甲午(1654)孝廉。己亥捷南宫，任翰林院庶吉士，散馆授内秘书院编修。康熙丁未(1667)，分校礼闱，得士八人，皆一时名硕。时开馆纂修《世祖实录》，平以才望简充其任。凡七阅月，病剧不起，卒于官舍，年三十有七。”(卷三一，页二十一)纂修《顺治实录》始于丁未九月,若平以次年四月卒,则当生于明崇祯五年壬申(1632)。选杞历馆吴、李两家,年事差长。假定长平廿岁,剧病后勉力成此,未及刊定,不久旋殁,或当生于明万历四十年以前,而卒于清顺治十六年以后(约在1610至1660之间):盖亦明末遗民入清未仕者。又选杞文馆平家,相交莫逆。其时交通梗阻,不易远道舌耕,则彼此或有乡谊。其生长殆亦不出吴越之郊欤?

此书“自己亥仲冬初三日始厥事,至月之末旬,平韵尚未能成帙。乃置上与去,先求入声北韵之别于南者,而丽之南韵之下。且为之以南切北,以上去韵切入声。至于上去二韵,更俟续成”(《声韵同然集》原文。以下凡加引号而未注明者仿此)。今本平声完整,入声泰半残缺。韵目用字前后多参差不治。殆非杨氏刊定之稿。所分“大韵”二十有五,每韵各别“宏”“中”“细”三声,都为75韵。除有音无字者八,无音无字与拗不成声者各三,“中声”东、敦、堆、都、端、丹、担七韵,“宏声”包、呸二韵,特别分出之椿、江、追、瘸、啰五韵及土音㊀觥、㊀耕、㊀乖、㊀皆、㊀街五韵外,其馀公、弓、光、冈、姜、裩、君、根、巾、肱、庚、京、赀、基、规、该、皆、乖、孤、居、歌、戈、靴、瓜、拿、加、迦、官、涓、干、坚、关、间、甘、兼、盐、簪、金、高、交、钩、鸠等42韵,较《字汇》所附《韵法直图》之44韵仅删并骄、扃两韵。而其所定见、溪、群、疑、端、透、定、泥、邦、滂、並、明、精、清、从、心、邪、照、穿、床、审、禅、晓、匣、影、喻、敷、奉、微、来、日等31“字祖”,除并非于敷外,尤与《韵法直图》之32母相合。是杨氏虽因《西儒耳目资》顿悟反切之理,而其分声别韵则与金尼阁之20“字父”、50“字母”迥殊,惟据明人等韵,参校方音,且以迁就其“宏”“中”“细”三声之空位而已。

“宏”“中”“细”三声之分,杨氏自矜为独得胸臆,“至精至切,不可或删”。其言曰:“宏声皆从第十三孤韵起音,其声当满口读”;“中声皆从第八韵无音处(按,即赀韵)起音,其音皆开口平读”;“细声皆从第八基韵起音，其声当平牙或撮口，皆在口尖内，较中韵更细而更在外"。今详审其音，"宏声"除邦、敷二系外，多属合口一、二等；"中声"除端、精、来三系外，多属开口一、二等；"细声"惟江、皆诸韵旧隶二等，其馀皆分属开合三、四等：盖即"呼""等"之说，无足矜异。而其所以并四为三或与方以智因《西儒耳目资》有"甚""次""中"三等，而定"发""送""收"三声（参阅《通雅·切韵声原》页七）者，同一比附耶？

杨氏以"宏""中""细"三声，分配于31"字祖"及25"大韵"，于是"立为字父以该声"，"立为字母以别韵"。"宏声"常用之声十有五，常用之韵十有三；因立孤、枯、狂、吾、逋、铺、蒲、模、呼、胡、乌、王、敷、扶、无等15字为"宏声之父"，红、黄、魂、横、回、怀、胡、禾、华、桓、还、毛、浮等13字为"宏声之母"。"中声"常用之声二十有一，常用之韵十九有半；因立庚、坑、皑、登、鼟、滕、能、兹、雌、慈、斯、词、菑、差、橙、师、亨、衡、哀、楞、而等21字为"中声之父"，隆、航、论、痕、衡、而、雷、孩、卢、何、瓮、爷、鸾、寒、斓、含、蓝、森、豪、侯等20字为"中声之母"。"细声"音较完备，31"字祖"既皆有音，25韵亦惟1韵无字；因立基、欺、奇、宜、低、梯、题、尼、卑、披、皮、迷、赍、妻、齐、西、饧、知、痴、迟、诗、时、希、奚、衣、移、非、肥、微、离、而等31字为"细声之父"，容、王、降、羊、云、寅、盈、移、谁、㊋、挨、俞、㊌、牙、肥、耶、袁、延、闲、盐、咸、淫、遥、尤等24字为"细声之母"。欲各求其不易之字，以定不易之切，并师《西儒耳目资·音韵活图》之法，"列字祖、字类、字母为一同然总盘，更立宏、中、细三盘，盘各分天地"，"以便旋转"。故"字父""字母"统计不过124，"而父母递相摩荡，则靡音不备"，"声韵之理，已和盘托出"。较诸治《广韵》反切，须熟记上字452、下字1195，尤不免有难有拗者，其繁简难易，诚不可同日语。然杨氏虽力求"字父""字母"有定，以矫旧韵反切之失，而终不免例外纷出，展转假借者则汉字实为之梗。故"宏声"各韵既定孤韵为"正父"，孤韵本身则不得不以公韵为“代父”;孤韵群、喻两位,有音无字,又不得不以“狂”“王”为“借父”。而公韵缺疑、微两位复须借“顽”“文”二字代之。“中声”各韵既定赀韵为“正父”,而赀韵“兹”“雌”“斯”9字以前无音,无音难以立切,则不得不借庚韵“以代父作正父”;而庚韵本身及用庚韵不切者,又须另求该韵及歌韵代之。“细声”各韵既定基韵为“正父”,基韵本身及撮口数韵则不得不以京韵及居韵为“代父”:似此“借”“代”频仍,为例已繁,而“字母”用字,益为纷纭无定。“宏”“中”二韵字母以用匣声为本,而切本母字则借影声,影声无字,则用晓声;影、晓皆无字,“不得已”而来次之,审、禅又次之。甚至用並、明,用敷、奉,则又“不得已中之不得已也”!“细韵”字母以用喻声为本,喻声无字,间用匣声作喻声读;切本母字则用影声,影声无字,“不得已”而借审、晓二声作“假如”。至于通韵无字者,更不得不借字邻韵,以“存其仿佛”;是杨氏虽悟切字有一定之理,实未能确立一定之法也!夫反切之理,本至简单,声韵契合,其音自显。倘依上声下韵,注以音标,则急读成音,童蒙可喻,其所以有难有拗,非尽人可解者,则以单音汉字,音素不清,韵既包声,声亦含韵,以之作切,则非心知其意者,殊觉扞格。即金尼阁所定四品切法,亦惟“本父本母切”自然音和,其他各品,则须参酌“西号”,“减首减末”(《西儒耳目资》),始免难拗。杨氏籀读金书,会心不远。初欲“字父”分收于孤、赀、基三韵,“字母”尽起于匣、影、喻三声,俾所作各切,声后减除韵障,韵前无复声隔,上下调融,怡然理顺。徒以囿于汉字,动辄拘牵,复无“西号”对照,以效金氏“减首减末”之法。于汉字所不能状者,非勉强假借,乖戾初旨,即譬况拟象,使人默会其意。故全书凡言“假如”者七,言“勉借”者五,言“仿佛”及“不得已”者四,言“勉求”者三,言“勉而又勉”及“无可举似”者二,言“强借”、言“终觉勉然,于心不惬”、言“宛转旁求”“宛转设法”、言“渺茫难辨”、言“实不能出诸口,惟善悟者默会而得之”及“不能为之拈出，佷佷”者各一：按其所论，于声音之道，未尝不略有所窥。惜为工具所限，自得于心者，终不能宣诸楮墨，尝自恐其苦心湮没，欲“更译以清字及西儒元音字，以俟海内及后世淹雅通敏之士，推而广之，考而正之”，而迄未克完成。三百年来未随其人以没，亦不幸之幸已。

自来病旧切之难拗，而思革易之者：前乎杨氏，则有明宁陵吕坤；后乎杨氏，则有清安溪李光地。吕氏以为“反切旧法从等子来，得子声又寻母声，得子母又念经坚，心力俱费，字才仿佛”，乃作《交泰韵》，使“平声以入子切，入声以平子切”，上声必用两上，去声必用两去（《交泰韵·凡例》三《辨子声》），且上下兼订“阴”“阳”，不使“子”“母”交错（《交泰韵·凡例》四《辨母字》），自谓“此韵所切，即妇人孺子，田夫仆妇、南蛮北狄，才拈一字为题，彻头彻尾，无不暗合”（《交泰韵·凡例》一《明本旨》）。实则阴阳虽涉下韵，平仄何与上声？况《凡例·辨通用》一则，谓以入叶平，“但可借口调声，不能落笔作韵”，尤为自乱其例，方诸旧切，固未多胜。李氏修《音韵阐微》，反切参用满文“合声”之法，“上一字择支、微、鱼、虞、歌、麻诸韵中与所切等呼相同者，取其能生本音；下一字择各韵影、喻两母与所切字清浊相同者，取其能生本韵”（《音韵阐微·凡例》二、三），使上下相切，“缓读之为二字，急读之即成一音”（《音韵阐微·凡例》一），自谓“此法括音韵之源流，推翻切之窍妙，简明易晓，前古未有”（同上）。然“汉文有音无字者多，又支、微、鱼、虞、歌、麻数韵并各韵影、喻二母，皆单音之字，不能合声，欲得正音，必婉转以求其相近”（《音韵阐微·凡例》四），乃不得不立“今用”“协用”“借用”三例（同上）以济其穷，固未能严守本例，了无窒碍。杨氏际乎吕、李之间，读金尼阁书而有所悟入，亦以汉字不适标音，终不免“宛转旁求”，“勉而又勉”，“存其仿佛”，不惬于心；方诸二子，未能独轶。厥后李汝珍《音鉴》、刘熙载《四音定切》、张行孚

《切字要例》、郦珩《切音捷诀》等，亦欲变易旧法，有所更定，而与前哲相较，其失惟均。是以知苟欲廓清旧切之弊，易以新法，使百年万里之人，视而可识，闻而共喻，舍废弃汉字，易以音标外，其道无由！

本年春，余方董理明季耶稣会士利玛窦、金尼阁等所用罗马字标音，粗得条贯，适吾家膺中得此沪渎，持以相赠，既采其剖析声韵及与金书相关各点，以入《耶稣会士在音韵学上的贡献》一文，因复志其梗概，并略论反切之流变，著之篇末，以质世之音韵学人。

1929年4月24日罗常培记于广州东山柏园。

（原载中央研究院历史语言研究所《集刊》第1本第3分，1930年，题首有“杨选杞”三字；又载《罗常培语言学论文选集》，1963年）

敦煌写本守温韵学残卷跋

巴黎国家图书馆藏伯希和所得敦煌石室写本2012号有残卷三截，其一首署"南梁汉比丘守温述"八字而无标题；刘半农先生收入《敦煌掇琐》下辑，题为"守温撰论字音之书"。尝承半农先生以其手抄本见示，研览既竟，窃有启发，谨抒四事，共知音者商榷之。

等韵家沿用之见、溪、群、疑等三十六字母，相传造自唐末沙门守温。守温事迹，漫无可考。《通志·艺文略》及《玉海》均著录守温《三十六字母图》一卷，《宋史·艺文志》载有守温《清浊韵钤》一卷，今并散佚，内容亦无可覆按。惟此卷首所署八字，若以沙门翻经题名例求之，则"汉比丘"所以别于"天竺沙门"；"南梁"非表朝代，即示郡邑。今按，卷中《四等重轻例》所举"观古桓反关删勬宣涓先"及"满莫伴反彎潸免选缅狝"二例，"勬"字《广韵》属仙韵合口，而此注为宣韵，"免"字属狝韵合口，而此注为选韵；其宣、选二目与夏竦《古文四声韵》所据《唐切韵》同。而徐锴《说文解字篆韵谱》所据《切韵》，徐铉改定《篆韵谱》所据李舟《切韵》，尚皆有"宣"无"选"；陆词、孙愐、王仁昫等书则并无之。据王国维《书〈古文四声韵〉后》谓："其狝韵中臇字注人兖切，而部目中选字上注思兖切，二韵俱以兖字为切……盖浅人见平声仙、宣为二，故增选韵以配宣……而其反切皆未及改。其本当在《唐韵》与小徐本所据《切韵》之后矣。"①

① 《遗书》本《观堂集林》卷八，第13页。

又《古文四声韵》引用书目有《祝尚丘韵》、义云《切韵》、王存义《切韵》及《唐韵》四种，则其所据韵目当不外乎祝尚丘、义云、王存义所为。若就增选韵以配宣一点言，其成书尚在李舟《切韵》后。王国维《李舟〈切韵〉考》既据杜甫《送李校书二十六韵》断定李舟在唐代宗乾元之初年二十许，《切韵》之作当在代、德二宗之世，[①] 则守温、夏竦所据之《切韵》必不能在德宗以前。且半农先生亦尝据其纸色及字迹，断为唐季写本。故旧传守温为唐末沙门，殆可征信。唐代以后惟朱温国号曰梁，而其始都开封，继迁洛阳，均不得冠以"南"名；则"南梁"必非朝代明矣。至唐代都邑以"南梁"称者：武德四年分潭州置南梁州，地在今湖南宝庆县北，然贞观中即更名邵州，天宝初复改为邵陵郡，则唐末不得复沿其称。又梁县隋属豫州襄城郡，唐贞观元年省入承休，又更承休曰梁，地在今河南临汝县西40里。按，《史记·田完世家》："齐宣王二年魏伐赵，赵与韩亲，共击魏，赵不利，战于南梁。"《索隐》云："晋《太康地记》曰：战国谓梁为南梁者，别之于大梁、少梁也。"《正义》云："《括地志》云：故梁在汝州西南二百步。晋《太康地记》云：战国时谓南梁者，别之于大梁、少梁也。"自唐武德四年复置汴州，职方图籍已无大梁之名。而唐文宗《授裴休汴州节度制》云："乃眷梁苑，实为重藩"；岑参《至大梁却寄匡城主人》云："平明辞铁邱，薄暮游大梁"；祖咏《酬汴州李别驾》云："自洛非才子，游梁得主人"；唐尧《客大梁行》云："客有成都来，为我弹鸣琴。前弹别鹤操，后奏大梁吟"：是唐代习俗相沿，仍称汴州为大梁者，不可胜数。然则此所谓"南梁"或如晋《太康地记》所云，即指临汝西之故梁县欤？此一事也。[②]

---

① 《遗书》本《观堂集林》卷八，第15页。

② 明释真空《篇韵贯珠集》称守温为"梁山温首座"，其所谓"梁山"究指守温住锡之山，抑指唐山南道万州属县？或即由"南梁"展转传讹？一时疑莫能决，容俟续考。

此卷所载字母，数只三十：

唇音 不芳並明

舌音 端透定泥是舌头音

知彻澄日是舌上音

牙音 见[君]溪群来疑等字是也

齿音 精清从是齿头音

审穿禅照是正齿音

喉音 心邪晓是誒中音清

匣喻影亦是喉中音浊①

其总数及标目与伦敦大英博物馆所藏之敦煌唐写本《归三十字母例》并同：②

端丁当颠故 精煎将尖津 知张衷贞珍

透汀汤天添 清千枪佥親 彻伥忡柽缜

定亭唐田甜 从前墙暂秦 澄长蟲呈陈

泥寧囊年拈 喻延羊盐寅 来良隆冷邻

审昇伤申深 见今京犍居 不边逋宾夫

穿称昌嗔觇 磎钦卿褰祛 芳偏铺缤敷

禅乘常神谌 群琴擎蹇渠 並便蒲频苻

日仍穰忎任 疑吟迎言鲂 明绵模民無

心修相星宣 晓馨呼欢袄

① 参阅刘复《敦煌掇琐》下辑；又北京大学《国学季刊》第1卷第3号《守温三十六字母排列法之研究》附录中举例微有删节。

② 参阅日人滨田耕作《东亚考古学研究》第315页《スタイソ(Stein)氏发掘品过眼录》，或《东洋学报》第8卷第1、第4两号。原物敦煌发现，厚褐色纸书，文字颇精美。惟原文"故"作"故"，"衷"作"象"，"贞"作"负"，"天"作"光"，"缜"作"缤"，"暂"作"替"，"呈"作"皇"，"延"作"巡"，"言"作"啬"，"相"作"根"，"囚"作"因"均误，今据字形及声经韵纬之例校改如上。

邪囚祥饧旋　匣形胡桓贤

照周章征专　影缨乌剜煙

较宋代韵图少帮、滂、奉、微、床、娘六母，而不、芳标目及以心、邪属喉，以日属舌上，以来属牙，以影为浊之类，亦与后此配列颇相参差，是其所定字母实只三十而非三十六。《通志》《玉海》所著录者，盖宋人为求韵图整齐，并分别唇音轻重，故增益帮、滂、奉、微、床、娘六母；其仍托守温者，亦犹《广韵》增《切韵》之一百九十三韵为二百有六，而仍相传为陆词旧目耳。然明吕维祺《同文铎》据释真空《篇韵贯珠集·总述来源谱》，谓大唐舍利创字母三十，后温首座益以娘、床、帮、滂、奉、微六母，是为三十六母。清陈澧等俱从其说。惟真空以等子造自观音，五音辨自轩辕，[①]推迹韵学来源，每多荒渺难稽，其以三十字母归诸舍利，或与《同文韵统》归诸神珙同一误谬，[②] 至清李元《音切谱》复以藏文三十字母译音认为舍利所作，李汝珍《音鉴》亦袭其说，尤不知何所根据；[③] 似均不如唐人写本较为可信也。惟邵雍《皇极经世声音图》上官万里注云："自胡僧了义以三十六字为翻切母，夺造化之巧。司马公《指掌图》为四声等子，《蒙古韵》以一声该四声，皆不出了义区域。"今若据此残卷以三十字母属诸守温，则三十六母或即了义所增益欤？此二事也。

---

① 真空《篇韵贯珠集》卷八《类聚杂法歌诀·总述来源谱》云："法言造《韵》野王《篇》，字母温公舍利传。《等子》观音斯置造，五音呼嗡是轩辕。"又云："大唐舍利置斯纲，外有根源定不妨。后有梁山温首座，添成六母合宫商：轻中添出微于奉，重内增加帮逭滂，正齿音中床字是，舌音舌上却添娘。"

② 参阅《同文韵统》卷六，第8～9页。周春《小学余论》亦谓："相传神珙字母止三十，缺娘、奉、微、帮、滂、床六母。"与《韵统》之说合。按，魏了翁《鹤山文钞》后附《师友雅言》云："李肩吾曰：'贾逵只有音，自元魏胡僧神珙入中国，方有四声反切。'"其后清戴震作《书〈玉篇〉卷末声论反纽图后》已据珙自序证其为唐元和以后人，然均未言其曾造字母。《韵统》所说，盖展转传讹耳。

③ 参阅《音切谱》卷一，第9页；《李氏音鉴》卷五，第2页。

此三十字母中帮、滂、奉、微、床、娘六母既未分化，则正齿音二、三等益当无别。然残卷第二截“两字同一韵凭切定端的例”所举 12 字：

诸章鱼反　辰常邻反　禅市连反　朱章俱反　承署陵反　赏书两反

菹侧鱼反　神食邻反　潺士连反　㑇庄俱反　绳食陵反　爽疏两反

则正齿音二、三等及床、禅之别，当时并不混合。且残卷第三截“辨声韵相似归处不同例”所举 49 组 153 字，皆属非、敷两母；若更旁证归“三十字母例”中不、芳、並、明末列之“夫、敷、苻、无”4 字，则当时唇音轻重，亦似有别。其所以不另分立者，盖守温初作字母，仅类聚《切韵》反切上字而参对梵、藏体文，于梵、藏有而华音无者固皆删汰，于华音有而梵、藏无者亦付阙如。尝据梵、藏字母音读，参证《大般涅槃经》中之根本字译音，推溯三十字母之渊源列为对照表。[①]《同文韵统》因藏文以ཙ ཚ ཛ对译梵文腭音，亦遂以精、清、从对译之；且以知、彻、澄对译梵文 ཅ ཆ ཇ，以照、穿、床对译梵文ཊ ཋ ཌ；又因藏文ཟ ཞ 两母近代拉萨音俱变清声，而昧于邪、禅之所从出；因微、喻、匣、日方音略有讹变，而藏文ཝ ཡ ཧ ཉ 之对音乃致阙误：今并正之。倘此推证不误，则守温之三十字母固皆不出梵、藏字母之范围，即宋人之三十六字母亦只轻唇四纽为华音所特有；惟正齿二等除审母外终以梵、藏无可对之音而沦为三等之附庸耳。故守温三十字母虽定于唐末，而不能据此以证正齿音二等及轻唇音四母尚未分化。此三事也。

以等分韵，不知始自何时。然日本藤原佐世之《日本现在书目》著录《切韵图》一卷，大矢透谓即《韵镜》之原型[②]：是宋代之等韵图，唐初已存其迹。今此残卷第一截所载四等重轻例：

平声

---

① 参阅拙著《知彻澄娘音值考》及《梵文腭音五母的藏汉对音研究》。

② 参阅大矢透《韵镜考》第四章。

高古豪反	交肴	娇宵	浇萧
观古桓反	关删	勬宣	涓先
楼落侯反	○	流尤	镠幽
裒薄侯反	○	浮尤	滮幽
担都甘反	鸽咸	霑盐	战添
丹多寒反	邅山	邅仙	颠先
呣亡侯反	○	谋尤	缪幽
齁呼侯反	○	休尤	烋幽
上声			
薛歌旱反	简产	蹇狝	蠒铣
埯乌敢反	黤槛	掩琰	魇琰
满莫伴反	彎潸	免选	缅狝
杲古老反	姣巧	矫小	皎篠
去声			
旰古案反	谏[谏]	建愿	见霰
岸五旰反	雁[谏]	彦线	砚霰
但徒旦反	绽裥	缠线	殿霰
半布判反	扮[裥]	变线	遍[线]
入声			
勒郎德反	礐麦	力职	歷锡
刻苦德反	绊麦	隙陌	吃锡
齄奴德反	搦陌	匿职	溺锡
特徒德反	宅陌	直职	狄锡
[黑]呼德反	[赫]陌	赩职	歒锡
北布德反	蘗麦	逼职	壁锡
裓古德反	革麦	棘职	击锡

忒他德反	坼陌	勑职	惕锡
餩乌德反	鮠陌	忆职	益锡
墨莫德反	麦麦	窨职	觅锡[1]

其各等分界与《韵镜》悉合,可证等韵起源必尚在守温以前,与大矢透说可相参验。又"定四等重轻兼辨声韵不和无字可切门"云:

高 此是喉中音浊,于四等中是第一等字,与归审、穿、禅、照等字不和。若将审、穿、禅、照中字为切,将"高"字为韵,定无字可切。但是四等喉音第一字,总如"高"字例也。

交 此字是四等中第二字,与归精、清、从、心、邪中字不和。若将精、清、从、心、邪中字为切,将"交"字为韵,定无字可切。但是四等第二字,总如"交"字例也。"审高反""精交反",是例诸字也。

又"声韵不和切字不得例"云:

切生 圣僧 床高 书堂 树木 草鞋 仙客

夫类隔切字有数段,须细辨轻重,方乃明之。引例于后:

如都教切罩 他孟切牚 徒幸切瑒 此是舌头舌上类隔

如方美切鄙 芳逼切堛 苻巾切贫 武悲切眉 此是切轻韵重隔

如匹问切忿 锄里切士 此是切重韵轻隔

恐人只以端、知、透、澈、定、澄等字为类隔,迷于此理,故举例如上(?),更须仔细了了(?)。

盖欲"齿音"各等之"出切""行韵"皆须上下相称,不爽锱铢。故"切生"以四等清母出切,以二等庚韵行韵,"床高"以二等床母出切,以一等豪韵行韵,于例均为不和。然按诸实际,则《广韵》"小,私兆切",以四等心母出切,以三等宵韵行韵;"似,详里切",以四等邪母出切,以三等止韵

① 凡加[ ]号者皆经校改。

行韵;“初,楚居切”,以二等穿母出切,以三等鱼韵行韵;“邹,侧鸠切”,以二等照母出切,以三等尤韵行韵;“鲰,士垢切”,以二等床母出切,以一等侯韵行韵;“斩,则减切”,以一等精母出切,以二等豏韵行韵;“犨,昌来切”,以三等穿母出切,以一等咍韵行韵;“茝,昌绐切”,以三等穿母出切,以一等海韵行韵。于是宋、元等韵学家乃别立“振救”(小、似之例)、“正音凭切”(初、邹之例)、“精照互用”(鲰、斩之例)、“寄韵凭切”(犨、茝之例)四门:门法滋繁,殆由于此。当其创例之始,原欲以“音和”“类隔”二门括尽所有反切,故谓:“类隔切字有数般,须细辨轻重方乃明之。”“恐人只以端、知、透、澈、定、澄等字为类隔,迷于此理……”复因齿头、正齿二类,非如舌头、舌上之同时不见于一韵,故揭二例以明之。徒以未能详检韵书,致与实际切语不合:此虽作始者之疏,亦实等韵拘牵定型之弊也。门法之作不知创自何人。惟《四声等子·序》云:“《切韵》之作始乎陆氏;关键之设肇自智公。”所谓“关键”或即门法,以其时代考之,或指智广《悉昙字记》言。然迄守温此卷,除类隔外,尚无他门。及《切韵指掌图·序》云:“递用则名音和,旁求则名类隔,同归一母则为双声,同出一韵则为叠韵;同韵而分两切者,谓之凭切;同音而分两韵者,谓之凭韵;无字则点窠以足之,谓之寄声;韵阙则引邻以寓之,谓之寄韵。”其言门法始详。至元刘鉴乃定为十三门,明释真空又增为二十门;立法弥繁,览者弥惑!返观守温此卷,则等韵虽创自唐时,而门法恐繁于宋代。此四事也。

综上所论,可知守温对于韵学之贡献,固不只创造字母一端。今据断片三截已可推见四事,倘使《字母图》及《清浊韵钤》等尚在人间,则其昭示吾人者,岂只如斯而已哉?

抑有进者,守温三十字母以拘牵梵、藏文之故,本不足尽赅《切韵》声类。后宋人增益六母,并以等位剂之,于是三十六母乃可兼括《切韵》四十七声,等韵家遂认为不可增减,不可移易。韩道昭《五音集韵》甚且以三十六字母各分四等以排比诸字之先后，合等韵、韵书而一之。然《切韵》音系兼赅古今南北之音；三十六字母既由《切韵》反切上字归纳而成，则其音理亦不外是。故劳乃宣曰："古母三十六……原包括中国同文之音，非一处方音所能备也。"[①] 后世分擘细微，或囿于方言，而拟议增删者，过与不及，其失惟均。兹因论述守温韵学残卷，附陈诸家增删字母之异同，并略评其得失于次。

增益字母者，始于北宋邵雍(其先范阳人，从父徙共城，晚迁河南)。雍作《皇极经世声音图》列正音 48 类，每类各分开、发、收、闭，共得 192 音，以赅一切有字无字之声。其与三十六字母异者：全浊群、床、澄、定、並、从各分戛、透，次浊疑、日、泥、明、来、微另配清声，日母别出清浊二类以作齿头捺音，娘、敷合于泥、非，启后此删并之渐。增益 14，减并 2 母，故得 48 类。清初潘耒(江苏吴江人)及近人劳乃宣(浙江桐乡人)皆祖述康节之说而略有损益者也。

耒之言曰："自字母之秘启，反切之法传，而后众音众字一以贯之，如钱之有绳，如卒之有伍，且使天下无字之音可以有字者引之而出，字母之功伟矣！然而等韵之书立法未善，使人不能无议焉。夫立母以贯天下之音，则其所列为三十六母者，必无复无漏而后可也。乃知、彻、澄、娘同于照、穿、床、泥，非之与敷异呼而同母：皆复出也。影、喻、晓、匣既分阴阳，而群、疑、並、明等不分阴阳，可添之母尚有十馀，非无漏乎？既同为母自当并列一班，乃以知、彻、澄、娘列于端、透、定、泥之下，非、敷、奉、微列于邦、滂、並、明之下，照、穿、床、审、禅列于精、清、从、心、邪之下，爰有类隔、交互、振救诸门法，纷然淆乱，而困人以披寻！所贵乎字母者以切字也，类隔交互，则出切不得其真，误人实甚：是不可以不正也。正之如何？亦审其天然之音而已。

① 劳乃宣《简字丛录》第 16 页《简字分配古母列表说》。

天然之音可立为母者五十……喉音十,曰影、喻、晓、匣、见、溪、舅、群、语、疑;舌音十,曰老、来、耳、而、端、透、杜、定、乃、泥;腭音十,曰审、禅、绕、日、照、穿、朕、床、〇、〇;齿音十,曰心、些、巳、邪、精、清、在、从、〇、〇;唇音十,曰非、奉、武、微、邦、滂、菶、並、美、明。旧谱之复者芟之,缺者补之,未安者改之,务使阴阳清浊各具其音,相耦相从而不违其序;故宁密毋疏,宁更毋袭也。”① 潘氏以所定五十字母“略如邵子之四十八而加详焉”②,其实潘详于邵者,惟“些”“巳”二母及腭音、齿音四虚位,而邵详于潘者亦有“卓、折、宅、茶”四类。且次耕以为:“人知清浊之为阴阳,而不知清声浊声又各自有阴阳。影、喻、晓、匣清也,群、疑浊也,见、溪清浊半者也。影、晓为清之阴,喻、匣为清之阳,等韵既分四母矣。见、溪半清半浊,再剖之不成声,不分可也。群、疑则确有阴阳,何可不分?故增‘舅、语’为阴,以群、疑为阳,而浊音四母具焉。……舌、牙、齿、唇清浊之序与喉音同,而旧母尤少,故听增尤多。”③ 是故其所增各母以“老、耳、绕、巳、武”为清之阴,“而、些”为清之阳;以“舅、语、杜、乃、朕、在、菶、美”为浊之阴:囿于吴江方音,致使声类与声调缴绕!较诸康节分全浊为戛、透二类,而以戛浊承全清,以透浊承次清者,固未能胜也。

乃宣之言曰:“三十六母专以有字之音为主,故清浊皆有字者则清浊并列:见与群,端与定,知与澄,帮与並,非与奉,精与从,心与邪,照与床,审与禅,影与喻,晓与匣,二十二母是也。清有字而浊无字者,则专列清声:溪、透、彻、滂、敷、清、穿七母是也;浊有字而清无字者,则专列浊声:疑、泥、娘、明、微、来、日七母是也。然以声音求之,

① 《类音·声音元本论上》。

② 《类音·五十字母图说》。

③ 《类音·声音元本论下》。

溪、透、彻、滂、敷、清、穿皆有浊声，疑、泥、娘、明、微、来、日皆有清声，特无其字耳。如皆并列，则当清浊各二十五母。邵康节《皇极经世声音图》以二十四音分列四十八行，即此意也，惟邵氏并娘于泥，删敷，而于轻齿增比类重齿日字之一音，与古稍异。详考之，其并与删则非，其增则是。顾应增之音犹不止此。按三十六母之有此（戛透轹捺）四类，如韵之有四等，支分派别，秩然不可紊。……牙音见、群为戛，溪为透，疑为捺，而无轹，当依《经世》以晓、匣相从为其轹。舌头端、定为戛，透为透，泥为捺，而无轹，当依《经世》以来相从为其轹。舌上知、澄为戛，彻为透，娘为捺，而无轹，当援《经世》增比类日字轻齿音之例，增比类来字之轻音为其轹。重唇帮、並为戛，滂为透，明为捺，而无轹，当增比类非字之重音为其轹。轻唇敷为透，非、奉为轹，微为捺，而无戛，当增比类帮之轻音为其戛。齿头精、从为戛，清为透，心、邪为轹，而无捺，当以《经世》所增比类日字之轻音为其捺。正齿照、床为戛，穿为透，审、禅为轹，而无捺，当依《经世》以日相从为其捺。惟喉音影、喻无戛、透、轹、捺之可分，独为一类，以天下之声皆出于喉而收于喉，为诸母之本也。如此则喉音一清一浊，馀七音各四清四浊，于三十六母之外加原专有清之七浊，原专有浊之七清，及邵氏所增之一清一浊，比类新增之三清三浊，共为五十八母，清浊各二十九：部居整饬，脉络分明，按类求声，若网在纲矣。"[①] 按，劳氏于邵氏48类外复增加娘、敷二母及来、帮之轻，清浊各二，非之重，清浊各一，故为58母。较潘耒所增删者实为近理。玉初尝自诩云："依此为谱，于古母三十六仍无出入，而有条不紊，纯乎天籁，较之古法有渐近自然之妙。窃谓与诸家之妄加删并者有间。"[②]今以语音学之观点衡之，使劳氏从邵班卿（作舟）说，纵分字母为戛、透、拂、轹、揉5类，更

①② 劳乃宣《等韵一得·外篇》，第1～3页。

依发音部位，横分字母为12组，则于音理益为赅备。然就前此审音诸家论，劳氏所分确有“渐近自然之妙”矣。

宋、元以来之删并字母者，约可别为三派：

按，《清通志·七音略》曰：“知、彻、澄古音与端、透、定相近，今音与照、穿、床相近。泥、娘、非、敷，古音异读，今音同读。”《性理精义》按曰：“知、彻、澄、娘等韵本为舌音，不知何时变入齿音。等韵次于舌音之后，《经世》次于齿音之后，则疑邵子之时此音已变也。”又曰：“以等韵之例求之，敷字当自为一音与滂字对。如此则等韵有二十五母。而《经世》止于二十四，盖此字绝少，因失此音也。”果如所言，则知、彻、澄、娘、敷之混变自北宋已见其端。陈晋翁（元江西乐安人）《切韵指掌图节要》之32母有知、彻、澄、泥而无照、穿、床、娘。[①] 梅膺祚（明南京宣城人）《韵法直图》沿用之32母有照、穿、床、泥而无知、彻、澄、娘。[②] 吴澄（元江西崇仁人）之36字母易群以“芹”，易非为“威”，删知、彻、床、娘而别增牙声细音之“圭、缺、群、危”。[③]黄公绍（元福建邵武人）《韵会》之36母并照于知，并穿于彻，并床于澄，而以疑母之“鱼、虞、危、元”等字与喻母之“为、帏、韦、筠、云、员、王”等字别为“鱼”母，分影母之“伊、鹥、因、烟、渊、娟、坳、鸦、婴、萦、幽、恹”等字别为“幺”母，分匣母之“洪、怀、回、寒、桓、还、和、黄、侯、含、酣、痕、华、恒”等字别为“合”母。此四家者，虽亦略有出入，要不外于知、彻、澄、娘与照、穿、床、泥之混并。惟吴澄易非为“威”，公绍并疑、喻之一部分为“鱼”母，并匣母之一部分为“合”母，已为后此删并之先声矣。此第一派也。

《洪武正韵》分韵七十有六，合之得22部，除入声仍旧保留外，已

---

①③　见吴澄《文正集·切韵指掌图节要序》。

②　按梅膺祚《韵法直图》所用32母谓得自新安，相传为朱熹所作，恐不足据。

与《中原音韵》之系统为近。惟刘文锦尝系联其反切上字以求其声类,则只知、彻、澄、娘、敷并于照、穿、床、泥、非,其馀 31 类仍与旧谱无异。此后李登(明南京上元人,曾官新野)《书文音义便考私编》及杨选杞《声韵同然集》均宗之。盖仍兼采邵雍及黄公绍等说而未能改用《中原音韵》之声类。特李登以"仄声纯用清母似为直截",因谓"平则三十一母,仄则二十一母",足证其时全浊声母已混,惟以平分阴阳故未合并之耳。此第二派也。

以上两派所删并者惟在知、彻、澄、娘、敷 5 母 ,尚未公然混同清浊也。及叶秉敬(明浙江衢县人)《韵表》删去知、彻、澄、娘、敷、疑 6 母,已较黄公绍并喻、疑之一部为鱼母者益为变古。其后王应电(明南直隶昆山人)《声韵会通》以"乾坤清宁,日月昌明,天子圣哲,丞弼乂英,兵法是恤,礼教丕兴,同文等字"为 28 声,删并知、彻、澄、浪、床、邪、敷、奉、喻、匣 10 母,而以疑母重出之"乂"当喻,禅母重出之"丞"当床。《并音连声字学集要》[①] 之 27 母删去群、疑、透、床、禅、知、彻、娘、邪、非、微、匣 12 母,又增入"勤、逸、叹"三母;盖以"勤"当群,以"叹"当透,以"逸"当疑而实混于喻。其所混并者皆不免受《中原音韵》以后之影响。此第三派也。

综观增删字母诸家而衡其得失,窃谓探讨中古韵书之声系者,应以《广韵》四十七声类为准,而参证三十六字母之音序。辨析人类语言之辅音者,旧说中以劳乃宣之五十八母为渐近自然,其墨守三十六字母而以守温功臣自居者,实犹未明守温字母之真相耳。至若囿于风土,习于方言,而妄事增删,既未能赅括人类自然之音,复未敢毅然遵用《中原音韵》之北音系统,尤见其"童牛角马,不古不今"而已矣!

---

① 此书不著撰人名氏,明万历二年(1574)会稽陶承学得于吴中,属其同邑毛会删除繁冗,以成是编。

附表一：梵藏汉字母对照表

梵文字母	क	ख	ग	घ	ङ	च	छ	ज	झ	ञ	ट	ठ	ड	ढ	ण
《玄应音义·大般涅槃经》译音	迦	呿	伽	咺	俄	遮	车	阇	膳	若	吒重	咃	茶	咤	拏
罗马字注音	ka	kʻa	ga	gʻa	ṅa	ca	cʻa	ja	jʻa	ña	ṭa	ṭʻa	ḍa	ḍʻa	ṇa
藏文字母	ཀ	ཁ	ག		ང	*ཙ	*ཚ	*ཛ		ཉ					
《同文韵统》译音	嘎	喀	噶		迎阿	赍鸦	妻鸦	齑鸦		尼鸦					
罗马字注音	ka	kʻa	ga		ṅa	ca	cʻa	ja		ña					
唐守温三十字母与梵藏音之对照	见	溪	群		疑	照	穿	（禅）		日	知	彻	澄		
宋人三十六字母与梵藏音之对照	见	溪	群		疑	照	穿	床		日	知	彻	澄		嬢
三十六字母之国际音标注音	k	kʻ	gʻ		ŋ	ʈʂ tɕ	ʈʂʻ tɕʻ	dʐʻ dʑʻ		nʑ	ʈ	ʈʻ	ɖʻ		ɳ
《同文韵统》之三十六字母华梵对音	见	溪	群		疑	知*	彻*	澄*		嬢	照	穿	床		
陈澧之三十六字母华梵对音	见	溪	群		疑	照	穿	禅		日	知	彻	澄		嬢
戴密微之三十六字母华梵对音	见	溪	郡		疑	知	彻	澄		娘					

त	थ	द	ध	न	प	फ	ब	भ	म				
多	他	陀	驮	那	婆	颇	婆	婆去	摩				
ta	t‘a	da	d‘a	na	pa	p‘a	ba	b‘a	ma				
ཏ	ཐ	ད		ན	པ	ཕ	བ		མ	*ཙ	*ཚ	*ཛ	ཝ
答	塔	达		纳	巴	葩	拔		嘛	匝	擦	杂	斡
ta	t‘a	da		na	pa	p‘a	ba		ma	tsa	ts‘a	dza	wa
端	透	定		泥	不	芳	並		明	精	清	从	
端	透	定		泥	帮	滂	並		明	精	清	从	
t	t‘	d‘		n	p	p‘	b‘		m	ts	ts‘	dz‘	
端	透	定		泥	帮	滂	並		明	*精	*清	*从	微
端	透	定		泥	帮	滂	並		明				
端	透	定		泥	帮	滂	並		明				

梵文字母	य				र	ल	व	श	ष	स	ह	अ			
《玄应音义·大般涅槃经》译音	虵				逻	罗	缚	奢	沙	娑	呵	阿			
罗马字注音	ya				ra	la	va	śa	ṣa	sa	ha	a			
藏文字母	ཡ	ཞ	ཟ	འ	ར	ལ		ཤ		ས	ཧ	ཨ			
《同文韵统》译音	鸦	纱	鞁	婀	喇	拉		沙		萨	哈	阿			
罗马字注音	ya	ža	za	ẖa	ra	la		śa		sa	ha	a			
唐守温三十字母与梵藏音之对照	喻	禅	邪	匣		来		审		心	晓	影			
宋人三十六字母与梵藏音之对照	喻	禅	邪	匣		来		审		心	晓	影	非	敷	奉
三十六字母之国际音标注音	0 j	ʑ	z	ɣ		l		ʂ ɕ		s	x	ʔ	pf	pf‘	bv
《同文韵统》之三十六字母华梵对音						来		审		心	晓	影	非	敷	奉
陈澧之三十六字母华梵对音	床					来	奉	审		心	晓	影	非	敷	
戴密微之三十六字母华梵对音						来	奉	审		心	匣		非	敷	

微														
ŋ														
		喻		匣					邪				禅	日
微		喻		匣	精	清	从	心	邪					
微	影	喻	晓		精	清	从		邪	照	穿	床	禅	日

附表二：守温字母源流表

梵文三十三体文及一声势	क	ख	ग	घ	ङ	च	छ	ज	झ	ञ	
梵文罗马字注音	ka	k‘a	ga	g‘a	ṅa	ca	c‘a	ja	j‘a	ña	
藏文三十字母	ཀ	ཁ	ག		ང	ཅ	ཆ	ཇ		ཉ	
藏文罗马字注音	ka	k‘a	ga		ṅa	ca	c‘a	ja		ña	
《广韵》四十七声类	古居	苦去	渠		五鱼	侧之	初昌	士　食		而	
高本汉《广韵》四十七声类注音	k,kj	k‘,k‘j	g‘		ŋ,ŋj	tʂ,tɕ	tʂ‘,tɕ‘	dʐ‘,dʑ‘		nʑ	
守温三十字母	13. 见	14. 溪	15. 群		17. 疑	24. 照	22. 穿	（禅）		12. 日	
《玉篇》卷首切字要法三十声类	9. 经坚	20. 轻牵	19. 擎虔		5. 迎妍	14. 真氈	21. 称燀			2. 人然	
宋人三十六字母	17. 见	18. 溪	19. 群		20. 疑	26. 照	27. 穿	28. 床		36. 日	
《韵镜》卷首三十六字母归纳助纽字	17. 经坚	18. 轻牵	19. 勤虔		20. 银言	26. 真氈	27. 瞋燀	28. 蓁潺		36. 人然	
马伯乐三十六字母注音	k	k‘	g		ṅ	tʂ,tś	ts‘,tś‘	dʐ‘,dź		ñ	
邵雍《皇极经世声音图》四十八声一百九十二音	1. 古甲九癸	3. 坤巧邱弃	2. □□近揆	4. □□乾虬	7. 五瓦仰□ 8. 吾牙月尧	41. ■庄震■	43. ■叉赤■	42. ■乍□■	44. ■崇辰■	39. ■□耳■ 35. □□□■ 日齿轻清	40. ■□二■ 36. □□□■ 日齿轻浊
潘耒《类音》五十字母	5. 见	6. 溪	7. 舅	8. 群	9. 语 10. 疑	25. 照	26. 穿	27. 朕	28. 床	13. 耳 23. 绕	14. 而 24. 日
劳乃宣《等韵一得》五十八母	3. 嘎 [illegible]	4. 喀 [illegible]	7. 噶 [illegible]	8. ○ [illegible]	6. ○ [illegible] 10. 迎阿 [illegible]	27. 查 [illegible]	28. 叉 [illegible]	31. 楂 [illegible]	32. ○ [illegible]	38. ○ [illegible] 42. ○ [illegible]	30. ○ 日 34. 髾 日

ट	ठ	ड	ढ	ण	त	थ	द	ध	न	प	फ	ब	भ	म
ṭa	ṭ'a	ḍa	ḍ'a	ṇa	ta	t'a	da	d'a	na	pa	p'a	ba	b'a	ma
					ཏ	ཐ	ད		ན	པ	ཕ	བ		མ
					ta	t'a	da		na	pa	p'a	ba	b'a	ma
陟	丑	直		女	都	他	徒		奴	博方	普芳	蒲	符	莫武
ţ	ţ'	ḑ'		nj	t	t'	d'		n	p,pj	p',p'j	b',b'j		m,mj
9.知	10.彻	11.澄			5.端	6.透	7.定		8.泥	1.不	2.芳	3.並		4.明
		17.陈缠			22.丁颠	24.汀天	16.亭田		12.宁年	8.宾边	15.娉偏	18.平便		26.民眠
13.知	14.彻	15.澄		16.娘	9.端	10.透	11.定		12.泥	1.帮	2.滂	3.並		4.明
13.珍邅	14.獮辿	15.陈廛		16.纫[illegible]	9.丁颠	10.汀天	11.廷田		12.宁年	1.宾边	2.缤篇	3.频蠙		4.民眠
č	č'	ǰ		ny	t	t'	d		n	p	p'	b		m
45.■卓中■	47.■拆丑■	46.■宅直■	48.■茶呈■		21.东丹帝■	23.土贪天■	22.兑大弟■	24.同覃田■	25.乃妳女■ 26.内南年■	17.卜百丙必	19.普朴品匹	18.步白备鼻	20.旁排平瓶	11.母马美米 12.目貌眉民
					15.端	16.透	17.杜	18.定	19.乃 20.泥	45.帮	46.滂	47.菶	48.並	49.美 50.明
19.吒	20.侘	23.茶	24.○	22.○ 26.拏阿	11.答	12.塔	15.达	16.○	14.○ 18.纳	43.巴 45.○	44.葩	47.拔 49.○	48.○	46.○ 50.嘛
[illegible]	[illegible]	[illegible]	[illegible]	[illegible]	[illegible]	[illegible]	[illegible]	[illegible]	[illegible]	[illegible]	[illegible]	[illegible]	[illegible]	[illegible]

梵文三十三体文及一声势					य				र	ल
梵文罗马字注音					ya				ra	la
藏文三十字母	ཙ	ཚ	ཛ	ཝ	ཡ	ཞ	ཟ	འ	ར	ལ
藏文罗马字注音	tsa	ts'a	dza	wa	ya	ža	za	ha	ra	la
《广韵》四十七声类	子	七	昨		于以	时	徐	胡		卢　力
高本汉《广韵》四十七声类注音	ts	ts'	dz'		j,0	ẑ	z	x		l　lj
守温三十字母	18. 精	19. 清	20. 从		29. 喻	23. 禅	26. 邪	28. 匣		16. 来
《玉篇》卷首切字要法三十声类	25. 精笺	7. 清千	11. 秦前		13. 寅延	10. 神禅	4. 饧涎	28. 刑贤		6. 零连
宋人三十六字母	21. 精	22. 清	23. 从		34. 喻	30. 禅	25. 邪	33. 匣		35. 来
《韵镜》卷首三十六字母归纳助纽字	21. 精煎	22. 亲千	23. 秦前		34. 匀缘	30. 辰禅	25. 饧涎	33. 礥贤		35. 隣连
马伯乐三十六字母注音	ts	ts'	dz		,	ž	z	y		l
邵雍《皇极经世声音图》四十八声一百九十二音	29. 走哉足■	31. 草采七■	30. 自在匠■ 32. 曹才全■		10. □爻王寅	38. ■士■石	34. 寺□象■	6. 黄华雄贤		27. 老冷吕■ 28. 鹿荦离■
潘耒《类音》五十字母	35. 精	36. 清	37. 在 38. 从		2. 喻	22. 禅	33. 巳 34. 邪	4. 匣		11. 老 12. 来
劳乃宣《等韵一得》五十八母	35. 匝 々	36. 擦 干	39. 杂 [illegible] 40. ○ [illegible]		2. ㊀阿 [illegible]	33. ㊀沙 才	41. ㊀萨 [illegible]	9. ㊀哈 [illegible]		21. ○ [illegible] 25. ○ [illegible] 13. ○ [illegible] 17. 拉 [illegible]

व	श	ष	स	ह	अ								
va	śa	ṣa	sa	ha	a								
	ཤ		ས	ཧ	ཨ								
	śa		ṣa	ha	a								
	式	所	苏	呼许	乌於								
	ɕ	ʂ	s	x, xj	ʔ								
	21. 审		25. 心	27. 晓	30. 影								
	27. 声羶		3. 新鲜	23. 兴掀	1. 因烟	29. 1方切 1中风			30. 1无切 1非微				
	29. 审		24. 心	32. 晓	31. 影	5. 非	6. 敷	7. 奉	8. 微				
	29. 身羶		24. 新仙	32. 馨祆	31. 殷焉	5. 分蕃	6. 芬翻	7. 汾烦	8. 文構				
	ś	ṣ	s	x	‘	f	f‘	v	w				
	37. ■山手■		33. 思三星□	5. 黑花香雪	9. 安亚乙一	13. 夫法□飞		14. 父凡□吠	15. 武晚□尾 16. 文万□未				
	21. 审		31. 心 32. 些	3. 晓	1. 影	41. 非		42. 奉	43. 武 44. 微	29. ○ 舌捺清音类	30. ○ 舌捺浊音类	39. ○ 齿捺清音类	40. ○ 齿捺浊音类
	29. 沙 [illegible]		37. 萨 [illegible]	5. 哈 [illegible]	1. 阿 [illegible]	51. ○ [illegible] 53. 夫阿 [illegible]	52. 孚阿 [illegible]	55. ○ [illegible] 57. 符阿 [illegible] 56. ○ [illegible]	54. ○ [illegible] 58. 无阿 [illegible]				

梵文三十三体文及一声势	क	ख	ग	घ	ङ	च	छ	ज	झ	ञ
梵文罗马字注音	ka	k'a	ga	g'a	ṅa	ca	c'a	ja	j'a	ña
藏文三十字母	ཀ	ཁ	ག		ང	ཅ	ཆ	ཇ		ཉ
藏文罗马字注音	ka	k'a	ga		ṅa	ca	c'a	ja		ña
吴澄三十六字母	1. 见 5. 圭	2. 溪 6. 缺	3. 芹 7. 群		4. 疑 8. 危	26. 照	27. 穿			36. 日
黄公绍《韵会》三十六字母	1. 见	2. 溪	3. 群		4. 疑 5. 鱼					36. 日
陈晋翁《切韵指掌图节要》三十二字母	1. 见	2. 溪	3. 群		4. 疑					32. 日
梅膺祚《韵法直图》三十二字母	1. 见	2. 溪	3. 郡		4. 疑	18. 照	19. 穿	20. 状		32. 日
《洪武正韵》三十一声类	古	苦	渠		五	陟	丑	直		而
李登《书文音义便考私编》三十一字母	见	溪	郡		疑	照	穿	床		日
杨选杞《声韵同然集》三十一字祖	1. 见	2. 溪	3. 群		4. 疑	18. 照	19. 穿	20. 床		31. 日
叶秉敬《韵表》三十字母	见	溪	群			照	穿	床		日
王应电《声韵会通》二十八声	22. 教	2. 坤	1. 乾		6. 月 15. 乂	12. 哲	7. 昌			5. 日
《并音连声字学集要》二十七母	见	溪	勤		逸	照	穿			日

व	श	ष	स	ह	अ								
va	śa	ṣa	sa	ha	a								
	ཤ		ས	ཧ	ཨ								
	śa		ṣa	ha	a								
	式	所	苏	呼许	乌於								
	ɕ	ʂ	s	x, xj	ʔ								
	21. 审		25. 心	27. 晓	30. 影								
	27. 声 羶		3. 新 鲜	23. 兴 掀	1. 因 烟	29. 1 方切 1 中风			30. 1 无切 1 非微				
	29. 审		24. 心	32. 晓	31. 影	5. 非	6. 敷	7. 奉	8. 微				
	29. 身 羶		24. 新 仙	32. 馨 祆	31. 殷 焉	5. 分 蕃	6. 芬 翻	7. 汾 烦	8. 文 樠				
	ś	ṣ	s	x	ʻ	f	fʻ	v	w				
	37. ■ 山 手 ■		33. 思 三 星 □	5. 黑 花 香 雪	9. 安 亚 乙 一	13. 夫 法 □ 飞		14. 父 凡 □ 吠	15.　16. 武　文 晚　万 □　□ 尾　未				
	21. 审		31.32. 心 些	3. 晓	1. 影	41. 非		42. 奉	43.44. 武 微	29. ○ 舌捺清 音类	30. ○ 舌捺浊 音类	39. ○ 齿捺清 音类	40. ○ 齿捺浊 音类
	29. 沙 ォ		37. 萨 幺	5. 哈 キ	1. 阿 ㄥ	51.53. ○ 夫 　 阿 [illegible] コ	52. 孚 阿 [illegible]	55.57.56. ○ 符 ○ 　 阿 [illegible] コ [illegible]	54.58. ○ 无 　 阿 [illegible] [illegible]				

梵文三十三体文及一声势	क	ख	ग	घ	ङ	च	छ	ज	झ	ञ
梵文罗马字注音	ka	k'a	ga	g'a	ṅa	ca	c'a	ja	j'a	ña
藏文三十字母	ཀ	ཁ	ག		ང	ཅ	ཆ	ཇ		ཉ
藏文罗马字注音	ka	k'a	ga		ṅa	ca	c'a	ja		ña
吴澄三十六字母	1. 见 5. 圭	2. 溪 6. 缺	3. 芹 7. 群		4. 疑 8. 危	26. 照	27. 穿			36. 日
黄公绍《韵会》三十六字母	1. 见	2. 溪	3. 群		4. 疑 5. 鱼					36. 日
陈晋翁《切韵指掌图节要》三十二字母	1. 见	2. 溪	3. 群		4. 疑					32. 日
梅膺祚《韵法直图》三十二字母	1. 见	2. 溪	3. 郡		4. 疑	18. 照	19. 穿	20. 状		32. 日
《洪武正韵》三十一声类	古	苦	渠		五	陟	丑	直		而
李登《书文音义便考私编》三十一字母	见	溪	郡		疑	照	穿	床		日
杨选杞《声韵同然集》三十一字祖	1. 见	2. 溪	3. 群		4. 疑	18. 照	19. 穿	20. 床		31. 日
叶秉敬《韵表》三十字母	见	溪	群			照	穿	床		日
王应电《声韵会通》二十八声	22. 教	2. 坤	1. 乾		6. 月 15. 乂	12. 哲	7. 昌			5. 日
《并音连声字学集要》二十七母	见	溪	勤		逸	照	穿			日

ट	ठ	ड	ढ	ण	त	थ	द	ध	न	प	फ	ब	भ	म
ṭa	ṭ'a	ḍa	ḍ'a	ṇa	ta	t'a	da	d'a	na	pa	p'a	ba	b'a	ma
					ཏ	ཐ	ད		ན	པ	ཕ	བ		མ
					ta	t'a	da		na	pa	p'a	ba, b'a		ma
		28.澄			9.端	10.透	11.定		12.泥	13.邦	14.滂	15.並		16.明
23.知	24.彻	25.澄		26.娘	6.端	7.透	8.定		9.泥	10.帮	11.滂	12.並		13.明
22.知	23.澈	24.澄			5.端	6.透	7.定		8.泥	9.邦	10.滂	11.並		12.明
					5.端	6.透	7.定		8.泥	9.邦	10.滂	11.並		12.明
					都	侘	徒		奴	博	普	蒲		莫
					端	透	廷		泥	邦	滂	平		明
					5.端	6.透	7.定		8.泥	9.邦	10.滂	11.並		12.明
					端	透	定		泥	邦	滂	並		明
					27.等	9.天	25.同		4.宁	17.兵	23.丕	14.弼		8.明
		澄			端	叹	定		泥	邦	滂	並		明

梵文三十三体文及一声势				य				र	ल
梵文罗马字注音				ya				ra	la
藏文三十字母	ཙ	ཚ	ཛ	ཝ	ཡ	ཞ	ཟ	འ	ར	ལ
藏文罗马字注音	tsa	ts'a	dza	wa	ya	ža	za	h̠a	ra	la
吴澄三十六字母	21.精	22.清	23.从		34.喻	30.禅	25.邪	32.匣		35.来
黄公绍《韵会》三十六字母	18.精	19.清	20.从		33.喻	28.禅	22.邪	31.匣 32.合		35.来
陈晋翁《切韵指掌图节要》三十二字母	17.精	18.清	19.从		30.喻	26.禅	21.邪	28.匣		31.来
梅膺祚《韵法直图》三十二字母	13.精	14.清	15.从		30.喻	22.禅	17.邪	28.匣		31.来
《洪武正韵》三十一声类	子	七	昨		以	时	徐	胡		卢
李登《书文音义便考私编》三十一字母	精	清	从		喻	禅	邪	匣		来
杨选杞《声韵同然集》三十一字祖	13.精	14.清	15.从		26.喻	22.禅	17.邪	24.匣		30.来
叶秉敬《韵表》三十字母	精	清	从		喻	禅	邪	匣		来
王应电《声韵会通》二十八声	10.子	3.清	28.字		13.19.丞 是				21.礼	
《并音连声字学集要》二十七母	精	清	从		喻					来

व	श	ष	स	ह	अ			
va	śa	ṣa	sa	ha	a			
	ཤ		ས	ཧ	ཨ			
	ś a		ṣa	ha	a			
	29.审	24.心	31.晓	23.影 20.威		17.敷	18.奉	19.微
	27.审	21.心	30.晓	29.影 34.么	14.非	15.敷	16.奉	17.微
	25.审	20.心	27.晓	29.影	13.非	14.敷	15.奉	16.微
	21.审	16.心	27.晓	29.影	23.非	24.敷	25.奉	26.微
	所	苏	呼	乌	方		符	武
	审	心	晓	影		敷	奉	微
	21.审	16.心	23.晓	25.影		27.敷	28.奉	29.微
	审	心	晓	影	非		奉	微
	11.圣	20.恤	24.兴	16.英	13.法			26.文
	审	心	晓	影		敷	奉	

表例　1.此表依梵藏字母之顺序排列，凡与此顺序不合者，另用数字标明，以便参较，顺序不明者缺之。

2.此表纵分四类：(一)守温字母之渊源，(二)三十字母与三十六字母，(三)增加字母者，(四)删并字母者：各界以粗线，以清眉目。

（原载中央研究院历史语言研究所《集刊》第3本第2分，1931年；又载《罗常培语言学论文选集》，1963年版；又载《恬庵语文论著甲集》1973年影印本，文末无附表）

景印元至治本《通志·七音略》序

一、宋元等韵之派别

宋元等韵图之传于今者，大别凡有三系：《通志·七音略》与《韵镜》各分43转，每转纵以三十六字母为23行，轻唇、舌上、正齿分附重唇、舌头、齿头之下；横以四声统四等，入声除《七音略》第二十五转外，皆承阳韵。孙觌《内简尺牍》谓杨中修《切韵类例》为图44，当亦与此为近：此第一系也。《四声等子》与《切韵指南》各分16摄，而图数则有20与24之殊，其声母排列与《七音略》同，惟横以四等统四声，又以入声兼承阴阳，均与前系有别：此第二系也。《切韵指掌图》之图数及入声分配与《四声等子》同，但削去摄名，以四声统四等；分字母为36行，以轻唇、舌上、正齿与重唇、舌头、齿头平列；又于第十八图改列支、之韵之齿头音为一等：皆自具特征，不同前系。惟杨倓《韵谱》"变三十六分二纸肩行而绳引"（张麟之《韵镜序作》），"于旧有入者不改，旧无入者悉以入隶之"（戴震《答段若膺论韵书》），其式盖与此同：此第三系也。综此三系，体制各殊，时序所关，未容轩轾。然求其尽括《广韵》音纽，绝少漏遗，且推迹原型，是为构拟隋、唐旧音之参证者，则前一系固较后二系差胜也。

二、等韵图肇自唐代，非宋人所创

《七音略》所据之《七音韵鉴》与《韵镜》同出一源，其著者为谁，郑樵、张麟之辈已谓："其来也远，不可得指名其人。"（《韵镜序作》）《宋史·艺文志》有释元冲《五音韵镜》，明王沂《续文献通考》有宋崔敦诗《韵鉴》及宋吴恭《七音韵镜》等，其书是否与郑、张所据为同系，亦以散佚已久，无从考核。日人大矢透据藤原佐世《日本现在书目》所录《切韵图》及释安然《悉昙藏》所引《韵诠》，谓《韵镜》之原型夙成于隋代（《韵镜考》第四章）。其比附《韵诠》，虽未尽协，然效法《悉昙章》之韵图，自《切韵》成书后即当继之以生，而非创自宋人，则固不容否认也。更举数证，以实吾说：

张麟之《韵镜序作》题下注云："旧以翼祖讳敬，故为《韵鉴》，今迁祧庙，复从本名。"按，翼祖为宋太祖追封其祖之尊号，如《韵镜》作于宋人，则宜自始避讳，何须复从本名？倘有本名，必当出于前代：此一证也。

《七音略》之转次，自第三十一转以下与《韵镜》不同：前者升覃、咸、盐、添、谈、衔、严、凡于阳、唐之前，后者降此八韵于侵韵之后。按，隋唐韵书部次，陆法言《切韵》与孙愐《唐韵》等为一系，李舟《切韵》与宋陈彭年《广韵》等为一系。前系覃、谈在阳、唐之前，蒸、登居盐、添之后，后系降覃、谈于侵后，升蒸、登于尤前（参阅王国维《观堂集林》八《李舟〈切韵〉考》）。今《七音略》以覃、谈列阳、唐之前，实沿陆、孙旧次，特以列图方便而升盐、添、咸、衔、严、凡与覃、谈为伍。至于《韵镜》转次则显依李舟一系重加排定，惟殿以蒸、登，犹可窥见其原型本与《七音略》为同源耳：此二证也。

敦煌唐写本守温韵学残卷所载《四等重轻例》（全文见刘复《敦煌

掇琐》下辑,今四声各举一例,馀俱从略)云:

平声

观古桓反　关删　勬宣　涓先

上声

满莫伴反　彎潸　免选　缅狝

去声

半布判反　扮[裥]　变线　遍[线]

入声

特徒德反　宅陌　直职　狄锡

其分等与《七音略》及《韵镜》悉合。降及北宋,邵雍(1011～1077)作《皇极经世声音图》,分字音为"开""发""收""闭"四类。除舌头、齿头、轻唇及舌上娘母与等韵微有参差外,馀则"开"为一等,"发"为二等,"收"为三等,"闭"为四等(参阅袁子让《字学元元》卷一《四音开发收闭辩》),亦并与《七音略》合。是四等之分划,在守温以前盖已流行,北宋之初亦为治音韵者所沿用,则其起源必在唐代,殆无可疑:此三证也。

《七音略》于每转图末分标"重中重""重中轻""轻中轻""轻中重"等词,其定名亦实本诸唐人。按,日本释空海《文镜秘府论·调声》云:"律调其言,言无相妨,以字轻重清浊间之须稳。至如有'轻''重'者,有'轻中重''重中轻',当韵之即见。且庄(侧羊反)字全轻,霜字轻中重,疮字重中轻,床(士庄反)字全重。"又《论文意》云:"夫用字有数般,有'轻'有'重',有'重中轻',有'轻中重',有虽重浊可用者,有轻清不可用者,事须细绎之。若用重字,即以轻字拂之便快也。"空海精研《悉昙》,善解声律。[空海于唐德宗贞元二十年甲申即日本桓武天皇延历二十三年(公元804年)入唐留学,从不空三藏弟子昙员受《悉昙》。]就其所举"庄""霜""疮""床"四字推之,盖以"全清"塞声为"全轻","全清"擦声为"轻中重","次清"为"重中轻","全浊"为"全重";

其含义虽不与《七音略》悉符(见下文),然“重中轻”“轻中重”之名称必为唐代等韵学家所习用,则显然易见:此四证也。

昔戴东原谓:“呼等亦隋唐旧法”,“二百六韵实以此审定部分”(《声韵考》卷二)。钱竹汀亦云:“一二三四之等,开口合口之呼,法言分二百六部时,辨之甚细”(《潜研堂答问》十三)。证以前说,盖不甚远。故等呼之名虽后人所定,而等呼之实则本诸旧音,至于经声纬韵,分转列图,则唐代沙门师仿《悉昙》体制以总摄《切韵》音系者也。

三、《七音略》《韵镜》与其原型之异同正犹《等韵切音指南》与《切韵指南》之异同

论者或谓《七音略》第一转匣母平声三等“雄”字,《广韵》为“羽弓切”,应属喻母,今列匣母下,则从《集韵》“胡弓切”之音,第四转唇音平声三等有“陂”“縻”二字,《广韵》“陂,彼为切”,“縻,靡为切”,依下字当列第五转合口,今列开转内,则从《集韵》“班縻切”与“忙皮切”之音。至其所收之字见于《集韵》而不见于《广韵》者,尤不胜枚举。此并可证明,《七音略》与《韵镜》之归字从宋音而不从唐音。且《七音略》揭明三十六字母标目,而七音各以类从,均较唐人三十字母秩然有别。则此系韵图纵有妙用,亦限于审正宋音,未可据以远溯隋唐。此说似是而实非也。盖两书之归字即使迁就宋音,而其原型则未必不出于前代,正犹《康熙字典》卷首之《等韵切音指南》归字虽从清音,而刘鉴之《切韵指南》则固作于元末(至元二年丙子,公元1336年)也。尝对校两书而揭其异点,则:

一、韵摄次第不同:《切韵指南》以通、江、止、遇、蟹、臻、山、效、果、假、宕、曾、梗、流、深、咸为序,《切音指南》以果、假、梗、曾、通、止、蟹、遇、山、咸、深、臻、江、宕、效、流为序。且《切音指南》于曾摄合口

三等见母下复列通摄之"恭"字,宕摄二等开口复列江摄牙音、唇音、喉音字,合口复列江摄舌音、齿音、半舌音字;又江摄见母下之"光""恇"二字,止摄合口见母下之"皆""傀"二字,咸摄第二图见母下之"干"字,精母下之"尖"字,深摄见母下之"根"字:均为《切韵指南》所无。此种修改,殆因清初之《字母切韵要法》并梗、曾、通为庚摄,江、宕为冈摄,山、咸为干摄,深、臻为根摄,而欲比照删并者也。

二、各摄之开合口不同:《切韵指南》以止、蟹、臻、山、果、假、宕、曾、梗九摄各有开口、合口二呼,以通、江、遇、效、流、深、咸七摄为独韵;《切音指南》于刘鉴所定之独韵七摄,改江摄为开合呼,效、流、深、咸为开口呼,通、遇为合口呼。

三、唇音开合口之配列不同:《切韵指南》梗摄合口三等"丙、皿"2字,曾摄合口三等"逼、塩、愎、背"4字,山摄合口二等"班、版、扮、攀、襻、蛮、蠻"7字,四等"褊、缅"2字,宕摄合口一等"帮、螃、胦、傍"4字;《切音指南》均改列开口,惟将宕摄开口三等之"方、昉、放、缚"等16字改列合口:此种修改亦与《字母切韵要法》同。

四、正齿音二、三等之分划不同:《切韵指南》通摄正齿音二等有"崇""剬"2字,宕摄正齿音二等有"床、惴、壮、斱"等13字,《切音指南》均降列三等,且改开为合:此与《字母切韵要法》以"崇"等为庚摄合口副韵,以"庄"等为冈摄合口副韵之例适合。

五、止摄齿头音及唇音之等第不同:止摄齿头音"赀、雌、慈、思、词"等19字,《切韵指南》原在四等,《切音指南》均改列一等;又《切韵指南》于唇音二等内复列三等之"陂、縻、彼、破、被、美"6字,《切音指南》更升为一等,而删去复见三等之字。

六、入声之系统不同:《切韵指南》蟹摄合口三等屋韵之"竹、畜、逐、蚋",《切音指南》易以術韵之"怡、黜、术、貀",足征-k、-t两尾已混而不分;又《切韵指南》通摄三等烛韵之"瘃、楝、躅、傉",《切音指南》易以屋韵之"竹、畜、逐、衄",复以三等烛韵之"辱"字改列一等,足征屋、烛两韵亦洪细莫辨;他如《切音指南》以药、铎承流摄,以德承止摄一等,亦皆受《字母切韵要法》之影响。

七、字母之标目不同:《切韵指南》之"群、床、孃"三母,《切音指南》改为"郡、状、娘",与《字母切韵要法》同,此由当时读第三位为不送气音,故易平为仄以免误会也。

然其所异者不过归字之出入,而其不可易者则为结构与系统。倘使刘鉴原书已佚,后人遂据《切音指南》之归字而断定此系韵图不出于元季,宁非厚诬古人耶?故据《七音略》与《韵镜》之归字而否认其原型作自唐代者,其失殆与是埒耳!

四、《七音略》与《韵镜》之异同

《七音略》与《韵镜》虽同出一源,而其内容则非契合无间。举其大端,凡有七事。

一曰转次不同。自第三十一转以下,两书次第颇有参差,兹胪举韵目,列表于下:

转　次	《七音略》韵目	《韵镜》韵目
第三十一转	覃咸盐添(重)	唐阳(开)
第三十二转	谈衔严盐(重)	唐阳(合)
第三十三转	凡(轻)	庚清(开)
第三十四转	唐阳(重)	庚清(合)
第三十五转	唐阳(轻)	耕清青(开)
第三十六转	庚清(重)	耕青(合)
第三十七转	庚清(轻)	侯尤幽(开)

第三十八转	耕清青(重)	侵(合)
第三十九转	耕青(轻)	覃咸盐添(开)
第四十转	侯尤幽(重)	谈衔严盐(合)
第四十一转	侵(重)	凡(合)
第四十二转	登蒸(重)	登蒸(开)
第四十三转	登蒸(轻)	登(合)

由此可见《七音略》所据为陆法言《切韵》系之韵次,《韵镜》所据为李舟《切韵》系之韵次。其异同所关,已于前文论之矣。

二曰重轻与开合名异而实同。《七音略》于四十三转图末标"重中重"者17(第三十二、第三十六两转,元本作"重中轻",殿本及浙本作"重中重",今从元本),"轻中轻"者14,"重中轻"者5,"轻中重"者2,"重中重(内重)"、"重中重(内轻)"、"重中轻(内重)"、"轻中重(内轻)"及"轻中轻(内轻)"者各一。《韵镜》则悉削"重""轻"之称,而于图有转次下改标"开""合":凡《七音略》所谓"重中重"、"重中重(内重)"、"重中重(内轻)"、"重中轻(内重)"及"重中轻"者,皆标为"开";所谓"轻中轻"、"轻中轻(内轻)"、"轻中重"及"轻中重(内轻)"者皆标为"合"。惟《韵镜》以第二十六、第二十七、第三十八及第四十诸转为"合",以第二、第三、第四及第十二诸转为"开合",均于例微乖,则当据《七音略》之"重""轻"而加以是正。故夹漈所定"中重""内重""中轻""内轻"之辨,虽难质言,而其所谓"重""轻"适与《韵镜》之"开""合"相当,殆无疑义也(参阅拙著《释重轻》)。

三曰内外不同。内外之辨,系于元音之弇侈。内转者,假定皆含有后高元音[u][o]、中元音[ə]及前高元音[i][ĕ]之韵;外转者,假定皆含有前元音[e][ɛ][æ][a]、中低元音[ɐ]及后低元音[ɑ][ɔ]之韵(参阅拙著《释内外转》)。今考《七音略》与《韵镜》之"内""外",惟有三转不同:第十三转咍、皆、齐、祭、夬诸韵及第三十七转(即《韵镜》第三十四转)庚、清诸韵,《七音略》以为“内”,而《韵镜》以为“外”;第二十九转麻韵,《七音略》以为“外”,而《韵镜》以为“内”。据例以求,第十三转所含之元音为[ɑ][a][æ][e],第三十七转所含之元音为[ɐ][æ],则《韵镜》是而《七音略》非;第二十九转所含之元音为[a],则《七音略》是而《韵镜》非:互有正讹,未可一概而论也。

四曰等列不同。分等之义,江慎修辨之最精,其言曰:“一等洪大,二等次大,三四皆细,而四尤细。”(《音学辨微·辨等列》)惟谓“辨等之法,须于字母辨之”(同上),则不逮陈兰甫所谓“等之云者,当主乎韵,不当主乎声”(《东塾集》卷三《等韵通序》),尤能烛见等韵本法也。如以今语释之,则一、二等皆无介音[i],故其音“大”;三、四等皆有介音[i],故其音“细”。同属“大”音,而一等之元音较二等之元音略后略低,故有“洪大”与“次大”之别,如歌之与麻,咍之与皆,泰之与佳,豪之与肴,寒之与删,覃之与咸,谈之与衔,皆以元音之后[ɑ]前[a]而异等;同属“细”音,而三等之元音较四等之元音略后略低,故有“细”与“尤细”之别,如祭之与齐,宵之与萧,仙之与先,盐之与添,皆以元音之低[æ]高[e]而异等:然则四等之洪细,盖指发元音时,口腔共鸣间隙之大小言也(别详拙著《释等呼》)。惟同在三等韵中而正齿音之二、三等,以声母之刚柔分(二等为舌尖后音,三等为舌面前音);喻母及唇音、牙音之三、四等,以声母有无附腭作用分(三等有[j],四等无[j]);复以正齿与齿头不能并列一行,而降精、清、从、心、邪于四等:此并由等韵立法未善,而使后人滋惑者也。今考《七音略》与《韵镜》之等列大体相去不远,惟以钞刊屡易,难免各有乖互。若据上述分等之例订之,则《七音略》误而《韵镜》不误者,凡25条:

转次	母及调	例字	《七音略》等列	《韵镜》等列
1. 第三转		（全转）	平声列二等，上、去、入列三等	四声均列二等
2. 第六转	来平	梨	二	三
3. 第七转	知去	轛（追萃切）	入一	去三
4. 同前	澄去	坠	四	三
5. 同前	见溪群去	媿喟匮	四	三
6. 同前	见群上	癸揆	去一	上四
7. 同前	见群去	季悸	入一	去四
8. 第八转	喻平	饴（与之切）	三	四
9. 第九转	晓去	欷（许既切）	四（字作稀）	三
10. 同前	疑去寄入	刈（鱼肺切）	一	三
11. 第十二转	审上	数（所矩切）	三	二
12. 第十七转	喻去	酳（羊晋切）	三	四
13. 《韵镜》第三十四转 《七音略》第三十七转	见溪上	矿（古猛切） 界（苦猛切）	一	二
14. 同前	见上	璟（俱永切）	二	三
15. 同前	溪上	憬（《集韵》孔永切）	○	三
16. 同前	溪上	顷（去颍切）	三	四
17. 同前	晓上	克（许永切）	四	三
18. 同前	匣上	卝（胡猛切）	三	二
19. 《韵镜》第三十五转 《七音略》第三十八转		（全转）	一二三无四等	二三四无一等

20. 同前	端入	狄	○	四
21. 同前	见上	刭(古挺切)	改列溪母三等	四
22. 同前	影上	巊(烟涬切)	一	四
23. 《韵镜》第三十九转 《七音略》第三十一转	明上	奅(明忝切)	三	四
24. 同前	疑上	顩(鱼检切)	四	三
25. 同前	匣平	嫌(户兼切)	三	四

《韵镜》误而《七音略》不误者亦有 14 条：

转　次	母及调	例　字	《韵镜》等列	《七音略》等列
1. 第四转	从平	疵	三	四
2. 第五转	穿上	揣(初委切)	三	二
3. 第十一转	喻平	余(以诸切)	三	四
4. 第十四转	清去	毳(此芮切)	三	四
5. 第十七转	晓去	衅(许觐切)	四	三
6. 第二十四转	匣去	县(黄练切)	三	四
7. 第二十五转	疑平	尧(五聊切)	三	四
8. 同前	疑平	峣(五聊切)	四	○ 按，峣与尧同音
9. 《韵镜》第三十二转 《七音略》第三十五转	见群上	臦(俱往切) 狅(求往切)	二	三
10. 《韵镜》第三十三转 《七音略》第三十六转	疑平	迎(语京切)	四(宽永本不误)	三
11. 《韵镜》第三十七转 《七音略》第四十转	滂平	颩(匹尤切)	四	三

12.《韵镜》第三十九转 《七音略》第三十一转	匣上	鼸(胡忝切)	三(宽永本不误)	四
13. 第四十二转	审上	殑(色庱切)	三	二
14. 同前	喻去	孕(以證切)	三	四

若斯之类,并宜别白是非,各从其正者也。

五曰声类标目不同。《韵镜》各转分声母为“唇”“舌”“牙”“齿”“喉”“半舌”“半齿”七音,每音更分“清”“次清”“浊”“次浊”诸类,而不别标纽文。《七音略》则首列帮、滂、並、明,端、透、定、泥,见、溪、群、疑,精、清、从、心、邪,影、晓、匣、喻,来、日 23 母;次于端组下复列知彻、澄、娘,精组下复列照、穿、床、审、禅,而轻唇非、敷、奉、微 4 母则惟复见于第二、第二十、第二十二、第三十三、第三十四转帮组之下;又于第三行别立“羽”“徵”“角”“商”“宫”“半徵”“半商”七音以代“唇”“舌”“牙”“齿”“喉”“半舌”“半齿”:此其异也。就标明纽目而论,则郑渔仲改从宋代习尚者,实较张麟之为多,至以“羽”“徵”等七音代表声母发音部位,则与序文所引郑译之言同一附会矣。

六曰废韵所寄之转不同。《韵镜》以“废、计、刈”3 字寄第九转(微开)入三(按,“废”字于次转重复,“计”字本属霁韵),以“废、吠、𤟤、犨、𧰄、秽、喙”7 字寄第十转(微合)入三(𤟤,丘吠切,𧰄,呼吠切;但《广韵》寄于祭韵之末,乃后人窜入者);《七音略》留“刈”字于第九转而改列一等,移置“废、肺、吠、犨、秽、喙”6 字于第十六转(佳轻),而于第十五转(佳重)但存废韵之目。今按,废韵之主要元音为[ɐ],与佳韵同属外转,《七音略》以之寄第十六转,实较《韵镜》合于音理,惟应移第九转入一之“刈”字于第十五转入三,则前后始能一贯耳。

七曰铎、药所寄之转不同。按,《韵镜》通例凡入声皆承“阳韵”,《七音略》大体亦同。惟铎、药两韵之开口《七音略》复见于第二十五(豪、肴、宵、萧)及第三十四(唐、阳,即《韵镜》第三十一)两转,与《韵镜》独见于第三十一转者不同,盖已露入声兼承阴阳之兆矣。

上述七事,皆其荦荦大端。以转次及废韵所寄言,则《七音略》似古于《韵镜》;以声类不标纽目及入声专承阳韵言,则《韵镜》又似古于《七音略》:要之,皆于原型有所损益,实未可强分先后也。至于两书归字之出入,别于《韵镜校释》中详之,此不赘及。

五、至治本与清武英殿本及浙江局本之异同

此本乃元三山郡庠所刊,至治二年(1322)郡守吴绎捐廉摹印50部,散之江北诸郡,故俗称至治本,而其刊板实当在至治以前。入明,版入南京国子监,兹所据北平图书馆藏之蝶装犹为元印本,实传世《通志》之最古者也。尝以此本与清乾隆武英殿本及浙江局本对校,发现其足以正他本之误者,凡27条:

转　次	母调等	至治本	武英殿本	浙江局本
1. 第三转		外转第三	外转第三	内转第三×
2. 同前	滂去三	胖	胖	胖×
3. 第十转	並上三	膹	膭×	膭×
4. 第十二转	禅上三	豎	竪×	竪×
5. 第十七转	审去二	阠	阠×	阠×
6. 第二十转	见入三	亥	亥	亥×
7. 第二十一转	明上二	魍	魍×	魍×
8. 同前	彻上三	嵃	嵃×	嵃×
9. 同前	邪上四	缕	缮×	缮×
10. 第二十三转	泥入四	涅	涅×	涅×
11. 第二十四转	明平一	瞒	瞒×	瞒×

12. 第二十八转	溪去一	课	课	(缺)
13. 第二十九转	明去二及韵目	祃	祃×	祃×
14. 第三十一转	定上一	禫	禅×	禅×
15. 第三十二转	心去四	(空格)	偆×	偆×
16. 同前	心入一	偆	娶×	娶×
17. 同前	审入二	娶	(空格)×	(空格)×
18. 同前	(图末)	重中轻	重中重×	重中重×
19. 第三十四转	疑去一	枊	枊	柳×
20. 同前	来上一	朗避宋朗字讳	郎×	郎×
21. 第三十六转	审去二	土? 按,敬韵有生字,所敬切宜列此位,此字疑即“生”之破字	(空格)×	(空格)×
22. 同前	(图末)	重中轻	重中重×	重中重×
23. 第三十七转	匣上三	卄	卄×	卄×
24. 第三十八转	(上声韵目)	迥	迥	迴×
25. 同前	从入一	賾	賾	赜×
26. 第四十一转	精平四	祲	祲×	祲×
27. 第四十二转	喻入四	弋	弋	戈×

此本与他本同误者,除上文关于等列者外,尚有 70 条:

转　次	母调等	误　字	应据《韵镜》校正
1. 第一转	晓入一	縠(胡谷切)	改列匣入一
2. 第五转	见去四	諉(女恚切)	改列泥去三
3. 同前	溪去四	觖(规恚切)	改列见去四,而于此位另补“觖”字(窥瑞切)
4. 第六转	疑平三	示(袖至切)	狋(牛饥切)

5. 同前　审平三　只(诸氏切)　尸(式脂切)
6. 第七转　心平四　绥(儒隹切)　绥(息遗切)
7. 第十一转　邪去四　屐(奇逆切)　屐(徐预切)
8. 同前　影上三　淤(依倨切,与"饫"同音)　淤(於许切)
9. 第十二转　影上三　诩(况羽切)　改列晓上三,而于此位另补"伛"字(於武切)
10. 第十三转　端平一　𪓰　𪓰(丁来切)
11. 同前　见去二　诫(是征切)　诫(古拜切)
12. 同前　溪去一　溉(古代切)　慨(苦溉切)
13. 同前　影上一　欸(苦管切)　欸(於改切)
14. 同前　晓上二　骇(侯楷切)　改列匣上二
15. 同前　晓上四　傒(胡礼切)　改列匣上四
16. 第十四转　晓去二　䛡　䛡(火怪切)
17. 第十五转　定去一　太(他盖切)　大(徒盖切)
18. 同前　疑平二　崔(仓回切)　崖(五佳切)
19. 第十六转　帮去二　派(匹卦切)　庍(方卦切)
20. 第十七转　明入三四　蜜密　密(美笔切 三等)　蜜(弥毕切 四等)
21. 同前　彻入三　秩(直一切)　抶(丑栗切)
22. 同前　影上四　引(余忍切)　改列喻上四
23. 同前　晓平一　痕　痕(户恩切) 改列匣平一
24. 同前　匣上一　狠　很(胡恳切)
25. 第十八转　澄入三　述(食聿切)　术(直律切)
26. 同前　见上三　窘(渠殒切)　改列群上三
27. 同前　从平四　唇(沿上而讹)　鹑(昨旬切)

28. 第二十一转	滂去四	鷌	鴘(匹战切)
29. 同前	影入二	𨫼 士限切,与"栈"同音,应并入床上二	鷃(乙辖切)
30. 同前	(韵目平一)	山	改列平二
31. 第二十二转	微平三	𢸽(《集韵》弥殄切)	樠(武元切)
32. 同前	见上三	娈(力兖切)	卷(《集韵》九远切)
33. 第二十三转	彻平三	脠	脡(丑延切)
34. 同前	照上三	膳	膳(旨善切)
35. 同前	匣上四	现(胡甸切)	岘(胡典切)
36. 同前	日上三	蹨	蹨(人善切)
37. 第二十四转	帮上一	叛 薄半切,与"畔"同音,应并入並去一	粄(博管切)
38. 同前	溪去一	鑁	鏉(口换切)
39. 第二十五转	知平二	凋 都聊切,与"貂"同音,应并入端平四	啁(陟交切)
40. 同前	彻上三	巐	巐(丑小切)
41. 同前	澄平二	祧	秭(直交切)
42. 第二十六转	群平四	趼(去遥切)	改列溪平四
43. 同前	疑平四	翘(渠遥切)	改列群平四
44. 第二十七转	透去四	椸(《集韵》余知切)	拖(吐逻切)
45. 同前	溪上一	何(胡歌切)	可(枯我切)
46. 第二十八转	定去一	堕(徒果切)	隋(徒卧切)
47. 同前	来去三	赢(赢有落戈、郎果二切)	贏(鲁过切)
48. 第二十九转	从平四	查(钽加切)	査(才邪切)
49. 第三十一转	彻入二	盥	盦(丑回切)
50. 第三十二转	透平一	蚺(《集韵》有如占、他念二切)	舑(他酣切)

51. 同前	见去一	⿰齒舀	⿰齒臽(古蹔切)
52. 同前	清上四	槧(有慈染、才敢、七艳诸切)	憸(七渐切)
53. 同前	从上一	⿱敢食(子敢切)	槧(才敢切)
54. 第三十三转	非上三	膢	腇(府犯切)
55. 同前	溪上三	丩	凵(丘犯切)
56. 第三十四转	见去三	⿰马畺(居良切)	彊(居亮切)
57. 第三十六转	滂入二	柏(搏陌切,与“伯”同音)	拍(普伯切)
58. 同前	並入三	⿰扌蒪	欂(弼戟切)
59. 同前	明去二三	命孟	孟命“孟”在二等敬韵“命”在三等劲韵
60. 同前	日入二	礐(力摘切)	改列来入二
61. 第三十八转	並入二	擗(毗亦切,在昔韵四等)	⿰纟辟(蒲革切,在麦韵二等)
62. 同前	端去四	叮(当经切)	矴(丁定切)
63. 同前	透上四	挺(徒鼎切)	侹(他鼎切)
64. 同前	定上四	(空格)	挺(徒鼎切)
65. 第四十转	透上一	姓(息正切)	黈天口切,同纽有“姓”字,与“姓”形近而讹
66. 第四十一转	娘上三	栣(如甚切)	拰(尼凛切)
67. 第四十二转	晓平一	恒(胡登切)	改列匣平一
68. 同前	匣平一	峘(胡登切)	与恒并为一纽
69. 同前	匣平三	蝇(余陵切)	《韵镜》亦误列三等,应改列喻平四
70. 第四十三转	(韵目)	蒸等拯嶝證	应删

此本与他本不同而实并误者,凡 10 条:

转　次	母调等	至治本	武英殿本	浙江局本	校改之字
1. 第十转	晓上三	虵	虵	虵	虺
2. 第十一转	清去四	覻	覷	覷	覰
3. 第十三转	疑去二	睚	睚	睚	睚
4. 同前	匣去寄入二	㪊	㪊	㪊	㪊
5. 第十四转	泥平一	懹	懹	懹	懹
6. 第二十四转	定去一	叚	叚	叚	段
7. 同前	彻上三	睩	睩	睩	腞
8. 同前	晓入三	旻	旻	旻	旻
9. 第三十七转	晓平四	呴	眗	眗	眗
10. 第三十九转	晓入四	犸	貑	貑	殈

此本误而他本不误者,凡17条:

转　次	母调等	至治本	武英殿本	浙江局本
1. 第四转	彻上三	褫×	褫×	褫
2. 第五转	来平三	羸×	羸	羸
3. 第七转	见上三	轨×	轨	轨
4. 同前	心去四	邃×	邃×	邃
5. 第十三转	来平四	黎×	黎×	黎
6. 第十四转	喻去三	衛×	衞	衞
7. 第十五转	明去四	袂×	袂	袂
8. 同前	来去一	赖×	赖×	赖
9. 第二十一转	澄去二	袓×	袓	袓
10. 同前	溪上三	言×	言(去偃切)	言×
11. 同前	群去三	徤×	健	健
12. 二十四转	来上一	夘×	卵	卵

13. 第三十一转	匣去二	陷×	陷	陷
14. 第三十五转	溪上一	廰×	廰	廰
15. 第四十转	见上三	从×	久	久
16. 同前	从上一	鲰×	鲰	鲰
17. 第四十二转	见入一	祴×	祴	祴

此外至治本凡从员者皆作“貟”，睘作“睘”，兑作“兊”，曷作“曷”，雋作“雋”，祭作“祭”，殳作“叓”，麥作“麦”，兮作“兮”，鼻作“鼻”，算作“筭”，夗作“夘”，册作“冊”，鬼作“鬼”，恩作“㤙”，達作“逹”，赞作“賛”，阑作“闌”，番作“畨”，复作“复”，爽作“爽”，奔作“奔”，夸作“夸”，専作“専”，丈作“丈”，尤作“尤”，则由沿袭当时之书写体势而然，或正或俗，宜分别观之！凡此种种或此本是而他本非，或他本是而此本非，或此本与他本并非，要当参证《韵镜》，旁稽音理，正其所短，取其所长，斯可成为定本。段懋堂曰：“校书之难，非照本改字、不讹不漏之难也，定其是非之难。”（《经韵楼集》卷一二《与诸同志书论校书之难》）不其然欤？

1934年，北京大学既印行《韵镜》、《龙龛手鉴》及《西儒耳目资》以便学子研览，马幼渔先生更提议印行《通志》之《六书》《七音》二略，俾后来治文字音韵学者，明了夹漈已往之功绩。嗣承徐森玉、赵斐云两先生赞助，乃由北平图书馆假得此本，景印流传。其年秋，余自京来平，承乏北京大学语言学及音韵学讲席，适逢印行此书之会，因就曩日研习所得，略论宋、元等韵源流及《七音略》与《韵镜》之异同，并对校诸本而判定其是非，聊供读此书者之考镜云尔。

1935年4月25日罗常培序于北平北海静心斋国立中央研究院历史语言研究所。

(原载《元至治本通志 六书略 七音略》1935 年北京大学影印本,题首无"景印"二字;又载中央研究院历史语言研究所《集刊》第 5 本第 4 分,1935 年,题为《〈通志·七音略〉研究》,并增文内小标题;又载《罗常培语言学论文选集》1963 年版,题为《〈通志·七音略〉研究》,另加副题《景印元至治本〈通志·七音略〉序》)

《十韵汇编》叙例

这部书是我们现在已经得到的《切韵》系韵书材料的总结集。

我们常说：凡是做一种学问，所研究的材料越扩张，学问的本身也越进步；有一分材料才有一分的结果，有十分材料才有十分的结果，根据很贫乏的材料去凭臆推断，所得的结果当然也靠不住。这是历试不爽的。就拿唐宋韵书的异同这个问题来说罢，从前的人因为《唐韵》行而《切韵》废，《广韵》行而《唐韵》又废，对于《切韵》和《唐韵》的本来面目始终是不大了然的；他们展转相传，总以为《唐韵》对于《切韵》也和《广韵》对于《唐韵》一样，只是文字增多，注解加详，其余都是因仍旧贯没有什么变动的。可是，在很早的时候，亲眼看见过《唐韵》原书的人已经证明这是不对的了。宋朝魏了翁（1178～1237）的《唐韵后序》说：

> 《韵略》之得名盖谓音韵各有畛略也。韵字从音从员，略字从田从各，皆一形一声，兹其大端矣。是书号《唐韵》，与今世所谓《韵略》皆后人不知而作者也。然其部叙于一东下注云："德红反，浊，满口声"，自此至三十四乏皆然；于二十八删、二十九山之后继之以三十先、三十一仙，上声、去声亦然；则其声音之道，区分之方，隐然见于述作之表也。今之为韵者既不载声调之清浊，而平声辄分上下，自以一先、二仙为下平之首，不知先字盖自真字而来，学者由之不知而随声雷同，古人造端立意之本失矣。此

书别出“移”“臡”二字为一部，注云：“陆与齐同，今别。”然则，今韵从陆本，疑此本为是。今韵降覃、谈于侵后，升蒸、登于青后，以古语“三”字叶“今”，“男”字叶“音”，“徵”字叶“桢”，“仌”字叶“兵”，疑今书为是。今书又升药、铎于麦、陌、昔之前，置职、德于锡、缉之间，古语“白”为“薄”，“宅”为“度”，“舄”为“鹊”，“石”为“勺”，锡、缉与职、德声为最近：盖创始者多阔疏，而因仍者易精密。此皆为学者之所当知而举世不之问也。余得此书于巴州使君王清父，相传以为吴彩鸾所书，虽无明据，然结字茂美，编衮用叶子样，此为唐人所书无疑。其音韵虽与《易》《书》《诗》《左氏传》及二汉以前不尽合，然世俗承用既久，姑就其间而详其是否焉。若夫孙愐、叔文较之今本亦有增加书字处，要皆以此本为正。

由这段文章我们可以知道魏氏所见的唐人写本《唐韵》和《广韵》有四点不同：

第一，平声不分上下，于二十八删、二十九山之后即继之以三十先、三十一仙；

第二，韵目之下分别注明清浊和呼法；

第三，自《切韵》平声齐韵分出“移”“臡”两字另立移韵；

第四，覃、谈，蒸、登，药、铎，职、德的次序和《广韵》不同。

后来王应麟(1223～1296)在《困学纪闻》里只引了魏氏所说的《唐韵》“于二十八删、二十九山之后继之以三十先、三十一仙……而平声辄分上下，自以一先、二仙为下平之首，不知先字盖自真字而来”[①] 一段，把别的要点都忽略了。顾炎武(1613～1682)和戴震(1724～1777)因为只看见王氏所引的话，而没有看见魏氏的原序，所以不知道“鹤

① 见《困学纪闻》，卷八，第21页。

山所见《唐韵》于何处多添一韵”[①]；并且一方面说：“自法言《切韵》下至《礼部韵略》《集韵》，部分相承未改”，一方面又说：“唐时诸家韵书大致多本法言，韵亦各有微异”；这种犹豫两可的结论都是由于材料不充实的原故。不过，顾、戴两氏虽然没看见魏了翁的《唐韵后序》，可是顾氏却能应用颜元孙的《干禄字书》，知道唐时韵谱的次序“平声覃、谈在阳之前，蒸、登在盐之后，上去二声仿此”[②]；戴氏也能应用徐铉改定《说文解字篆韵谱》所据李舟《切韵》、吴棫《韵补》的上声韵目和曹楝亭所刻宋本《广韵》考定《广韵》上声末四韵应以豏、槛、俨、范为次，去声末四韵应以陷、鉴、酽、梵为次，现在传世的《广韵》俨、酽在豏、陷之前，是宋朝景祐以后根据《礼部韵略》所窜改。[③] 他们对于这个问题总算也有点儿新发现。

及至段玉裁（1735 ~ 1815）发现夏竦“《古文四声韵》齐第十二之后有栘第十三，增多一部；下平先第一、仙第二之后有宣第三，入声质第五之后有聿第六，亦皆增多一部。下平之次：麻、覃、谈、阳、唐、庚、耕、清、青、尤、侯、幽、侵、盐、添、蒸、登、咸、衔、严、凡，上去配是；入声之次：质、聿、術、物、栉、迄、月、没、曷、末、黠、辖、屑、薛、锡、昔、麦、陌、合、盍、洽、狎、叶、帖、缉、药、铎、职、德、业、乏，与《广韵》《集韵》次第殊异”[④]，于是才知道：魏鹤山所见的《唐韵》是在删、山以前多了一个栘韵；夏竦所据《唐韵》下平先、仙后增多第三宣韵和徐铉所据的李舟《切韵》相同；并且拿颜元孙的《干禄字书》来比较，也发现它们的韵次是同系的。可惜他没注意到徐锴《说文解字篆韵谱》的原本，所以

---

① 见《音论》，卷上，第 10 页；又《声韵考》，卷二，第 13 页。

② 见《音论》，卷上，第 3 页。

③ 见《声韵考》，卷二，第 7 ~ 8 页。

④ 见《经韵楼集》，卷六，《跋古文四声韵》。

说“惟入声增聿部则无考”[①];又误认孙愐《唐韵》部次与《广韵》相同,所以说它是“约定俗成,莫之或变”[②]。假使段氏看见魏了翁的《唐韵后序》原文,他的结论当然就两样了。

在那个时候亲眼看见魏氏《唐韵后序》全文并且有所贡献的,实际上只有钱大昕(1728~1804)一人。[③] 他在《十驾斋养新录》卷五“论韵书次第不同”一条里把魏氏《后序》的要点都举了出来,并且还参考了《干禄字书》、《古文四声韵》、《说文解字篆韵谱》和郑樵《七音略》内外转四十三图等,除去前人所得的结果以外,他又发现“徐锴《说文篆韵谱》上平声痕部并入魂部”。应用间接材料来推求唐宋韵书异同的,到了钱氏可谓集大成了。这时候即使再有聪明的人,若是得不到新材料,恐怕也难得有进一步的贡献。譬如莫友芝(1811~1871)在《韵学源流》里说:

> 按法言书既不传,而《广韵》犹题陆法言撰本,岂《广韵》二百六韵之目,即法言旧部欤?法言《序》既举支、脂、先、仙等为说,则分部又必不自法言,岂自《声类》即有此等部,而四声既兴,又以四声界之耶?法言又云:“诸家各有乖互”,岂合诸家之部分而去取整齐之耶?皆不可考矣![④]

他所怀疑的各点,何尝不精辟呢?然而因为没有材料来证实,终于诿之“皆不可考”,这实在是很不幸的!

近三十年来,唐人所写《切韵》《唐韵》和王仁昫《刊谬补缺切韵》的残卷,陆续重现于世间。王国维生逢其会,一方面承袭乾嘉诸老考证略备的间接材料,再作精详的探讨;一方面利用这些前辈所没看见

①② 见《经韵楼集》,卷六,《跋古文四声韵》。

③ 谢启昆《小学考》卷二九,第26页亦载魏序全文,但无所考定。

④ 见广州中山大学排印本,第12页。

的直接材料，更作进一步的证实。于是他在前人所得的结果以外发现：

一、唐人韵书的部次可分为二系：陆法言《切韵》、孙愐《唐韵》和小徐《说文解字篆韵谱》、夏英公《古文四声韵》所据韵书为一系；大徐改定《篆韵谱》所据李舟《切韵》和《广韵》为一系。①

二、陆法言《切韵》比《广韵》平声少谆、桓、戈三韵，上声少准、缓、果、俨四韵，去声少稕、换、过、酽四韵，入声少術、曷二韵，共为193韵。②

三、《切韵》和《唐韵》一系的韵书去声泰韵在霁韵之前。③

四、《唐韵》有开元、天宝二本：开元本部目和陆法言《切韵》全同，惟上声较陆多一韵；天宝本增平声四（栘、谆、桓、戈），上去声各三（准、缓、果，栘、换、过），入声二（術、曷），“前者尚是陆韵支流，后者则孙氏自以己意分部者也”④。

五、徐锴《说文解字篆韵谱》原本所据《切韵》改陆韵冬韵“恭、蜙”二字入锺韵，“纵”字入用韵，与孙愐《唐韵》合；但平声齐后无栘韵，入声以聿为術，且无曷韵，与孙愐韵殊。⑤ 徐铉改定《篆韵谱》所据李舟《切韵》除增三宣一部外，与《广韵》全同。⑥

六、《古文四声韵》所据《唐切韵》除平声齐韵后有栘韵，仙韵后有宣韵外，上声狝后有选韵，去声梵后有酽韵，入声质后有聿、術二韵。但狝韵中“甏”字下注“人兖切”，而部目中“选”字上注“思兖切”，二韵

① 《观堂集林》卷八，《李舟〈切韵〉考》和《唐时韵书部次先后表》。
② 同上书，《书巴黎国民图书馆所藏唐写本〈切韵〉后》和《唐时韵书部次先后表》。
③ 同上书，《李舟〈切韵〉考》。
④ 同上书，《书〈式古堂书画汇考〉所录〈唐韵〉后》。
⑤ 同上书，《书小徐〈说文解字篆韵谱〉后》。
⑥ 同上书，《李舟〈切韵〉考》。

俱以“究”字为切；又目中“聿”字注“余律切”，“術”字注“食律切”，二韵俱以“律”字为切。盖浅人见平声仙、宣为二，故增选韵以配宣；又见術韵或以術为部首（如《唐韵》），或以聿为部首（如小徐所据《切韵》），遂分術、聿为二，而其反切未及改正。其本当在《唐韵》与小徐所据《切韵》之后。①

我们对于王氏这许多新发现，自然不能不佩服他眼光的明敏、功力的精密，可是假使他没看见过这些直接材料，恐怕就不会有这么多贡献了。所以唐宋韵书的异同，是从魏了翁到王国维因为材料陆续增加才逐渐认清楚的。这段经过恰好可以作为我开头所说“有一分材料才有一分的结果，有十分材料才有十分的结果”那两句话的一个例证。

现在我们再举一个反面的例。陈澧（1810～1882）的《切韵考》是想从《广韵》的切语里来推求陆氏《切韵》体例的一部书，他以为：

> 切语旧法当求之陆氏《切韵》，《切韵》虽亡，而存于《广韵》。乃取《广韵》切语上字系联之为双声四十类；又取切语下字系联之，每韵或一类，或二类，或三类、四类；是为陆氏旧法。隋以前音异于唐季以后，又钱、戴二君所未及详也。②

他系联声类和韵类的原则是：

> 切语上字与所切之字为双声，则切语上字同用者、互用者、递用者，声必同类也。……切语下字与所切之字为叠韵，则切语下字同用者、互用者、递用者，韵必同类也。③

他所用的方法是：

① 《观堂集林》卷八，《书〈古文四声韵〉后》。

② 见《切韵考·序》。

③ 《切韵考》卷一，第2页。

循其轨迹，顺其条理，惟以考据为准，不以口耳为凭，必使信而有征，故宁拙而勿巧。[1]

这是很合乎近代科学精神的。此外，他根据同音字不分两个切语的例来剔除《切韵》以后的新增字，又参照顾（炎武）、张（士俊）、曹（寅）所刻《广韵》和徐铉校定《说文》、徐锴《说文解字篆韵谱》所据的音切来校勘同异，择善而从，也有许多地方和《切韵》冥合。不过，他的方法虽然这样谨严，他的功力虽然这样精密，毕竟为材料所限，还不能尽合《切韵》的真相。比方说：我们现在已经知道《切韵》的韵部比《广韵》少了谆、准、稕、桓、缓、换、戈、果、过和俨、酽、術、曷 13 韵，实际只有 193 韵，而陈氏却说："《广韵》平、上、去、入二百六韵，必陆氏《切韵》之旧也。"[2] 这是和《切韵》本来面目不合的第一点。又如：陈氏根据《广韵》切语上字考定《切韵》声类为 40 类 452 字，认为这就是隋以前双声的区域。可是，在我们现在所得到的几种本子里有许多切语上字是这 452 字所没有的。例如：

绷	北萌(广)	逋萌(王二)
湓	匹问(广)	纷问(王二)
獖	蒲本(广)	盆本(切一，王三，王一)
坌	蒲闷(广，王一)	盆闷(王二)
竝	蒲迥(广)	萍迥(王一)
旦	得按(广，王一)	丹按(王二)
黹	猪几(广)	眡几(切三，王一，王二)
彝	楮几(广)	绨履(切三，王一)

① 《切韵考·序》。
② 《切韵考》，卷三，第 1 页。

雳　郎击（广，唐）　閬激（王一，王二）
剂　遵为（广）　觜随（切二，切三，王一，王二）
接　即叶（广，唐）　紫叶（切三，王一，王二）
焌　仓聿（广）　翠恤（切三，王一）
笡　迁谢（广，唐）　浅谢（王一，王二）
全　疾缘（广）　聚缘（切三，王一，刊）
崒　慈恤（广）　聚恤（切三，王二）
⿰日朁　渐念（广，王一，唐）　潜念（王二）
酋　自秋（广）　字秋（切三，王二）
醮　庄陷（广，唐）　滓陷（王一，王二）
臭　尺救（广，王一，唐）　鸱救（王二）
称　昌孕（广，唐）　齿证（王一）
　　　蚩证（王二）
俟　床史（广）　漦史（切三，王一，德）
恭　九容（广）　驹冬（王二，刊，切三冬误东）
媿　俱位（广）　轨位（王二）
玃　居缚（广，王二）　遽缚（唐）
岂　祛狶（广）　气狶（切三，王一）
区　岂俱（广）　气俱（切三）
⿰去欠　丘倨（广）　却据（王二）
揆　求癸（广）　葵癸（王一，王二，切三葵误蔡）
⿰饣意　乌恨（广）　恩恨（王一）
邑　於汲（广，唐）　英及（切三，王二）

蟹　胡买(广)　　　　鞢买(切三,鞢疑为鞵之讹)

这些有圈的字虽然还不至于影响到声类的分合,可是《切韵》以降的反切上字不以陈氏所举的452字为限,却显然易见;这是和《切韵》本来面目不合的第二点。再者,上平脂韵"尸"字《广韵》诸本均作"式之切",混乱之、脂两韵的界限,关系颇大,陈氏据二徐的反切改作"式脂切"[①],和"切二""切三""王二"诸本的切语恰好契合,这是他很精切的地方。但是凡韵的"凡"字,《广韵》作"符咸切",也把凡、咸两韵的界限混乱了,陈氏却以为:"此韵字少故借用二十六咸之'咸'字也。徐锴符严反,亦借用二十八严之'严'字。徐铉浮芝切,盖以借用他韵字不如用本韵字,故改之耳。然'芝'字隐僻,未必陆韵所有也。"[②]殊不知在"切三""王一""王二"三种唐写本里,"凡"字都作"扶芝反"或"符芝反",而没有一个作"符咸切"的;这是他和《切韵》本来面目不合的第三点。还有上声狝韵"隽"字,张本《广韵》"徂兖切",但明本、顾本误作"祖兖切",和"子兖切"的"臇"字同音,把从、精两母的声类给混乱了;陈氏能遵守张本的反切不为明本、顾本所误,而与"王一"暗合,这是很有断制的。[③] 可是上平真韵的"真"字《广韵》诸本都作"侧鄰切",拿照母二等字来切照母三等字,和全书的声类系统不符,并且二仙"甄"字注:"又章鄰切",二十一震"振"字注云:"又之人切","甄""振"两字的又读均在真韵,和"真"字同组,"章""之"两字既然属于照母三等,足征"侧鄰切"是不对的:可惜陈氏却没有校勘出来。[④]我们现在只要翻开"切三"一看,立刻就可以知道"真"字本来作"職鄰

① 见《切韵考》卷四,第12页。

② 同上书,卷五,第46页。

③ 同上书,卷五,第4页。

④ 同上书,卷四,第33页。

反”了[①];这是他和《切韵》本来面目不合的第四点。像陈氏那样的方法和那样的功力,假使不受材料的限制,当然就不至于有这四点遗憾了。

最后,我们再拿王国维来举一个例。王氏对于隋、唐韵书源流的贡献,我在上文已然表彰过了,可是他在《陆法言切韵断片跋》里说:

> 断片“伊”字上有“市支反”三字未知为何字之音。以行款求之,此三字上当无他注,则非此字之第二音。脂韵中字以“支”字切之,殊失界限,或系转写之讹。[②]

乍一看起来,他的话似乎也还有道理,不过我们现在翻开“切二”“切三”两本残卷来审核,就可以知道脂韵“伊”字上面原有“祁”字,本音“渠脂反”,又音“市支反”,王氏的推想完全错误。这篇文章作于1917年8月,在他手写《切韵》残卷(1921年9月)的前四年,拿他前后所得的结果来衡量,就可以知道材料多寡对于考据上的重要了。

以上这两个例可以告诉我们:在材料不充实的时候,就是胆大心细的聪明人也难免有推想的错误。真正的科学方法是归纳和演绎互用的。观察一些事实之后,先提出几种可能的假设,然后根据所提的假设来扩充观察的范围,增加事例的数量,最后才能得到所要证明的通则。所以尽量罗举有关系的事实,对于一个问题的解决是极重要的。编辑这部书的旨趣就是要把关于《切韵》系韵书的材料结集起来,给从事这一方面研究的人准备下一些比较充分的事实,使他们不至于再有前人曾经有过的缺憾。

---

① 按,二仙“甄”字注云又“章鄰切”,二十一震“振”字注云又“之人切”,“甄”“振”两字之又读均在真韵与真字同纽,“章”“之”二字既属照母三等,亦可证側鄰切当作職鄰切也。

② 见《观堂别集后编》,第2页。

有人说:从这些材料陆续发现以来,大部分已经被人利用过了,现在把它们结集在一块儿还有什么用处呢?这种话实在是似是而非,禁不住仔细考虑的。要知道,没有材料固然不能出好货,有了材料不会运用也一样不能出好货。同是一样的砖瓦木石,会因匠人建筑的巧拙造出不同的房屋;同是一样的鸡鸭鱼肉,会因庖师烹调的好坏生出不同的滋味。植物学家和樵夫一同进森林,一个就着眼到每棵树木的形态和分类,一个却只看见几百几千捆的柴火。艺术家和水利工程家一同去看瀑布,一个只去欣赏景色的美丽,想着怎样描写下所得的印象,一个却惊叹势能的伟大,想着怎样利用它来推动机械。可见一种材料不会只有一种用法的。关于这部分韵书的材料,姑无论还有好些是前人没有见过的,即使他们完全看见过,也未必能够利用得一干二净,使我们连发生新问题的馀地都没有。现在我且随便举几个例:

第一,《切韵》韵目和《声类》《韵集》以降的韵书有没有异同?

关于这个问题,从前莫友芝已经怀疑过,他以为:"法言《序》既举支、脂、先、仙等为说,则分部又必不自法言,岂自《声类》即有此等部,而四声既兴,又以四声界之耶?法言又云:'诸家各有乖互',岂合诸家之部分而去取整齐之耶?"(引见前)他的眼光总算够敏锐的了。后来王国维看见了故宫本的王仁昫《刊谬补缺切韵》(王二),就应用平声一所注阳(休之)、吕(静)、李(季节)、杜(台卿)、夏侯(咏)五家韵目的异同作了一篇《六朝人韵书分部说》[①],不过因为"平声二首缺数叶,而上去入三声又有目无注,故此五家与陆韵部目之异同遂无由全知"。及至本编所收的敦煌本王仁昫《刊谬补缺切韵》(王一)重见于国内,魏建功先生才参酌两种本子里的韵目下所引的五家异同,作了

① 见《观堂集林》卷八,第4页。

一篇《吕静、夏侯咏、阳休之、李季节、杜台卿五家韵目考》[①],各为考定韵部约数并加以解释,比起王氏的文章来实在详细多了。将来《切韵》以前的诸家反切整理就绪,更可以把这个问题反映得清楚一点,对于《切韵》论定"南北是非,古今通塞"的性质也就用不着再辩论了。

第二,《切韵》的反切用字是否和《广韵》的音类有出入?

我在上一段里曾经举出陈澧《声类考》452字以外的一些反切上字,不过那都是对于音类没有影响的。关于唇音和舌音两组我却发现《切韵》里的"类隔"反切比《广韵》里的多,例如:

豍	方兮(切三,王一)	边兮(广,刊作迷)
琫	方孔(切三,王二)	边孔(广)
绷	甫萌(切三)	北萌(广,王二作逋萌)
表	方小(切三,王一)	陂矫(广)
湓	纷问(王二)	匹问(广)
缤	敷宾(切三)	匹宾(广)
帊	芳霸(王一,王二)	普驾(广)
铍	普羁(切二)	敷羁(广,王二)
丕	普悲(切二)	敷悲(广,切三,王二)
怖	匹伐(切三,王二)	拂伐(广,唐)
邳	蒲悲(切二)	符悲(广,切三,王二)
滮	扶彪(王一,王二)	皮彪(广)
浮	薄谋(切三,王一)	缚谋(广,王二作父谋)
輣	扶萌(切三,王二)	薄萌(广)
蜱	无遥(切三)	弥遥(广)
缅	无兖(切三)	弥兖(广)

① 见北京大学《国学季刊》,3卷2号。

詺 武聘(王一,王二) 弥正(广,唐)

戆 丁降(王二) 陟降(广)

䛌 都陷(王一,王二,唐) 陟陷(广)

斲 丁角(切三,王二) 竹角(广,唐)

羺 女沟(切三,王二) 奴钩(广,王一作奴沟)

女 乃攄(王二) 尼攄(广,唐)

我们固然知道《广韵》里唇音反切只有纯粹的(一、二、四等)和附腭的(三等)区别,还没像《集韵》那样判然分成重唇、轻唇两组;可是从唇音"类隔"逐渐减少这一点来看,似乎因袭《切韵》的反切已然敌不住实际流行的语音了。至于《切韵》里的舌音"类隔"多在二等字出现,以及泥、娘两母界限不清的现象,也都是值得我们注意的。此外,《切韵》里有四个以喻切影的例:

倭 與和(切三) 乌和(王一) 乌禾(广,王二)

婐 與果(切三) 乌果(广,王一)

哑 與雅(切三) 乌雅(王一) 乌下(广)

䠎 與洽(切三) 乌洽(广,刊,王一,王二,唐)

同在一种写本里而有这么几个内部一致的特别切法,我们就不能把它们仅仅当做偶然的例外,假如是由"乌"形讹为"与",再由"与"类推为"與",那么问题还比较简单;如其不然,就得很费一番解释了。还有:

兄 诗荣(切三) 许荣(广,王二)

嚣 诗[娇](切三) 许娇(广,王一)

自然也可以说"诗"是"许"的形讹,可是《颜氏家训·音辞篇》说:"《通俗文》曰,入室求曰搜,反为'兄侯',然则,兄当音'所荣反',今北俗通行此音,亦古语之不可用者。"敦煌写本守温韵学残卷也有"心、邪、晓,是喉中音清"[①] 一句话:这样看起来,"诗荣""诗娇"两切是否单是形讹,就大有考虑的馀地了。最后一个有趣味的例就是喻母三等在切三里和匣母不分的现象。1928年我作《切韵探赜》的时候曾经提出一个"越"字,切三作"户伐反",而故宫本王仁昫《切韵》和《唐韵》、《广韵》都作"王伐反",在当时我只以为是由匣变喻的例,并没有去深究它。最近中央研究院历史语言研究所的同事葛毅卿君又发现上平虞韵"于"字切三作"明俱反",文韵"雲"字切三作"户分反",他认为"明俱"是"胡俱"之讹,并且断定在《切韵》残卷第三种里喻母三等和匣母不分。"明"字究竟是"胡"字之讹,或是"羽"字之讹,虽然还在两可的情况之下;可是"户伐"和"户分"不会是"王伐"和"王分"的形讹,恐怕是没有疑义的。况且敦煌唐写本《经典释文·尚书音义》残卷里"蛮夷滑夏"的"滑"字作"于八反",而今本作"猾",音"户八反",前后显然不同;这也是匣、于递变的一个有力证据。所以葛君的推断似乎渐渐找到这个问题的核心了。

第三,在《广韵》的谆韵以外,应否再从真韵里分出合口一类?

凡是看见过《切韵》和王仁昫《刊谬补缺切韵》残卷的人,都可以知道从真、寒、歌里分出合口的谆、桓、戈三类,是孙愐《唐韵》以后的事。现在《广韵》的真、轸、震三韵里还残馀着几个没有分净的合口字;从反切下字来看,这些字也是应该并入谆、準、稕三韵里去的。高本汉(B.Karlgren)因为上声轸韵的"敏"字用"眉殒切","殒"字用"于敏切","殒""敏"两两互用,又与準韵反切下字不相系联,所以在臻摄的甲(真)乙(欣)两韵以外,又分出一个丙韵来;他最初在《中国音韵学研究》里把这一类拟作 jwin(第662页),后来在《分析字典》和《方音字典》里改写作 ĭwĕn,最近在《汉语的词系》里又改作 ĭwɛn。照我看

---

① 见刘复《敦煌掇琐》,下辑,第421页。

諮 武聘(王一,王二) 弥正(广,唐)

戇 丁降(王二) 陟降(广)

鮎 都陷(王一,王二,唐) 陟陷(广)

女 乃據(王二) 尼據(广,唐)

易其稿，参与工作的前后共有八人，而始终其事的则为郁泰然、周殿福、吴永淇三君，尤以周君致力独多。至于我自己，除去补拟凡例以外，并没有什么贡献。

现在全书既然印成，我只把编辑这部书的旨趣、功用和经过，略述如上。关于韵书的体制和源流，材料的来源和系统，魏建功先生的序里已然说得很详细；各种写本和唐代诸家韵书的关系，时贤也有不少的揣测；我在这里恕不一一赘叙了。（1935 年 10 月 12 日于北京大学文科研究所语音乐律实验室。）

凡　例

一、此书汇辑唐写《切韵》残本五种，《刊谬补缺切韵》残本二种，《唐韵》残本一种，五代刊《切韵》残本一种及大宋重修《广韵》一种，排比对照，以便研览，故名《十韵汇编》。

二、唐写本《切韵》有王国维手写伦敦大英博物馆所藏敦煌发现者三种，今简称“切一”“切二”“切三”；德国普鲁士学士院所藏吐鲁番发现者一种，今简称“德”；大谷光瑞《西域考古图谱》所收吐峪沟发现者一种，今简称“西”。

三、王仁昫《刊谬补缺切韵》有刘复《敦煌掇琐》钞刻法国巴黎国民图书馆所藏敦煌唐写本，今简称“王一”；延光室景印及唐兰手写清故宫所藏唐写本，今简称“王二”。

四、唐写本《唐韵》有《国粹学报》馆景印吴县蒋斧藏本，今简称“唐”。

五、五代刊本《切韵》亦为法国巴黎国民图书馆所藏敦煌遗物，其版刻款式略有异同，今概简称曰“刊”，不复细加识别。

六、编中所用《广韵》为《古逸丛书》覆宋本，今简称“广”。

七、唐写本及五代刊本均依原本字样迻录，全字残缺者识以□，半字残缺者识以○，字迹模糊者识以△，草率讹夺，悉仍其旧。

八、《广韵》即以《古逸丛书》本剪贴景印，每韵末并附校勘记，参照泽存堂重刻宋本、涵芬楼景印宋刊巾箱本、符山堂刊顾亭林藏元略注本、扬州局刻曹楝亭藏宋刊配元刊入声本及段玉裁手校本，以正此本之缺失。凡所校之字旁皆加圈，校勘记中先标明其在本编之行数，行数下旁书某字者为正文，旁书某注者为注文，旁书某及注者为正文兼注文。

九、每韵依"切一""切二""切三""刊""王一""王二""唐""广"之序，上下对列，栏数多寡，视材料有无而定。"德""西"两种材料较少，故附列所见韵第一栏之末，不另分列专栏。

十、版框上方之数字示所录唐写本及五代刊本行数，版框下方之数字示《广韵》行数。唐写本及五代刊本原有残缺时，间以"……"号而仍续录下文，并不拘定原本行款。

十一、平声分列上下，但因字多，无关音理，故五代刊本上下平序次犹相连贯。今于称引之处上平简写作"平"，下平简写作"平"，以免繁赘。

十二、各本韵次，先后不同，卷首所列总目，系依《广韵》目次编排，凡与《广韵》同韵者均直列一行，其原书目次另于"原次"格内标明，并附列本编页数及目一页数以便寻检。每韵原本残缺较多者谓之"残"，残缺较少者谓之"损"，起首略缺后部完整者谓之"缺首"，前部完整末尾略缺者谓之"缺尾"，目存文缺者谓之"存目"，文存目缺者谓之"缺目"，均于各本韵目下分别注明。

十三、卷末所附目一为分韵索引，系依《广韵》韵次逐字编排，于各本格内分别注明本编行数以便检查。（唐写本及五代刊本依版框上方之行数，《广韵》依版框下方之行数。）凡各本韵字与《广韵》形异义同者则于行数外识以括弧而另列此字于本韵之后，并于《广韵》格内注明其所同之字，亦以括弧识之［例如上平声一东“𤠶”字，“王二”格内注作(四)，同韵后“狪”字“王二”格内注作四，《广韵》格内注作“𤠶”，即谓“王二”东韵第四行之“狪”字与《广韵》之“𤠶”字相同也］；凡各本韵字缺而注存者，于行数外以□识之(例如上平声一东“公”字，刊本格内注作[五]，即谓五代刊本东韵第五行之“公”字已缺而注文尚存也)；凡各本韵字不见于《广韵》本韵而见于《广韵》他韵者，则附列本韵之后，而于《广韵》格内注明其所见之韵目，不加标识(例如上平声二冬后有“恭”字，“切二”格内注作五，《广韵》格内注作锺，即谓“切二”冬韵第五行之“恭”字不见于《广韵》冬韵而见于《广韵》锺韵也)；凡各本所有之韵字不见于《广韵》者，亦附列本韵之后(例如上平声一东后有“[illegible]”字，“切二”格内注作三二，《广韵》格内无注，即谓此字见于“切二”东韵第三十二行而不见于《广韵》也)。编排时偶有遗漏，另于入声后列有“补遗”。

十四、卷末所附目二为部首索引，系依《康熙字典》之部首及笔画逐字编排，每字注明其在本编中属于《广韵》某韵第几行；依此行数，对检目一，即可知此字是否见于他本。(例如子集一部一字下注作“入质八”，即谓此字在本编中见于《广韵》入声质韵第八行也；再检目一《广韵》入声质韵第八行，即知此字亦见于“切三”第五行，“王一”第八行，“王二”第六行，《唐韵》第九行。)凡于字下注“某韵后”者，谓此字见于目一某韵之后也。(例如一部二画丂字下注云“去暮后”，检目一去声暮韵后，即知此字见于“王二”暮韵第十三行，乃《广韵》互字之别体也。)凡于字下注“某韵补遗”者，谓此字见于目一后之“补遗”也。(例如一部二十八画豐字下注作“平东补遗”，检目一后“补遗”上平声一东，即知此字见于“切二”东韵第二十六行，乃《广韵》豐字之别体也。)

凡例十四条乃常培所补拟也。去夏，此书本文已写定待印，而刘半农先生遽尔谢世！叙例腹稿遂伴先生长此沉埋！及余来北平，师友猥以理董遗稿见属，爰紬绎原稿，窥其用心，为补凡例如上。聊增一篑，以竟全功；若云原旨在斯，则吾岂敢？（1935 年 9 月 14 日，即刘半农先生逝世后一年有二月，识于国立北京大学文科研究所语音乐律实验室。）

（原刊《国学季刊》5 卷 2 期，1935 年；又刊《罗常培语言学论文选集》，1963 年）

附录二篇

《〈庄子·内篇〉证补》序

——代蔡孑民先师作

《庄子》一书，辞旨深妙。自晋以降，解者至多。率骋玄言，罕就实诂。清王先谦《集解》、郭庆藩《集释》，乃始综合众说，以求名物训诂之真，而疏漏尚多。

乃者，罗君莘田以其亡友朱君芸圃《〈庄子·内篇〉证补》属序于余。受而读之，觉其纠缪补遗，谨严缜密，征引博而抉择精，实蒙叟之功臣也。

昔戴东原氏之论学也，谓："明道者词，成词者字。由字以通其词，由词以通其道，求必有渐。"是篇虽主于理董文词，以明义旨，然悬解妙道，舍是末由，固不仅以疏通雅诂为功矣。

朱君名桂曜，初字瑶圃，后更芸圃，浙江义乌人。毕业北平师范大学，历经任教于南开、厦门各大学，卒年仅三十。所著书尚有《中国修辞学》若干卷，《修养录》若干卷。《修养录》为平时修省之日记，切身淬砺，尤多精语，未经厘定，稿藏于家。然观于是编，则其践履笃实，学修邃密，僾然如见。昭明未融，遂即长夜，识者惜之！

1934年6月。

《史通增释》序

1941年秋,吾友宁乡彭啸咸先生仲铎以其所著《史通增释》索序于余。谨按:子玄《史通》一书,内篇论史家体例,辨章是非;外篇述史籍源流,评骘得失。洞悉利病,贯穿古今,缕析条分,如别黑白。一经抉摘,虽马迁、班固亦几无词以自解免,诚所谓"载笔之法家,著书之监史"矣。自明以来,注者凡四五家:郭延年、王维俭而后,黄叔琳、浦起龙续有补苴,而曲解窜乱,仍所不免。象山陈伯弢先生所作《补释》最为晚出,援据唐以前书,匡益黄、浦之所未备,间或纠及原文,亦可使子玄冥服。然千虑之失犹待求全,今得啸咸增订,庶几可以无憾矣。细读全书既竟,谨撷其大端,以就正于啸咸,并质诸当世学人。

一、此书正刘知幾之误者凡六事:

《采撰篇》:"颍川八龙出于《荀氏家传》。"

浦起龙注:谱牒书也。又释引《后汉书·荀淑传》。

《增释》曰:《旧唐志》,《荀氏家传》十卷,荀伯子撰。按:伯子宋人,与范晔同时。下文云"修汉史者征彼虚誉",刘意当谓蔚宗之《后汉书》也。然陈寿、张璠皆在伯子之前,而《魏志》(《荀彧传》)、《汉纪》(《世说·德行篇》注引)已有八龙之目,则安得谓出于《荀氏家传》乎？知幾此言不免厚诬古人矣。

《补注篇》:"萧大圜《淮海乱离志》"。

浦释:《周书》大圜字仁显,梁简文帝子,客长安。太祖开麟趾殿招集学士,大圜预焉。《隋志》,《淮海乱离志》四卷,萧世怡撰,叙侯景之乱。新旧《唐志》并作萧大圜撰,世怡岂即其人欤?(按,世怡名泰,《周书》《北史》自有传,非即大圜也。)按,本传缺录其书,而志亦不言有注。《增释》曰:《淮海乱离志》四卷,据《周书》《北史》乃萧圆肃撰,《史通》、隋唐《志》皆误。

《浮词篇》:"又《周史》称元行恭因齐灭得回。"

浦释引《周书·元伟传》,按,猷道《史通》作行恭,岂牛宏本然耶?

《增释》曰:元行恭当正作元伟,行恭乃元文遥之子,仕齐不仕周,盖知幾误记耳。

《烦省篇》:"陈平献计于天山。"

浦释:《汉书·高帝纪》:"至平城为匈奴所围,七日,用陈平秘计得出。"注应劭曰:"陈平使画工图美女,间遗阏氏,云欲献之。阏氏畏其夺己宠,因谓单于曰:'汉天子亦有神灵,得其地非能有也。'如是开一角得出。"郑氏曰:"计鄙陋,故秘。"

《增释》曰:据《史记·陈丞相世家》叙平城事云:"其计秘,世莫得闻。"扬雄亦曰:"卒其所以脱者,世莫得而言也"(见《汉书·匈奴传》)。是曲逆之计西京人已无知之者,况班氏乎?故《汉书》叙平城事即仍《史记》,非省而不载也。桓谭《新论》所言(引见《史记集解》),显系推测之辞。应劭引注《汉书·高帝纪》已为颜监所讥,不意知幾于此又蹈应氏之覆辙!

《疑古篇》:"亦犹近者魏司马文王害权臣,黜少帝,坐加九锡,行驾六马,及其殁也,而荀勖犹谓之人臣以终。"

浦释:《晋书》荀勖字公曾,晋武受禅,拜中书监。按,谀昭之语,本传不载。

《增释》曰:据《晋书·石苞传》:"文帝崩,贾充、荀勖议葬礼未定。苞时奔丧,恸哭曰:'基业如此,而以人臣终乎?'"是本石苞言之,而知幾误记为荀勖耳。

《五行志·杂驳篇》:"若颛顼之墟。"

《增释》曰:语有误。左昭八年传:"史赵曰:'陈,颛顼之族也。'"又十七年传:"梓慎曰:'陈,大皞之墟也。'"此颛顼当订作大皞。

二、正今本《史通》之误者凡二事:

《序传篇》:"斯皆不因真律,无假寧楹。"

浦释:未详。

纪昀评:"真律"疑是"殷律",殷以声近而为真,用孔子吹律自知为殷人事。"寧楹"疑是"晏楹","晏"以形近而为"寧",用晏子凿楹留书与子事。

陈汉章《补释》:纪欲改"真律"为"殷律"无据。不如竟作"不因直律"矣。《晏子·杂篇》虽有凿楹纳书之文,与辨姓族无涉。窃谓《说文》寧训安,《诗·商颂·殷武篇》"旅楹有闲,寝成孔安",郑《笺》以修寝庙为言。寝庙所以奠系世,辨昭穆,则寧楹之义,或即取《殷武》之诗。

《增释》曰:"寧楹"当作"夢楹","真""夢"相对成文,"夢""寧"形近致误也。《礼记·檀弓》载夫子曰:"丘也殷人也。予畴昔之夜夢坐奠于两楹之间。"《史记·孔子世家》作:"昨暮予夢坐奠于两柱之间,予殆殷人也。"是其事。

《言语篇》:"奚以今来古往质文之屡变者哉。"

《增释》曰:文不成义,当是"奚以"下脱一"考"字。《叙事篇》云"何以考时俗之不同,察古今之有异",即其证也。

三、正郭延年、浦起龙、纪昀、陈汉章评释之误者凡五事：

《书志篇》："续汉已还，祖述不暇。"

陈释：今《二十四史》自《汉艺文志》后直至《隋书》始有《经籍志》，《续汉书》无之。据《广弘明集》引《七录·序》知袁山松《后汉书》亦有《艺文志》，刘氏所见《后汉书》及诸家《晋书》当更有之，故云祖述不暇。

《增释》曰：此条所论虽以《艺文志》为主，然上文云："论其妄载，事等上篇"，则已绾合《天文志》矣。自此至"亦复加阔眉以半额者矣"一节，即承上文，兼论二志，非单论《艺文》也。《续汉书》有《天文志》，故知幾举为祖述之首。又自《汉书·艺文志》后据刘昭注《〈补续汉书八志〉序》云："沈、松因循（沈，谢沈，松，袁山松，皆著《后汉书》），尤解功创，时改见句，非更搜求。加《艺文》以矫前弃，流《书品》采自近录（《艺文》《书品》皆志名）。初平、永嘉图籍焚丧，尘消烟灭，焉识其限。借南晋之新虚，为东汉之故实，是以学者亦无取焉。"是谢沈《后汉书》有《书品志》，袁山松《后汉书》有《艺文志》。又据《梁书·王僧孺传》载任昉赠诗曰："刘《略》班《艺》，虞《志》荀《录》，伊昔有怀，交相欣勖。"是虞预《晋书》有《艺文志》（刘、班、荀皆举姓，则虞《志》当谓虞预《晋书·艺文志》非挚虞《文章志》也）。梁庾元威云："汉、晋正史，及古今字书并云《苍颉》九篇，是李斯所作。"庾氏所称汉、晋正史盖即此三家之志也。又《齐书·檀超传》载江淹《齐史》篇目亦有《艺文志》。

《采撰篇》："梁世之修《遍略》。"

浦释：《梁书·文学传》："天监十五年举学士入华林撰《遍略》，徐勉举何思澄等五人应选。"又引诸传刘杳、顾协、钟屿，谓止四人，其一人无考。

陈释：其一人徐僧权，《隋志·华林遍略》六百二十卷，梁绥安令徐僧权等撰。《旧唐志·华林遍略》六百卷，徐勉撰。

《增释》曰：《南史·文学·何思澄传》载五人之名甚晰，其一人王子云也。

《曲笔篇》："若王沈《魏录》滥述贬甄之诏。"

浦释引《晋书·王沈传》，按，沈所撰《魏书》已逸，述甄事无考。又引郭延年评：沈不忠于魏，故甄后之贬，滥述其事，彰曹丑也。

《增释》曰：郭以甄为甄后，与《魏书》所言不合。《魏书·甄后传》注引《魏书》曰："有司奏建长秋宫，帝玺书迎后诣行在所，三至而后三让。时盛暑，后疾笃，崩于邺，帝哀痛咨嗟，赠皇后玺绶。"裴松之曰："文帝之不立甄氏，及加杀害，事有明审，《魏史》崇饰虚文，乃至于是，异乎所闻于旧史。"据此可决《魏书》无贬甄后之诏。按，"甄""鄄"古字通。《续汉书·郡国志》济阴郡有鄄城县。惠栋曰：按，《汉隶字源》"鄄"亦作"甄"，古字通也。《春秋》庄十四年："单伯会齐侯于鄄。"杜预云："今甄城。"荀彧《袁绍传》皆作"甄"，注云："今濮州县，音绢。"甄谓鄄城侯植也。《魏志·陈思王传》："黄初二年，监国谒者灌均希指奏植醉酒悖慢，劫胁使者。有司请治罪。帝以太后故，贬爵安乡侯，其年改封鄄城侯。"注："《魏书》载诏曰：'植朕之同母弟，朕于天下无所不容，而况植乎？骨肉之亲，舍而不诛，其改封植。'"

"昔秦人不死，验苻生之厚诬；蜀老犹存，知葛亮之多枉。"

浦释：未详。按，《困学纪闻》云："武侯事迹湮没多矣。"然则蜀老事王氏亦未有所考也。

纪昀评：秦人事见羊衒之《洛阳伽蓝记》，蜀老事见《魏书·毛修之传》,浦氏以为无考,非也。

陈释:纪氏此说于《四库书目提要》及小说《如是我闻》并及之,然孙志祖《读书脞录》亦有此说。

《增释》曰:《魏书·毛修之传》:“昔在关中闻长老言,陈寿曾为诸葛亮门下书佐,被挞百下,故其论武侯云:‘应变将略,非其所长。’”按,修之之言妄矣。据《蜀志·诸葛亮传》,亮卒于后主建兴十二年,即魏明帝青龙二年也。又据《晋书·陈寿传》元康七年卒,时年六十五。由此推之,寿实生于青龙元年,亮卒之时,寿不过二岁耳。谓二岁小儿,即为诸葛书佐,被挞百下,其诬寿不尤甚于寿之诬亮耶?修之之言既诞妄不足信,再观刘于上文论陈《志》谤亮之由,亦不云身被捶挞,而仍云父辱受髡,则知此文所云必不出《魏书·毛修之传》也。余尝以此文与外篇《史官建置篇》相参,始知彼篇所云:“蜀老称王崇补东观,许盖补仪礼,又郤正为秘书郎,广求益部书籍,斯则典校无阙,属辞有所矣。而陈寿评云:蜀不置史官者,得非厚诬诸葛乎?别有《曲笔篇》言之详矣。”即此文之所本。其事盖出孙盛之《异同记》与《晋阳秋》(二书皆有蜀老事,见《蜀志》董厥、姜维传注引),惜书皆不传,而彼篇之蜀老又讹作《蜀志》,遂致浦氏两莫能详。然即此亦可见其注书之慎,犹愈于纪昀、孙志祖、翁元圻(所注《困学纪闻》亦引《魏书·毛修之传》)辈之漫不加察也。

《史官建置篇》:“司马迁既殁,后之续《史记》者若褚先生、刘向、冯商、扬雄之徒,并以别职,未知史务。”

浦按,刘向、扬雄知史务又见《正史篇》。但如《汉书》志传所称,皆不言知史务,未详何据。

陈释:《后汉书·班彪传》注亦云扬雄、刘歆、阳城衡、褚少孙、史孝山之徒《续史记》，又《隋志·史部叙》以“南、董之位”与“政、骏之司”并言，政、骏正谓刘子政、子骏。

《增释》曰：《汉书·刘向传》：“成帝即位，迁光禄大夫，领校中五经秘书。”子《歆传》：“成帝时，待诏宦者署，为黄门郎，领校秘书。”（其校《山海经序》称侍中奉车都尉光禄大夫臣秀，领校秘书，则在哀帝建平元年以后。）《扬雄传赞》：“王莽篡位，转为大夫，校书天禄阁上。”按，诸传所称光禄大夫也，黄门郎也，大夫也，即知幾所谓别职也。诸传所称领校中五经秘书也，领校秘书也，校书天禄阁也，即知幾所谓未知史务也。或疑校秘书非史务，则试以《后汉书》贾逵、王逸《传》证之。《贾逵传》：“永平中拜为郎，与班固并校秘书”，不言修史。而《北海静王兴传》云：“子复，永平中与班固、贾逵共述汉史。”《文苑·王逸传》：“元初中，为校书郎”，亦不言修史。而知幾于本篇末云：“刘、曹二史，旧史载其同作非止一家，如王逸、阮籍亦预其列。”参互取证，校秘书非史务而何？潘岳《西征赋》云：“长卿、渊、云之文，子长、政、骏之史。”应享集《让著作表》云：“若乃谈、迁接武，彪、固踵迹，向、歆著美，亦各一世之良史也。”（《北堂书钞》五十七）葛洪《西京杂记序》云：“家世有刘子骏《汉书》一百卷，歆欲撰《汉书》，未得缔构而亡。故书无宗本，止杂记而已矣。”使校书而非史务，则向、歆安得撰《汉书》称良史耶？

又《点烦》一篇诸家并佚，其朱点啸咸亦重为厘正，颇复旧观。然则此书之作，审其精诣，皆可超迈前人。非特子玄之功臣，实乃郭、浦、纪、陈之诤友也。因乐为之序其涯略如此。

1942年6月18日，端午节，罗常培序于昆明龙泉镇宝台山北大文科研究所。

（原载《图书季刊》新5卷4期，1944年）

汉语音韵学的外来影响

耶稣会士在音韵学上的贡献

一、叙　论

Ⅰ.研究中国音韵学的困难

Ⅱ.《西儒耳目资》等在中国音韵学史上的地位

研究中国音韵学所感到的困难,第一是分析“音素”,第二是测定“字音”。标音的方法,从“譬况”“读若”演进到反切,自然是改良了好多;毕竟一个方块的汉字只能代表一个整个的声音,由汉字的形体上绝不能看出哪一个字由哪些个音素构成;并且反切上字既不是单纯的声,反切下字也不是单纯的韵,拿它们来拼音,绝没有用单纯的声母、韵母那样简单易晓。因此仅仅靠着汉字造成的反切来研究音韵学,除去“口耳相传”“心知其意”外,很少好的方法使人知道它是童蒙可喻的容易东西。再者,人类的语音是随着时间空间变易的。陈第说:“一郡之内,声有不同,系乎地者也;百年之中,语有递变,系乎时者也。”[①] 那么,拿现在的字音推测从前某一时代的字音,其不精确的程度,恰好像用北平的语音推测闽粤的语音一样!周秦以前,姑且不论。《切韵》的系统,尽管那样精密,直到现在,我们根据它的韵部跟反切,只能明了它的声韵分类,要想考定音值,便不能希望单从《切

① 《读诗拙言》。

韵》本身探讨出什么满意的结果来！就是研究元明以降的音韵，也不免感受同样的困难。究其主因，不过因为各时代流传的韵书没有字母式的音标作研究的根据罢了。自从印度文化东来，一班译经的沙门，受了梵语"体文"(Vyañjanam)的启示，归纳《切韵》和《唐韵》里头的反切上字，造成见、溪、群、疑等三十六字母，辨别七音，分"转"列图，以为沙门"唱韵"的准则，这是中国音韵学接触外来文化后的第一度演进。但是直接用罗马字母注音，使后人对于当时各个字的音值比较得到清晰的印象，并且给音韵学的研究开辟出一条新蹊径的，明季的耶稣会士(Jesuits)要算是"筚路蓝缕，以启山林"的功臣了。

明朝万历、天启之间，一班耶稣会士挟着他们会里的特殊精神跟学养，相继来到中国。当时国内的学者，如徐光启、李之藻、杨廷筠、韩霖、王徵等，都跟他们往来，对于明清之交的学术思想界，发生了很大的影响。他们最昭著的成绩，自然是在天文算法一方面。此外，如利玛窦(Matteo Ricci)的《交友论》《万国舆图》，孟三德(Edward da Sande)的《名理探》《寰有诠》，艾儒略(Giulio Aleni)的《职方外纪》，熊三拔(Sabatthinus de Urcis)跟徐光启的《泰西水法》，邓玉函(Jean Terenz)的《人身说概》，邓玉函跟王徵的《奇器图说》《诸器图说》，汤若望(Johannes Adam Schall Von Bell)的《则克录》，徐光启的《农政全书》，韩霖的《守圉全书》《慎守要录》等著作，对于伦理、论理、舆地、理化、生理、农业、水利、制造各方面，都有相当的贡献，凡是留心明清之交的学术思想者，大概都知道。只有他们对于中国音韵学的贡献，反倒被其他方面的成绩所掩，不大引起人们的注意。据我观察，利玛窦的罗马字注音跟金尼阁(Nicolas Trigault)的《西儒耳目资》，在中国音韵学史上，跟以前守温参照梵文所造的三十六字母，以后李光地《音韵阐微》参照满文所造的"合声"反切，应当具有同等的地位。因为他们：

1. 用罗马字母分析汉字的音素，使向来被人看成繁难的反切，变成简易的东西；

2. 用罗马字母标注明季的字音，使现在对于当时的普通音，仍可推知大概；

3. 给中国音韵学研究开出一条新路，使当时的音韵学者，如方以智、杨选杞、刘献廷等受了很大的影响。

所以我觉得这个问题有研究的必要。

二、《程氏墨苑》里的利玛窦注音

Ⅰ.《西儒耳目资》的先导——庞迪我、郭居静、利玛窦

Ⅱ. 利玛窦注音的条理

Ⅲ. 利玛窦注音的特点

在金尼阁作《西儒耳目资》以前，他同会的朋友里已经有利玛窦、郭居静(Lazane Cattaneo)、庞迪我(Diegeo de Pantoja)三人做他的先导。《西儒耳目资·自序》说："幸至中华，朝夕讲求，欲以言字通相同之理。但初闻新言，耳鼓则不聪；观新字，目镜则不明，恐不能触理动之内意。欲救聋瞽，舍此药法，其道无由，故表之曰《耳目资》也。然亦述而不作，敝会利西泰(玛窦)、郭仰凤(居静)、庞顺阳(迪我)实始之，愚窃比于我老朋(?)而已。"庞迪我关于音韵学有什么著作，已经无从考见。利玛窦关于这方面的著作，据 Thoeph Boyer 说，有《大西字母》一种。可是现在除去《程氏墨苑》里的四篇注音文章，另外找不到别的东西。郭居静关于那方面的著作，据 Louis Pfister 说，有《西字奇迹》一种，是 1605 年(明万历三十三年)在北京印的。① 这本书现在也很不容易找到。据 Henri Cordier 说，罗马教皇的图书馆(Vaticane

① 见《耶稣会士来华诸人传记》，第 43 页。

Library)里藏有《西字奇迹》的残片六叶,是中国墨的拓本,中国名字叫做《程氏墨苑》。[①] 不过,《西字奇迹》的作者是谁,Cordier 并没有说明。那么,这六叶残片跟《程氏墨苑》里的利玛窦注音究竟是一是二,还是疑问。所以本篇根据的材料,除去《西儒耳目资》以外,只有《程氏墨苑》里的利玛窦注音。

《程氏墨苑》里的利玛窦注音,一共有四篇:(1)《信而步海疑而即沈》,(2)《二徒闻实即舍空虚》,(3)《淫色秽气自速天火》,(4)《述文赠幼博程子》。最近经陈援安先生用通县王氏鸣晦庐藏本景印行世,标名为《明季之欧化美术及罗马字注音》。我根据这四篇注音里 387 个不同音的字,归纳它们拼音的条理,得出下列的结果来:

(Ⅰ)"字父"(即声母,借用金尼阁的名称)二十六

字父	假定的音值	例　字	附　注
c	[k]	改 cài,功 cōm,古 cù	在 a、o、u 前。
	[ts]	则 cě,即 ciě,子 cu̇̀	在 e、i(y)、u̇ 前。
c‘	[k‘]	堪 c‘ān,可 c‘ò,苦 c‘ù	在 a、o、u 前。
	[ts‘]	前 c‘iên,且 c‘iè,次 c‘u̇́	在 e、i(y)、u̇前。
ç	[ts]	哉 çāi,足 çŏ,助 çú	在 a、o、u 前。
ç‘	[ts‘]	曹 ç‘âo,从 ç‘ûm	在 a、o、u 前。
f	[f]	方 fām,非 fī	
g	[ɣ]	艾 gái,吾 gû	在 a、o、u 前。
	[ʒ]	然 gên,人 gîn	在 e、i(y)前。
h	[x]	海 hài,湖 hû	
j	[ʒ]	若 jŏ,如 jụ̂	在 a、o、u 前。
k	[c]	见 kién,教 kiáo	在 i(y)前。
k‘	[c‘]	奇 k‘î,巧 k‘iào	在 i(y)前。

① 参阅 *Bibliotheca Sinica*. vol. V. p. 36,77。

字父	假定的音值	例 字	附 注
l	[l]	赖 lái,流 liêu	
m	[m]	明 mîm,谬 miéu	
n	[n]	难 nân,能 nêm	
p	[p]	邦 pām,并 pím	
p‘	[p‘]	僻 p‘iĕ	
q	[kw]	广 quàm,观 quōn	在 u-类复韵母前。
q‘	[k‘w]	睽 q‘uêi,廓 q‘uŏ	在 u-类复韵母前。
s	[s]	色 sĕ,三 sān	
t	[t]	大 tá,道 táo	
t‘	[t‘]	通 t‘ūm,天 t‘iēn	
v	[v]	万 ván,物 voĕ	
x	[ʃ]	身 xīn,手 xèu	x 还跟 i-类韵母拼,所以它的音值是混合舌叶的[ʃ],不是真正舌尖后的[ʂ]。ch、ch‘、g₂、j 等可据此类推。
ch	[tʃ]	真 chīn,正 chím	
ch‘	[tʃ‘]	出 ch‘ŭ,城 ch‘îm	
ng	[ŋ]	我 ngò,爱 ngái	在 a、o 前。
nh	[ɲ]	艺 nhí,业 nhiĕ	在 i(y)前。

(Ⅱ)"字母"(即韵母,借用金尼阁的名称)四十四

字母	假定的音值	例 字	附 注
a	[ɑ]	大 tá,发 fă	
e(æ)	[ə]或[ɛ]	即 ciĕ,者 chè	单用,或在 u、m 前,o、u 后,均读[ə];在 i、n 前,i、iu 后,均读[ɛ];在 eao、eam 两母中读[e]。

字母	假定的音值	例字	附注
i(y)	[i]	几 kì,暨 ký	
o	[ɔ]	我 ngò,多 tō	在 a 后或作韵头用时读[ʊ]。
u	[u]	古 cù,土 t'ù	以上单韵母五。
ai	[ɑi]	哉 çāi,改 cài	
ao	[ɑʊ]	好 hào,少 xào	
eu	[əu]	寿 xéu,臭 ch'éu	
ia(ya)	[iɑ]	家 kiā,雅 yà	
ie	[iɛ]	邪 siê,业 nhiĕ	
io	[iɔ]	确 k'iŏ,学 hiŏ	
iu(yu)	[y]	居 kiū,虚 hiū	
oa	[ʊɑ]	化 hoá	
oo	[ʊɔ]	座 çoò	uo 母在 t、ç 各系后变 oo。
oe	[ʊə]	或 hoĕ,物 voĕ	
ui	[ui]	对 tuí,内 nuí	
uo	[uɔ]	卧 guó,火 huò	
eao	[eɑʊ]	燎 leào	
iai	[iɑi]	解 kiài	
iao	[iɑʊ]	教 kiáo,巧 k'iào	
iue	[yɛ]	决 kiŭe,绝 iŭe	
ieu	[iəu]	久 kièu,修 siēu	
oei	[ʊɛi]	灰 hoēi,贝 poéi	
uai	[uɑi]	国 quăi	
uei(uey)	[uɛi]	睽 q'uêi,为 guêi	以上复韵母二十。
am	[ɑŋ]	方 fām,藏 c'âm	
an	[ɑn]	看 c'án,山 xān	

字母	假定的音值	例 字	附 注
em	[əŋ]	等 tèm,生 sēm	
en	[ɛn]	文 vên,门 mên	
im(ym)	[iŋ]	精 cīm,明 mîm	
in	[in]	钦 k'īn,民 mîn	
um(om)	[uŋ]	从 ç'ûm,众 chúm	
eam	[eɑŋ]	两 leàm,量 leâm	
iam	[iɑŋ]	将 ciām,像 siám	
ien	[iɛn]	前 c'iên,见 kién	
yum	[yŋ]	用 yúm	
iun	[yn]	君 kiūn,论 liún	
oam	[ʊɑŋ]	荒 hoām,恍 hoám	
oem	[ʊəŋ]	猛 moèm	
uam	[uɑŋ]	广 quàm	
uen	[uɛn]	闻 vuên,问 vuén	
uon	[uɔn]	观 quōn,乱 luón	
iuen(yuen)	[yɛn]	圆 yuên,全 c'iuên	以上附声韵母十七。
lh	[əɹ˥]	而 lĥ,尔 lh̀	卷舌韵母一。

附"次音"字母四

字母	假定的音值	例 字	附 注
ȯ	[ŏ]	足 çŏ,逐 chŏ	"次音"之解释详后。
u̇	[ɿ]	自 cú̇,思 sū̇	
iė(yė)	[iĕ]	乙 yĕ,笔 piĕ	
iȯ(yȯ)	[iŏ]	欲 yŏ	

(Ⅲ)声调符号五

调类	符号	例 字	附 注
清	-	观 quōn,山 xān	即阴平。
浊	^	文 vên,人 gîn	即阳平。

调类	符号	例字	附注
上	`	古 cù,雅 yà	
去	´	教 kiáo,化 hoá	
入	ˇ	学 hiŏ,业 nhiĕ	

此外,声母里的 r,韵母里的 y、æ,在我看,都没有另立一类的必要。因为在这四篇注音里头,"欧罗巴"的"罗"字见了两次,全拼作"ró";可是"利玛窦"的"利"字见了四次,有两次拼作"Rí",有两次拼作"Lý",可见 r 音的存在,恐怕受了原文"European"跟"*R*icci"的影响,没有完全去掉中国所无的颤音(trilled consonant),无须当做独立的声母。y 字发现的回数很多,乍一看起来,好像 i、iu 不跟声母拼的时候,是拿 y 字起头儿,例如:"遗"(ŷ)、"雅"(yà)、"勇"(yùm)、"圆"(yuên)等都是这样。可是一仔细比较,立刻就有"以"(ì)、"逾"(iû)、"因"(iñ)、"援"(iuên)等例外。并且同是一个"形"字,拼成 hîm 或 hŷm 两式;同是一个"彼"字,拼成 pỳ 或 pì 两式。可见 i、y 之分,不过是随便地混用,好像一个"十"字有 xæ̆ 或 xĕ 两式,便不能承认 æ、e 分立一样。因此我认为利玛窦所用的"字父""字母",只有上边列举的那些个。

本来,根据不满四百个单字音所作的统计,并没有绝对的精密价值。可是上面所举的那些"声""韵""调",从沿革上讲,既然跟明以来的普通音大致相同;并且拿它们跟《西儒耳目资》比较,除去几处小的出入,大体并没有什么差异(详后)。我想就是《大西字母》尚在人间,它的内容恐怕也不过如此。其中值得注意的地方,在声母一方面,例如:代表[k][k‘]两音的 c、c‘、k、k‘、q、q‘六母,[ts][ts‘]两音有 c、c‘、ç、ç‘四母,[ʒ]音有 g、j 两母,它们的用法,各随后面的韵母不同。在韵母一方面,有些字在沿革上本属一韵,往往受了前面声母的影响,因而变成不同的韵母。例如:"两"(leàm)、"像"(siám),《广韵》同属养韵，因为 l 跟 s 的发音部位不同，牵连着使韵母发生 eam 跟 iam 的分别；"荒"（hoām）、"广"（quàm），《广韵》同属唐韵（举平赅上），因为 h 跟 q 的发音部位不同，牵连着使韵母也发生 oam 跟 uam 的差异。这种精密的分析，已经超过"音位"（phoneme）的观念，进一步注意到"音质"（phone），颇同近代语音学家的眼光不谋而合。[①] 至于这些"声""韵""调"所代表的声音跟古音、国音有什么关系，为叙述的方便起见，且留待下文讨论。

三、《西儒耳目资》里关于音韵的要点

Ⅰ. 此书的流传

Ⅱ."字父"与"字母"

Ⅲ.《万国音韵活图》与《中原音韵活图》

Ⅳ."四品切法"

Ⅴ. 何谓"甚""次""中"？

Ⅵ. 利玛窦与金尼阁注音的异同

金尼阁的《西儒耳目资》作于明天启五年乙丑（1625）夏月，成于六年丙寅（1626）春月（王徵序），凡五阅月（自序），三易稿始成（韩云序）。这部书流传甚少。《四库全书总目》所著录的，已经"残阙颇多"，"已非完书"。[②] 现在上海东方图书馆所藏明天启六年关中泾阳张问达的原刻本，还存有《译引首谱》2 册，111 页；《列音韵谱》2 册，155 页；《列边正谱》2 册，135 页；卷首载张问达、王徵、韩云、张缍芳几个人所作的序跟金尼阁的自序，共 6 篇，24 页，全书一共有 6 册 425

---

① 参阅 D. Jones *The Pronunciation of Russian*, chap, Ⅷ, pp. 49 ~ 52。

② 参阅《四库全书总目·经部·小学类存目二》。

页。其中虽然也不免有残阙的地方,可是比四库著录本略为完备。①此外顺德温氏(汝适)藏有《译引首谱》一册②;伦敦王家图书馆、罗马教皇图书馆(Vaticane Library)跟巴黎国家图书馆也都藏有它的残本③。

这书里边所分的三个谱,只有《列音韵谱》和《译引首谱》的一部分跟音韵学有关系。张缍芳的序说:"未睹字之面貌,而先聆厥声音者,一稽《音韵谱》则形象立现,是为耳资;既睹字之面貌而弗辨其谁何者,一稽《边正谱》,则名姓昭然,是为目资。而《译引首谱》则以图例问答阐发《音韵》《边正》之所以然,以为耳目之先资者也。"金氏自己也说:"《首谱》图局问答,全为后来二谱张本。其第二《列音韵谱》,正以资耳;第三《列边正谱》,正以资目。盖《音韵》包言,《边正》包字。言者可闻,字者可览。是耳目之资,全在言字之列也。言既列,则分《音韵》;字既列,则分《边正》:故书虽分为三谱,总表之为《耳目资》也。"④ 我们现在讨论的问题,在"言"不在"字",重"耳"不重"目",所以对于"因形以求声"的《列边正谱》可以存而不论。

上文说过,金尼阁作这部书,是遵守他同会利西泰、郭仰凤、庞顺阳等草创的规模,"述而不作……窃比于我老朋(?)"的⑤。所以书中关于"声""韵""调"的分类,有十分之八跟利玛窦相同。他所用的二十九个"元音"(即字母),分为三类:

(1)"自鸣"者(即元音 vowels)五:

---

① 东方图书馆善本书库经部 135 号。

② 见钞本《顺德温氏藏书目》。

③ 参阅 Henri Cordier *Bibliotheca Sinica*, vol. Ⅲ, pp. 1905 ~ 1906,及 vol. V. p. 3909。

④ 《译引首谱》《列音韵谱问答》。

⑤ 《自序》。

"中字"	"西号"	假定的音值	例　字
丫土音	a	[ɑ]	巴 pā,拿 nâ,马 mà
额土音	e	[ə]或[ɛ]	柏'pě,遮 chē,热 jě
衣	i	[i]	妻'çī,罟 lí,离 lî
阿	o	[ɔ]	我 gò,颇'pò,错'çǒ
午	u	[u]	孤 kū,度 tú,苦'kù

(2)"同鸣"者(即辅音 consonants)二十:

"中字"	"西号"	假定的音值	例　字
则	ç	[ts]	尊 çūn,酒 çièu,醉 çuí
测	'ç	[ts']	忖'çùn,前'çiên,情'çîm
者	ch	[tʃ]	真 chīn,正 chím,壮 chóam
撦	'ch	[tʃ']	耻'chì,差'chā,舛'chuèn
格	k	[k]	敬 kím,改 kài,过 kuó
克	'k	[k']	考'kào,勤'kîn,恳'kèn
百	p	[p]	不 pǒ,标 piāo,傍 pàm
魄	'p	[p']	平'pîm,偏'piēn,颇'pò
德	t	[t]	敦 tūn,道 táo,德 tě
忒	't	[t']	推'tūi,陶'tâo,唐'tâm
日	j	[ʒ]	儒 jû,忍 jìn,让 jám
物	v	[v]	无 vû,万 ván,物 voě
弗	f	[f]	非 fī,佛 foě,法 fǎ
额	g	[ɣ]	爱 gái,昂 gâm,伟 goèi
勒	l	[l]	恋 liuén,良 leâm,类 luí
麦	m	[m]	美 muì,面 mién,貌 máo
搦	n	[n]	嫩 nún,女 niù,娘 niâm
色	s	[s]	细 sí,梭 sō,巡 siûn
石	x	[ʃ]	慎 xín,升 xīm,赏 xàm
黑	h	[x]	喜 hì,恍 hoàm,忽 hǒ

(3)“不鸣”者(即“他国用,中华不用”的辅音)四:

b[b]　　d[d]　　r[r]　　z[z]

“自鸣”的五字,叫做“一字元母”。由“元母”互相结合或跟“同鸣”的-m、-n、-l 三字结合,生出二十二个“自鸣二字子母”:

“中字”	“西号”	假定的音值	例　字
爱土音	ai	[ɑi]	开ʻkāi,买 mài,卖 mái
澳土音	ao	[ɑʊ]	好 hào,扰 jào,闹 náo
盎土音	am	[ɑŋ]	商 xām,常ʻchâm,忙 mâm
安土音	an	[ɑn]	三 sān,餐ʻçān,饭 fán
欧土音	eu	[əu]	谋 mêu,口ʻkèu,彀 kéu
硬土音	em	[əŋ]	猛 mêm,亨 hêm,腾ʻtêm
恩土音	en	[ɛn]	染 jèn,文 vên,痕 hên
鸦	ia	[iɑ]	驾 kiá,贾 kià,家 kiā
叶	ie	[iɛ]	讦 kiĕ,爹 tiē,斜 siê
药	io	[iɔ]	削 siŏ,脚 kiŏ,壳ʻkiŏ
鱼	iu	[y]	恤 sĭu,女 nìu,闾 lîu
应	im	[iŋ]	病 pím,境 kìm,成ʻchîm
音	in	[in]	嗔ʻchīn,邻 lîn,人 jîn
阿答	oa	[ʊɑ]	要 xoà,滑 hoă,花 hoā
阿德	oe	[ʊə]	佛 foĕ,物 voĕ,襪 hoĕ
瓦	ua	[uɑ]	夸ʻkuā,刮 kuă,瓜 kuā
五石	ue	[uə]	拙 chuĕ,说 xuĕ,国 kuĕ
尾	ui	[ui]	谁 xuî,吹 chuī,觜 çuì
屋	uo	[uɔ]	课ʻkuó,国 kuŏ,货 huó
而	ul	[ɑɪ˞]	而 ûl,尔 ùl,二 úl
翁	um	[uŋ]	冯 fûm,总 çùm,统ʻtùm
无切	un	[un]	论 lûn,村 çūn,蠢 chùn

二十二个"自鸣三字孙母"：

"中字"	"西号"	假定的音值	例　字
无切	eao	[eɑʊ]	聊 leâu，了 leàu，料 leáu
无切	eam	[eɑŋ]	良 leâm，两 leàm，量 leám
隘	iai	[iɑi]	街 kiāi，解 kiài，鞋 hiâi
尧	iao	[iɑʊ]	效 hiáu，巧 kiàu，妙 miáu
阳	iam	[iɑŋ]	奖 çiàm，强 ʻkiàm，相 siám
有	ieu	[iəu]	酋 çiêu，求 ʻkiêu，救 kiéu
烟	ien	[iɛn]	片 ʻpién，笺 çiēn，荐 çién
月	iue	[yɛ]	阙 ʻkiuě，雪 siuě，月 iuě
用	ium	[yŋ]	拥 iùm，雄 hiûm，胸 hiūm
云	iun	[yn]	云 iûn，熏 hiūn，氲 iūn
阿盖	oai	[ʊɑi]	怀 hoâi，坏 hoái，夥 hoài
无切	oei	[ʊɛi]	悲 poēi，伪 goéi，贝 poéi
阿刚	oam	[ʊɑŋ]	抢 ʻchoàm，黄 hoâm，庄 choām
阿干	oan	[ʊɑn]	缓 hoàn，还 hoân，环 hoán
阿根	oen	[ʊɛn]	魂 hoên，昏 hoēn，混 hoèn
歪	uai	[uɑi]	怪 kuái，娲 kuāi，快 ʻkuái
威	uei	[uɛi]	鬼 kuèi，归 kuēi，跬 ʻkuèi
王	uam	[uɑŋ]	往 uàm，诳 kuám，王 uâm
弯	uan	[uɑn]	惯 kuán，顽 uân，碗 uàn
五庚	uem	[uəŋ]	鞃 ʻkuēm，肱 kuēm，矿 kuèm
温	uen	[uɛn]	本 puèn，困 kuēn，闷 muén
碗	uon	[uɔn]	官 kuōn，满 muòn，换 huón

一个"自鸣四字曾孙母"：

"中字"	"西号"	假定的音值	例　字
远	iuen	[yɛn]	权 ʻkiuên，倦 kiuén，狷 kiuèn

合起来一共有五十个"列音"，是为"字母"（就是韵母 finals）；而以自

"则"至"黑"同鸣者二十字为"字父"(就是声母 initials)。二十个"字父"里头有"轻""重"的不同:从第一到第十是一"轻"一"重"对列;第十以后的九个音都是"轻"音,只有末一个音是"重"音。照他自己的解释,"重音者,自喉内强吹,而出气至口之外也"。其实所谓"轻""重",就是"不送气"(unaspirated)跟"送气"(aspirated)的分别。五十个"字母"各可分为"清"(－)、"浊"(ˆ)、"上"(ˋ)、"去"(ˊ)、"入"(ˇ)五声;并且第五 u 摄五声皆分"甚""次""中"(u、u̇、ụ)三音;第二 e 摄、第四 o 摄、第十四 ie 摄、第十五 io 摄、第二十四 uo 摄的入声,各分"甚""次"二音("甚""次""中"的说明详后)。于是拿五十"字母"为经,二十"字父"除去'ç、'ch、'k、'p、't 五重音为纬,谱为《音韵经纬总局》。[①] 又拿五十"字母"加上五声跟"甚""次""中"为经,二十"字父"为纬,谱为《音韵经纬全局》。[②]《列音韵谱》所根据的"中原音韵",在《全局》里已经完全包括。"欲切某字,先察其父,后察其母","父母相会","字子"(就是声韵合成的单字音)自然孳生出来。金氏为表现"自鸣同鸣相配之妙"[③],又创作了"万国音韵"跟"中原音韵"两个活图。

《万国音韵活图》"共作五圈,每圈有二十九个元音之号。……二十九号之後,再空一方听用。此五圈欲会之以成万音,故宜活动以便参对。五圈之内,另有一圈,五声所备,中各有甚有次。惟外一圈不动,馀圈动而从之。假如欲成一字之音'衣'(ī),取内第五圈之'衣'(i)字,对内圈之清平,其第四、第三、第二、第一在外之圈,俱以空方对之,则'衣'(i)一字之音成矣。欲成二字之音'鱼'(iû)字,推第四之空方,而以第四之'午'(u)加之;但'鱼'字浊平,其自内有号,二圈并外空方三圈移对浊平,则'鱼'(iû)之音成矣。欲成三字之音

①② 参阅《译引首谱·音韵经纬总局》跟《音韵经纬总局说》。

③ 《列音韵谱问答》。

‘月’(iuě)字,推第三圈空方,以第三之‘额’(e)加之;但‘月’(iuě)入声,亦如上对之,则‘月’(iuě)之音成矣。欲成四字之音‘远’(iuèn)字,推第四圈之空方,以第四之‘搦’(n)加之;但‘远”(iuèn)上声,亦如上以对之,则‘远’字成矣。欲成五字之音‘倦’(kiuén)字,以第五圈之空方推之,加以第五之‘格’(k);但‘倦’(kiuén)字去声,亦如上对之,则‘倦’(kiuén)字成矣。”①

附图一　《西儒耳目资·万国音韵活图》

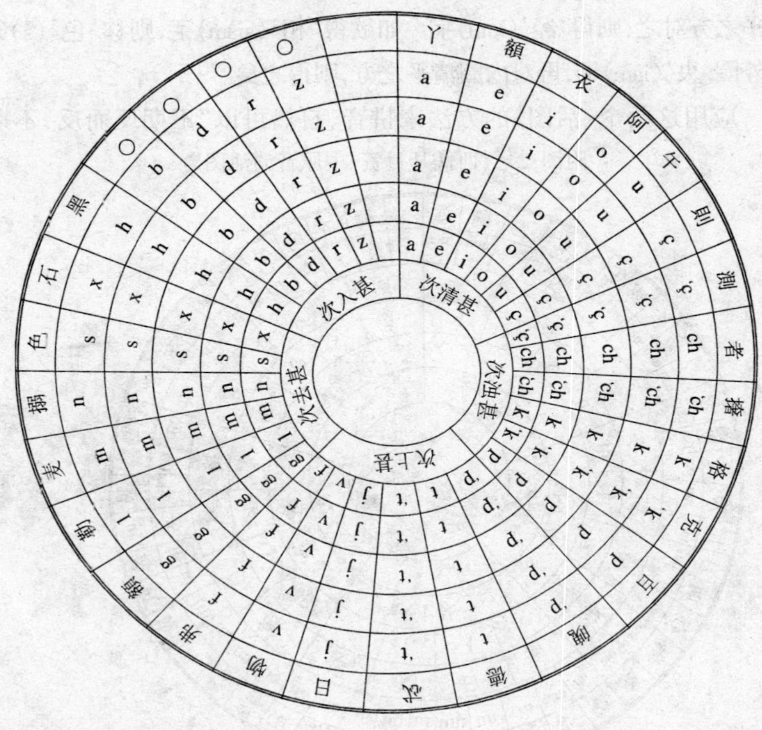

《中原音韵活图》“凡三圈:外圈大者,分方五十。五十者,字母圈也。

① 《译引首谱·万国音韵活图说》。参阅附图一。

上是中字,下是西号。母共五十字,中有元母、子母、孙母、曾孙母之别。中次圈,分方二十。二十者,字父圈也。上是中字,下是西号。父共二十,中有轻重之别。内小圈,分方惟五。五者,五声:双平清、浊,三仄上、去、入也。……今旅人定有五号,可以分之。每声左右,另有甚、次;甚、次之中不必写,以中为号是也。外一圈不动,内二圈宜活动,便用父对母,以生字子之音。父母既对,又对内小圈平、仄、甚、次之号,则字子之音韵定矣。假如'格'(k)父第六,移对'英'(im)母之第十六,再以内小圈清平之方对之,则得'经'(kīm)字。如欲得'相'(siām)字,则移'色'(s)父对外圈'央'(iam)母,再对内圈清平之方,则得之矣。"①

应用这两个《活图》的方法来拼音,自然可以"不期反而反,不期

附图二 《西儒耳目资·中原音韵活图》

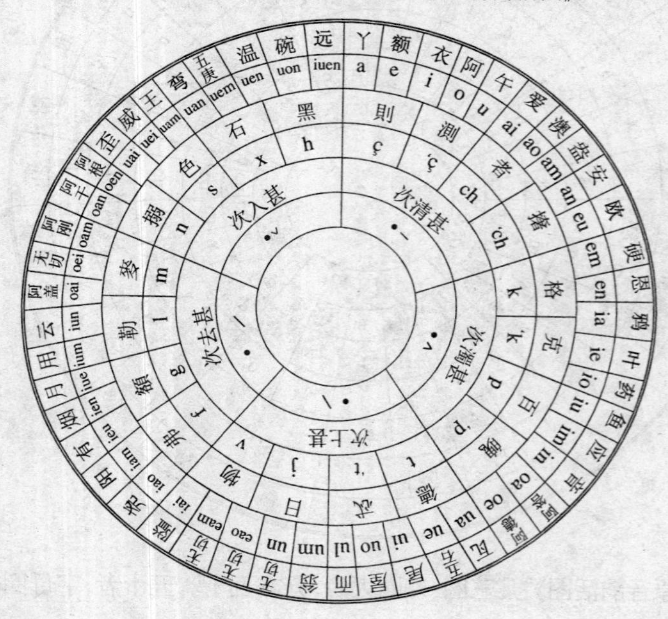

① 《译引首谱·中原音韵活图说》。参阅附图二。

切而切。……第举二十五字母，才一因重摩荡，而中国文字之源，西学记载之派，毕尽于此”①。比起等韵家所讲的门法，费了许多的解释，结果倒像是“启钥而反扃镝之”②，彼此的繁简难易，真是天地悬隔了！并且衣”(ī)、“鱼”(iû)、“月”(iuě)、“远”(iuèn)为什么不同？“该”(kāi)、“开”(‘kāi)、“皑”(gāi)、“咍”(hāi)有什么分别？“干”(kān)、“坚”(kiēn)、“关”(kuān)、“涓”(kiuēn)由于什么歧异？这些问题，在旧的音韵学里都不是一两句话可以说清楚的，但是一用罗马字母对照，就是刚入小学校的学生也可以不待烦言，了如指掌。为什么呢？金尼阁说：

> 哑人聋人见华字可以定意；初学幼童见西号可以定音。③
>
> 字有笔画，有音韵。笔画易分多寡，音韵则一字而包夫多音。音不属目[而]属耳，故难分多寡。……中华之字，因定意而未习分音，故以为难耳。④

但是，金氏虽然知道汉字不适于分析音素，却又不肯撇开汉字的反切，简直地用罗马字拼音。所以他一方面承认：“用西号切字，如有差一览非之，无差一览是之。切法首末宜减，不减，亦一览知之。……万字用本父本母之切，无不仿此。盖用西号，常用本父本母可也。”⑤可是一方面又因为“中原母音，多半无字，不得已而再用三品切法”⑥。这是金氏迁就汉字，不能彻底的地方。他所定的“字子四品切法”就是：

(1)本父本母切　例如以“黑”(h)、“药”(iǒ)两字切“学”(hiǒ)字，“父母相合，不必减首减末，见西字自明”⑦。

(2)本父同母切　例如以“黑”(h)、“略”(liǒ)两字切“学”(hiǒ)字，必先减去同母“略”字起首的l。

---

① 《王徵序》。

②③④⑤⑥⑦ 《列音韵谱问答》。

(3)同父本母切　例如以“下”(hiá)、“药”(iǒ)两字切“学”(hiǒ)字,必先减去同父“下”字末尾的 iá。

(4)同父同母切　例如以“下”(hiá)、“略”(liǒ)两字切“学”(hiǒ)字,必须减去同父“下”字末尾的 iá 跟同母“略”字起首的 l。

如果所切的字起头儿并没有同鸣的“字父”,换言之,就是属于影、喻两纽的字,便须用“字母四品切法”:

(1)代父代母切　字母“有二字自鸣,以首字为父,以末字为母;字母有三字者,有四字者,以首字为父,以馀末字为母。但代父因系自鸣,实不是父,故曰代父;後字虽本是母,但因不是本字之母,故曰代母。”①　例如“药”(iǒ)字以“衣”(i)为代父,以“恶”(ǒ)为代母;“埃”(iāi)字以“衣”(i)为代父,以“哀”(āi)字为代母;“远”(iuèn)字以“衣”(i)字为代父,以“稳”(uèn)字为代母。

(2)代父同代母切　例如以“衣”(i)、“褐”(hǒ)二字切“药”(iǒ)字,须减去同代母“褐”字起首的 h。

(3)同代父代母切　例如以“尧”(iâo)、“恶”(ǒ)两字切“药”(iǒ)字,须减去同代父“尧”字末尾的 âo。

(4)同代父同代母切　例如以“尧”(iâo)、“褐”(hǒ)两字切“药”(iǒ)字,须减去同代父“尧”字末尾的 ao 跟同代母“褐”字起首的 h。

这两种切法的后三品,所以要经过那么许多“减首减末”的麻烦,无非想使所有切法都变成“本父本母”或“代父代母”两品,然后一读“西号”自然成音。所以他说:

> 切法所求本字音也。每字必先有本父有本母之同。如四品,或切子切母之法,常常首与父同。既减所当减,则所剩末与母同。所切中之字岂不同乎?若父母兄弟有一不同,自不能同矣。②

---

①②《列音韵谱问答》。

这种切法,虽然还没有等韵的门法那样淆乱,可是委曲宛转,已经费了很大的周折!后来杨选杞阅《西儒耳目资》,悟出反切有一定的方法,并且仿照他的《音韵活图》做了许多活盘,也因为迁就汉字,闹出许多“勉强”“不得已”的现象来。这都是不能彻底废弃汉字反切改用音标的坏结果!

金氏在五声之外又分出“甚”“次”“中”三音,这一层颇使后人发生误解。方以智说:“愚于波梵摩得发送收三声,后见金尼阁有甚、次、中三等,故定发、送、收为横三。”① 这固然是风马牛不相及的比附;②《四库全书提要》说:“大抵……所谓甚、次,即中国之轻重等子”,也不免望文生训,没有真正明白是怎么一回事。照金氏自己解释:“甚者,自鸣字之完声也。次者,自鸣字之半声也。减甚之完则成次之半”,“中者,甚于次、次于甚之谓也”,“开唇而出者为甚,略闭唇而出者为次,是甚、次者,开、闭之别名也”。③ 其实,据我研究的结果,这只是金氏对于不能用罗马字母标注的中国语音想出来的补救办法。本来中国近代语音里[ɿ][ʅ]两个舌尖韵母,不单在利玛窦、金尼阁那时候感觉难标,就是近年来的西洋人也感受到一样的困难。高本汉(B. Karlgren)曾把这两韵母最通用的转译法,列成下面一个表:

	ɿ	ʅ
Vissière 跟 B.E.F.E.O. …………………………	eu	e
Couvreur …………………………………………	eu	eu
四川传教师 ………………………………………	e	e
俄文拼法 …………………………………………	ы	ы

① 《切韵声原》,第 7 页。

② 《四库全书总目提要·经部·小学类存目二》。

③ 均见《列音韵谱问答》。

Mateer ………………………………………… ï　ï
Parker ………………………………………… z　ï
Kühnert ………………………………………… y　i
Wade ………………………………………… ǔ　ih

金氏把“赀”“雌”“私”等字的韵母标作-u̇，作为 u 的次音，直到威妥玛（T. F. Wade）还有这种观念；他把“质”“赤”“实”“日”等字的韵母标作 ė，作为 e 的次音，正是 Vissière 跟四川传教师的标音所从出。还有[tʂ]或[tʃ]，[tʂʻ]或[tʃʻ]，[ʂ]或[ʃ]，[ʐ]或[ʒ]等音后边的[y]韵，往往变成[ɥ]或[ʮ]音，用罗马字母也很难标注。金氏把“诸”“处”“书”“儒”一类的字都标作-ụ，作为 u 的中音。后来 Davis 跟 Silsby 用 u 标，Mateer 用 ü 标，并且说：“这个 ü 的念法，在 ü 与 u 之间”；高本汉（B. Karlgren）也说：“至于被唇化的（ɿ、ʅ），听起来有 y 一类的印象，所以就分到 y 类里去。”① 跟金氏的标音都不相远。至于入声屋韵的“族”“竹”“蓄”“谷”“哭”“仆”“福”“禄”“木”“讷”“速”“熟”等字，沃韵的“笃”“秃”等字，物韵的“不”“勿”等字，没韵的“忽”字，现在国音都变成[u]韵，可是方音里还有读作[o]韵的（如上海）；明末的普通音或者读作[o][u]之间的音，所以金氏把它们标作 o 的次音-ȯ 韵。入声质韵的“疾”“七”“吉”“必”“匹”“慄”“蜜”“悉”等字，锡韵的“的”“逖”等字，迄韵的“乞”字，陌韵的“逆”字，现在国音都变[i]韵，可是方音里还有读作[iə]韵的（如山西）；明末的普通音或者读作[iə]与[i]之间的音，所以金氏把它们标作 ie 的次音-iė 韵。入声屋韵三等的“菊”“畜”两字跟烛韵的“曲”字，现在国音都变成 iu[y]韵，可是方音里还有读作[io]韵的（如上海）；明末的普通音或者读作[io]与[y]之间的

① 参阅 B. Karlgren *Etudes Sur la Phonologie Chinoise*, pp. 294 ~ 297（中译本高本汉《中国音韵学研究》，第 197 ~ 200 页）。

音，所以金氏把它们标作 io 的次音-iȯ 韵。只有 uo 的次音-uȯ 韵所收入声德韵的“国”字，在金氏的《音韵经纬全局》里互见 uo、uȯ 两韵；屋韵“屋”“穀”两字，照音理也应并入 ȯ 韵，或者利玛窦不分次音 uo 韵，不完全是他的疏忽。总括这几韵来看，ė、u̇、ụ等各自代表一个特别的音，自然另是一个问题；其余 ȯ、iė、iȯ、uȯ 几韵，照金氏自己说：“减甚之完即成次之半”，“开唇而出者为甚，略闭唇而出者为次”；那么，他所用的次音符号(·)，似乎具有语音学的短音符号[˘]或下降符号[˕]两种作用，哪里跟“轻重等子”有什么关系；更哪里牵扯到“发”“送”“收”三声呢！金氏以为“甚”“次”的分别，“中华具其理，未具其名”，但是熊士伯批评他道：

> 按西儒主中音，“哲”固“遮”入，“质”却“知”入；“葛”固“歌”入，“谷”却“孤”入；“叶”固“爷”入，“一”却“伊”入；“药”固“阿”入，“欲”却“余”入；“斡”固“倭”入，“屋”却“乌”入，其平原殊，入应随异。今衣摄无入，午摄“租”“粗”无入，横附他入以分甚、次；“葛”与“谷”尤不伦，是遵何法耶？若“租”“粗”与“赀”“雌”，摄既不同，开合尤异，比而一之，所不解已！[①]

又道：

> 中韵另分支思，今止于五、午分别甚、次，止、遇不分，开合相混，其可邪？[②]

可见中华本来也并没具有是理！平心而论，金氏分出[ɿ]、[ʅ]、[ɥ]或[ʮ]几音独立，从语音学的观点看，自然应当承认他的相当价值，但是被符号所限，不得已附入 e、u 两摄，并且 ȯ、iė、iȯ、uȯ 几韵的读音也都疑似不明，难怪后人对他误会了！

---

① 《等切元声》卷八，《阅西儒耳目资》，第 6 页。

② 《等切元声》卷八，《阅西儒耳目资》，第 11 页。

综合《西儒耳目资》里关于音韵学的要点，拿来跟利玛窦的注音比较，彼此间不过大同小异，并没有相差很远的地方。例如：

(1)利、金二氏皆用ˉ、ˆ、ˋ、ˊ、ˇ作清、浊、上、去、入五声的符号。

(2)利、金二氏皆用-n、-m 代表[-n][-ŋ]两个韵尾附声。

(3)金氏把利氏所分 c[k]、k[c]、q[kw]跟 c‘[k‘]、k‘[c‘]、q‘[k‘w]并成 k、‘k 两个音位，g[ɣ]、ng[ŋ]并成一个 g 音位，c[ts]、ç[tʂ]跟 c‘[ts‘]、ç‘[tʂ‘]并成 ç、‘ç 两个音位，j[ʒ]、g[ʒ]并成 j 音位，此外各“字父”完全相同。

(4)金氏删掉利氏所用的 oo、oem 两母，添上 ua、un、oai、oan、uan、oen 跟 uem 七母，又把 lh 改作 ul，此外各“字母”完全相同。

(5)利氏对于 l 跟 r，e 跟 æ，i 跟 y，u 跟 o 的混用现象，例如“利”字或作 lý，或作 rí；“十”字或作 xě，或作 xæ̌；“形”字或作 hîm，或作 hŷm；“功”字或作 cūm，或作 cōm 之类，金氏已经免除。

(6)“字母”受“字父”影响，而改变音值的现象，若用《音韵经纬全局》里的单字归纳，金氏比利氏更有系统。例如附表一：

附表一　“字父”影响“字母”音值表

字父／字子／字母	□	ç	ç‘	ch	‘ch	k	‘k	p	‘p	t	‘t	j	v	f	g	l	m	n	s	x	h
ua	蛙		髽			瓜	誇														
oa																					花
uai	歪					娲	佤														
oai																				衰	怀
ui	微	嗺	催	追	吹					堆	推	绥				雷	眉	挼	虽	摔	
uei	痿					归	恢														
oei								悲	邳						痿		眉				麾

（续表）

字父 字子 字母	□	ç	ç‘	ch	‘ch	k	‘k	p	‘p	t	‘t	j	v	f	g	l	m	n	s	x	h
uan	弯					关	瘝														
oan																				闩	还
un		尊	材	谆	椿					敦	暾	瞤				沦			孙	纯	
uen	温			专	穿	昆	坤	奔	歕			瞑		分			门				
oen																					昏
uam	汪			桩	锹	光	筐													霜	
oam				庄	窗															双	荒
iao	幺	焦	锹			交	趫	标	翲	貂	挑						苗		萧	梢	哮
eao																聊					
iam	央	将	抢			江	羌											娘	襄		香
eam																良					

表例：1. 表中例字举平以赅上去入；

2. 凡未填例字之格在《音韵经纬全局》中原无“字子”。

表中 ua 跟 oa，uai 跟 oai，ui、uei 跟 oei，uan 跟 oan，un、uen 跟 oen，uam 跟 oam，iao 跟 eao，iam 跟 eam，所收的字，在《洪武正韵》里同属一韵，从音韵沿革跟宽泛的音位上讲，本来没有什么差异，它们的音值所以稍有不同，完全是受了“字父”发音部位的影响。

(7)“甚”“次”“中”的名称是不是利氏定的，很难悬揣。不过，就他的注音来看，“古”(cù)跟“子”(çǜ)，“度”(tǒ)跟“笃”(tǒ̆)，“博”(pǒ)跟“不”(pǒ̆)，“卓”(chǒ)跟“逐”(chǒ̆)，“坐”(çǒ)跟“足”(çǒ̆)，“业”(nhiě)跟“息”(siě̆)等，韵母已经分用画然。他同金氏所差的地方，除去“如”(jû)、“书”(xū)、“主”(chù)、“著”(chú)等字没有分作“中”音以外(其中虽然有几个地方“书”字拼作 xū˙，“主”字拼作

chù·，但是这只能说是"甚"音 u 跟"次"音 ủ 的混用，不能认作"中"音 ụ 的分立），只是"俗"（sǒ 或 sở）、"速"（sǒ 或 sở）、"必"（pyě 或 pyể）、"笔"（piě 或 piể）、"一"（yě 或 yể）、"习"（siě 或 siể）、"使"（sủ 或 sù）等字，忽分忽不分；"竭""洁"（kiě）跟"极""及"（kiě），"则"（cě）跟"日"（gě），"学"（hiǒ）跟"蓄"（hio），"落"（lǒ）跟"六"（lǒ）等字，当分而不分，没有金氏那样谨严罢了。

（8）利、金二氏所注的单字音也稍微有些不同。例如：

例字	利玛窦注音	金尼阁注音	异点所在
误	gú	ú 或 gú	
往	vám	uám	
万	ván 或 uán	uán	
间	vuén	uén	以上声母不同。
产	c'ân	ch'àn	声母声调均异，但"产"字无阳平，利误。
暗	ngán	àn	声母声调均异，但"暗"字《正韵》有上、去二声。
为	guéy	uêi 或 guêi	声母声调均异，但"为"字本有阳平及去声。
恶	aǒ	ǒ	
主	chù	chụ̀	"甚""中"之异。
著	chú	chụ́	"甚""中"之异。
勿	voě	vở	
猛	moèm	mèm	
门	mên	muên	
锁	saò	sò	
实	xiě	xě	
石	xiě	xě	
蓄	hiǒ	hở	以上韵母不同。
国	quǎi	kuě 或 kuǒ	声母韵母均异。
巴	pà	pā	声调不同，但"巴"字无上声，利误。

利氏所注的387个单字以外，还跟金氏有什么异同，固然无从知道，如果所差的单是这区区29个字，当然不能算是大的出入。

由上面比较的结果，可见金尼阁作《西儒耳目资》的时候，对于利玛窦、郭居静、庞迪我几个人，很像陆法言修《切韵》的时候，对于颜介、萧该、刘臻等八个人一样，都抱着一种"非余小子敢行专辄，乃述先贤遗意"[①] 的态度，关于音韵的要点很少更动。不过，他作书的时候较晚，并且有国内的学者王徵、韩云等给他帮忙，所以能够创造《音韵经纬总局》《音韵经纬全局》《万国音韵活图》《中原音韵活图》《四品切法》《列音韵谱》等几种有系统的东西，给中国的韵书改换了一个新面貌，这正是"前修未密，后出转精"的地方。

利玛窦跟金尼阁所用的音标符号虽然略有出入，可是它们的总数不过三十上下。拿这三十上下的符号展转拼合，再调以中国的五声，就可以把明末的普通音赅括无遗，比较旧韵书里反切上下字的纷繁无定，含混不清，相差何可以道里计？再者，中国音韵学上许多模胡笼统的议论，根本是由于不能分析音素才发生出来的，既然有了标音的符号对照，许多问题就都可以迎刃而解。假如有人问，"开""齐""合""撮"为什么不同？"质言之"，就是没有"韵头"的字跟有i-、u-、iu-等"韵头"的字的分别；有人问，什么叫"阴韵""阳韵"？"质言之"，就是没有-n、-m[-ŋ]韵尾附声的字跟有-n、-m[-ŋ]韵尾附声的字的分别。诸如此类，从现在的立场上看，自然是不过尔尔，但是要推溯到三百年前，我们总不能不承认它们在音韵学史上有相当的价值。所以我说利玛窦、金尼阁分析汉字的音素，借用罗马字母作为标音的符号，使后人对于音韵学的研究，可以执简驭繁，由浑而析，这是明末耶稣会士在中国音韵学上的第一个贡献。

---

① 《切韵序》。

四、明季普通音的试测

Ⅰ."字父""字母""五声"跟古音、国音的比较表

Ⅱ."字父"跟古音、国音的关系——[ŋ-][v-]等音的讨论

Ⅲ."字母"跟古音、国音的关系——[-m][ɿ][ʮ][ʅ][ə][əɹ˞]等音的讨论

Ⅳ.利玛窦、金尼阁的注音在语音学上的价值

Ⅴ."五声"与古音、国音的关系——"清""浊""入"三声跟全浊上声的讨论

从元朝到现在六百多年间的普通音,都以北方音作标准,大体上没有什么变迁。但是拿《中原音韵》跟现代的国音比较,像入声的分配,侵寻、监咸、廉纤三部的删并,ㄜ[ə]、ㄦ[əɹ˞]等音的分化,ㄫ[ŋ]音的丢掉,ㄐ[tɕ]、ㄑ[tɕ']、ㄒ[ɕ]、ㄬ[ȵ]的独立,以至于ㄅ系的字由"合"变"开",ㄓ系的字由"齐""撮"变"开""合"等现象,都不能不算是大同小异的地方。这些变异究竟从什么时候起的?其间的历程究竟怎样?利玛窦、金尼阁的注音便是帮助我们解决这些问题的好材料,也就是推测明季普通音的好凭借。本来分析音素跟测定字音是一个问题的两方面,既然有了代表音素的符号,根据它们去测定字音自然不是什么难事。不过,我们若再把利、金二氏的注音拿来跟古音、国音比较,研究它们递变的痕迹,对于明季普通音的推测自然更有很大的帮助。在《西儒耳目资》里论到音韵沿革的,有《等韵三十六母兑考》① 跟《三韵兑考》②两篇。据我研究的结果,发现它们许多罅漏错误的地方。所以另外列成文末的三个比较表(参阅文末附表二、三、

①② 《译引首谱》,第69页、70~84页。

四)。

我们根据这三个比较表,才好分别讨论利、金注音跟古音、国音的交互关系。

金氏的《等韵三十六母兑考》本来也是比较“字父”同古声母的关系的。其式如下:

自鸣字母〇同鸣字父

丫	额	衣	阿	午	则	者	格	百	德	日	物	弗	额	勒	麦	搦	色	石	〇
〇	〇	〇	〇	〇	测	撦	克	魄	忒	〇	〇	〇	〇	〇	〇	〇	〇	〇	黑
		疑		微	精	知	见	帮	端	日	微	非		来	明	疑	心	审	晓
		影			清	彻	溪	並	定			敷				泥	邪	禅	匣
		喻			从	照	群	滂	透			奉				娘			
						澄													
						穿													
						床													

熊士伯对于这个《兑考》以为:“自鸣元母已为影、喻,则疑母自当入额,与古图三十一数正合,又以疑、影、喻入衣。微为唇音,入物是已,不当入午。皆缘不明五音,并不明喉、舌、唇、牙、齿,是以乱杂而无章。”① 其实,若拿附表二的守温字母一行跟它对照,可以讨论的,还不止这几点。附表二所列利、金“字父”同三十六字母的对照,是根据利氏注音跟金氏《音韵经纬全局》里所有的单字音归纳出来的。利氏的注音字数很少,例外不多,姑且不去管它,单从《音韵经纬全局》归纳的结果论,已经跟这个《兑考》有许多不同的地方:

(1)影、喻、疑并不专属于 i 摄:o 摄的“阿”“婴”“恶”,u 摄的

① 《等切元声》卷八,《阅西儒耳目资》,第 3 页。

"乌",ua 摄的"蛙""嗗",uo 摄的"窝""娒""斡""屋",um 摄的"翁""蓊""瓮",uei 摄的"痿""委",uam 摄的"汪",uan 摄的"弯""碗""腕",uen 摄的"温""稳""酝",uon 摄的"剜"等,都属影纽。uei 摄的"为""谓",uam 摄的"王""往""旺"等,都属喻纽。u 摄的"吾""午""误",ua 摄的"瓦",uan 摄的"顽",uon 摄的"刓"等,都属疑纽。并且 j 行的"锐"字从喻纽变来,"阮"字从疑纽变来。v 行的"外"字从疑纽变来,"汪"字从影纽变来。h 行的"韄"字从影纽变来,"雄"字从喻纽变来。至于 g 声一行,金氏的《兑考》并没有对照古声母,其实,"莪""我""饿""谔""吾""伍""误""皑""熬""昂""麙""喁""硬""兀""伪"等,都属疑纽;"厄""哀""霭""爱""鏖""襖""奥""盎""坱""安""按""暗""欧""沤""恩""痿"等,都属影纽;"为""伟"等,都属喻纽。

(2)u 类的字,除去 ui 摄复见"微""尾""未"三字外,其馀并没有属于微纽的。

(3)ç、'ç 两行,除去精、清、从三纽外,还有照、穿、床三纽的二等字;s 行除去心、邪两纽外,还有审纽的二等字。

(4)'ch 行有从审纽变来的"产""春"两字,从禅纽变来的"酬""成""常""禅""蝉"五字。

(5)k 行有从匣纽变来的"棍"字,'k 行有从匣纽变来的"鞃"字,h 行有从见纽变来的"痀""恍""系"等字。

(6)j 行除去疑纽的"阮"字,喻纽的"锐"字以外,还有从泥纽变来的"愞"字,并不专属于日纽。

(7)n 行有从日纽变来的"饶""挠"两字,从端纽变来的"鸟"字。诸如此类,颇可以看出隋唐语音跟元明语音的嬗蜕痕迹,若像《等韵三十六母兑考》那样笼统归类,就把这些值得注意的材料给湮没了!

据附表二跟上面所说的几点研究,我们可以知道金氏的二十"字父"跟守温字母相差很远;可是跟兰茂《韵略易通》的《早梅诗》二十字母，桑绍良《文韵考衷六声会编》的二十字母，李如真的二十二字母，方以智《通雅·切韵声原》的二十字母，马自援《等音》的二十一字母，林本裕《声位》的二十四字母，樊腾凤《五方元音》的二十字母，分类的趋向大致相同，虽然单字的出入，彼此间或有些微歧异，也都无关大体。它们跟守温字母最大的异点：

(1)全浊的並、定、群、澄、床、从几纽，平声变入次清的滂、透、溪、彻、穿、清，仄声变入全清的帮、端、见、知、照、精，旧来清声、浊声的分界完全混淆，只有次清的平声分成"阴""阳"二类，由"声母"的分类演变为"声调"的分类。因此金尼阁把 b、d 等也列入中华所无的"不鸣元音"了。

(2)全清的非纽、次清的敷纽跟全浊的奉纽，除去李如真分成非、敷两类外，其他各家都并为一类。

(3)次浊喻、匣、邪、禅跟清声的影、晓、心、审不分。

(4)次浊舌头音泥纽跟舌上音娘纽不分。

(5)舌上音的知、彻跟正齿音的照、穿不分。

(6)次浊疑纽的音值，从《切韵》的系统跟守温字母的排列次序推测，假定在隋唐时代应当读作舌根的鼻音[ŋ]，但是明季的普通音，已然有从[ŋ]变[ɣ]、从[ɣ]丢掉的倾向。在利玛窦的注音里，g、nh、ng 分为三类：用 nh 拼的"疑""宜""毅""业""艺""仰"六个字都属于疑纽的齐齿呼，还算没有什么例外；至于用 g 拼的(除去在 e、i 前读作[ʒ]音的一类)，"艾""悟""吾""卧"等字属于疑纽，"秽"字属于影纽，"为"字属于喻纽；用 ng 拼的，"碍""我"两字属于疑纽，"爱""暗"两字属于影纽，已经混淆不清，毫无规则。并且疑纽的"涯""元""月"等字，利氏把它们列入纯韵，尤其是[ŋ]音逐渐丢掉的佐证。金尼阁单留 g 声一类，而把利氏所分的 nh 并入 n 行跟 i 摄的纯韵，把 ng 并入 g 行跟纯韵。但是他在《等韵三十六字母兑考》的 g 行底下，既然没有对照守温字母，并且“吾”“误”复见 u、gu 两处，“痿”“为”复见 uei、goei 两处，可见金氏对于 g 声的读音，已经没有准把握，难怪他说：“同鸣之九曰额(g)，则无之(按，指无守温字母对照言)。致其所属之字，如‘安’‘恩’‘偶’之类，乱排他行而为螟蛉焉。”[①] 所以我断定金氏的 g 声至多不过是舌根的带音摩擦音[ɣ]，已经不能保持很清楚的鼻音[ŋ]了。并且拿他前后各家参证，在附表二所列兰茂至樊腾凤等七家里，只有李如真、方以智、马自援、林本裕四家列有疑纽。李氏的原书今不可见，林、方二氏根本并疑于影，都可以不去管他。马氏虽然把影、疑两纽分立，可是影纽底下收入疑母的“瓦”“悟”“卧”“外”“牙”“岩”“语”“达”“鱼”“虞”“元”等字，疑纽底下收入影纽的“安”“沤”“欧”“喂”跟喻纽的“羽”等字，并且他说：“疑字母宫(即合口呼)、商(即开口呼)二音内有声；角(即混呼)、徵(即齐齿呼)、羽(即撮口呼)三音内之声略与影母相同。其声似有似无，是为疑惑之疑。”[②] 这种“图穷匕首见”的现象，正可以作为[ŋ]音逐渐消失的佐证。

(7)次浊微纽的音值，假定在隋唐时代应当读作唇齿的带音摩擦音[v]，但是明季的普通音，已然有从[v]变到半元音[ŭ]或纯元音[u]的倾向。所以在利玛窦的注音里，v 行收入喻纽的“往”字，并且微纽的“万”字有 ván 跟 uán 两种拼法。金尼阁的《音韵经纬全局》里，微纽的“微”“尾”“未”三字复见 ui、vi 两处，喻纽的“汪”字复见 vām 跟 uām 两处。微纽的“问”字，利氏拼作 vuén，金氏拼作 uén；喻纽的“往”字，利氏拼作 vàm，金氏拼作 uàm，彼此也参差不齐。并且金氏说：“微之一，乃同鸣之七曰物(v)，然亦有他音，略轻之亦属自鸣之五曰午(u)。”[③]正可见他对于[v][u]两音的含混。再拿他们前后的各家

①③ 《列音韵谱问答》。

② 《等音声位合汇》卷上，第 14 页。

参证，兰茂的无纽里收入喻纽的“惟”“潍”“维”等字[①]；方以智的疑纽(由影、喻、疑合并成的)里，混入微纽的“晚”字，而微纽的“吻”字复见疑、微两纽；马自援的影纽里收入微纽的“网”“舞”“望”等字，微纽里收入喻纽的“位”字，也都可以看出[v][u]的混淆现象。至于樊腾凤的蛙母，根本上把影、微、疑三纽混而为一，更可作为[v]音逐渐消失的证据了。

以上各点，见附表二所列各家的共同现象。从空间上看，兰茂是云南杨林人，桑绍良是湖南零陵人，李如真是江苏上元人，方以智是安徽桐城人，马自援是陕西人而生长在云南，林本裕是辽宁盖平人，樊腾凤是河北唐县人，所代表的有七省；从时间上看，《韵略易通》成于明正统十年(1445)，《五方元音》成于清雍正五年(1727)以前，中间经过了二百八十多年，但是他们所分的声类，大体都跟国音相同。至于ㄐ、ㄑ、ㄏ、ㄒ四母的分化，在兰、方、马、林、樊几家的书里虽然看不出来，可是利玛窦所分的 k、k‘、nh 三声特别用在 i 韵的前边，金尼阁在 k 行里也混入照纽二等的“茁”字，这都可以暴露出ㄐ等四母逐渐分化的朕兆。只有在 i 韵前的 ç、‘ç、s 等声，跟现代上海、南京、开封等处方音相同，仍旧保留[ts][ts‘][s]音，没有演变，直到读音统一会的老国音还是如此。因此我断定从明朝到现在，所谓“中原雅音”或“官话”的声类，几百年来并没有什么大变化。利玛窦跟金尼阁所用的“字父”，就是根据这种普通音定的。他们所用的罗马字，像 ch、‘ch、k、‘k、p、‘p、t、‘t、v、f、l、m、n、s，跟普通的罗马字母读音相近，丝毫不生问题，其中稍有疑义的几个字母，拿利、金二氏所拼的单字，附表二所列的几部《中原音韵》系韵书，同现在的国音交互证明，我测定金氏的 ç 读若[ts]，‘ç 读若[ts‘]，j 读若[ʒ]，g 读若[ɣ]，x 读若[ʃ]，h 读

① 利氏注音中拼“惟”为 ùui，但单字孤证，无从归纳其条理。

若[x];利氏的 c 有[ts][k]两音,c'有[ts'][k']两音,g 有[ɣ][ʒ]两音,q 读若[kw],q'读若[k'w],ng 读若[ŋ]或[ɣ],nh 读若[ɲ]。附表二里附注的国际音标就是根据这里推测的结果。

《西儒耳目资》里的《三韵兑考》[1],是王徵用《音韵经纬全局》兑考"沈韵""等韵""正韵"作成的。按他所举的韵目跟部数推求,所谓"沈韵"就是刘渊的《平水韵》,所谓"等韵"就是韩道昭的《五音集韵》。这两种韵书都经过任意的删并,同《切韵》或《中原音韵》的系统都不相合,本没有拿来对照的必要。单就《洪武正韵》论,王氏所考也不过把他自己认为跟五十"字母"读音相同的韵目列在各摄各声的底下,并没有把《全局》里所有的单字跟各韵的单字逐一比较,仔细推究它们分类的异同。所以 ao 摄不列爻、萧韵,eu 摄不列尤韵,en 摄、uen 摄、un 摄、iun 摄不列真韵,ia 摄、ua 摄不列麻韵,ie 摄不列遮韵,iue 摄不列遮、屑韵,im 摄、uem 摄不列庚韵,ium 摄不列东、庚韵,ue 摄不列陌、屑韵,ui 摄、uei 摄不列灰韵,uam 摄不列阳韵,uan 摄不列删韵,uon 摄不列寒韵,iuen 摄不列先韵,这都由于他不知道各韵里还有等呼的分别所致。若是根据这个《兑考》来研究金氏注音同古音的关系,就很难得到结果。熊士伯《阅西儒耳目资》对于王氏所考已经指出许多错误疏漏的地方,并且拿金氏的五十摄跟等韵十六摄合证,重新列出一个《等韵十六摄对考》来。[2] 不过据我想,金氏所据的是明季的普通音,若把他强纳在宋元等韵的定型里,难免诸多枘凿,何况他分韵的观点,有几个地方根本同旧来等韵的习惯不同呢!因此我所列的附表三先把利氏注音跟金氏《全局》里所有的单字逐一同《广韵》《正韵》对照,以推究他们彼此间关系的浅深;再拿《韵法直图》《声

① 《译引首谱》,第 70~84 页。

② 参阅《等切元声》卷八,第 7~9 页。

韵同然集》《字母切韵要法》等同他们的"字母"比较,以推究明清以来韵类分合的倾向,然后拿国音的韵类参证他们所拼的单字音,那么,所谓"中原雅音"或"官音"的韵值,也就不难测定了。

照张问达《刻〈西儒耳目资〉序》说:"其书一遵《洪武正韵》。"其实,据我"兑考"的结果,觉得利、金二氏的注音,同《广韵》固然是两个系统,就是同《洪武正韵》也不完全相合。拿梅膺祚《字汇》后附刊的《韵法直图》跟《康熙字典》前附刊的《字母切韵要法》互相比较,我断定利、金二氏的"字母"正可以代表明清之交普通音的韵类;并且有许多地方已然比音韵学(phonology)的分类精密,而同近代语音学(phonetics)的记音(transcription)相合。《韵法直图》跟《字母切韵要法》是明清之交的两部代表的韵书。据梅膺祚的《韵法直图序》说:"壬子春从新安得是图",以《字汇》成书的时候推度,壬子当是明万历四十年(1612)。后人由"新安"而联想到朱熹,于是牵强附会地认为这是"徽州所传朱子谱"。其实,若把《洪武正韵》的平声二十二韵再按等呼细分,所得的韵类跟《直图》的四十四韵极为近似;并且从《直图》所分的遮、赀、迦、㴬几韵看,也可以断定它绝不是元明以前的东西。《字母切韵要法》据劳乃宣说是"明正德以后,清康熙以前人所作"①。我现在虽然也不能确定它的时代,可是从音变的轨迹上看,认为这个韵谱是《韵法直图》以后、《康熙字典》以前的东西,大约作于明万历四十年(1612)至清康熙五十年(1711)之间。利、金二氏所根据的语音,恰可作为这两部韵书的过渡。据我比较的结果,发现利、金注音跟《直图》《要法》都互有出入:

(1)《直图》里附[-m]声的甘、兼、监、簪、金五韵,利、金注音并入an、ien、en、in等摄,《要法》并入干、根两摄的开口正副韵,由[-m]附声

---

① 《等韵一得外篇》,第51页。

变成[-n]附声。——《广韵》里的闭口韵,《中原音韵》《洪武正韵》都仍旧保留。《直图》虽然沿袭《正韵》,也立了甘、兼、监、簪、金五韵,但是金韵底下的附注说:"京、巾、金似出一音,而潜味之,京、巾齐齿呼,金闭口呼。京齐齿而启唇呼,巾齐齿呼而旋闭口,微有别耳。"可见[-m]跟[-n]的分界,已经若明若昧了。若拿现代方音参证,除去广东话、客家话、福佬话还保留[-m]附声外,在中国中北部的语音里,已然找不着[-m]的踪迹![1] 元明以来,所谓"中原雅音",本来是以北音为主的,假定我们不拿利、金的注音,跟明崇祯十五年(1642)毕拱宸改定的《韵略汇通》(毕书把《中原音韵》的侵寻、监咸、廉纤三部并入真寻、山寒、先全三部内)互相参证,或许被《中原音韵》跟《洪武正韵》所骗,认为明末的北方语音当真还保留[-m]的附声呢!至于利、金注音里用-m 代替[-ŋ],那是因为法文跟意大利文都没有把 ng 两字作尾音的,不过法文的 m 用在韵母后边变成[~]音,所以利、金用它代表[-ŋ]音,跟 m 本来的音值丝毫没有关系。

(2)《直图》以入声承有附声的"阳韵",利、金注音以入声承没有附声的"阴韵",《要法》以入声兼承"阴""阳"二类,而以"阴韵"为主。——自从北方语音丢掉了入声-k、-t、-p 的"收势",入声分配已然成了音韵学上的一个问题。《广韵》以入声配"阳韵"的系统,到刘鉴作《切韵指南》的时候,已然渐渐打破。所以他拿屋、沃、烛兼承通、遇、流三摄,铎、药兼承果、宕两摄,觉兼承江、效两摄,没、质、迄兼承臻、止、蟹(三、四等)三摄,曷、末、辖、薛、月兼承山、假、蟹(一、二等)三摄,后来等韵家所谓"借入"之说,即由此起。《直图》虽然沿袭《广韵》《正韵》以入声配"阳韵",可是已经不能严守[-k]配[-ŋ]、[-t]配

---

① 参阅 B. Karlgren *Etudes Sur la Phonologie Chinoise*, pp. 753 ~ 763(中译本第 586 ~ 596 页)。

[-n]、[-p]配[-m]的条理毫不错乱。所以公韵[-ŋ]下误列收[-t]的没韵字,京韵[-ŋ]下误列收[-t]的质韵字,光韵[-ŋ]下误列收[-t]的末韵字,裩韵[-n]下误列收[-k]的麦韵字,坚韵[-n]下误列收[-p]的帖韵字,艰韵[-n]下误列收[-p]的狎韵字,甘韵[-m]下误列收[-t]的曷韵字;并且根、巾两韵不配入声,而自乱其例把吉韵列在基韵底下,入声縠韵里忽然跑出一个"阴韵"平声的"租"字来。至于其他"阴韵"底下虽然没列入声,可是每韵之后都注明入声跟"阳韵"某韵相同,更可见以"入"配"阳"的局面,在实际语音里已经维持不住了。《要法》把入声列在"阴韵"歌、高、钩、裓、傀、结、迦、该几摄的底下,本来很合于当时的普通语音;但是一方面在"阳韵"冈、根、庚、干几摄的底下,又复列外面加圈的入声,还不能打破等韵家"借入"的旧观念。就是后来杨选杞《声韵同然集》里,南入配"阳"、北入配"阴"的办法,也不免依违两可,不能折衷一说。利、金两氏的注音既然偏重当时的普通音,对于迁就音韵沿革的以入配"阳"说自然不大了解。所以金氏说:"入声无字者,常强借他韵,如客以足之。如'公''䡖''贡''縠'、'空''孔''悾''哭'之类。夫'公''䡖''贡'、'空''孔''悾',此三声者俱同韵。若'縠'与'哭'自有本声,奈何强借于此乎?"① 在他的《音韵经纬全局》里也只有"阴韵"a、e、o、u、ao、ia、ie、iu、oa、ua、uo、iue 十二摄入声有字,并且特别分出 io、oe、ue 三摄跟次音 ȯ、iė、iȯ、uȯ 四韵专收独立的入声,从北音的观点看,金氏所分配的比较同明末的普通音相近。

(3)《直图》交、骄两韵,金氏注音并作 iao 摄,《要法》拼作高摄的浇类。——《直图》的交韵跟《广韵》的肴韵相当,骄韵跟《广韵》的宵、萧两韵相当,从沿革上讲,是二等跟三、四等的不同。《直图》虽然分成两韵,可是一律注为"齐齿呼",而且"巧""孝""效"三字又复见两

---

① 《列音韵谱问答》。

韵,可见那时已经不能分得很清楚。并且就附表五所列举的 13 处方音看,能分别的共有 6 个地方,除兰州外都属于南部。那么,利、金注音跟《要法》把交、骄两韵并成一类,而把两韵的知系字跟交韵的帮系字并入开口的 ao 摄或高类,是跟北方大部分的方音相合的。

附表五　骄、交两韵方音异同表

韵类	例字（音值／地域）	广州	客家	汕头	福州	温州	上海	南京	四川	北平	开封	太原	西安	兰州
骄	骄	-iu	-iau	-iau	-ieu	-iə	-iɒ	-iau	-iau	-iau	-iau	-iau	-iau	-iɒ
	尧	-iu	-iau	-iau	-ieu	-ia	-iɒ	-iau	-iau	-iau	-iau	-iau	-iau	-iɒ
	昭	-iu	-au	-iau	-ieu	-iə	-ɒ	-au	-au	-au	-au	-au	-au	-ɒ
	表	-iu	-iau	-iau	-ieu	-iə	-ɒ	-iau	-iau	-iau	-iau	-iau	-iau	-iɒ
交	交	-au	-au	-au	-au	-ɒ	-iɒ	-iau	-iau	-iau	-iau	-iau	-iau	-io
	孝	-au	-au	-au	-au	-ɒ	-iɒ	-iau	-iau	-iau	-iau	-iau	-iau	-io
	爪	-au	-au		-au	-ɒ	-ɒ	-au	-au	-au	-au	-au	-au	-o
	包	-au	-au	-au	-au	-ɒ	-ɒ	-au	-au	-au	-au	-au	-au	-o

表例:1. 表中所列方音仅举各代表区域以示例;2. 例字取自《韵法直图》。

(4)《直图》官、关两韵,金氏注音分作 uon、uan 两摄,《要法》并作干摄的官类。——《直图》官韵跟《广韵》桓韵相当,关韵跟《广韵》删韵的合口相当,从沿革上讲是一等跟二等的不同。但是就附表六所列举的 13 处方音看,能分别的只有 4 个地方,而且都属于南部。金氏虽然分成两摄,可是"碗""腕"二字两摄并收,可见他审音已然含混。那么《要法》并成一类,而把帮系字改列在开口干摄里,是跟北方大部分方音相合的。

附表六 关、官两韵方音异同表

韵类	例字 \ 音值 \ 地域	广州	客家	汕头	福州	温州	上海	南京	四川	北平	开封	太原	西安	兰州
关	关	-uan	-uan	-uan	-uaŋ	-ua	-uæ	-uaŋ	-uan	-uan	-uan	-uæ	-uæ̃	-uæ
	顽	-uan	-an	-uan	-uaŋ	-ua	-uæ	-uaŋ	-uan	-uan	-uan	-væ	-uæ̃	-uæ
	班	-an	-an	-an	-aŋ	-a	-æ	-aŋ	-an	-an	-an	-æ	-æ̃	-æ
	弯	-uan	-uan	-uan	-uaŋ	-ua	-uæ	-uaŋ	-uan	-uan	-uan	-uæ	-uæ̃	-uæ
	还	-uan	-an	-uan	-uaŋ	-ua	-uæ	-uaŋ	-uan	-uan	-uan	-uæ	-uæ̃	-uæ
官	官	-un	-uon	-uan	-uaŋ	-ye	-ue	-uaŋ	-uan	-uan	-uan	-uæ	-uæ̃	-uæ
	端	-yn	-on	-uan	-uaŋ	-ø	-ø	-uaŋ	-uan	-uan	-uan	-uæ	-uæ̃	-uæ
	般	-un	-an	-an	-uaŋ	-ø	-e	-aŋ	-an	-an	-an	-æ	-æ̃	-æ
	钻	-yu	-on		-uaŋ	-ø	-ø	-uaŋ	-uan	-uan	-uan	-uæ	-uæ̃	-uæ
	欢	-un	-on	-uan	-uaŋ	-ye	-ue	-uaŋ	-uan	-uan	-uan	-uæ	-uæ̃	-uæ

表例：1. 表中所列方音仅举各代表区域以示例；2. 例字取自《韵法直图》。

(5)《直图》公、觥两韵，金、利注音分作 um、uem（利作 oem）两摄，《要法》并作庚摄的公类。——《直图》的公韵同《正韵》东韵的合口呼相当，觥韵同《正韵》庚韵的合口呼相当。《要法》并作一类，同现在的国音相合。可见公、觥两韵在明初还有分别，在清初已然混合。利、金仍旧分作两摄，恐怕是迁就《正韵》的结果。

(6)《直图》弓、扃两韵，利、金注音并作 ium 摄，《要法》并作庚摄的弓类。——从沿革上讲，这是《正韵》东、庚两韵撮口呼的混合，其例跟前项相同。金、利既然把撮口的弓、扃两韵并成 ium 摄，足征合口 um、uem 的分别也是靠不住的。

(7)《直图》赀韵里变[ʅ]音的字，金氏注音附入 u 摄的次音 u̇ 韵，

《要法》附入祴摄的饥类。——《广韵》支、脂、之三韵里精系的开口四等字,自从《切韵指掌图》把它们提升到一等,它们的韵母已然露出变[ɿ]音的倾向。后来周德清作《中原音韵》,索性把这几韵里精、照两系字特别分立支思一部,所有精系、照系的二等字都变[ɿ]音,照系的三等字都变[ʅ]音,除去本部混入一个知纽的"徵"字跟齐微部误收照纽的"只",穿纽的"蚩""鸱""侈"等字以外,差不多完全一致。《直图》所立的"咬齿"赀韵,就是根据这里来的。利、金注音把"赀""雌""疵""私""词"等字附在u摄的次音ů韵里,《要法》把"赀""雌""思""词"等字附在祴摄饥类,跟"赍""齐""西"等字双行并列,而部位高低微有不同,可见他们虽然没有另外单立一摄,实际上已经承认支、脂、之的精系四等字应当变成[ɿ]了。不过,知、彻、澄跟照、穿、床(三等)两系的字,晚近的音,一律读成[tʃ][tʃʻ]或[tʂ][tʂʻ],按《中原音韵》的例,支、脂、之的照系三等字归入支思部,变成[ʅ],知系的三等字却归入齐微部,保留[i]音,并且齐微部里所收照纽去声祭韵的"制",入声昔韵的"只""炙",职韵的"织",质韵的"骘""质",缉韵的"汁"等字,穿纽入声昔韵的"尺""赤",质韵的"叱"等字,审纽去声祭韵的"世""势",入声职韵的"识""拭""轼""饰",昔韵的"释""适""奭",质韵"失""室",缉韵的"湿"等字,禅纽去声祭韵的"逝""誓",入声昔韵的"石""射",职韵的"食""蚀",质韵的"实",缉韵的"十""什""拾"等字,都还没有变成[ʅ]韵,可见[ʅ]音的演变似乎稍比[ɿ]音复杂。《直图》把"支""纸""至""栉""差""齿""憏""剢""齹""士""示""龇""诗""始""试""瑟""时""氏""侍""匕"等归入赀韵;把"知""豥""智""质""痴""侈""眙""叱""迟""陊""示""食""矢""世""失""移""氏""誓""寔"等字附入基韵,还算是沿袭《中原音韵》的系统,可是"示"字复见两韵,已经露了含混的马脚!《要法》把"知""夂""智""陟""池""耻""豖""敕""彖""治""直"等跟"支""止""至""炙""鸱""齿""厕""赤""鶍"

"殖""觙""尸""史""世""失""时""士""示""石"等一律列入饥类,索性连照系三等字也恢复了[i]音,便不免矫枉过正了! 利氏注音把"知""智""致""緻""治""值""制"跟"之""指""旨""至""志""誌""世"跟"诗""时""是""示""氏""视"等字一律归到 i 摄,又把"炽""值""识""適""实"等字归到 ie 韵,"室""十"两字归到 e 摄,"石"字复见 ie、e 两摄,也没有把[ʅ][i]的分界划分清晰。金氏的 i 摄里虽然也收入了"知""止""致""鸱""驰""耻""诗""时""矢""侍"等字,可是,一方面因为"知""纸"之类,"各地风气不同",恐怕"忒细易乱",没有单立 i 的次音[①],一方面却把入声"质""赤""实""日"等分出一个次音 ė 韵来,若拿前后的音变跟金氏犹豫不决的口吻参证,可以断定,在北方普通音里,[ʅ]音的分化,并不是很晚的事情。

(8)金氏所分 u 摄中 ụ 韵,利氏附于甚音 u 韵,《直图》附于居韵,《要法》附于裓摄居类。——金氏 ụ 韵里所收的"诸""枢""除""儒""书""殊""主""杵""汝""暑""著""处""茹""恕"等字,从沿革上讲,都属于《广韵》鱼、虞韵照、知、日三系的三等,并且《正韵》收入鱼韵,《直图》《要法》都列在居类,似乎明末的普通音还不像现在的国音由撮口变成合口。但是金氏从 iu 摄里特别提出 ch、'ch、x、j 四类字列在 u、u̇[ʅ]之间,可见这些个字音,纵使在当时没有由[y]变[u],至少也受了王徵的泾阳方音的影响,读作[ɥ]音或[ɥ]音了。

(9)《直图》的迦韵,金、利注音分为 e、ie 两摄,e 摄跟《要法》的(迦)、裓两类相当,ie 摄跟《要法》的结类相当。——《中原音韵》的车遮部,《正韵》的遮韵,《直图》分为齐齿的迦韵跟撮口的瘸韵。瘸韵同金、利注音的 iue 摄,《要法》的诀类相当,并没有什么问题。只有迦韵[tʃ][tʃ'][ʃ][ʒ]系的"遮""者""蔗""车""撦""奢""蛇""舍""惹"等

① 《列音韵谱问答》。

字,金氏把它们跟《广韵》入声陌韵的“宅”“栅”“格”“客”“白”“柏”“陌”“赫”,麦韵的“厄”“搦”,德韵的“德”“忒”“勒”“塞”,薛韵的“哲”“撤”“热”“舌”等字合并,另立 e 摄。从种种方面看,我断定 e 的音值应当读[ə]音。第一,就语音的同化作用(Assimilation)说,[tʃ][tʃ‘][ʃ][ʒ]后边的[ie]音,若是丢掉腭化的[j]或[i̯],很不容易读成清晰的次高前元音[e],稍一迁就舌头的惰性,便须经过[ie]→[e]→[ə]的两度演化。第二,金氏的自鸣第二 e 摄,同鸣第九 g 类都借用“额”字标音。g 类的音值我已经测定为[ɣ],那么,[ɣ]→[ɤ]→[ɯ]→[ə],在音理上甚为顺适。第三,金氏说:“多省额字风气曰 e 字。”[①] 拿现在的方音参证,北平完全变成[ə]音,归化、忻县、上海跟吴语的一部分都变成[-ə]韵;读作[-e]韵或[-ɛ]韵的,不过开封、四川、丹徒、常熟、宝山罗店霜草墩等几处地方。第四,金氏同鸣“字父”的名称,除物、弗属于 oe 摄外,其馀的则、测、者、撦、格、克、百、魄、德、忒、日、额、勒、麦、搦、色、石、黑等都用 e 摄的字,为的是切字时使人“易晓”。所谓“易晓”,就是同“字父”本来的声势接近,可以减少夹杂韵母的障碍。那么,读作不清晰的[ə]自然比清晰的[e]音适宜。第五,现在法文 e 母的名称读[ə]音不读[e]音,金氏法人,当以法文音为准。根据这五个佐证,可见现在国音的[ə]音,除去由 o 摄ㄍ、ㄉ两系字变来的以外,在明季的普通音已然分化了。这种音变,同根据《中原音韵》而定的“雅音”稍有不同。《中原音韵》的“遮”“车”“奢”等,既然跟“嗟”“罝”“些”等同在一部,而且《广韵》陌、麦、职、德几韵字,也都分派在皆来部里,叶读[ɑi]音。所以《明史·五行志》载:“万历十年有道士歌于市曰:‘委鬼当头坐,茄花遍地生。’委鬼,魏也;北人读‘客’为‘楷’,

---

① 《三韵兑考问答》。

'茄'又转音。为魏忠贤、客氏之兆。"[①] 甚至于清初熊士伯所作的《入声雅音订》也还以"解"或"讦"音"格",以"楷"或"挈"音"客",以"硙"或"谒"音"额",以"咍"、"海"或"歇"音"赫",以"隘"上声或"谒"音"厄",以"摆"或"鳖"音"柏",以"卖"音"陌",以"丑海"或"撦"音"栅",以"斋"或"遮"音"宅",以"日夜"音"热",以"式夜"音"舌",以"多每""当者""当滓"音"德",以"嚜"或"汤者"、"汤滓"音"忒",以"腮"上声或"桑者"、"桑滓"音"塞",以"赖"或"力昧"音"勒"[②],我们认为这种"雅音"还是迁就《中原音韵》的结果。如果没有金氏的注音对照,或许使人相信"遮""车""奢"一类字跟入声陌、麦、职、德几韵字在明末清初的普通音还读成 ie、iai、ai 等复韵(diphthong),而不承认国音[ə]音的成立有较久的历史!《要法》虽然从开口副韵结类分出开口正韵的〔迦〕类,但是只收知系的"彻""哲""傑""舌"等字而不收照系的"遮""车""奢""阇"等字,虽然分出陌、麦、职、德等韵字另立裓摄,而不敢把裓、〔迦〕两类并入一摄,都不如金氏注音同实际语音相合。至于 e 母跟其他"字母"拼合时,拿金氏《音韵经纬全局》里的单字参证国音,我断定在-u、-m[-ŋ]前,或在 o-、u-后,应当读[ə]音;在-n前,或 i-、iu-[y]后,应当读[ɛ]音。至于 eao、eam 两母里的 e,不过比 i 稍开,只能读成[ɪ]或[e]音,还不能开到[ɛ]音的程度。

(10)利氏的 lh 摄,金氏的 ul 摄,《直图》附入赀韵,《要法》附入饥类。——《广韵》支、脂韵日母"儿""尔""而""耳""饵"等字,变成现在国音的念法,并不是很晚的事。据《辽史·天祚纪》甲辰岁(1124)有葛儿汗(Gorkhan),同纪延庆三年(1126)有斡耳朵(Ordu)。《元史·太祖

① 《明史》卷三〇。

② 《等切元声》卷六。

纪》像这样的例子也很多。[①]《中原音韵》把它附在支思部,《直图》附在赀韵,都因为它的音值不容易譬况,而且无所附丽的原故。利氏用 lh 注它,金氏用 ul 注它,并且另外分立一摄,注音虽然不十分切合,可是比方以智明知道"儿为独字",还不免"姑以人谁切"附在支韵,[②]总算强得多了。至于《要法》复返把它列在饥类,那真是"开倒车"的现象!

从上面所说的十点,我们对于明末普通音的韵值已然可以约略考见。国音跟它们不同的地方,只有:

i 摄ㄓ系字变ㄖ'[ʅ],ㄈ系字变ㄟ[ei];

o 摄ㄗ、ㄓ系字变ㄨㄛ[uo],ㄍ、ㄉ系字变ㄛ[ə];

ȯ 韵、ụ韵变ㄨ[u];

ao 摄变ㄠ[au];

eu 摄变ㄡ[ou];

en 摄ㄓ系字变ㄢ[an];

iĕ 韵变ㄧ[i],ㄓ系字变ㄖ'[ʅ];

io 摄变ㄩㄝ[yɛ]或ㄧㄠ[iau];

iȯ 韵变ㄩ[y];

in 摄ㄓ系字变ㄣ[ɛn];

ieu 摄变ㄧㄡ[iou];

ien 摄变ㄧㄢ[ian],ㄓ系字变ㄢ[an];

ium 摄变ㄩㄥ[ioŋ];

oei 摄ㄅ系字变ㄟ[ei];

uen 摄ㄓ系字变ㄨㄢ[uan];

---

① 参阅满田新造《评高本汉中国古音研究之根本思想》。

② 《通雅》卷五〇,《切韵声原》,第 30 页。

iuen 摄变ㄩㄢ[yan];

um、uem 两摄合并为ㄨㄥ[-oŋ]或[uəŋ];

uan、uon 两摄合并为ㄨㄢ[uan]

等项。并且金、利注音虽然没有把ㄓ系齐齿、撮口两呼的字完全变成开口或合口,ㄅ系合口的字完全变成开口;可是在金氏《音韵经纬全局》里"毡"(chiēn 或 chēn)、"展"(chièn 或 chèn)、"战"(chién 或 chén)、"闪"(xièn 或 xèn)、"善"(xién 或 xén)、"收"(xiēu 或 xēu)等,同"眉"(mûi 或 moêi)、"美"(mùi 或 moèi)、"昧"(muí 或 moéi)等,各有两种拼法,已经有接近国音的倾向。假使金、利注音还靠得住,那么,明末的普通音同现在的国音实在所差无几了。至于 oa 跟 ua, oe 跟 ue, ui、oei 跟 uei, un、oen 跟 uen, oai 跟 uai, oam 跟 uam, eao 跟 iao, eam 跟 iam 等摄,在《正韵》、《直图》、《要法》、国音里都找不出什么分别,所以熊士伯说:

> 开衣之外又有额,合午之外又有阿,遂致开合不能均齐。三十九无切(oei)似高威(uei)一等,然分"悲"于"归"未当也。三十八阿盖(oai)当高歪(uai)一等,然所填"衰""坏"即乖韵,亦非一等之"猥"也。廿七无切(un)与恩(en)不相蒙,自是又有阿根(oen)与温(uen),一若与恩吻合者,所填"昆""昏",其能外"尊""村"而另韵邪?况"昆"与"昏"本难分者。弯(uan)之外另有阿干(oan),填"闩""还",必不外弯而另韵矣。瓦(ua)外又有阿答(oa),果从官、关分调耶?所填"花""华"仍瓜韵也。午格(ue)外又增阿德(oe),不能外"国"而另韵也。阳(iam)上廿九无切(eam)填"良",一如廿八无切(eao)填"聊",殊难分!王(uam)上又增阿刚(oam),所填"窗""双"止二等字,"荒""光"亦同韵,且

“双”“㩳”“桩”“截”彼此错出何邪?[1]

熊氏用等韵的看法来纠绳他,自然觉得诸多不合。其实,金、利注音关于这几韵的分立,已然超出音韵学范围而涉及语音学的领域,若是从音韵沿革上分辨它的韵类,自然很难索解。照我的看法,这几韵的分立,都由于声韵交互的关系。它们的简单条理,在第三章里已经说过。像这种韵随声变的现象,直到高本汉(B. Karlgren)还是很注意的。例如:金氏在 uo 摄里所收魂韵(举平以赅上去,下同)的“尊”“存”“忖”“孙”“嫩”等字,高氏所记广东音,韵母作-ün[yn];魂韵的“敦”“屯”“钝”“论”跟谆韵“椿”“准”“唇”“瞬”“瞤”等字,高氏记作-ŭn[øn]。uen 摄所收魂韵的“棍”“坤”“温”等字,高氏记作-uɒn[uɐn];“本”“盆”“门”等字,高氏记作-un[un];“喷”字高氏记作-ɒn[ɐn]。[2] 又如金氏 eao 摄的“聊”字,高氏所记上海音作 leå[leɒ],北平、开封音作 leau[leɑu][3];eam 摄的“良”字,上海、北平、开封都作 leang[leɑŋ][4]。从这两个例证看,可见金、利二氏的注音,在语音学上还有相当的价值。

关于调值的测定,比较声韵更加困难。在没有韵书以前,声调的纷歧,已经是“吴楚则时伤轻浅,燕赵则多涉重浊。秦陇则去声为入,梁益则平声似去”[5]。及至韵书成立,调类虽然有了“平”“上”“去”“入”的大限,而调值的乖互,仍旧不减于前。并且除去“口耳相传”,也简直没有法子推测。金、利二氏所分的“清”“浊”“上”“去”“入”五

---

① 节录《等切元声》卷八,《阅西儒耳目资》,第 9 ~ 11 页。

② 参阅 B. Karlgren *Etudes Sur la Phonologie Chinoise*, p. 787 ~ 791(中译本第 620 ~ 624 页)。

③ 同上,p. 827(中译本第 660 页)。

④ 同上,p. 812(中译本第 645 页)。

⑤ 《切韵序》。

声，大体跟《中原音韵》系的韵书相同，只有三点稍有出入：

(1)《中原音韵》的"阴平""阳平"，是由声母的"清"(voiceless)、"浊"(voiced)变来的。金、利二氏虽然根据它分成"清""浊"两类，可是对于它们的成因，始终茫然。照金氏的说法：平分清、浊，"不如上、去、入之甚明耳。知切法则势如破竹矣。切法用二字，一上一下。若上之字轻，则所切无不清者；上之字重，所切无不浊者。……下字清，所切之字亦清；下字浊，所切之字亦浊"①。似乎"清""浊"的分别，一种由于上字的"送气"(重)、"不送气"(轻)，一种由于下字的"清""浊"。但是"不送气"的声母固然有"清"无"浊"，"送气"的声母却是"清""浊"兼备。并且他所谓"有轻无重"的九母，j、v、l、m、n 等，根本就没有清声(v 母清声有影纽"汪"字，那是唯一的例外)；f、g、s、x 等，虽然各有清浊，也都由于古声母的不同，跟下字的清、浊没有关系。此外，他的《音韵经纬全局》的清声里混入喻纽的"迂"，床纽的"稓"，群纽的"迦"，匣纽的"鞃""鰕"，並纽的"邳"等字②，也可作为不辨清、浊的证据。

(2)自从《中原音韵》把入声分派在阳平、上、去三声以后，根据北音而作的韵书，本来没有分出入声的必要。金、利二氏所分声类、韵类，从种种方面看，都可证明他们根据明末的北音，可是他们所分的调类，却跟方以智《切韵声原》、马自援《等音》、林本裕《声位》、樊腾凤《五方元音》相同，仍旧把入声跟"清""浊""上""去"并立为五。这种迁就沿革的办法，直到读音统一会派的老国音还是沿用未改。金氏尝说："音韵之学，旅人之土产；平仄之法，乃旅人之道听。音韵敢吐，

① 《列音韵谱问答》。
② "迂""鰕"二字国音亦变阴平。

平仄愿有请焉。"[1] 这就是他敢增删声韵类而不敢合并入声的原故。

(3)全浊上声变去声的现象,在唐李涪作《刊误》时,已经觉得《切韵》以"言辩之辩"及"舅甥之舅"列在上声不免为知者所笑,到了南宋以后越发地明显。张麟之《韵镜序例》说:

> 凡以平侧呼字,至上声多相犯。古人制韵,间取去声字参入上声者,正欲使清浊有所辨耳。或者不知,徒泥韵策,分为四声,至上声多例作第二侧读之,此殊不知变也。若果为然,则以"士"为"史",以"上"为"赏",以"道"为"祷",以父母之"父"为"甫",可乎?今逐韵上声浊位,并当呼为去声。观者熟思,乃知古人制韵,端有深旨。

刘鉴《切韵指南序》也说:

> 时忍切"肾"字,时掌切"上"字,同是浊音,皆当呼如去声,却将"上"字呼如清音"赏"字。其蹇切"件"字,其两切"强"字,亦如去声,又以"强"字呼如清音"磋"丘仰切字,然则亦以时忍切如"哂"字,其蹇切如"遣"字,可乎?倘因碍致思而欲叩其详者,止是清浊之分也。

所以《中原音韵》把它们改列去声,比较合于宋元以来的实际语音;《洪武正韵》上去复见,就不免模棱两可。金氏既然自己觉得"平仄之法,乃旅人之道听",对于这个问题只好说:"上,古声也。韵书从古,故以之立母。"[2] 因此他的《音韵经纬全局》把"豸""栈""盾""彊""琲""侹""隽""蜜""奉""厚""悻""骇""泫"等字,仍旧列在上声。改列去声的,只有"善""道"两字,这是他迁就《正韵》的结果。

从上述三点看,金氏所分的调类,固然有些地方迁就沿革,不尽

---

① 《列音韵谱问答》。

② 《三韵兑考问答》。

合于元明以来的北音，可是他审辨五声的音高，以“清平无低无昂，在四声之中。其上其下每有二：最高曰去，次高曰入；最低曰浊，次低曰上”①，并且改定五声的次序为“清”“去”“上”“入”“浊”，对于推测明末普通音的调值，颇有相当的帮助。据他说：“平仄，清浊，甚次，敝友利西泰首至贵国，每以为苦。惟郭仰凤精于乐法，颇能觉之，因而发我之蒙耳。”②那么，他所审辨的音高，似乎还不无乐理上的根据。可惜他所用的ˉ、ˆ、ˋ、ˊ、ˇ，是否有以横标代时间，以纵标代音高，而作轨线的用意，还是仅仅拿它们当几个并无科学意义的普通西文字母上的附加符号，这我们就不得而知了。并且五声高低的顺序，跟现在北平音的阴(˥　55:)、阳(˧˥　35:)、上(˨˩˥　315:)、去(˥˩　51:)也相差甚远。究竟是明末北音的调值跟现在不同，还是他所据的方音不同？那也是很难悬揣的事！

根据上面对于声韵调比较研究的结果，参酌金氏所谓“多省某字风气曰某”，我们可以断定金、利二氏所据的声音，乃是一半折衷各地方言，一半迁就韵书的混合产物。用明代韵书的术语说，我们可以叫它做“中原雅音”；用近代习用的术语说，也可以叫它做明末的“官话”。因为要想“五方之人皆能通解”，所以不得不折衷迁就。例如声母里保留 g、nh、ng、v 几母，跟 ç、‘ç、s 在 i 的前面不变[tɕ][tɕ‘][ɕ]；韵母里只把 ė、ů 两母当做次音，没有另外分立二韵；声调里保留入声，不敢公然取消。种种调停办法，同读音统一会用表决手续通过的老国音恰好无独有偶。本来利玛窦从明万历九年(1581)到广东香山墺，第二年便同罗明坚到端州，一住十年。“初时言语文字未达，苦心学习，按图画人物倩人指点，渐晓语言，旁通文字。”后来又到过南雄、赣州、南郡、洪州、南京、苏州等处；万历二十八年(1600)同庞顺阳等

①②《列音韵谱问答》。

来北平后，又住了十年。[①] 金尼阁自万历三十八年(1610)来中国后，传教浙江，崇祯二年(1629)死在杭州。[②] 但据韩云《西儒耳目资序》，有“敦请至晋，朝夕论道”等语，可见金氏也曾来过北方。他们两人的语言环境虽然如此广泛，但是当时的国都既在北平，因为政治上的关系不得不以所谓“Mandarin”也者当做正音；并且《西儒耳目资》曾经“晋绛韩云诠订”“秦泾王徵校梓”，商订研究之际，也未尝不略受他们的方音影响。所以在利、金注音里，除去从 uen 摄分出 t、‘t、n、l、ch、‘ch、x、j、ç、‘ç、s 等声母另立 un 摄，跟重唇音的合口仍旧保存外，可以说完全北方官音化了。我们现在要想推测明末“官音”的音值，他们的注音便是顶好的参考材料，这就是耶稣会士在中国音韵学上的第二个贡献。

五、《西儒耳目资》的影响

Ⅰ. 方以智《切韵声原》

Ⅱ. 杨选杞《声韵同然集》

Ⅲ. 刘献廷《新韵谱》

自从《西儒耳目资》行世以后，国内研究音韵学的人很受了它不少的影响。方以智的《通雅》成于明崇祯十二年(1639)以前，那时《西儒耳目资》刊行了不到 13 年，而方氏的书里已经屡次提到它：

> 外域知七音，而不知啌、嗟、上、去、入。金尼亦言入中土乃知之。[③]

① 参阅艾儒略《太西利先生行述》。

② 见韩霖、张赓等所著《圣教信证附录》。

③ 《通雅》卷五〇，《切韵声原》，第 4 页。

愚初因邵入。又于波、梵、摩得发、送、收三声，后见金尼有甚、次、中三等，故定发、送、收为横三，啌、嘡、上、去、入为直五，天然妙叶也。[①]

金尼阁字父十五，字母五十。原注："愚按，父，切也；母，韵也。"[②]

西域音多，中原多不用也，又当合《悉昙》、《等子》与大西《耳目资》通之。[③]

他拿"发""送""收"比拟"甚""次""中"，固然有些牵强附会；可是想参酌《悉昙》、《等子》跟《西儒耳目资》以通西域之音，已然有了挈长补短的精神。所以他对于中国文字也觉得："字之纷也，即缘通与借耳，若事属一字，字各一义，如远西因事乃合音，因音而成字，不重不共，不尤愈乎？"[④] 在三百年前居然有这种大胆的汉字革命论，我们不能不承认他是罗马字注音的响应！方氏又以一切韵母约统于◎（原注——恩翁切，喉中折摄也）、〔乌〕、〔意〕、〔阿〕、〔邪〕、〔牙〕六馀声：乌、阿之馀声即本声，支、开之馀声为〔意〕，邪、哇之馀声为〔邪〕〔牙〕，爊、讴之馀声为〔乌〕，其馀皆统于◎。[⑤] 我想这也是参酌金尼阁五十列音里-m[-ŋ]、-n、-a、-e、-i、-o、-u 几种韵尾而定的。不过，他以"升鼻之◎，本于脐◎"[⑥]，所以把-m[-ŋ]、-n 两类合而为一罢了。至于他的《旋韵图说》，大部分是受了邵雍《皇极经世声音图》跟陈荩谟《皇极统韵》的影响，羼杂很浓厚的道士气！虽然同金尼阁的《音韵活图》不无关系，可是比起杨选杞《同然集》里几个盘图来，自然有远近亲疏的不同了。

---

① 《通雅》卷五〇，《切韵声原》，第 7 页。

② 《通雅》卷五〇，《切韵声原》，第 23 页。

③ 《通雅》卷首之二，《小学大略》，第 22 页。

④ 《通雅》卷一，第 18 页。

⑤ ⑥ 《通雅》卷五〇，《切韵声原》，第 28 页。

杨选杞的时代、生地跟《声韵同然集》的大体，我在《〈声韵同然集〉残稿跋》里已然约略说过。他作书的动机，因为旧韵书的反切有难有拗，并且所用的上下字也没有一定，后来看见《西儒耳目资》，“顿悟切字有一定之理，因可为一定之法”（《同然集纪事》），于是就他所定的31“字祖”、25“大韵”，分配“宏”“中”“细”三声，定了15个“宏声字父”、13个“宏声字母”，21个“中声字父”、20个“中声字母”，31个“细声字父”、24个“细声字母”，“芟繁就简”，“各求其不易之字”，又模仿金尼阁《万国音韵活图》《中原音韵活图》的方法，把31“字祖”、62“字类”跟75韵类，列成一个“同然总盘”（附图三），把“宏”“中”“细”三声的“字父”“字母”分列为三盘（附图四、五、六）。“盘各分父母为天地”，以便旋转。总共“字父”“字母”不过一百多字，“而父母递相摩荡，则靡音不备”。有音有字的，固然不必说；就是无音无字的，也可以“阅盘而触类旁通，自然有得”。这种方法完全是从《西儒耳目资》演绎出来的。可惜他迂就汉字而不能应用标音的字母，所以时常有“拈之不出”的遗憾，在有定的“字父”“字母”里不能不有“借”“代”的例外；并且“盘图”跟“分韵”里所用的“字父”“字母”也微有异同。这都是限于工具、心馀力绌的地方！至于杨氏所分的声类，跟金氏的20“字父”完全不同。所分的韵类，只有从裩、规两韵里分出端、精、照、来、日等系的字别立敦、堆两韵，或许受了金尼阁从uen、uei两摄分出un、ui两摄的影响；啰、国、瘸三韵似乎跟《耳目资》的e、ue、io三摄相近；此外各韵大部分还是根据明代的韵书（参阅文末附表三）。关于入声的分配，杨氏分别南北方音：南入附在“阳韵”公、光、冈、姜、裩、巾、肱、官、干、关、甘、监、金等13韵之下，北入附在“阴韵”基、乖、孤、戈、瓜、靴、国等7韵之下（参阅文末附表三），跟《耳目资》完全附入“阴韵”也不相同。诸如此类，既然跟《耳目资》没有直接的关系，本篇也就不再赘叙。

附图三 《声韵同然集同然图》

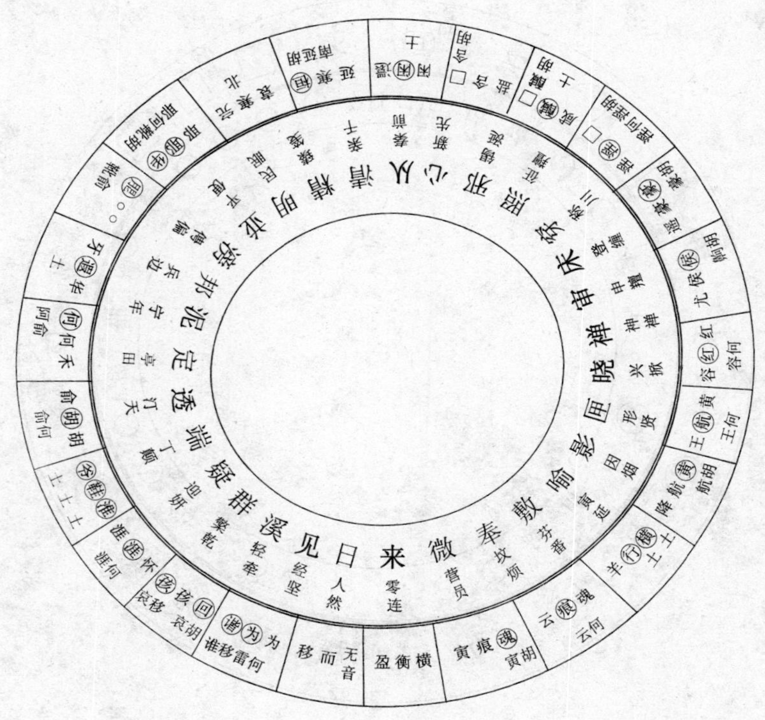

附图四　《声韵同然集宏声图》

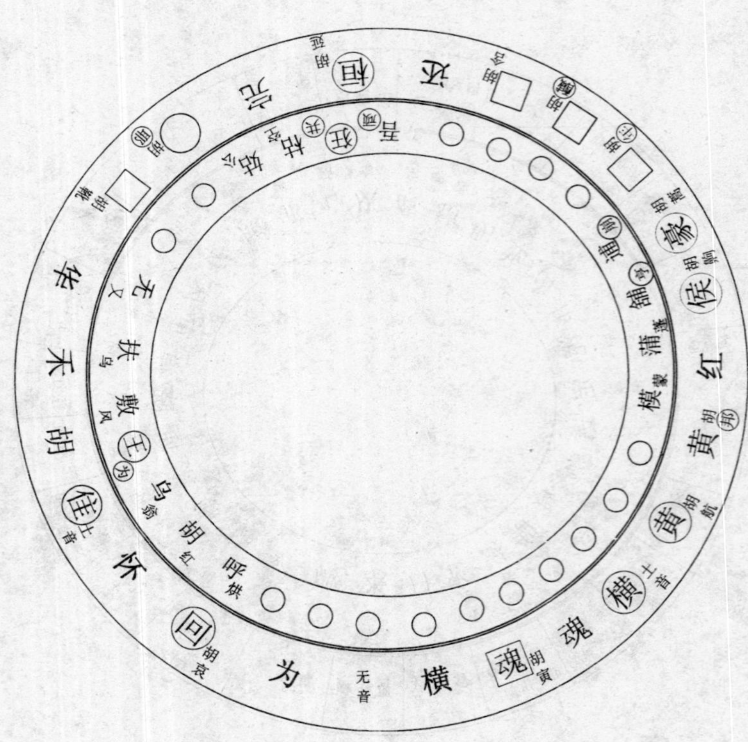

附图五 《声韵同然集中声图》

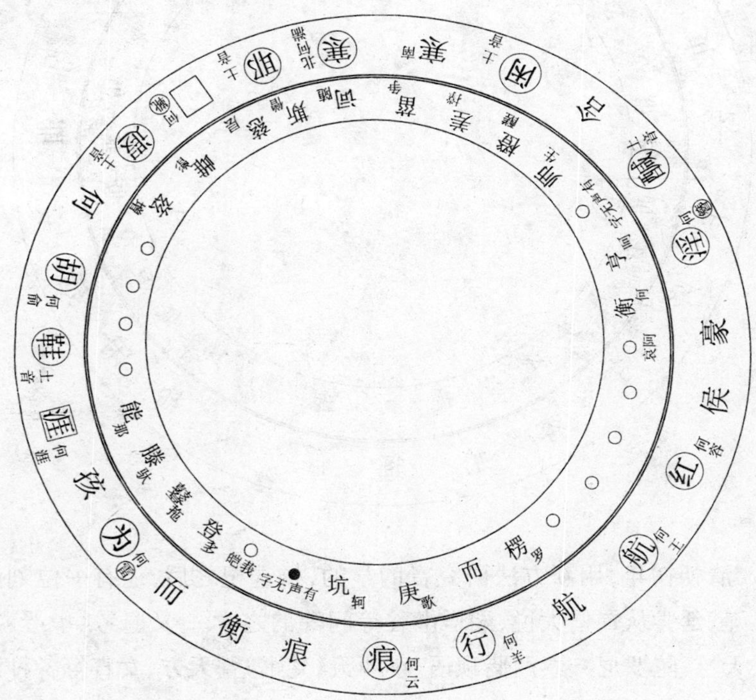

附图六　《声韵同然集细声图》

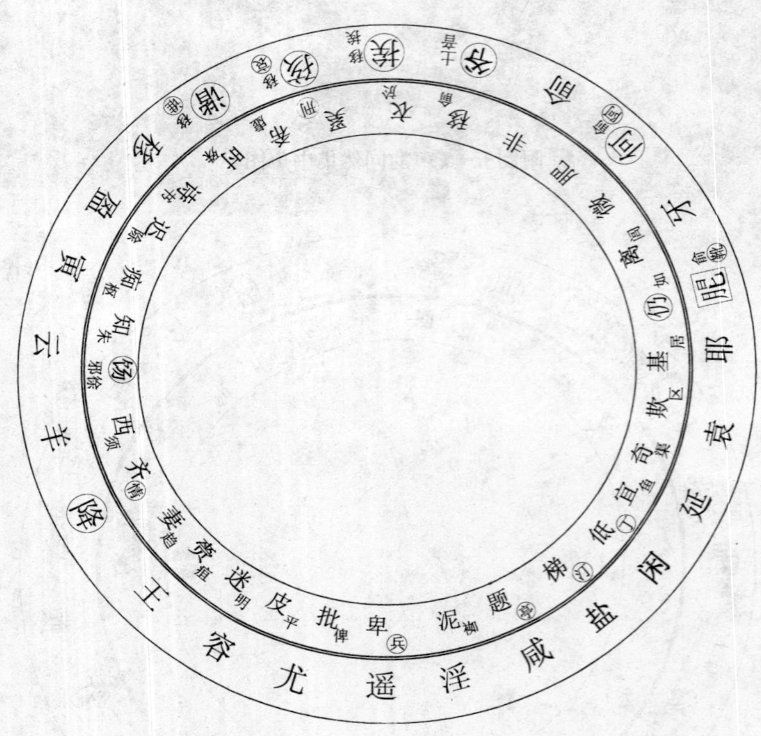

清朝初年，用新方法研究音韵学的，杨选杞之后，还有一位刘献廷。献廷尝从蜀僧大悦、湘僧虚谷等问等韵之学[1]，又遍考《华严》字母、天竺《陀罗尼》、泰西腊顶语、小西天《梵书》暨天方、女直等各种语音，参证同时林益长、吴修龄之说，自谓“于声音之道，别有所窥，颇窃造物之奥，百世而不惑”[2]。康熙三十一年壬申（1692），他在衡州署中

① 参阅《畿辅丛书》本《广阳杂记》卷三，第35～36页。

② 《广阳杂记》卷三，第36页。

拟定《新韵谱》纲要,预备“归山后次第成书”。但全祖望给他作传时,已经不见原书,恐怕全书始终就没有写定。我现在根据《广阳杂记》[1] 跟全祖望的《刘继庄传》[2] 试测《新韵谱》的音类,关于韵母一方面可以确定的有下面几个音:

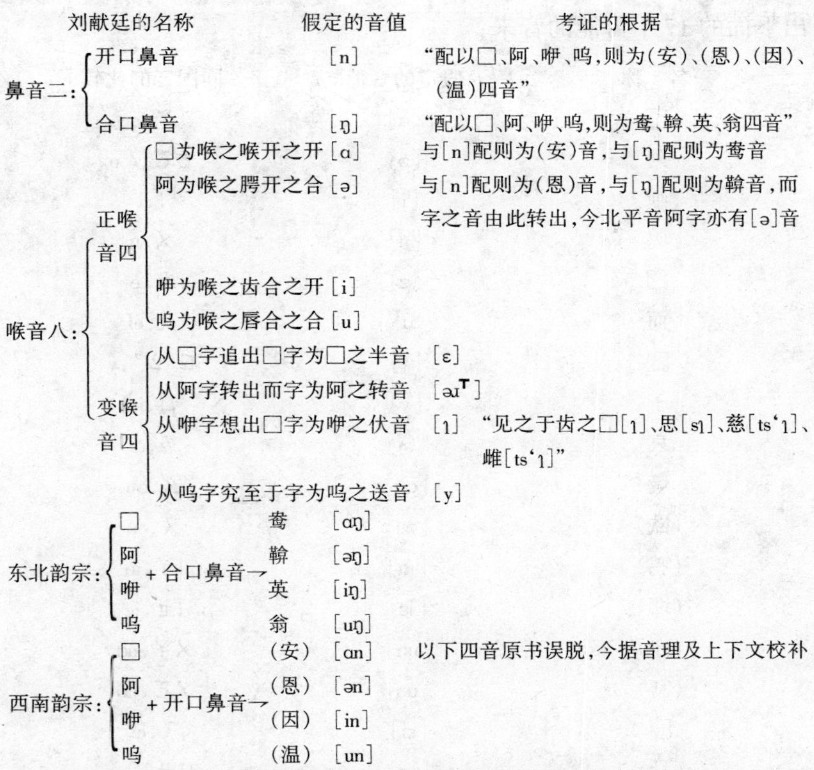

		刘献廷的名称	假定的音值	考证的根据
鼻音二:		开口鼻音	[n]	“配以□、阿、咿、呜,则为(安)、(恩)、(因)、(温)四音”
		合口鼻音	[ŋ]	“配以□、阿、咿、呜,则为鸯、鞥、英、翁四音”
喉音八:	正喉音四	□为喉之喉开之开	[ɑ]	与[n]配则为(安)音,与[ŋ]配则为鸯音
		阿为喉之腭开之合	[ə]	与[n]配则为(恩)音,与[ŋ]配则为鞥音,而字之音由此转出,今北平音阿字亦有[ə]音
		咿为喉之齿合之开	[i]	
		呜为喉之唇合之合	[u]	
	变喉音四	从□字追出□字为□之半音	[ɛ]	
		从阿字转出而字为阿之转音	[əɹᵀ]	
		从咿字想出□字为咿之伏音	[ɿ]	“见之于齿之□[ɿ]、思[sɿ]、慈[ts‘ɿ]、雌[ts‘ɿ]”
		从呜字究至于字为呜之送音	[y]	

东北韵宗:	□	+ 合口鼻音→	鸯	[ɑŋ]	
	阿		鞥	[əŋ]	
	咿		英	[iŋ]	
	呜		翁	[uŋ]	
西南韵宗:	□	+ 开口鼻音→	(安)	[ɑn]	以下四音原书误脱,今据音理及上下文校补
	阿		(恩)	[ən]	
	咿		(因)	[in]	
	呜		(温)	[un]	

刘氏拿这几个音作基本韵素,然后“以喉音自互交合,凡得音一十有七;喉鼻自互交合,凡得音一十。又哀、爊二音,有馀不尽,三合而成

---

① 《广阳杂记》卷三,第46~47页。

② 《鲒埼亭集》卷二八,第11~16页。

五音,共三十二音为韵父”。这三十二“韵父”究竟是那些个音,在《广阳杂记》里既然没有明文,也颇不易悬揣。不过,刘献廷是大兴人,就前章研究的结果,明末的北方音同现在并没有甚大的出入。若参酌刘氏的韵素跟现在的北平音来推测,那么,“喉音自互交合”,应当得出下面的17个可能的音来:

名　称	假定的音值	同国音的比较
□	[ɑ]	ㄚ,ɑ
阿	[ə]	ㄜㄛ,e o
咿	[i]	ㄧ,i
呜	[u]	ㄨ,u
□	[ɛ]	ㄝ,e
而	[əɹ˞]	ㄦ,el
□	[ʅ]	ㄖ’ㄙ’,y
于	[y]	ㄩ,iu
哀	[ɑi]	ㄞ,ɑi
爊	[ɑu]	ㄠ,ɑu
(欧)	[əu]	ㄡ,ou
(鸦)	[iɑ]	ㄧㄚ,iɑ
(耶)	[iɛ]	ㄧㄝ,ie
(洼)	[uɑ]	ㄨㄚ,uɑ
(窝)	[uə]	ㄨㄛ,uo
□	[ɛi]	ㄟ,ei
(月)	[yɛ]	ㄩㄝ,iue

“三合而成”的,应当是下面5个可能的音:

名　称	假定的音值	同国音的比较
(涯)	[iɑi]	ㄧㄞ,iɑi

(幺)	[iɑu]	ㄧㄠ,iau
(幽)	[iəu]	ㄧㄡ,iou
(歪)	[uɑi]	ㄨㄞ,uai
(威)①	[uɛi]	ㄨㄟ,uei

除去刘氏不用的 o、io 两音,几乎全跟现在的北平音相同。只有“喉鼻相互交合”而成的音,若在“东北韵宗”鸯[ɑŋ]、鞥[əŋ]、英[iŋ]、翁[uŋ],“西南韵宗”(安)[ɑn]、(恩)[ən]、(因)[in]、(温)[un]以外,再加上跟变喉音于[y]音结合的(雍)[yŋ]、(云)[yn]两音,已经满了十个的数目。但是三合而成的(央)[iɑŋ]、(汪)[uɑŋ]、(烟)[iɑn]、(湾)[uɑn]、(渊)[yɑn]五音,上自明季的《韵法直图》跟利玛窦、金尼阁的注音,下至现代的北平音,全没有阙少。献廷的《新韵谱》既然想赅备万有之音,至少也不应当遗漏它们!或者他拟定初稿时,只记得加入“喉音自互交合”的三合音,而忘记喉鼻相互交合的三合音了罢?

关于韵母一方面,我们虽然未窥全豹,究竟还算是有迹可寻。至于声母一方面,除去“韵历二十二位,则韵母(即声母)也”一句话外,更是无从捉摸。据前章附表二,明以来分声母为 22 类的只有李如真一人。但是参证他前后各家,跟现在的北平音,可以断定那时的大兴方音不会还保持非、敷两母的分别。所以献廷所定的 22“韵母”,或者是在[p][p‘][m][f][t][t‘][n][l][k][k‘][x][tʂ][tʂ‘][ʂ][ʐ][ts][ts‘][s]18 个音以外,又把旧影、喻、微、疑几纽字分配[ɣ](影、疑开口)、[j]或[ĭ](影、喻、疑齐齿)、[w]或[ŭ](影、疑合口及微母)、[ɥ]或[y̆](影、喻撮口)四音。除去ㄐ、ㄑ、广、ㄒ四母还没有分化,跟现代的北平音极为相近。

① 凡韵目名称外加括弧者,皆系《广阳杂记》无明文,而今据音理增入者。

当刘献廷的时代(1648 ~ 1695),印欧系的比较言语学还没有萌芽。他对于《新韵谱》的设计(1692),离 Rasmus Rask(1787 生)跟 Jocob Grimm(1785 生)的诞生,远在 90 年以前,已经能旁求诸"大荒以外,囊括浩博"[①];听见康甲夫家所藏刘孔当的《五经叶韵》后附有琉球、红夷文字,甚至说这正是他"悬金而求,募贼以窃"的东西,深以面失为憾![②] 并且对于方音调查,就想用他的《新韵谱》"以诸方土音填之,各郡自为一本,逢人便可印证。以此法授诸门人子弟,随地可谱,不三四年九州之音毕矣。"[③]这种治学的方法跟态度,已经立下比较音韵学的楷模。从现在看,我们不能不佩服献廷的先觉!

献廷的《新韵谱》既然参考过"泰西腊顶语",并且连琉球、红夷等国文字都想"悬金而求,募贼以窃",那么,他对于用罗马字标注汉音的《西儒耳目资》绝不会没有寓目。再从《新韵谱》的内容参证,他以"韵母"为声,以"韵父"为韵,虽然跟金尼阁所谓"字父""字母"适得其反,可是,"父""母"的称谓,以及"横转各有五子,子凡若干,万有不齐之声,无不可资母以及父,随父而归宗,因宗以归祖,由祖以归元"[④]一段画谱系的议论,未必不由于《耳目资》的影响。并且他为避免等韵重叠之弊,使各韵"有横转而无直送","横转有阴、阳、上、去、入之五音,而不历喉、腭、舌、唇、齿之七位"。若照他的说法画起谱来,恰好同《耳目资》的《音韵经纬全局》格式相合。而且他不拿喉、腭、舌、齿、唇等发音部位作分别声类的标准,也同金氏极为相近。所以我说《新韵谱》同《耳目资》必定有相当的关系。

中国音韵学自从受了梵文化以后,对于声类、等呼的辨别,自然比较以前精密了好多。可是一方面由着和尚们把"唱韵"当做"小悟

---

① 全祖望《刘继庄传》。

②③④ 参阅《广阳杂记》卷三,第 43、45、47 页。

门”，拥戴“韵主”，口耳相传；一方面由着等韵家牵附律吕、五行，弄得一塌糊涂，乌烟瘴气！自从利玛窦、金尼阁用罗马字标注汉音，方以智、杨选杞、刘献廷受了他们的启示，遂给中国音韵学的研究，开辟出一条新路径，这就是耶稣会士对于中国音韵学研究的第三个贡献。

六、馀 论

Ⅰ. 诸家对于《西儒耳目资》的评论

Ⅱ. 评论的评论

Ⅲ. 近代西洋人研究中国音韵学的发端

Ⅳ. 国语罗马字的萌芽

耶稣会士关于音韵学的著作，庞迪我、郭居静、利玛窦的书既然没有流传，也就引不起什么好坏的批评。金尼阁的《西儒耳目资》刊行以后，国外的学者像 Landregge、Dehaisne、Pfister，以为这部书不单给字典创出一个特例，而且搜罗同声韵的汉字，按着西文次序排列，改正了汉字音韵学不少的错误，对于中国学者有很大的影响，足征作者有创作的天才、勤恳的工力跟广博的学识。[①] 他们对于这部书固然极端地揄扬，可是国内的学者，却对它毁誉参半。恭维它的说：

> 其书一遵《洪武正韵》，可以昭同文之化，可以采万国之风，可以破多方拗涩附会之误。其裨益我字韵之学，岂浅鲜哉！[②]
>
> 先生一旦贯通，以西学二十五字母，辨某某为同鸣父，某某为自鸣母，某某为相生之母。分韵以五声，如华音，平则微分清

① 参阅 Louis Pfister《耶稣会士来华诸人传记》，第 139 页。

② 《西儒耳目资》张问达序。

浊焉。不期反而反，不期切而切，不体外增减一点画，不法外借取一诠释，第举二十五字母才一因重摩荡，而中国文字之源，西学记载之派，毕尽于此！①

诋毁它的说：

> 切韵一道，经中华历代贤哲之厘定，固有至理寓乎其中，知者绝少。因其不知，遂出私智以相訾謷，过已！②
>
> 明季西人金尼阁窃等韵之馀绪，撰列音韵，究不过得其粗者！切脚下一字全不理会，几类洞庭切。又读字悉依中原音，且有依其国土音者，而古音且尽废矣！于字母外，更造字父字孙之说，尤为不典！③

平心而论，切韵里边所寓的至理，自从《耳目资》出世以后，实在减少许多"知者绝少"的神秘。并且他的目的在记录当时的普通音，使"未睹字之面貌，而先聆厥声音者，一稽《音韵谱》则形象立现"④。假使舍弃"中原音"而保存"古音"，恐怕除去少数的"好古之士"，没有好多人能够应用它作为"耳资"。它的切法只求"父母相合，见西号自明"。既然不玩等韵家所谓"类隔""交互""广""通""侷""狭"那一套把戏，当然可以不理会相沿的"切脚"。就《总局》里所列的单字论，只有"坻"(chí)、"髽"(ʻçuā)、"痀"(hēu)、"巢"(çiào)、"癁"(kʻuân)、"堁"(uó)等字，同《广韵》、《正韵》、国音全不相合，可以算是金尼阁的错误；至于"酬"(ʻchēu)、"禅"(ʻchên)、"常"(ʻchâm)、"产"(ʻchàn)、"系"(xi)、"哨"(xiào)、"蠖"(hoĕ)、"鸟"(niào)、"溺"(niáo)、"雄"(hiûm)、"恍"(hoàm)、"母"(mù)等字，跟《正韵》、国音合，跟《广韵》不合，正可

① 《西儒耳目资》王徵序。

② 熊士伯《等切元声》卷八，《阅西儒耳目资》，第1页。

③ 周春《松霭遗书·小学馀论》卷下，第11页。

④ 《西儒耳目资》张缅芳序。

据以考见明代的音变;"他"(tā)、"打"(tà)、"那"(ná)、"棍"(kuén)等字,跟国音合,跟《广韵》《正韵》不合,正可据以考见明末以后的音变;"濡"(jun)、"夬"(kuāi)、"环"(hoán)等字,跟《正韵》合,跟《广韵》、国音不合,正可据以考见明代韵书的特别音读,何尝同"洞庭切"相类呢?还有金氏在丫、额、爱、澳、盎、安、欧、硬、恩几个韵目的旁边注了"土音"二字,本是指着中国"多省风气"的读音而言,同"其国土音"渺不相涉!"字父""字孙"的名称,本是从旧来所谓"字母"演绎出来的,这种谱系式的称呼,固然不十分妥当,但是也不发生"典""不典"的问题,所以熊、周二氏的批评,总不免有给等韵争正统的偏见!据我看,一个到中国不满15年的外国人,花了5个月的工夫,作成这么大一部著作,使中国字学韵学受了很大影响,虽然Landregge、Dehaisne、Pfister跟张问达、张缅芳、王徵诸人的批评,间或揄扬过当,可是从中国音韵学演进的历程上看,绝不能否认它同梵文化的守温字母、满文化的"合声"反切,具有鼎峙的地位。况且近代西洋人,如J. Edkins、Z. Volpicelli、Kühnert、S. H. Schaank以至于马伯乐(H. Maspero)、高本汉(B. Karlgren)等,对于中国音韵学研究的逐渐进步,罗马字标音从威妥玛式(Wade System)、邮政式(Postal System)演进到国音字母的第二式;如果推溯远源,都可以说,三百年前已经播下了种子。所以耶稣会士在音韵学上的贡献,虽然不像历算学那样彰明较著,可是在中国音韵学史上的确是不可埋没的事实!

1929年10月18日写竟于北平

(原载中央研究院历史语言研究所《集刊》第1本第3分)

附录一 耶稣会士在音韵学上的贡献年表

明神宗万历九年辛巳(1581)

利玛窦始抵中国广东香山墺,时年29岁。

十年壬午(1582)

利玛窦偕罗明坚入端州。“初时言语文字未达,苦心学习,按图画人物倩人指点,渐晓语言,旁通文字。”

二十五年丁酉(1597)

郭居静来华。

二十六年戊戌(1598)

大宗伯王忠铭拟携利玛窦入京,未果,止居南都。

二十七年己亥(1599)

庞迪我来华。

二十八年庚子(1600)

利玛窦、庞迪我等偕伴八人同至北京。

三十三年乙巳(1605)

《程氏墨苑》所收利玛窦罗马字注音文:《信而步海疑而即沈》、《二徒闻实即舍空虚》、《淫色秽气自速天火》及《述文赠幼博程子》四篇,均作于是年。

郭居静《西字奇迹》印于北京。(?)

三十八年庚戌(1610)

四月,利玛窦卒。

金尼阁来华,传教浙江。

四十年壬子(1612)

杨选杞或当生于是年以前。

四十六年戊午(1618)

庞迪我卒。

明熹宗天启五年乙丑(1625)

夏,金尼阁始作《西儒耳目资》。

韩云为《西儒耳目资》作序。

六年丙寅(1626)

春,《西儒耳目资》成。

春月王徵为《西儒耳目资》作序。

五月癸亥,张问达刻《西儒耳目资》成,为之作序。

明思宗崇祯二年己巳(1629)

金尼阁卒于杭州。

五年壬申(1632)

李秩南(平)生。

十二年己卯(1639)

方以智《通雅》成——姚文燮刻《通雅凡例》云:"先生是书成于己卯以前"。

十三年庚辰(1640)

郭居静卒。

十四年辛巳(1641)

夏,方以智作《通雅自序》。

十五年壬午(1642)

夏,方以智作《通雅凡例》。

清世祖顺治五年戊子(1648)

刘献廷生。

八年辛卯(1651)

杨选杞糊口旧金吾吴期翁家,与其犹子吴芸章交,得见《西儒耳目资》，顿悟切字有一定之法。

十年癸巳（1653）

杨选杞馆于李秩南家，笔墨六载。

十五年戊戌（1658）

杨选杞从李秩南来北京。

十六年己亥（1659）

李秩南中本年特科第九名进士，寓书杨选杞，促成《声韵同然集》。

本年仲冬朔，杨选杞编次《声韵同然集》，凡五阅月，仅草就平、入二声。

杨选杞或当卒于是年以后。

清圣祖康熙五年丙午（1666）

刘献廷迁吴。

七年戊申（1668）

四月，李秩南卒。

二十六年丁卯（1687）

刘献廷至北京。

二十九年庚午（1690）

刘献廷南游衡岳，始有日记。

三十一年壬申（1692）

夏，刘献廷于衡州署中初定《新韵谱》。

三十四年乙亥（1695）

刘献廷卒。

四十三年甲申（1704）

罗马教皇发禁止祀天敬祖之教令。

四十六年丁亥（1707）

清廷因罗马教皇宣布禁止祀天敬祖之教令，将教皇公使送澳门监禁。

清世宗雍正元年癸卯(1723)

因耶稣会士党允礽，本年闽浙总督满宝奏请：除在钦天监供职之西洋人外，其馀皆驱往澳门看管，不许阑入内地。有旨施行。

附录二

附表一　金尼阁《音韵经纬全局》与利玛窦注音合表

字父 \ 字母		金尼阁音 \ 利玛窦音	a					e					i			
			丫土音					额 土音					衣			
			a					e					i(y)			
金尼阁音	利玛窦音	五声	ā	â	à	á	ă	ē	ê	è	é	ĕě	ī	î	ì	í
												甚次	衣	移	依	易
则	ç	c_1(e,i,u̇) ç(a,o,u)	嗟				杂					宅则·	赍		泲	际·祭
测	‘ç	c‘$_1$(e,i,u̇) ç‘(a,o,u)					擦					栅	妻	齐	缕	砌
者	ch	ch	楂		鲊	诈	札	遮		者	蔗	哲质	知◦之·		止旨·	致◦治·
撦	‘ch	‘ch	差	茶	槎	诧	察	车		撦		撤赤	鸱	驰	耻	埴
格	k	c_2(a,o,u) k(i) q(u-)										格	机		己◦几·	记纪·
克	‘k	c‘$_2$(a,o,u) k‘(i) q‘(u-)										客	欺	奇◦其·	起 企·	企 气·
百	p	p	巴		把巴·	霸	八					白伯·	碑		彼◦俾·	避◦敝·
魄	‘p	p‘	葩	琶		杷	汃					拍	披	皮	庀	譬
德	t	t			打	大	达◦答·					德得·	隄		底	地◦帝·
忒	‘t	t‘	他				闼					忒	梯	题◦	体	替
日	j	j(a,o,u) g_1(e,i)								惹		热日				
物	v	v					袜							微	尾	未◦
弗	f	f					法◦发·						非	肥	斐悱·	费
额	g	g_2(a,o,u) ng(a,o)										厄				
勒	l	l					蜡腊·					勒		離	里◦	詈利·
麦	m	m		麻	马玛·	祃	帓					陌墨·		糜	米	寐
搦	n	n n h(i)		拏	拿	那	纳					搦		泥宜·	你	诣毅·
色	s	s					撒					塞色·	西		徙	细
石	x	x	沙		洒	嗄	杀	奢	蛇	捨		舌石·实	诗◦	时·	矢	侍世·
黑	h	h										赫	羲希·	奚	喜	係

附注：表中字旁无号者为金氏所有；加点号者为利氏所有；加圈号者为金、利所共有。

（续表）

o						u					u̇			
阿						午					（次音）			
o						u					u̇			
ō	ô	ò	ó	ǒ	ǒ̇	ū	û	ù	ú	ǔ	u̇̄	u̇̂	u̇̀	u̇́
阿		婀		甚恶	次	乌	吾	午	误					
		左。	佐	昨坐·	族足·	租		助·阻	胙	崒	赀		子·紫	自·恣
磋	瘥	瑳楚·	挫	错	簇	粗	麤	楚	措	浚	雌	辞·疵	此。	次·刺。
				汋卓·	竹逐·			诅主·	助	祝·				
				绰	蓄	初	锄	漤	憷	出·				
歌		哿	個	葛	谷	孤		古。	故·顾					
轲		可。	课	渴	哭	枯		苦。	库					
波。		播	簸	剥博·	不。	逋		补	布。步·					
坡	婆	颇	破	泼	僕	舖	酺	普	铺					
多。		朵	堕	夺度·	笃	都		睹	度					
佗	驼	垛	拖	脱托·	秃	瑹	徒。图·	土。	吐					
				若·弱。	肉									
					勿		无。	武	务					
			伏	缚	福复·	夫	符夫·	甫	附					
	莪	我。	饿	谔			吾。	伍	误					
	罗	逻。	摞	落。乐·	禄六·		卢	鲁	路					
	摩	麽	磨	抹莫·	木。		模	母	暮	没·				
	傩	娜	柰	诺	讷		奴	弩	怒					
梭		锁所·	娑	索朔·	速。俗·	苏稣·		数	诉数·		私思·	词	死使·	泗士·
				勺	塾熟·									
诃	荷。何·	火	贺	曷	忽	呼	胡湖·	虎	互					

（续表）

字父＼字母		金尼阁音	ụ					ai					ao				
		利玛窦音	（中音）					爱 土音					澳 土音				
			ụ					ai(ay)					ao				
金尼阁音	利玛窦音	五声	ụ	ụ̂	ụ̀	ụ́	ụ̌	āi	âi	ài	ái	ǎi	āo	âo	ào	áo	ǎo
则	ç	c_1(e,i,u) ç(a,o,u)						栽· 哉		宰	在◦ 再·		遭		早	漕	作·
测	‘ç	c'_1(e,i,u) ç‘(a,o,u)						猜	才	采	蔡		操	曹◦	草	造	
者	ch	ch	诸		主	著	术	斋		豸	债		招		昭	照兆·	
撦	‘ch	ch‘	枢	除	杵	處	黜	钗	柴	茝	瘥		超	朝	炒	钞	
格	k	c_2(a,o,u) k(i) q(u-)						该		改◦	盖		高		缟	诰	
克	‘k	c'_2(a,o,u) k‘(i) q‘(u-)						开		恺	概		尻		考	犒	
百	p	p								摆	拜		包		饱	豹	
魄	‘p	p‘							牌		派		胞	跑		砲	
德	t	t								逮	带代·		刀		祷	道◦	
忒	‘t	t‘						台	臺		泰◦		叨	陶	讨	套	
日	j	j(a,o,u) g_1(e,i)		儒 如·	汝	茹	入							饶	扰		
物	v	v									外						
弗	f	f															
额	g	g_2(a,o,u) ng(a,o)						哀	皑	霭	艾· 爱◦		鏖	熬	襖	奥	
勒	l	l							来		赖◦			劳	老	涝	
麦	m	m							埋	买	卖			茅	卯	貌	
搦	n	n nh(i)							能	乃◦	耐			挠	脑	闹	
色	s	s					恤	顋			赛		骚		嫂锁·	瘙	
石	x	x	书	殊◦	暑◦	恕	術	筛		洒	晒		烧	韶	少◦	邵	
黑	h	h						咍	孩	海◦	害		蒿	豪	好	号◦好·	

（续表）

am					an					eu			
盎土音					安土音					欧土音			
em					an					eu			
ām	âm	àm	ám	ăm	ān	ân	àn	án	ăn	eū	eû	eù	eú
臧		奘	葬		簪		昝	赞		邹		走	奏
仓	藏。	苍			餐	残 产·	惨	粲		笃	愁	嗾	凑
章		掌。	帐		诂		栈	湛		周舟·		肘	胄
昌	常。	敞	畅		欃	谗	产	谶		抽	酬畴·	丑	臭。
冈		吭	扛		干		感· 秆	幹		勾		苟	彀
康		慷	抗		堪· 刊		坎。	看。		抠		口	寇
邦。		榜	谤		班		版	瓣		褒		掊	
滂	庞		胖		攀		皈	盼		秠	裒	瓿	
當		党	儅		丹		亶	旦但·		兜		斗	豆窦·
汤	唐。	倘。	荡		滩	壇谈·	坦	炭		偷	头	斢	透
	穰	壤	让								柔	蹂	輮
汪	忘	罔往·	妄望·				晚	万。					
方。	房	纺	访		番	烦	反	饭			浮	否	覆
	昂	盎	坱		安	虤	闇	按 暗·		欧	腢	嘔	沤
	郎	朗	浪。			阑	懒	滥			娄	塿	陋。
	忙	莽	漭			蛮	矕	慢			谋	亩	茂
	囊	曩 仰·	儴			难· 南	赧	难			獳	穀	耨
桑		颡	丧		三		散	伞		搜		溲	漱
商	常尝·	赏	饷上·		山		汕	讪		收		首手·	狩
	杭	颃	吭		憨	寒	旱	翰		痀	侯	厚	後

（续表）

字父＼字母（金尼阁音）		金尼阁音	am					en					ia				
		利玛窦音	硬土音					恩土音					鸦				
金尼阁音	利玛窦音	五声	em					en					ia(ya)				
			ēm	êm	èm	ém	ěm	ēn	ên	èn	én	ěn	iā	iâ	ià	iá·	iǎ
													鸦	衙	雅。	亚	鸭
则	ç	c_1(e,i,u) ç(a,o,u)	曾			赠· 增		臻			讚						
测	‘ç	c‘$_1$(e,i,u) ç‘(a,o,u)	峥	层		劕		琛	岑	龀	衬						
者	ch	ch	争			侦		毡		展	战						
撦	‘ch	ch‘	撑	枨		瞠		袩	禅	阐	沾						
格	k	c_2(a,o,u) k(i) q(u-)	更		梗	赓		根			艮		家。		贾	驾	甲
克	‘k	c‘$_2$(a,o,u) k‘(i) q‘(u-)	阬		肯					恳			伽			髂	恰
百	p	p	崩		廛	堋											
魄	‘p	p‘	烹	彭	捧												
德	t	t	登		等。	嶝											
忒	‘t	t‘		誊		𫐐											
日	j	j(a,o,u) g_1(e,i)		仍		扔			然。 燃·	染	冉						
物	v	v							文。	吻	问汶·						
弗	f	f															
额	g	g_2(a,o,n) ng(a,o)				硬		恩									
勒	l	l		稜	冷	稜											
麦	m	m		萌	猛	孟			门。								
搦	n	n nh(i)		能· 儜													
色	s	s	生。		省	胜		森		槮	渗						
石	x	x						扇	蟾	闪	善。						
黑	h	h	亨	衡		䛭			痕	狠	恨		鰕	霞	问	下	瞎

（续表）

ie						io						iu̩				
叶						药						鱼				
ie(ye)						io(yo)						iu(yu̩)				
iē	iê	iè	ié	iĕ	iĕ̌	iō	iô	iò	ió	iŏ	iŏ̌	iū̩	iû̩	iù̩	iú̩	iŭ̩
	爷耶·	野也·	夜	甚葉	次一					甚葉	次欲	迂	鱼于·	语与·	御预·	域
罝		姐	借	栉	即·疾					爵		疽		沮	聚	
		且	趄	切	七					鹊		趋	徐	取	娶	焌
					炽·											
				讦	吉极·					脚	菊	居°		举	據°俱	茁
	茄			挈	乞					壳确·	曲	墟	渠	龋	去	屈
				鳖	必°笔·											
				撆	匹僻·											
爹				绖	的											
				铁	逖											
				列	慄立·					略			闾	旅	虑	律
				灭	蜜											
				齧业·	逆溺·					虐			衄	女	女	
些	斜	写	谢	屑	悉昔·					削		须	徐	胥	絮	恤
				协	翕实·											
										学°	畜蓄·	虚°		许	嘘	殈

（续表）

字父	金尼阁音	利玛窦音	im					in				
字母		金尼阁音	应					音				
五音		利玛窦音	im(ym)					in(yn)				
声		利玛窦音	īm	îm	ìm	ím	ĭm	īn	în	ìn	ín	ĭn
			英	迎	影	应		因	寅淫·	引	印	
则	ç	c_1(e,i,u) ç(a,o,u)	精◦		井	净◦		津		儘	烬	
测	‘ç	c‘$_1$(e,i,u) ç‘(a,o,u)	清	情	请	倩		骎·亲	秦	寝	沁	
者	ch	ch	贞		整◦	正◦政·		真◦珍·		轸	震	
撦	‘ch	ch‘	称	成城·	逞	遉		嗔	陈沈·	辴	趁	
格	k	c_2(a,o,u) k(l) q(u-)	京经·		境	敬竟·		巾金·		紧谨·	仅	
克	‘k	c‘$_2$(a,o,u) k‘(l) q‘(u-)	卿	檠	謦	庆		钦◦	勤		菣	
百	p	p	兵		丙並·	病		宾		禀	摈	
魄	‘p	p‘	砰	平	頩	聘		缤	频	品		
德	t	t	钉		顶鼎·	定						
忒	‘t	‘t	聽	庭	挺	聽◦						
日	j	j(a,o,u) g_1(e,i)							人◦任·	忍	刃◦	
物	v	v										
弗	f	f										
额	g	g_2(a,o,u) ng(a,o)										
勒	l	l		令◦	领	另			鄰林·	廪	吝	
麦	m	m		明名·	皿	命◦			民	敏		
搦	n	n nh(i)		宁	泞	宁			纫		赁	
色	s	s	惺	饧	省	性◦		辛心·	寻		信	
石	x	x	升声·	绳		胜盛·		申身·	辰神·	沈谂·	慎	
黑	h	h	馨	形行·	悻	行幸·		欣	礥		衅	

（续表）

oa					oe									
阿答					阿德									
oa					oe					oo				
oā	oâ	oà	oá	oǎ	oē	oê	oè	oé	oě	oō	oô	oò	oó	oǒ
												座·		
									物◦勿·					
									佛					
		耍		刷										
花	华	踝	化◦	滑					彠或·					

（续表）

字父＼字母		金尼阁音＼利玛窦音	ua					ue				
		五音	瓦					五石				
金尼阁音	利玛窦音	声	uā	uâ	uà	uá	uǎ					uě
		音	蛙		瓦	凹	嗗					
则	ç	c_1(e,i,u) ç(a,o,u)										
测	‘ç	$c‘_1$(e,i,u) ç‘(a,o,u)	髽									
者	ch	ch										拙
撦	‘ch	ch‘										啜
格	k	c_2(a,o,u) k(i) q(u-)	瓜		寡	卦	刮					国
克	‘k	$c‘_2$(a,o,u) k‘(i) q‘(u-)	誇		骻	胯						
百	p	p										
魄	‘p	‘p										
德	t	t										
忒	‘t	t‘										
日	j	j(a,o,u) g_1(e,i)										爇
物	v	v										
弗	f	f										
额	g	g_2(a,o,u) ng(a,o)										
勒	l	l										
麦	m	m										
搦	n	n nh(i)										
色	s	s										
石	x	x										说
黑	h	h										

（续表）

ui					uo					ul				
尾					屋					而				
ui					uo					lh				
ūi	ûi	ùi	úi	ŭi	uō	uô	uò	uó	uŏ uǒ	ūl	ûl	ùl	úl	ŭl
	微	尾	未		窝		娓	堁	甚次 斡屋		而°	尔° 耳·	二°	
嗺		觜	醉											
催	摧	綷	翠											
追		捶	惴											
吹	垂	揣	喙											
					戈		果	过	郭国					
					科		颗	课	阔					
堆		队	兑对·											
推	魋	腿	娧											
	绥	蕊	锐											
								卧·	兀					
	雷	累	类											
	眉	美	昧											
	挼	馁	内°											
虽衰·	随	髓	遂岁·											
榱	谁	水°	睡											
						禾	火°	货	活縠					

（续表）

字父（金尼阁音）	字母	利玛窦音	um 翁 um(om)					un 无切				
金尼阁音		利玛窦五声音	ūm 翁	ûm	ùm 蓊	úm 瓮	ŭm	ūn	ûn	ùn	ún	ŭn
则	ç	c_1(e,i,u) ç(a,o,u)	宗		总	综		尊		撙	镈	
测	‘ç	c‘$_1$(e,i,u) ç‘(a,o,u)	葱	从◦				村	存	忖	寸	
者	ch	ch	中◦ 终·		种踵·	仲重·		谆		准	稕	
撦	‘ch	ch‘	冲	虫◦	宠◦	春		椿	唇	蠢		
格	k	c_2(a,o,u) k(i) q(u-)	工· 弓		拱	贡						
克	‘k	c‘$_2$(a,o,u) k‘(i) q‘(u-)	空◦		孔	控						
百	p	p										
魄	‘p	p‘		蓬								
德	t	t	东		董	冻		敦		盾	顿	
忒	‘t	t‘	通◦	同◦	统	痛		暾	屯	疃	饨	
日	j	j(a,o,u) g_1(e,i)		戎	冗				瞤	蠕	润	
物	v	v										
弗	f	f	风◦ 丰·	冯	奉	缝						
额	g	g_2(a,o,u) ng(a,o)										
勒	l	l		龙	笼	弄			沦		论	
麦	m	m		蒙	蠓	梦						
搦	n	n nh(i)		农	癑	齈					嫩	
色	s	s	嵩		耸竦·	送		孙		损	巽	
石	x	x	舂	慵	瘇				纯	盾	瞬	
黑	h	h	烘	红	鸿	愩						

（续表）

eao					eam					iai				
无切					无切					隘				
eao					eam					iai				
eāo	eâo	eào	eáo	eǎo	eām	eâm	eàm	eám	eǎm	iāi	iâi	iài	iái	iǎi
										埃	涯	矮	隘	
										街		解·	介	
										绪		楷	鞜	
	聊	了	料燎·			良量·	两	量						
											鞵	骇	邂	

（续表）

字父 \ 字母	金尼阁音	利玛窦音	iao					iam				
			尧					阳				
		五	iao					iam				
		声	iāo	iâo	iào	iáo	iăo	iām	iâm	iàm	iám	iăm
金尼阁音	利玛窦音		么	尧	杳	要		央	阳	养	漾	
则	ç	c_1(e,i,u) ç(a,o,u)	焦		巢	谯		将◦		奖	匠	
测	‘ç	c‘$_1$(e,i,u) ç‘(a,o,u)	锹	樵	悄	峭		抢	详◦	磢	跄	
者	ch	ch										
撦	‘ch	ch‘										
格	k	c_2(a,o,u) k(i) q(u-)	交		皎	叫教·		江		讲	绛	
克	‘k	c‘$_2$(a,o,u) k‘(i) q‘(u-)	趫	乔	巧◦	窍		羌	强	彊		
百	p	p	标		表	票						
魄	‘p	p‘	翲	瓢	剽	摽						
德	t	t	貂		茑	吊						
忒	‘t	t‘	挑	条	窕	跳						
日	j	j(a,o,u) g_1(e,i)										
物	v	v										
弗	f	f										
额	g	g_2(a,o,u) ng(a,o)										
勒	l	l										
麦	m	m		苗	眇	妙						
搦	n	n nh(i)			鸟	溺			娘		酿	
色	s	s	萧		小◦	肖			襄相·	祥庠·	想	相像·
石	x	x	梢		稍	哨						
黑	h	h	哮	爻	晓	效			香	降	響亨·	向

（续表）

ieu					ien					iue				
有					烟					月				
ieu					ien					iue(yue)				
iēu	iêu	ièu	iéu	iěu	iēn	iên	ièn	ién	iěn	iuē	iuê	iuè	iué	iuě
忧	尤游·	有°	宥幼·		烟	颜言·	眼演·	堰						月曰·
啾		酒	僦		笺		翦	荐						绝
秋	酋				千	渐· 前°	浅	倩						
					毡		展	战						
					焯	蝉	谄	缂						
鸠		九°久·	救捄·		坚°		柬°	见°						厥决·
丘	求	糗	糗		汧	乾	遣	牵		茄				阙
彪					边		扁褊·	变便·						
					偏	便	鴘	片						
丢					颠		典	电						
					天°	田	腆	忝						
	留流·	柳	溜			连	辇	练						劣
	缪		谬°			眠	免	面						
	牛	纽				年°	姩	廿						
脩°	囚	滫	袖		先°	涎	铣	霰						雪
收		首	兽°		膻	单	闪	善						
休		朽	齅		轩	閒嫌·	宪	献陷·						血

（续表）

字父 \ 字母	金尼阁音 \ 利玛窦音	五声	iūm	iûm	iùm	iúm	iǔm	iūn	iûn	iùn	iún	iǔn
字父	字母	金尼阁音	ium					iun				
		利玛窦音	用					雲				
金尼阁音	利玛窦音	五声	yum					iun				
			iūm	iûm	iùm	iúm	iǔm	iūn	iûn	iùn	iún	iǔn
			雍	融容·	拥勇·	用		氲	雲	陨	运	
则	ç	c_1(e,i,u) ç(a,o,u)										
测	‘ç	c‘$_1$(e,i,u) ç‘(i,o,u)						逡			俊	
者	ch	ch										
撦	‘ch	ch‘										
格	k	c_2(a,o,u) k(i) q(u-)	扃		冏			钧君·		窘	郡◦	
克	‘k	c‘$_2$(a,o,u) k‘(i) q‘(u-)	穹	穷	顷	誇		困	群	稛		
百	p	p										
魄	‘p	p‘										
德	t	t										
忒	‘t	t‘										
日	j	j(a,o,u) g_1(e,i)										
物	v	v										
弗	f	f										
额	g	g_2(a,o,u) ng(a,o)										
勒	l	l							沦		论◦	
麦	m	m										
搦	n	n nh(i)										
色	s	s						荀	巡旬·	笋	峻	
石	x	x										
黑	h	h	胸	雄	詾	啕		熏			训	

（续表）

oai					oei					oam				
阿盖					无切					阿刚				
					oei					oam				
oāi	oâi	oài	oái	oǎi	oēi	oêi	oèi	oéi	oěi	oām	oâm	oàm	oám	oǎm
										庄		奘	壮	
										窗	撞	抢	创	
					悲		琲	贝						
					邳	裴	岯	霈						
					痿	为	伟	伪						
						眉	美	昧						
衰										双		爽	[illegible]	
	怀	夥	壞		麾灰·	回	悔	讳会·		荒	黄	恍◦	况	

（续表）

字父＼字母＼金尼阁音＼利玛窦音			oan 阿干							oem			oen 阿根				
字父	金尼阁音	利玛窦音＼五声	oān	oân	oàn	oán	oăn			oèm			oēn	oên	oèn	oén	oěn
则	ç	c_1(e,i,u)															
		ç(a,o,u)															
测	‘ç	$c‘_1$(e,i,u)															
		ç‘(a,o,u)															
者	ch	ch															
撦	‘ch	ch‘															
格	k	c_2(a,o,u)															
		k(i)															
		q(u-)															
克	‘k	$c‘_2$(a,o,u)															
		k‘(i)															
		q‘(u-)															
百	p	p															
魄	‘p	p‘															
德	t	t															
忒	‘t	t‘															
日	j	j(a,o,u)															
		g_1(e,i)															
物	v	v															
弗	f	f															
额	g	g_2(a,o,u)															
		ng(a,o)															
勒	l	l															
麦	m	m								猛·							
搦	n	n															
		nh(i)															
色	s	s															
石	x	x	櫰														
黑	h	h		还	缓	环							昏	魂	混	惛	

（续表）

uai					uei					uam				
歪					威					王				
uai					uei(uey)					uam				
uāi	uâi	uài	uái	uǎi	uēi	uêi	uèi	uéi	uěi	uām	uâm	uàm	uám	uǎm
歪			外		痿	为	委	谓		汪	王	往	旺	
										椿		桊	惷	
										鏦	床	磢	捌	
娲		㤞	怪	国·	归		鬼	媿		光		廣°	逛	
𠇗			快		恢	葵 睽·	跬	馈		筐	狂	俇	旷	
							秽·							
										霜		㦼	淙	

（续表）

字父＼字母；金尼阁音＼利玛窦音		金尼阁音；五；利玛窦音	uan					uem				
		利玛窦音	弯					五庚				
		五	uan									
金尼阁音	利玛窦音	声	uān	uân	uàn	uán	uǎn	uēm	uêm	uèm	uém	uěm
		音	弯	顽	碗	腕万·						
则	ç	c_1(e,i,u) ç(a,o,u)										
测	‘ç	c‘$_1$(e,i,u) ç‘(a,o,u)										
者	ch	ch										
撦	‘ch	ch‘										
格	k	c_2(a,o,u) k(i) q(u-)	关			惯		肱		矿		
克	‘k	c‘$_2$(a,o,u) k‘(i) q‘(u-)		瘝				鞃				
百	p	p										
魄	‘p	p‘										
德	t	t										
忒	‘t	t‘										
日	j	j(a,o,u) g_1(e,i)										
物	v	v										
弗	f	f										
额	g	g_2(a,o,u) ng(a,o)										
勒	l	l										
麦	m	m										
搦	n	n nh(i)										
色	s	s										
石	x	x										
黑	h	h										

（续表）

uen					uon					iuen				
温					碗					远				
uen					uon					iuen(yuen)				
uēn	uên	uèn	uén	uěn	uōn	uôn	uòn	uón	uǒn	iuēn	iuên	iuèn	iuén	iuěn
温		稳◦	醖		剜	刓	碗	腕		冤	元圆·	远苑·	愿	
					钻		纂	钻		镌		隽		
					撺	攒		窜		佺	全◦			
专		转	馔											
穿	船传·	舛	钏											
昆		衮	棍		官 观·		管	贯		鹃		狷	倦	
坤		梱	困		宽		窾			卷	权	犬	劝	
奔		本◦	坌		般			半						
颓	盆		喷		潘	盘	拌	判						
					端		短	段						
					湍	团		彖						
	暝	阮	愌											
	闻·		问·											
分◦	氛焚·	粉愤·	粪											
						鸾	卵	乱◦			攀	脔	恋	
	门		闷			漫	满	幔						
						渜	煖	愌						
					酸		算	筭		瑄	旋	选	鏇撰·	
					欢	桓	缓	换		暄	玄	泫	炫	

附表二　金尼阁、利玛窦所分字父与古音、国音比较表

金尼阁二十字父	利玛窦二十六字父	金尼阁、利玛窦所分字父同守温三十六字母的对照	兰茂二十字母	桑绍良二十字母	李如真二十二字母	方以智二十字母	马自援二十一字母	林本裕二十四字母	樊腾凤二十字母	国音二十四声母
ç[ts]	c_1[ts] ç[ts]	精,照$_{\text{二}}$,从$_{\text{上去}}$,床$_{\text{二上去}}$,澄$_{\text{入}}$	早$_4$	增$_{13}$	精$_{13}$	精$_{10}$	精$_{10}$	精$_{10}$	剪$_{13}$	ㄗ,tz ㄐ$_2$,j(i)$_2$
‘ç[ts‘]	c‘$_1$[ts‘] ç‘[ts‘]	清,穿$_{\text{二}}$,从$_{\text{浊}}$,床$_{\text{二浊}}$;精	从$_{17}$	千$_{14}$	清$_{14}$	从$_{11}$	青$_{11}$	青$_{11}$	鹊$_{14}$	ㄘ,ts ㄑ$_2$,ch(i)$_2$
ch[tʃ]	ch[tʃ]	知,照,澄$_{\text{上去入}}$,床$_{\text{上去}}$,从$_{\text{上}}$;彻	枝$_9$	祯$_9$	照$_{16}$	知$_{13}$	知$_{13}$	知$_{13}$	竹$_9$	ㄓ,j
‘ch[tʃ‘]	ch‘[tʃ‘]	彻,穿,澄$_{\text{浊}}$,床$_{\text{浊}}$;审,禅,定,透	春$_{16}$	昌$_{10}$	穿$_{17}$	穿$_{14}$	穿$_{14}$	穿$_{14}$	虫$_{10}$	ㄔ,ch
k[k]	c_2[k] k[c] q[kw]	见,群$_{\text{上去入}}$;匣,知	见$_{15}$	国$_1$	见$_1$	见$_1$	见$_1$	见$_1$	金$_{20}$	ㄍ,g ㄐ$_1$,j(i)$_1$
‘k[k‘]	c‘$_2$[k‘] k‘[c‘] q‘[k‘w]	溪,群$_{\text{浊}}$;匣,见	开$_{10}$	开$_2$	溪$_2$	溪$_2$	溪$_2$	溪$_2$	桥$_{18}$	ㄎ,k ㄑ$_1$,ch(i)$_1$
p[p]	p[p]	邦,並$_{\text{上去入}}$;滂	冰$_{11}$	苞$_{16}$	邦$_7$	帮$_7$	邦$_7$	邦$_7$	梆$_1$	ㄅ,b
‘p[p‘]	p‘[p‘]	滂,並$_{\text{清浊上入}}$;邦	破$_3$	盘$_{17}$	滂$_8$	滂$_8$	滂$_8$	滂$_8$	匏$_2$	ㄆ,p
t[t]	t[t]	端,定$_{\text{上去入}}$;知	东$_1$	德$_5$	端$_4$	端$_4$	端$_4$	端$_4$	斗$_5$	ㄉ,d
‘t[t‘]	t‘[t‘]	透,定$_{\text{浊上去}}$	天$_{18}$	天$_6$	透$_5$	透$_5$	透$_5$	透$_5$	土$_6$	ㄊ,t
j[ʒ]	j[ʒ] g_1[ʒ]	日,泥,疑,喻	人$_{14}$	仁$_{11}$	日$_{22}$	日$_{20}$	日$_{20}$	日$_{20}$	人$_{12}$	ㄖ,r
v[v]	v[v]	微,疑,影	无$_{13}$	忘$_{20}$	微$_{12}$	微$_{18}$	微$_{17}$	微$_{17}$		万,v*
f[f]	f[f]	非,敷,奉	风$_2$	弗$_{19}$	非$_{10}$敷$_{11}$	夫$_{17}$	非$_{16}$	非$_{16}$	风$_4$	ㄈ,f

（续表）

金尼阁二十字父	利玛窦二十六字父	金尼阁、利玛窦所分字父同守温三十六字母的对照	兰茂二十字母	桑绍良二十字母	李如真二十二字母	方以智二十字母	马自援二十一字母	林本裕二十四字母	樊腾凤二十字母	国音二十四声母
g[ɣ]	g$_2$[ɣ] ng[ŋ]	疑，影，喻			疑$_3$	疑$_3$	疑$_3$	疑$_3$		兀，ng*
l[l]	l[l]	来	来$_{20}$	赉$_8$	来$_{21}$	来$_{19}$	来$_{19}$	来$_{19}$	雷$_8$	ㄌ，l
m[m]	m[m]	明	梅$_5$	民$_{18}$	明$_9$	明$_9$	明$_9$	明$_9$	木$_3$	ㄇ，m
n[n]	n[n] nh[ɲ]	泥，娘，疑，日；端	暖$_7$	乃$_7$	泥$_6$	泥$_6$	泥$_6$	泥$_6$	鸟$_7$	ㄋ ㄏ n
s[s]	s[s]	心，邪，审$_二$	雪$_{12}$	岁$_{15}$	心$_{15}$	心$_{12}$	心$_{12}$	心$_{12}$	系$_{15}$	ㄙ,s; ㄒ$_2$,sh(i)$_2$
x[ʃ]	x[ʃ]	审，禅；床，清	上$_{19}$	寿$_{12}$	审$_{18}$	审$_{15}$	审$_{15}$	审$_{15}$	石$_{11}$	ㄕ，sh
h[x]	h[x]	晓，匣；影，喻，见	向$_6$	向$_4$	晓$_{19}$	晓$_{16}$	晓$_{18}$	晓$_{18}$	火$_{19}$	ㄏ,h; ㄒ$_1$,sh(i)$_1$
□	□ ng→□ nh→□	影，喻，疑；微，日	一$_8$	王$_3$	影$_{20}$		影$_{21}$		雲$_{16}$，蛙$_{20}$	□ ㄧ i ㄨ u ㄩ iu
								◎$_{21}$ 瑟吒$_{22}$ 诃婆$_{23}$ 曷罗多$_{24}$		

表例：

1. 此表直行第一双线前记利、金字父及试测之音值，第二双线前记利、金各字父所归并之守温字母，第三双线前记利、金以前各家所分之声类。
2. 守温三十六字母一栏系归纳利氏注音及金氏《音韵经纬总局》所得之统计。
3. 自兰茂至樊腾凤各家，仅示其分类之大体倾向，单字偶有出入者不计。
4. 各家字母下所记之数字表示其原来之次序。

附表三　金尼阁、利玛窦所分字母与古音、国音比较表

金尼阁五十字母(附六次声一中声)	利玛窦四十四字母(附五次声)	假定的音值	金尼阁、利玛窦各字母中所包括之《广韵》韵类	金尼阁、利玛窦各字母中所包括之《洪武正韵》韵类	《字汇》后《韵法直图》之四十四韵(附入声)	杨选杞《声韵同然集》之七十五韵(附南北入声)	《字母切韵要法》之十二摄四十韵类(附入声)	国音韵母三十九类
a	a	ɑ	麻开二,歌,梗(打),泰开一,黠开,辖开,曷,月开,合,盍,乏	麻开,歌,泰开,辖开,黠开,合	拏(戛附艰,阁附甘,刮附关)	拿	迦(蛤)	ㄚ,a
e	e(æ)	ə或ɛ	麻开三,麦开,陌开二,职开三,德开,薛开	遮齐,陌开 屑开	迦(格附庚,葛附干)	啰(附十七之二无音)(北入"爷"土)	"迦"裓	ㄜ,ㄝ,e
*ė	ė	ʅ	质三,昔开二三,缉(照系)	陌开,质开	(并于吉)	(并于吉)	(并于吉)	ㄖ,y
i	i(y)'	i	支开三四,脂开三,之三,微开,齐开,祭开四,屑(垤)	支齐,屑(垤)	基	基	饥(吉)	丨,i(ㄓ系变[ʅ],ㄈ系变ㄟ)
o	o	ɔ	歌,戈一,语,觉,铎开,药开二三,曷,末	歌开,药开,曷开	歌(各附冈)	歌	歌(革)	ㄛ,o(ㄗ,ㄓ系变ㄨㄛ;ㄍ,ㄉ系变[ə])
ȯ	o	ɤ	屋一,沃,物,没	屋合,质合,没合	(并于縠)	(并于北入孤)	(并于骨)	ㄨ,u
u	u	u	模,鱼二三,虞二三,屋一三,術四,没	模,術合	姑(縠附公,骨附裩)	孤,都(北入孤)	孤(骨)	ㄨ,u
*ụ		ɥ或ɥ	鱼三,虞三,術三四:(知照系)	鱼,術撮:(知照系)				
*u̇	u̇	ʅ	支四,脂四,之四:(精系)	支齐(精系)	赀	赀(附八之一无音)	(并于饥)	ㄦ,y

（续表）

金尼阁五十字母（附六次声一中声）	利玛窦四十四字母(附五次声)	假定的音值	金尼阁、利玛窦各字母中所包括之《广韵》韵类	金尼阁、利玛窦各字母中所包括之《洪武正韵》韵类	《字汇》后《韵法直图》之四十四韵(附入声)	杨选杞《声韵同然集》之七十五韵（附南北入声）	《字母切韵要法》之十二摄四十韵类(附入声)	国音韵母三十九类
ai	ai(ay)	ɑi	咍，皆开，佳开，脂开二，纸开三，泰开一，马开二	咍，霁	该	该〔犕〕，〔该〕，〔街〕土	该	ㄞ，ai
ao	ao	ɑʊ	豪，肴，宵三，果，铎开	爻开，萧开	高(各附冈)	高，包	高	ㄠ，au
am	am	ɑŋ	唐开，阳开二，江开	阳开	冈	冈，〔冈〕（南入各）	冈	ㄤ，ang
an	an	ɑn	寒，元开，删开，山开，覃，谈，咸，衔，盐，沁(谶)	删开，寒开，覃，盐，沁(谶)	干，甘	干，甘，担（南入割，阁）	干	ㄢ，an
eu	eu	əu	尤一二，侯，锺(喁)	尤开	钩	钩，呸	鉤	ㄡ，ou
em	em	əŋ	蒸开三，登开，庚开二，耕开一，肿(捧)	庚开，董(捧)	庚	庚〔耕〕（南入格）	庚	ㄥ，eng
en_1	en_1	ɛn	臻，痕，文（微系），震开二，翰，侵二	真开，侵	根，簪	根，簪（南入吃，戢）	根	ㄣ，en
* en_2	en_2	ɐn	仙开二三(照系)，盐	先齐(照系)，盐	(并于坚兼)	(并于坚兼)	(并于坚)	ㄢ，an
ia	ia(ya)	iɑ	麻开二，戈三，辖开，狎，洽	麻齐，辖齐，合	嘉(夹附监)	加	加(甲)	ㄧㄚ，ia
ie	ie(ye)	iɛ	麻开四，栉，屑开，薛开，月开，帖，葉	遮齐，质齐，屑齐，葉	迦(结附坚，颊附兼，栉附贲)	迦	结(劫)	ㄧㄝ，ie

（续表）

金尼阁五十字母（附六次声一中声）	利玛窦四十四字母(附五次声)	假定的音值	金尼阁、利玛窦各字母中所包括之《广韵》韵类	金尼阁、利玛窦各字母中所包括之《洪武正韵》韵类	《字汇》后《韵法直图》之四十四韵(附入声)	杨选杞《声韵同然集》之七十五韵（附南北入声）	《字母切韵要法》之十二摄四十韵类(附入声)	国音韵母三十九类
*iė	ie·(ye·)	iĕ·	陌开三，锡，昔开四，职开三四，质，缉	陌齐，质齐，缉	（吉附基，戟附京，急附金）	（北入移）	（并于吉）	丨,i(ㄓ系变[ʅ])
io	io	iɔ	觉，药开三四	药齐	（觉附江）	瘸	角	ㄩㄝ或丨ㄠ，iue或iau
*iȯ	io·	iɔ̆	屋三，烛	屋撮	（匊附弓）	（并于南入菊）	（并于菊）	ㄩ,iu
iu	iu(yu)	y	鱼三，虞三，锡合四，职合三，黠合，術三四，物	鱼撮，陌撮，质撮	居（橘附钧，䩕附扃）	居	居（菊）	ㄩ,iu
im	im(ym)	iŋ	蒸二三，庚开二三，耕开二，清三四，青开四	庚齐	京，扃	京（南入戟）	经	丨ㄥ,ing
in	in(yn)	in	真三四，欣，侵二四	真齐，侵	巾，金	巾，金（南入吉，急）	金	丨ㄣ,in
oa	oa	ʊɑ	麻合二，辖合，黠合：（晓审）	麻合，辖合（晓审）	（并于瓜）	（并于瓜）	（并于瓜）	ㄨㄚ,ua
oe	oe	ʊə	药合三，德合，物，没：（非晓）	陌合，质合（非晓）	（并于骨，国）	（并于北入孤，[画]）	（并于骨，裰）	ㄨㄛ或ㄨ,uo或u
oo	oo	ʊɔ	过合一（座）	箇合	（并于歌）	（并于歌）	（并于歌）	ㄨㄛ,uo
ua		uɑ	麻合二，卦合，辖合：（见系）	麻合，辖合（见系）	瓜（括附官）	瓜（北入华）	瓜（刮）	ㄨㄚ,ua

（续表）

金尼阁五十字母（附六次声一中声）	利玛窦四十四字母（附五次声）	假定的音值	金尼阁、利玛窦各字母中所包括之《广韵》韵类	金尼阁、利玛窦各字母中所包括之《洪武正韵》韵类	《字汇》后《韵法直图》之四十四韵（附入声）	杨选杞《声韵同然集》之七十五韵（附南北入声）	《字母切韵要法》之十二摄四十韵类（附入声）	国音韵母三十九类
ue		uə	德合，薛合三：（见知照系）	陌合，屑撮（见照系）	（国附觥）	国（附十七之一无音）（北入〔画〕）	“瓜”（叕）	ㄨㄜ，ue
ui	ui	ui	灰，支合三四，脂合三四，祭合三，泰合一，（兑）：（端精照系）	灰（端精照系）	（并于规）	堆，追	（并于傀，圭）	ㄨㄟ，uei
uo	uo	uɔ	戈一，铎合，没，末：（见晓系）	歌合，药合，质合，曷合（见晓系）	戈（郭附光）	戈（北入禾）	郭，矍	ㄨㄛ，uo
*uȯ		uŏ	屋一，德合	屋合，陌合	（并于郭，国，縠）	（并于北入禾，〔画〕，孤）	（并于郭，叕，骨）	ㄨㄛ，uo
ul	lh	əɪ˥	之三，脂开三：（日系）	支（日系）	（并于赀）	（并于赀）	（并于饥）	ㄦ，el
um	um（om）	uŋ	东一三，冬，锺	东	公	公，东（南入谷，笃）	工	ㄨㄥ，-ong 或 ueng
un		un	谆三（知照系），魂（端精系），虞三（濡）	真合，铣（濡）	（并于裩）	敦	（并于昆）	ㄨㄣ，uen
eao	eao	eɑʊ	萧（来系）	萧齐（来系）	（并于骄）	（并于交）	（并于浇）	ㄧㄠ，iau
eam	eam	eɑŋ	阳开三（来系）	阳齐（来系）	（并于江）	（并于姜）	（并于江）	ㄧㄤ，iang
iai	iai	iɑi	皆开，佳开，咍	皆齐	皆	皆，〔皆〕土	皆	ㄧㄞ，iai
iao	iao	iɑʊ	萧，宵四，肴：（见端帮精晓系）	萧齐，爻齐（见端帮精晓系）	骄，交	交	浇	ㄧㄠ，iau

（续表）

金尼阁五十字母(附六次声一中声)	利玛窦四十四字母(附五次声)	假定的音值	金尼阁、利玛窦各字母中所包括之《广韵》韵类	金尼阁、利玛窦各字母中所包括之《洪武正韵》韵类	《字汇》后《韵法直图》之四十四韵(附入声)	杨选杞《声韵同然集》之七十五韵（附南北入声）	《字母切韵要法》之十二摄四十韵类(附入声)	国音韵母三十九类
iam	iam	iɑŋ	阳开三四，江开:（见精晓系）	阳齐（见精晓系）	江	姜，江（南入脚觉）	江	ㄧㄤ，iang
ieu	ieu	iəu	尤三四，幽	尤齐	鸠	鸠	鸠	ㄧㄡ，iou
ien	ien	iɛn	先开，仙开三，山开，元开，寒，琰，添，缉（廿）	删齐，先齐，盐，缉（廿）	坚，艰，兼，监	坚，间，兼，监（南入结，戛，劫，夹）	坚	ㄧㄢ，ian
iue	iue（yue）	yɛ	麻合四，屑合，薛合，月合	遮撮，屑撮	涨（厥附涓）	靴（北入〔靴〕）	诀	ㄩㄝ，iue
ium	yum	yŋ	青合四，东三，锺，梗合三	东撮，庚撮	弓，扃	弓（南入匊）	弓	ㄩㄥ，iong
iun	iun	yn	谆三四，文，慁	真撮	钧	君（南入橘）	君	ㄩㄣ，iun
oai		ʊɑi	脂合二，皆合，果三（夥）:（晓系）	皆合（晓系）	（并于乖）	（并于乖）	（并于乖）	ㄨㄞ，uai
oei	oei	ʊɛi	灰，微合，脂合三四，支合四，泰开一，（贝）:（帮晓系）	灰，支合（帮晓系）	（并于规）	（并于规）	（并于傀，圭）	ㄨㄟ，uei（ㄅㄈ系变ㄟ）
oam	oam	ʊɑŋ	唐合一，阳合二，江合:（知照晓系）	阳合（知照晓系）	（并于光）	（并于光，桩）	（并于光，惶）	ㄨㄤ，uang
oan		ʊɑn	删合二，仙合二，缀一（审晓）	删合，旱合（审晓）	（并于官）	（并于官）	（并于官）	ㄨㄢ，uan

（续表）

金尼阁五十字母（附六次声一中声）	利玛窦四十四字母（附五次声）	假定的音值	金尼阁、利玛窦各字母中所包括之《广韵》韵类	金尼阁、利玛窦各字母中所包括之《洪武正韵》韵类	《字汇》后《韵法直图》之四十四韵（附入声）	杨选杞《声韵同然集》之七十五韵（附南北入声）	《字母切韵要法》之十二摄四十韵类（附入声）	国音韵母三十九类
	oem	ʊəŋ	梗开二（帮系）	梗开（帮系）	（并于觥）	（并于肱）	（并于工）	ㄥ，eng
oen		ʊɛn	魂（晓系）	真合（晓系）	（并于裩）	（并于裩）	（并于昆）	ㄨㄣ，uen
uai	uai	uɑi	麻合二，怪合，夬合：（见系）	皆合（见系）	乖（格附庚）	乖，〔乖〕土（北入〔爷〕土）	乖	ㄨㄞ，uai
uei	uei	uɛi	灰，微合，脂合三四，支合四，废合三：（见系）	灰（见系）	规	规〔规〕	傀，圭	ㄨㄟ，uei
uam	uam	uɑŋ	唐合一二，阳合三，江合，用二（见照系）	阳合（见照系）	光	光，桩〔光〕（南入郭，卓）	光，恇	ㄨㄤ，uang
uan		uɑn	删合一二，缓，戈三，（瘸）：（见系）	删合，旱合，遮撮（瘸）：（见系）	关	关，丹〔甘〕，〔担〕（南入刮，怛，答）	（并于官）	ㄨㄢ，uan
uem		uəŋ	登合（见系）	庚合（见系）	觥	肱，〔觥〕土（南入国）	（并于工）	ㄨㄥ，ueng 或 ong
uen₁	uen₁	uɛn	魂（见帮系），文三（非系），换	真合（见帮系）	裩	裩，〔裩〕，〔簪〕（南入骨，拙）	昆	ㄨㄣ，uen
* uen₂	uen₂	uɐn	仙合三（知照系）	先撮（照系）	（并于涓）	（并于涓）	（并于涓）	ㄨㄢ，uan
uon	uon	uɔn	桓，元合	寒合	官	官，端，〔官〕（南入括，椵）	官	ㄨㄢ，uan
iuen	iuen（yuen）	yɛn	先合，仙合三四（见精晓来系），元合	先撮（见精晓来系）	涓	涓（南入厥）	涓	ㄩㄢ，iuan

表例:

1. 此表直行第一双线前记利、金“字母”及试测之音值,第二双线前记利、金各字母所归并之《广韵》《正韵》韵类,第三双线前记利、金以前之韵类,第三双线后记利、金以后之韵类。

2.《广韵》《正韵》两栏系归纳利氏注音及金氏《音韵经纬全局》所得之统计。

3.《广韵》《正韵》之某韵仅一字或数声类转入某字母时,均各分别注明。

4.《直图》《同然集》《要法》三栏仅示其分类之大体倾向,单字偶有出入者不计。

5. 入声分配颇多参差,并加括弧以别之。

6. 利、金所分“字母”各家并入他韵者亦于括弧内注明。

附表四　金尼阁、利玛窦所分调类与古音、国音比较表

<table>
<tr><th>金、利二氏之五声及符号</th><th>《广韵》之四声</th><th>《中原音韵》之四声</th><th>《洪武正韵》之四声</th><th>桑绍良之六声</th><th>方以智之五声</th><th>马自援之五声</th><th>林本裕之五声</th><th>樊腾凤之五声</th><th>国音之四声及符号</th></tr>
<tr><td>清 ˉ</td><td rowspan="2">平</td><td>阴平</td><td rowspan="2">平</td><td>浮平</td><td>啌</td><td>平</td><td>开</td><td>上平</td><td>阴平 55˥</td></tr>
<tr><td>浊 ˆ</td><td>阳平</td><td>沉平</td><td>嘡</td><td>全</td><td>承</td><td>下平</td><td>阳平ˊ35˧˥</td></tr>
<tr><td>上 ˋ</td><td>上</td><td>上</td><td>上</td><td>上仄</td><td>上</td><td>上</td><td>转</td><td>上</td><td>上ˇ315˧˩˥</td></tr>
<tr><td>去 ˊ</td><td>去</td><td>去</td><td>去</td><td>去仄</td><td>去</td><td>去</td><td>纵</td><td>去</td><td>去ˋ51˥˩</td></tr>
<tr><td rowspan="2">入 ˇ</td><td rowspan="2">入</td><td rowspan="2">分配于阳平、上、去三声</td><td rowspan="2">入</td><td>浅入</td><td rowspan="2">入</td><td rowspan="2">入</td><td rowspan="2">合</td><td rowspan="2">入</td><td rowspan="2">多数转入阳平及去声,少数转入阴平及上声</td></tr>
<tr><td>深入</td></tr>
</table>

表例:

此表直行第一双线前记利、金所分五声及其符号,第二双线前记利、金以前之调类,第二双线后记利、金以后之调类。

耶稣会士在音韵学上的贡献补

——昭雪汤若望文件中的罗马字对音

(一)引　言

在前中央研究院历史语言研究所《集刊》第一本第三分里(第267~338页),我曾发表了一篇《耶稣会士在音韵学上的贡献》[①]。那篇论文所用的材料,有(1)《程氏墨苑》里利玛窦(Matteo Ricci)的罗马字对音,(2)金尼阁(Nicolas Trigault)的《西儒耳目资》;篇末并附论到受他们影响的方以智《切韵声原》、杨选杞《声韵同然集》和刘献廷的《新韵谱》。我认为耶稣会士对于中国音韵学的第一个贡献是用罗马字母分析汉字的音素,使向来被人看成繁难的反切变成简易的东西;第二个贡献是用罗马字母标注明季的字音,使现在对于当时的普通话还可以推知大概;第三个贡献是给中国音韵学研究开辟出一条新路,使同时和后来的国内学者受了很大的影响。

他们所用的标音系统,照金尼阁《西儒耳目资》里所定,有29个"元音"(即字母),分为三类:

(1)"自鸣"者(即元音 vowels)五:

① 初稿是1929年10月18日写成的,那一分《集刊》到1930年才印出来。

“中字”	丫	额	衣	阿	午
“西号”	a	e	i	o	u
音值	[ɑ]	[e]或[ɛ]	[i]	[ɔ]	[u]

(2)“同鸣”者(即辅音 consonants)二十:

“中字”	则	测	者	撦
“西号”	ç	‘ç	ch	‘ch
音值	[ts]	[ts‘]	[tʃ]	[tʃ‘]

“中字”	格	克	百	魄	德	忒	
“西号”	k	‘k	p	‘p	t	‘t	
音值	[k]	[k‘]	[p]	[p‘]	[t]	[t‘]	
“中字”	日	物	弗	额	勒	麦	搦
“西号”	j	v	f	g	l	m	n
音值	[ʒ]	[v]	[f]	[ɣ]	[l]	[m]	[n]
“中字”	色	石	黑				
“西号”	s	x	h				
音值	[s]	[ʃ]	[x]				

(3)“不鸣”者(即“他国用,中华不用”的辅音)四:

b[b]　d[d]　r[r]　z[z]

“自鸣”的五字叫做“一字元母”。由“元母”互相结合或跟“同鸣”的-m、-n、-l 三字结合,生出 22 个“自鸣二字子母”:

“中字”	爱	澳	盎	安	欧	硬	恩	
“西号”	ai	ao	am	an	eu	em	en	
音值	[ɑi]	[ɑu]	[ɑŋ]	[ɑn]	[əu]	[əŋ]	[ɛn]	
“中字”	鸦	叶	药	鱼	应	音	阿答	阿德
“西号”	ia	ie	io	iu	im	in	oa	oe
音值	[iɑ]	[iɛ]	[iɔ]	[y]	[iŋ]	[in]	[ʊɑ]	[ʊə]

"中字"	瓦	五石	尾	屋	而	翁	无切
"西号"	ua	ue	ui	uo	ul	um	un
音值	[uɑ]	[uə]	[ui]	[uɔ]	[ɚ]	[uŋ]	[un]

22个"自鸣三字孙母":

"中字"	无切	无切	隘	尧	阳	有	烟	月	用	云
"西号"	eao	eam	iai	iao	iam	ieu	ien	iue	ium	iun
音值	[eɑu]	[eɑŋ]	[iɑi]	[iɑu]	[iɑŋ]	[iəu]	[iɛn]	[yɛ]	[yŋ]	[yn]

"中字"	阿盖	无切	阿刚	阿干	阿根
"西号"	oai	oei	oam	oan	oen
音值	[ʊɑi]	[ʊɛi]	[ʊɑŋ]	[ʊɑn]	[ʊɛn]

"中字"	歪	威	王	弯	五庚	温	碗
"西号"	uai	uei	uam	uan	uem	uen	uon
音值	[uɑi]	[uɛi]	[uɑŋ]	[uɑn]	[uəŋ]	[uɛn]	[uɔn]

一个"自鸣四字曾孙母":

"中字"	"西号"	音值
远	iuen	[yɛn]

合起来一共有50个"字母"(就是韵母 final);而以自"则"至"黑"同鸣者20字为"字父"(就是声母 initial)。20个"字父"里头有"轻""重"的不同:从第一到第十是一"轻"一"重"对列;第十以后的九个音都是"轻"音,只有末一个是"重"音。金氏所谓"轻""重"就是"不送气"(unaspirated)和"送气"(aspirated)的分别。50个"字母"各可分为"清(-)、"浊"(ˆ)、"上"(ˋ)、"去"(ˊ)、"入"(˘)五声;并且第五 u 摄五声皆分"甚""次""中"(u、u̇、ụ)三音;第二 e 摄、第十四 ie 摄、第四 o 摄、第十五 io 摄、第二十四 uo 摄的入声,各分"甚""次"二音。所谓"甚""次""中"的解释,照金氏自己说:"甚者,自鸣字之完声也。次者,自鸣字之半声也。减甚之完则成次之半","中者,甚于次、次于甚之谓也",

“开唇而出者为甚,略闭唇而出者为次,是甚次者,开闭之别名也”。其实,我们撇开“甚”音不论,所谓 u 的次音(u̇)就是[ɿ],u 的中音(ụ)就是[ʮ]或[ʯ],e 的次音(ė)就是[ʅ],ie 的次音(iė)是介乎[i]和[iə]之间的音,o 的次音(ȯ)是介乎[o]和[u]之间的音,io 的次音(iȯ)是介乎[io]和[y]之间的音;只有 uo 的次音(uȯ),金氏《列音韵谱》第二十四摄里所收的字往往和ȯ或 uo 互见,比较是捉摸不定的。照这样说起来,ė、u̇、ụ各自代表一个特别的音,自然得分别来看,其馀 iė、ȯ、iȯ、uȯ几韵的次音符号(·),实际上含有短音符号(˘)和下降符号(˕)两种作用。①

至于利玛窦在《程氏墨苑》里所用的罗马字对音,系统上虽然不如金尼阁的谨严,可是所差的地方也有限。例如:

(1)利、金二氏都用-、^、`、´、˘做清、浊、上、去、入五声的符号;

(2)利、金二氏都用-n、-m 代表[-n][-ŋ]两个韵尾辅音;

(3)利、金二氏都用 x-代表[ʃ]声母;

(4)金氏把利氏所分的 c[k]、‘c[k‘](在 a、o、u 前),k[c]、‘k[c‘](在 i 前),q[kw]、‘q[k‘w](在 u 前)并成 k、‘k 两个音位;g[ɣ]、ng[ŋ]并成一个 g 音位;c[ts]、‘c[ts‘](在 e、i、u̇前),ç[ts]、‘ç[ts‘](在 a、o、u 前)并成 ç、‘ç 两个音位;j[ʒ](在 a、o、u 前),g[ʒ](在 e、i 前)并成一个 j 音位;n[n]、nh[ɲ](在 i 前)并成一个 n 音位;此外各“字父”完全相同;

(5)金氏删掉利氏所用的 oo、oem 两母,添上 ua、un、oai、oan、uan、oen、uem 七母,又把 lh 改为 ul;此外各“字母”完全相同;

(6)利氏对于 l 和 r、e 和 æ、i 和 y、u 和 o 的混用现象(例如:“利”字或作 lý 或作 lí,“十”字或作 xě或作 xæ̌,“形”字或作 hîm 或作hŷm,

---

① 参看《耶稣会士在音韵学上的贡献》第三章“《西儒耳目资》里关于音韵的要点”。

“功”字或作 cūm 或作 cōm 之类),金氏已经免除;

(7)“字母”受“字父”影响而改变音值的现象,金氏比利氏更有系统(例如:“聊”leâo、“良”leâm 和“焦”çiāo、“将”çiām 的韵母不同,“瓜”kuā 和“花”hoā、“堆”tūi 和“归”qūei 的韵母也不同之类);

(8)“甚”“次”的区别利氏所分没有金氏的细密(例如:“俗”sŏ或 sǒ̊,“必”pyĕ或 pyě̊,“使”sù̊或 sù 等,忽分忽不分;“竭、洁”kiĕ和“极、及”kiĕ,“则”cĕ和“日”gĕ,“学”hiŏ和“蓄”hiŏ,“落”lŏ和“六”lŏ等,当分而不分)。

此外,还有 29 个字拼法稍有出入,那就无关宏旨了。①

我在做那篇文章的时候,很想更多找到些材料,好印证当年那些耶稣会士们所用的罗马字对音有没有一致的系统。当时因为材料难得,所以就那么结束了。最近承向觉明先生借给我一部昭雪汤若望(Johannes Adam Schall Von Bell)文件的影片,那里边有很丰富的罗马字对音的材料,于是我现在才得到补充前文的机会。

(二)杨光先诬陷汤若望案的概略

在讨论昭雪汤若望文件的内容以前,我们应该先把杨光先诬陷汤若望的经过约略叙述一下。据《清史稿》列传五十九《汤若望传》,若望于顺治元年(1644)六月上书睿亲王多尔衮,王即命他用新法正历,并于顺治二年(1645)以新历颁行天下,定名“时宪历”。清世祖到北京,十一月以汤若望掌钦天监事,加太仆寺卿,寻改太常寺卿,十年(1653)三月赐号通玄教师,旋复加通政使,进秩正一品。当时清朝皇帝对他重用的情形,可以概见。钦天监旧设回回科,若望用新法,久

① 参看《耶稣会士在音韵学上的贡献》第三章“《西儒耳目资》里关于音韵的要点”。

之，罢回回科不置。到了十四年(1657)四月若望革职以后，回回科的秋官正吴明炫就乘机上疏来攻击他道：

臣祖默沙亦黑第一十八姓，本西域人。自隋开皇己未，抱其历学，重译来朝。授职历官，历一千五十九载，专管星宿行度。顺治三年掌印汤若望谕臣科，凡日月交食，及太阴五星陵犯天象，占验俱不必奏进。臣察汤若望推水星二八月皆伏不见，今于二月二十九日仍见东方。又于八月二十四日夕见。皆关象占，不敢不据推上闻，乞上复存臣科，庶绝学获传。

并上十四年回回术推算太阴五星陵犯书，日月交食天象，占验图象。别疏又举汤若望舛谬三事：一遗漏紫炁，一颠倒觜参，一颠倒罗计。八月顺治帝命内大臣爱星阿和各部院大臣登观象台测验水星，不见。议明炫罪，坐奏事诈不以实，律绞，援赦得免。这是若望革职后所受的第一次诬陷。

到了康熙三年(1664)[1]，新安卫官生杨光先叩阍进所著《摘谬论选择议》，斥汤若望新法十谬，并指选择荣亲王葬期误用洪范五行，又以时宪历书而题"依西洋新法"五字，非所宜用，误以顺治十八年闰十月为闰七月，推算舛误，并斥其所奏天主教为妄言惑众[2]。这时候握着康熙朝政治实权的是鳌拜、索尼、遏必隆、苏克萨哈四辅臣，他们颇偏袒光先。当时礼吏二部会鞫的结果，遂由议政王定谳云：

历代旧法每日十二时分一百刻，新法改九十六刻。康熙三年，立春候气，先期起管，汤若望妄奏春气已应。参觜二宿改调

① 《清史稿》误作五年。

② 费赖之(Louis Pfister)《入华耶稣会士列传》谓："若望被劾之款凡三：(一)邪说惑众，不合中国忠孝礼法；(二)潜谋造反，聚兵械于澳门；(三)历法荒谬，采用足为中国羞。"(见冯承钧译本，第202页)

次序，四馀删去紫炁。天祐皇上，历祚无疆，汤若望只进二百年历。选荣亲王葬期不用正五行，反用洪范五行，山向年月俱犯忌杀。事犯重大，汤若望及刻漏科杜如预、五品挈壶正杨宏量、历科李祖白、春官正宋可成、秋官正宋发、冬官正朱光显、中官正刘有泰皆凌迟处死。故监官子刘必远、贾文郁、可成子哲、祖白子实、汤若望义子潘尽孝皆斩。

这一网打得真不少！实际上他们所根据的只是吴明炫和杨光先一方面的说法，可是所诬陷的却比第一次凶得多。在康熙四年（1665）一月四日若望和南怀仁（Ferdinand Verbiest）、利类思（Ludwig Buglio）、安文思（Gabriel de Magalhaes）三神甫锒铛入狱，并命将全国诸传教师拘送来京，禁华人奉教。[①] 幸而康熙帝念汤若望效力多年，又复衰老，杜如预、杨宏量勘定陵地有劳，皆免死，并且让议政王覆议。覆议的结果，除汤若望改为流徙外，其馀仍如前议。奉旨汤若望等并免流徙，只把几个倒楣的李祖白、宋可成、宋发、朱光显、刘有泰砍了头！被拘的各神甫亦并开释，除若望外，俱发遣广东。[②]

这个案子定谳以后，遂罢新法，仍用大统术。除杨光先为钦天监右监副，疏辞，不许；即授监正，疏辞，复不许。光先编次他所作的书叫做《不得已》[③]，想拿旧说来纠正汤若望，只是学问赶不上他，于是拉了吴明炫的兄弟明烜担任推算。康熙五年（1666）春，光先疏言：

今候气法久失传，十二月中气不应，乞许臣延访博学有心计之人与之制器测候。并饬礼部采宜阳金门山竹管、上党羊头山

① 《入华耶稣会士列传》冯译本，第202页。

② 参用《清史稿》列传五十九汤若望、杨光先两传及《入华耶稣会士列传》。

③ 1929年中社影印本。

玉黍、河内葭莩备用。

七年(1668)光先复疏言：

律管尺寸载在《史记》，而用法失传。今访求能候气者尚未能致。臣病风痺未能董理。

下礼部，言光先职监正，不当自诿，仍令访求能候气者。同时吴明烜奏水星当见，其言复不售。这时候杨、吴的西洋景渐渐戳穿，朝廷知道他们的学术不能胜任，于是起用南怀仁治理历法。南怀仁疏劾明烜造康熙八年七政民历，于是年十二月置闰，应在康熙九年正月，既又言是月二十九日雨水，乃正月中气，即为康熙九年之正月闰当在是年二月，又一岁两春分，两秋分，种种舛误[①]，下议政王等会议。议政王等议历法精微，难以遽定，请命大臣督同测验。八年，康熙帝派大学士图海等20人，会监正马祜测验立春、雨水两节气，及太阴水、木二星躔度。南怀仁言悉应，明烜言悉不应。议政王等疏请以康熙九年历日交南怀仁推算。康熙帝问光先前劾汤若望，议政王大臣会议，以光先何者为是，汤若望何者为非？及新法当日议停，今日议复，其故安在？议政王等疏言：

前命大学士图海等二十人赴观象台测验，南怀仁所言悉应，吴明烜所言悉不应。问监正马祜，监副宜塔喇、胡振钺、李光显皆言南怀仁历法上合天象。一日百刻历代成法，今南怀仁推算九十六刻既合天象，自康熙九年始，应按九十六刻推行。南怀仁言，罗睺、计都、月孛，推历所用，故入历；紫炁无象，推历所不用，故不入历，自康熙九年始，紫炁不必造入七政历。又言候气为古法，推历所不用，故不入历，嗣后并应停止，请将光先夺官，交刑

① 南怀仁有驳杨光先文。中国未见传本，利类思驳杨光先之《不得已辨》，中国有印本。

部议罪。

康熙帝命光先但夺官,免其罪。南怀仁等复呈告:光先依附鳌拜,将历代所用洪范五行称为灭蛮经,致李祖白等无辜被戮,援引吴明烜诬告汤若望谋叛,下议政王等议,坐光先斩。康熙帝以光先老,贷其死,遣回籍,道卒。刑部议明烜坐奏事不实,当杖流,命笞四十,释之。在这件案子平反以前,汤若望已经死了,到这时候才恢复了"通微教师"的封号,视原品赐恤。改"通玄"曰"通微",那是后来为康熙帝避讳的缘故。[①]

以上所说是这个案子的概略。不过这件事情的是非曲直,第一牵涉历法问题。这诚如当时议政王所说:"历法精微,难以遽定。"在他们争议不已的时候,康熙帝深憾"己所未学,不能定其是非",于是"发愤研讨,卒能深造密微,穷极其阃奥"。[②] 可见这件事是不能凭空判断的。第二得明了当时的政治背景。杨光先一方面斥天主教为妄言惑众,蓄意谋叛;在南怀仁一方面又说杨光先依附鳌拜,紊乱历法,诬陷无辜。他们的真相如何,郑毅生先生拟另作专文来研讨,我在这里且不多说外行话。本文的旨趣,只想把昭雪汤若望文件里面的罗马字对音拿来和利玛窦、金尼阁所用的系统比较一下,看一看这班耶稣会士们拼注汉字的方法是否有一致的条理。

(三)昭雪汤若望文件的内容和它的音系

昭雪汤若望文件,拉丁原名叫做 *Innocentia Victrix*,子题作 *Senten-*

---

① 参用《清史稿》列传五十九杨光先、南怀仁、汤若望传。萧穆《敬孚类稿》亦有《杨光先传》。cf. Greslon: *Histoire de la Chine*, p. 35 ~ 46.

② 《清史稿》列传五十九传论语。

tia Comitiorum Impery Sinici pro Innocentia Christianæ Religionis Lata Juridicè per Annum 1669，是康熙十年(1671)耶稣会士何大化(R.P.Antonius de Gouvea)用汉文和拉丁文对照在广州刊布的。全文除封面和扉页共计 42 页，84 面；每面长十英寸半，宽六英寸半。汉字旁边都附着罗马字对音，各文件的字体也都照原来的式样摹印。原件现藏伦敦大英博物馆(British Museum，20 MY，98)，1937 年向觉明先生依原件大小影摄一全份。本文的材料完全拿向先生的影摄本作根据。

这一份文件计有 12 种：

(1)康熙八年五月初五日利类思、安文思、南怀仁奏控杨光先并请昭雪汤若望呈文；

(2)礼部等衙门为详查利类思等呈控各由题本；

(3)康熙八年七月二十六日上谕议政王贝勒大臣九卿科道会同再行详议具奏；

(4)议政王大臣等覆议昭雪汤若望、许缵曾、李祖白等，并议将杨光先处斩、妻子流徙宁古塔题本；

(5)上谕免杨光先死，并免其妻子流徙，天主教除南怀仁等照常奉行外仍禁立堂传教；

(6)康熙帝赐祭汤若望文(原件系篆书)；

(7)康熙九年十一月二十日利类思、安文思、南怀仁等奏请赦免栗安当等二十余人题本；

(8)康熙九年十一月二十八日上谕礼部将利类思等所奏之本确议具奏；

(9)礼部会议恐栗安当等各归本堂日久复立堂传教，因拟将利类思等具题之处无庸再议题本(原件系草书)；

(10)礼部议羁留广东之栗安当等二十余人内有十余人通晓历法，可俱取来京城与南怀仁等一同居住题本；

昭雪汤若望文件封面（文件一）

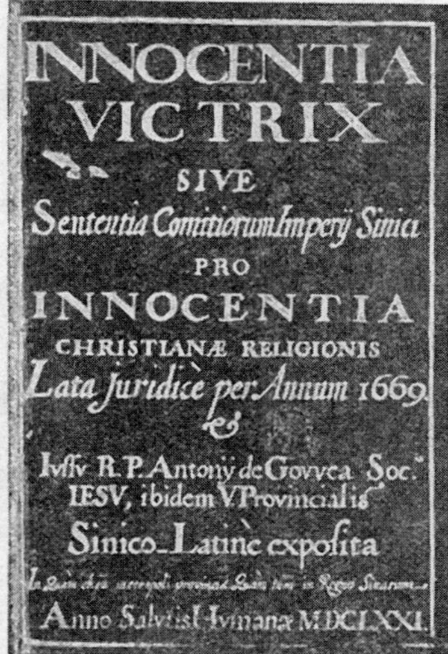

INNOCENTIA
VICTRIX
SIVE
Sententia Comitiorum Imperij Sinici
PRO
INNOCENTIA
CHRISTIANÆ RELIGIONIS
Lata juridicè per Annum 1669.
Iussu R. P. Antonij de Gouvea Soc.^is
IESV, ibidem V. Provincialis
Sinico-Latinè exposita
[illegible]
Anno Salutis Humanæ MDCLXXI.

昭雪汤若望文件扉页（文件二）

語查得　順治十三年十一月恭捧
愛民爲宗旨總不外克己盡性忠孝節廉大端等
制字行教已八十餘載其著書立言大約以敬天
天主一教卿在中國故明萬曆年間西士利瑪竇東來
[illegible]所告狀內

礼部等衙门为详查利类思等呈控各由题本（文件三）

Responſum Imperatoris ac Sententia

復立堂入教仍着嚴行曉諭禁止餘依議
天主教除南懷仁等照常自行外恐直隸各省或
取來京城共
寬免死妻子亦免流徙西洋二十五人不必
旨楊光先本當依議處死但念其年已老姑從

「上谕」免杨光先死并免其妻子流徙天主教除南怀仁等照常奉行外仍禁止立堂传教（文件五）

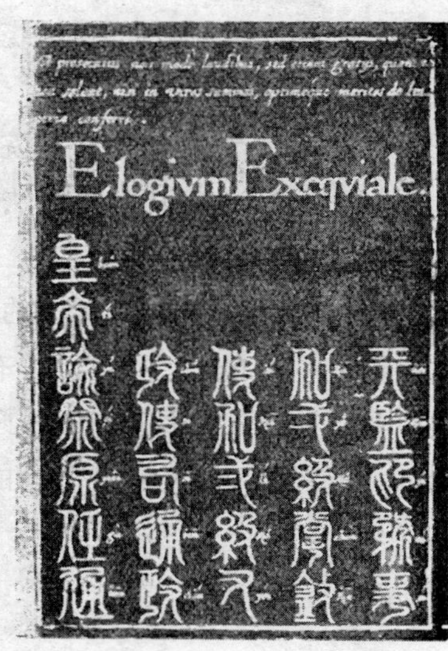
Elogivm Exeqviale

康熙帝赐祭汤若望文（文件六）

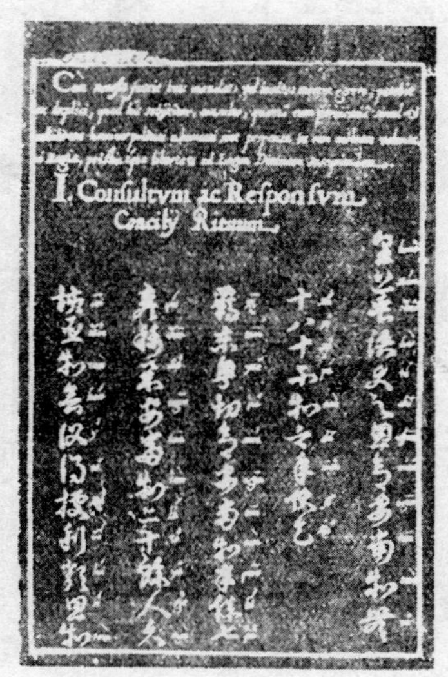
I. Consultvm ac Responsvm
Concilij Rituum

礼部会议拟将利类思具题之处无庸再议题本（文件九）

(11)康熙九年十二月二十一日上谕，准羁留广东之栗安当等二十余人内有通晓历法者来京与南怀仁等同居，其不晓历法者各归本堂，但仍禁止直隶各省一应人等入教；

(12)康熙十年正月十八日兵部行咨各省总督抚院查明栗安当等25人内有通晓历法者几名即行起送来京，其不知历法者即令各归本堂文。

这12件共有2666字，另外还有夹在拉丁文里的26字，两项共计有2692个对音材料。若除去重复的汉字不算，还有666个对音。比起《程氏墨苑》里所收利玛窦的罗马字对音几乎多了一倍。现在把这些对音照金尼阁《西儒耳目资》里“字父”和“字母”的顺序，列表于下：

字母 字父	a					e			
	ā	â	à	á	ǎ	è	é	ě	ě̇
ç					杂			则$_3$ 择 泽	
‘ç								拆$_3$	
ch						者$_{12}$	这	浙	职$_9$ 直$_4$
‘ch		查$_9$			察				敕
c								革	
k								革$_5$ 格	
q									
‘c									
‘k								克$_3$	
‘q									
p					八$_{11}$拔			白$_4$ 百 伯栢	
‘p									
t				大$_{11}$				得$_{11}$德	
‘t	他$_2$				塔			特	
j									
g$_1$									日$_{13}$入$_{10}$
v								物$_3$	
f					法$_{11}$				
ng								额$_2$	
g$_2$									
l								勒	
m			玛$_3$						
n					纳				
s									
x							赦$_4$	涉	十$_{31:5}$ 实释饬 饰?
h								赫	

字母 / 字父	i				o					
	ī	î	ì	í	ō	ô	ò	ó	ǒ	ǒ̇
	依$_{3}$ 伊$_{6}$	移仪	已$_{10}$以$_{9}$ 拟倚$_{3}$ 矣$_{2}$	议$_{17}$义意异						
ç				祭$_{2}$ 际			左	作座		足
‘ç	妻$_{2}$				初				错	
ch	之$_{26}$知$_{5}$		旨$_{19}$指纸止	至$_{2}$ 致製$_{2}$ 治制置智					着$_{6}$	
‘ch		治$_{2}$								黜
c									各$_{14}$	毂
k	羁$_{5}$		己$_{2}$ 几幾	既$_{2}$ 忌记继						
q										
‘c					科$_{3}$		可$_{10}$			
‘k		其$_{29}$奇	岂$_{2}$ 起	器$_{2}$ 弃						
‘q										
p				被$_{2}$ 畀敝					暴	
‘p										
t			弟	帝$_{10}$地$_{3}$	多$_{3}$				铎	督$_{3}$ 笃
‘t		题$_{10}$		替					夺	
j									若$_{16}$	
g$_{1}$										
v		微$_{8}$		未					屋$_{3}$	
f	非$_{4}$		匪	费					復$_{8}$ 覆	伏$_{2}$ 福
ng							我$_{5}$		恶$_{7}$	
g$_{2}$										
l			礼$_{4}$ 理$_{4}$ 里$_{2}$ 李$_{2}$	利$_{10}$隶$_{4}$						六$_{2}$ 陆
m		弥								穆$_{2}$ 没殁$_{2}$
n									诺	
s	西$_{17}$		徙$_{5}$ 洗				所$_{10}$			
x	施$_{2}$	特$_{5}$	始	世$_{7}$ 是$_{6}$ 恃势逝						術
h	熙$_{6}$ 希			係$_{8}$ 繫		荷$_{2}$ 何	火$_{2}$		合$_{3}$	

字母/字父	u								ai			
	ū	ụ̄	û	ụ̂	ù	ụ̀	ú	ụ́	āi	âi	ài	ái
	呜				五							
ç		孜咨$_3$			祖$_8$	子$_4$	助	自$_7$ 咨			载$_4$ 在$_{10}$	再$_5$
‘ç				祠慈 词		此$_{12}$		次		财		
ch	诸$_3$				主$_{19}$		住$_5$ 著$_2$					
‘ch			除$_3$		處$_6$		處$_2$		差			
c	姑				古$_2$		故$_6$		该$_9$			槩$_3$
k												
q												
‘c					苦$_2$							
‘k												
‘q												
p							部$_3$ 不$_{23}$					败 拜
‘p												
t							度					代
‘t			途徒									
j			儒汝?									
g1												
v			无诬$_7$		武		务					外$_{10}$
f			抚$_2$		俯		负附					
ng												爱$_2$
g2												
l					鲁		露			来$_{11}$		
m							墓$_4$ 慕				买	卖$_2$
n											乃	
s		思$_4$师$_6$ 司$_3$				死$_4$ 俟 使$_4$	数$_3$ 素	思$_{11}$ 事$_5$ 四赐$_{11}$ 士$_2$ 肆				
x		书					庶					
h	呼		狐湖									

字母	ao				am				an			
字父	āo	âo	ào	áo	ām	âm	àm	ám	ān	ân	àn	án
ç	遭$_2$		造$_2$									
‘ç									参			
ch			肇	照$_8$ 昭	张		掌$_2$	杖			斩	
‘ch		朝	抄			常$_2$ 长						
c				告$_6$								
k												
q												
‘c			考		康$_6$				龛			看
‘k												
‘q												
p				报$_3$							板	
‘p												
t			道$_8$	到$_2$ 悼	当$_{13}$		党$_3$					
‘t					汤$_{12}$	堂$_{31}$			贪			
j												
g_1												
v					汪	王$_4$ 安 亡$_3$	枉$_2$ 罔 往$_2$	望				万
f					方芳	房$_4$				凡$_2$ 烦	反	犯
ng				敖					安$_{17}$			案$_4$
g_2												
l			老$_3$									
m				冒貌								
n										南$_{14}$ 男$_3$		
s									三$_6$			散
x	烧							上$_{13}$ 尚$_2$	山$_2$			
h			昊 浩$_2$	号								

字母/字父	eu			em			en			
	êu	èu	éu	ēm	êm	èm	ēn	ên	èn	én
ç			奏6	曾2						
‘ç					曾					
ch										佔2
‘ch										
c										
k										
q										
‘c										
‘k		口							恳2	
‘q										
p										
‘p										
t			窦2			等54				
‘t										
j	柔	糅								
g_1					仍13			然		
v								文8 闻	文	
f		阜2	覆							
ng		偶					恩11			
g_2										
l										
m	谋3									
n					能2					
s				生6		省16				
x		守							善陕	
h					横					

字母／字父	ia					ie				
	iā	iâ	ià	iá	iǎ	iê	iè	ié	iě	iě̇
		衙			押$_{2}$		也$_{9}$	夜		一$_{15}$翼亦$_{2}$益
ç								籍$_{3}$借	节$_{3}$	即$_{2:5}$
‘ç							且$_{2}$		切	七$_{4}$
ch										
‘ch										
c										
k	家$_{3}$佳$_{2}$加$_{3}$嘉		假	驾价			给		结	给$_{4}$及级$_{2}$
q										
‘c										
‘k										乞$_{2:1}$
‘q										
p										必$_{4}$毕
‘p										的$_{4}$迪
t										
‘t										
j										
g$_{1}$										
v										
f										
ng										
g$_{2}$										
l										厝$_{13}$立$_{6}$栗$_{7}$
m									蠛	
n									聂$_{2}$捏	
s						邪$_{5}$				锡$_{2}$习$_{2}$衄$_{2}$绁
x										
h				下$_{2}$						迄

字母 字父	io		iu					im			
	iŏ	iȯ	iū	iû	iù	iú	iŭ	īm	îm	ìm	ím
	约	域	於$_5$	馀$_{15}$ 于渝	与$_8$ 宇$_5$ 语$_4$ 羽	谕$_5$ 御$_2$	聿	应$_8$			应
ç	爵					聚$_2$		清			
‘ç					取$_4$				情$_2$	请$_3$	
ch											正$_7$ 政$_4$
‘ch								称$_5$	成$_4$ 呈$_4$ 程城$_3$ 诚		
c											
k		鞠	居$_7$ 俱$_6$		举	具$_{10}$ 遽 据$_3$		经$_9$ 京$_8$		境$_2$	敬
q											
‘c	确										
‘k				瞿	去$_2$	去		卿$_4$			
‘q											
p								兵			竝$_6$ 病
‘p									平		
t										鼎顶	
‘t									廷$_2$		
j											
g1											
v											
f											
ng											
g2											
l					屡$_2$				灵令$_6$		令
m									明$_{11}$ 鸣 名$_7$ 命$_2$		
n					女$_3$				寧		
s	卹$_4$					序					性
x											圣$_3$ 盛
h	学				许$_4$				行$_{17}$ 刑	幸$_3$	

字母	in				oa	oe	ue	ui				oi	
字父	īn	în	ìn	ín	oa	oe	uě	ūi	ûi	ùi	úi	ōi	ói
	因$_{9}$ 殷	银$_{2}$ 淫		印									
ç				进$_{2}$ 尽$_{2}$						罪$_{7}$			
‘ç	侵$_{2}$			尽							瘁		
ch	真			朕$_{3}$ 谮 殄?									
‘ch		臣$_{15}$						推?	垂$_{4}$				
c													
k	金 今$_{12}$		谨	禁$_{8}$									
q							国$_{13}$						
‘c													
‘k	钦$_{10}$	勤											
‘q													
p												碑$_{4}$	贝$_{4}$
‘p			品										
t													
‘t											退		
j											睿$_{2}$		
g1		人$_{27}$ 任 仁$_{14}$											
v													
f													
ng													
g2													
l		临		临$_{2}$							类$_{8}$		
m		民	闵										
n											内$_{9}$		
s	新$_{4}$ 心							虽	随				
x	深	神$_{3}$		慎			说			水			
h	歆				化$_{3}$	或$_{6}$ 惑							

字母/字父	uo		um				un			lh			eam	
	uó	uǒ	ūm	ûm	ùm	úm	ūn	ùn	ún	l̂h	l̀h	ĺh	eâm	eám
										而$_5$	尔$_3$	二$_{15}$		
ç			宗$_4$ 踪		總$_4$		尊$_8$							
‘ç				从										
ch			中$_6$ 忠$_4$ 终			仲众		准						
‘ch					重$_2$									
c			供$_3$ 公恭$_2$ 躬$_2$ 共工											
k			空		恐	控								
q	过$_2$	郭												
‘c														
‘k														
‘q														
p														
‘p														
t			东$_{15}$											
‘t			通$_{14}$	同$_6$佟 铜$_2$		痛								
j														
g1														
v														
f			风	逢	捧	奉$_{11}$								
ng														
g2														
l													良$_3$	两
m				蒙										
n														
s						送$_5$								
x									顺$_2$					
h				洪										

字母 \ 字父	iai		iao			iam				ieu				ien	
	iāi	iài	iāo	iào	iáo	iām	iâm	iàm	iám	iēu	iêu	ièu	iéu	iēn	iên
					要		杨$_{10}$阳 洋$_{6}$				由$_{3}$ 油	有$_{17}$ 牖	又$_{16}$ 幼		言$_{3}$焉 严$_{6}$
ç						将$_{3}$			将$_{10}$?					歼	
‘ç							详$_{2}$	详$_{2}$?						千迁	前$_{6}$
ch															
‘ch															
c															
k	皆$_{3}$	解$_{4}$	交		教	江$_{3}$						九$_{7}$ 久$_{6}$	旧	监$_{5}$ 奸$_{3}$ 间$_{2}$	
q															
‘c															
‘k															
‘q															
p				表$_{3}$											
‘p															
t															
‘t														天$_{32}$	
j															
g1															
v															
f															
ng															
g2															
l											流$_{5}$刘 留$_{3}$				廉$_{2}$ 怜
m															
n															
s						相$_{3}$			象$_{2}$ 像$_{2}$	修$_{6}$				先$_{18}$	
x															
h				晓$_{9}$	孝	乡$_{3}$ 香		享$_{2}$				朽			卿

字母＼字父			iue	ium		iun		oai	oei		oam	oan	oen	uei	
	ièn	ién	iuě	iûm	iúm	iūn	iûn	oâi	oèi	oéi	oâm	oân	oên	uēi	uêi
			月$_8$ 曰$_3$ 粤$_3$	容$_5$ 荣	用$_4$		云								
ç		渐													
‘ç															
ch															
‘ch															
c															
k		见$_2$ 建$_2$ 鉴$_2$													
q														归$_{10}$	
‘c															
‘k	遣														
‘q															
p	辩 扁	便$_2$ 变													
‘p															
t	典														
‘t															
j															
g1															
v															
f															
ng															
g2															为$_{10}$ 危惟$_3$
l															
m	免														
n	辇	念$_6$													
s			雪			巡									
x															
h	显	陷$_2$						怀$_{12}$	毁$_3$ 燬	会$_8$	皇$_{14}$	还$_7$	魂$_2$		

字母 字父			uam			uen			uon			iuen			
	uèi	uéi	uām	uàm	uám	uên	uèn	uén	uōn	uòn	uón	iuēn	iuên	iuèn	iuén
													原$_6$ 爰 缘$_3$ 员	远$_6$ 苑 冤$_3$?	院
ç															
‘ç															
ch					状										
‘ch					创$_2$		舛	传$_5$							
c															
k												䦆			
q	诡		光$_{15}$	广$_8$				棍	官$_7$ 管?						
‘c									宽	欵$_2$					
‘k													权$_3$		
‘q															
p							本$_{13}$		半$_3$?						
‘p						盆			潘		叛				
t									端$_2$		段				
‘t															
j															
g_1															
v															
f						坟$_4$ 焚$_3$		愤							
ng															
g_2		为$_8$													
l											乱				
m						门$_6$				满					
n															
s												宣$_2$		选	
x															
h															

每个字后面的数字是在这份文件里发现的次数，又凡是在这文件里找不到例字的表中就不把它的音类另立空格。就上面的表来看，其中一共有26个声母，46个韵母。在声母一方面，大体和金尼阁的系统相同，只有“格”“克”各分三类，“日”“额”各分二类，是依照利玛窦的系统；不过，“则”“测”“搦”各拼为一类又和利氏的拼法不同。关于没有声母的字，金尼阁都算是元音起头儿的，并没有另立“字父”。在这份文件里所有没声母的字，第一韵素是a、o的，归入ng；第一韵素是u的，除“为、惟、危”诸字外，改写作v，遇到单纯u韵有时只写v，而省略韵母(如“呜”作v̄、“五”作v̀，但“无”作vû、“务”作vú，并不一致；前表为排列方便，“呜、五”之类列入纯韵栏)；第一韵素是i的，改写作y，遇到单纯i韵一律写作y，而省略韵母(如“依、伊”作ȳ，“移、仪”作ŷ，“已、以、倚、矣、拟”作ỳ，“议、义、意、异”作ý，“因、殷”作ȳn，“银、淫”作ŷn，“印”作ýn，“应”作ȳm、ým；前表为排列方便，凡由i改y者仍列入纯韵栏)。这些地方都和利玛窦的拼法比较近似。至于“额母”虽然分为g、ng两类，可是归字并不和利氏全同。利氏用g拼的有疑纽的“艾、悟、吾、卧”、影纽的“秽”、云纽的“为”等，而这里只有“为、惟、危”几个字，照条理来类推，“艾”应该归入ng，“悟、吾、卧”应该归入v，不过这些字并不见于这份文件里罢了。此外还有些两见的字：如“尽”有çín和‘çín两读，由于从纽的仄声变全清或次清尚没一定；“革”有kē和cě两种拼音，由于e音介乎侈音和弇音之间，容易发生两可的犹豫写法。除去上面所指出来的以外，都和利、金二氏的一般原则相合。

在韵母一方面，这里的46类比金尼阁多出一个oi韵，少了ua、eao、uai、uan、uem五韵。属于oi韵的只有“碑、贝”两个字，照金氏的“悲”poēi、“眉”moêi等字来类推，这两个字本来应该和“毁、燬”hoèi、“会”hoéi等字同属oei韵的。现在单立oi韵，好像把唇声母的字另外分出一类来。至于所缺的五韵，有的很显然是在这份文件里找不到例字的，如 eao(应拼“聊、了、料”等字)、uem(应拼“肱、矿、鞃”等字)、uai(应拼“怪、快”等字)、ua(应拼“瓦、瓜、话”等字)之类；有的因为把第一韵素 u 改写作 v，因而并入 an 韵的，如 uan 韵(例如“万”金氏作 uán，利氏有 ván、uán 两式，这里只写作 ván)。在《程氏墨苑》里所收利玛窦的罗马字对音也没有 ua、uan、uem 三韵。又“而”韵作 lh 不作 ul 跟利氏同，跟金氏不同；还有拿 i 介音起头儿的结合韵母，在 l 声母的后边，韵头改作 e-，拿 u 介音起头儿的结合韵母在 h 声母的后边，韵头改作 o-：那是跟利、金二氏的办法完全一样的。此外还有四点应该提出来讨论：

(1)在 ng 声母后边 e 写作 he，eu 写作 heu，en 写作 hen。

和 ng 声母相拼的 e 韵“额”字发现两次，都写作 nghě；eu 韵“偶”字发现 1 次，写作 nghèu；en 韵“恩”字发现 11 次，10 次写作 nghēn，1 次写作 ngēn。在别的声母后边却一律写作 e、eu、en。这是因为 ng 照例只和 a、o 等相拼，而这个 e 音近于[ə]，所以也可以和它相拼，为避免跟普通 e 音含混，于是在前面加上一个 h。在元朝用八思巴文所拼的汉字音，遇到[ə]音的时候也写作 he[①]，那便是一个很好的旁证。现在法国人流行的拼法遇到硬性声母有被读作软性的嫌疑时，也照例在它的后面加上一个 h，安南的“国语”罗马字，便有好多这类的例子。

(2)en、ien 两韵有时混乱。

en 韵里的“然”gên、“善、陕”xèn、“佔”chén 等和“文、闻”vên、“恩”nghēn、“恳”kèn 等，实际上并不同韵。前一类本来应该属于 ien 韵，因为在 ch、‘ch、x 声母的后边，i 介音被吞掉，所以就混到这一韵里来

① 参看《罗常培文集》第四卷《八思巴字与元代汉语》。

了。若要根据现在的读法去构拟当时的实际语音，那么，前一类应该是[ɛn]，后一类应该是[ən]。

(3)“甚”“次”的写法不大谨严。

我在前文已经说过，利氏对于“甚”“次”的分别不及金氏的细密。例如：“俗”sŏ 或sŏ˙，“速”sŏ或sŏ˙，“必”pyĕ 或 pyĕ˙，“笔”piĕ 或 piĕ˙，“一”yĕ 或 yĕ˙，“习”siĕ 或 siĕ˙，“使”sù 或 sù̇等，忽分忽不分；“竭、洁”kiĕ和“极、及”kiĕ，“则”cĕ 和“日”gĕ，“学”hiŏ 和“蓄”hiŏ，“落”lŏ 和“六”lŏ 等，当分而不分。在这份文件里也有好多类似的现象。例如：

“十”xĕ̇(31)　　xĕ(5)　　“即”ciĕ̇(2)　　ciĕ(5)

“乞”kiĕ̇(2)　　‘kiĕ(1)

还有“迄”字本来应作 hiĕ̇，而在文件里仅见的一次却写作 hiĕ，可见这里所分的也赶不上金尼阁的谨严。

(4)拼音的错误。

这一项又可分作三目：

(a)念别字　这份文件里有些地方因为念别字而把拼音弄错了的。例如：

“蒙恩命南怀仁仍推新历”(原件叶四前)的“推”字，本应读‘tūi，误读作‘chūi；①

“恩赐昭雪”(原件叶六前)的“昭”字，本应读 chāo，误读作 cháo；

“恭捧上谕”(原件叶十前)的“捧”fùm 应该是“奉”的错字；

“屡行严饰”(原件叶十后)的“饰”xĕ̇字，本应作“饬”‘chĕ̇；

“不意馀风未殄”(同上)的“殄”字，本应读 tièn，误读作 chín；

① 按，“推”《广韵》“汤回切”，又“叉佳切”，今两广、福州亦读“推”之字音为‘chui。此处虽与北京音不合，或系根据当时之粤音而来。

“实繫有徒”(同上)的“繫”hí 字,本应作“繁”fân。

(b)前后的参差　有些字前后的拼音颇不一致。例如:“卹”,有的写作 siŏ̇:

“又李祖白等各官该部照原官恩卹”(原件叶二十一后);

“特加恩卹遣官致祭”(原件叶二十八前);

“殁者赐卹”(原件叶三十一前);

“亡故者赐卹”(原件叶三十七后)。

有的写作 siĕ̇:

“照伊原品赐卹”(原件叶二十一前);

“卹死报勤国家之盛典”(原件叶二十七后)。

“思”有的写作 su̇̄,有的写作 su̇́:

“利类思”和“安文思”的“思”字,原件在第九叶以前作平声,第九叶以后作去声。

“临”有的写作 lîn:

“屡次圣驾临堂”(原件叶三十二前)。

有的写作 lín:

“上主赫临”(原件叶二前);

“临下有赫”(原件叶四前)。

“文”有的写作 vên:

“安文思”(原件叶三前,九后,三十后,三十二后);

“御制碑文”(原件叶五前,三十一后);

“世祖皇帝赐汤若望碑文”(原件叶十一前);

“晓习天文”(原件叶二十七后)。

有的写作 vèn:

“掌司天文”(原件叶二十六后)。

“令”有的写作 lím:

“今房屋令人居住”(原件叶五后)。

有的写作 lîm:

“今房屋令人居住”(原件叶十二前);

“令人居住”(原件叶十二后);

“仍令伊等照旧供奉”(原件叶二十后);

“令该督抚差人解送来京”(原件叶二十一前);

“不便令各归本堂”(原件叶三十七后);

“即令各归本省本堂可也”(原件叶四十二前)。

“详”有的写作‘çsiâm:

“再行详议具奏”(原件叶十九前);

“会同详议”(原件叶三十一前)。

有的写作‘çiàm:

“查得此案俱系详查”(原件叶十三后)。

“将”有的写作 çiām:

“将先帝数十年成法妄谮”(原件叶四前);

“将无辜远人二十余人押送广东羁绁”(原件叶五后)。

有的写作 çiám:

“将通微教师之名一并革去”(原件叶十三前);

“岂可不将是非议明”(原件叶十八后);

“将天主教仍令伊等照旧供奉”(原件叶二十后);

“光先将奉旨所留天主堂龛座碑记自行拆毁”(原件叶二十二前);

“将光先仍即行处斩”(原件叶二十二前);

“将栗安当二十五人不必取来京城”(原件叶三十五后);

“将利类思等具题之处无容再议”(原件叶三十六前);

“将伊等各归本堂”(原件叶三十七后);

“将栗安当等俱取来京城”(原件叶三十八前)。

以上这些字里，“卹”字在当时或有 siǒ̇、siě̇两读，“思”字也许因为转译外国文的原名时声调微异。像“临”读去声①，“文、详”读上声，“令”读阳平②，却都和通行的读法不合。“将”字虽有平、去两读，可是照文义看起来似乎该读平声。现在也有些人把这类用法的“将”字读作上声，却没有人把它读作去声。所以我把这些字都当做拼错了的。

(c)读破四声　还有些字的声调在这份文件里虽然标的一致，可是和现在通行的念法不同。例如：

“冤”，“于袁切”，应读阴平，这里作上声 yuèn(原件叶五后，十八后，二十二前)；

“半”，“博漫切”，应读去声，这里作阴平 puōn(原件叶三十一前，三十五前，三十九后)；

“抚”，“芳武切”，应读上声，这里作阳平 fû(原件叶二十一前，四十二前)；

“管”，“古满切”，应读上声，这里作阴平 quōn(原件叶二十一后)；

“汝”，“人诸切”，应读上声，这里作阳平 jû(原件叶四十后)；

“共”，“渠用切”，应读去声，这里作阴平 cūm(原件叶三前“神人共愤”句)。

照一般的念法，这些字的声调显然是标错了。

以上这四项，我列表的时候，把 he、heu、hen 仍拼在 e、eu、en 行里不另分出。ien 写作 en 的，依照文件里的实际拼法来归类，“甚”“次”混淆的，也照实际的读音归类，但把发现的次数分计，并不加在一起[例如：“十”作 xě̇的 31 次，作 xě 的 5 次，实际应读作 xě̇，便都归入 xě̇格内，但在后面注明 xě̇(31∶5)，以资识别]；至于那些拼错了的字，仍

① “临”有“力鸩切”，但训“众哭”，与此不合。

② “令”《集韵》有“郎丁切”，《正韵》有“离呈切”，训“厕役日使令”。

照原来的拼法排列，不加改正，但在字后面附加一个疑问号“?”。

(四)结　论

综起上文来看，我觉得何大化刊行的这份文件里所用的罗马字拼音，虽然和利玛窦、金尼阁两个人所用的各有些小的出入，可是像拿 x 代表[ʃ]，拿-m 代表[ŋ]，以及“甚”“次”的分别，五声的符号，在在都可以表现他们内部一致的地方。这份文件的刊行(1671)在利玛窦开始用罗马字标注汉音(1605)后 66 年，在《西儒耳目资》成书(1625)后 46 年，照理说它的系统应该和金尼阁接近的，可是像“格、克”各分三类，“日、额”各分二类，以及“而”韵写作 lh，和没有 ua、uan、uem 三韵之类，何以反倒和利玛窦接近呢？我以为，当时耶稣会士所用的罗马字拼音，虽然有个“大致不离”的规模，却不限制“大同小异”的出入。金尼阁《西儒耳目资》里的《列音韵谱》和《音韵经纬全局》，是经过中国学人的指示，根据中国音韵的条理，加过一番整齐划一的功夫的，自然和一般耶稣会士所用的拼音系统稍有不同。利玛窦和何大化的标音只是根据那个“大致不离”的规模来顺手拼写，并没有专心致志地想作成一部音韵学的专书，难免在有定之中略微有点儿参差，因此这两个时代距离较远的，拼音的系统反倒接近了。

1941 年 1 月 20 日写竟于昆明冈头村北大公舍，同年 5 月 24 日重订于昆明靛花巷 3 号北大文科研究所。1950 年 12 月 17 日在北京付印。

附录 何大化昭雪汤若望文件

这份文件是向觉明先生由英国伦敦博物馆摄照的。这篇文章的初稿曾经把其中的罗马字对音都摘记出来作为附录,但是排印时感觉非常困难,后来承向觉明先生慨然惠借原件全部影印,又承中国科学院图书馆顾家杰、胡彦久两位先生帮助照相复制,因此才能把280年前的罗马字对音的材料照原样儿印出来跟读者相见。首先我们要感谢向先生和顾、胡两先生的合作!

这份文件的内容和详细目录已见本文"(三)昭雪汤若望文件的内容和它的音系",这里不必再多说。它在中国音韵学上的贡献,本文里也已经分析、讨论过了。至于它在历史上的意义,向觉明先生本来答应写一篇短跋来讨论,可是他从朝鲜慰问回来,负着到各地传达的重要任务,抽不出时间来执笔,因此我不得不简单说几句话。

自从1590年以来,天主教传教士利玛窦(Matteo Ricci)、龙华民(Longobardi)等陆续到中国来传教,当时中国在西洋人的眼目中正是一个新发现的大陆,是一个传布天主教的广大区域。一般欧洲的传教士都企望天主教能向中国首都逐步发展,所以东来的传教士大半都是先到了澳门、广州,然后再到杭州、南京,由杭州、南京再发展到北京。汤若望就是明天启三年(1623)一月二十五日跟龙华民一同到北京的。

当时他们为了推广宗教的势力,就凭借着带来的科学技术以谋求发展。发展的主要手段有两种:(1)以馈赠方物的方法来接纳高级官吏。(2)因高级官吏的引荐,假借造枪炮术和观象修历的科学知识来攀援最高的统治者,由此他们可以取得华宠,进而达到造堂传教的目的。[①]例如汤若望在明末修历，后来又受过李自成的优礼，满洲入关以后又靠观象授时、制订历书的功劳，做钦天监监正，外加“通玄教师”的美名；利类思(Ludwig Buglio)和安文思(Gabriel de Magalhaes)都做过张献忠的“天学国师”。从这种事实足可以看出他们共同的行径了。在清初汤若望有了崇高的职位以后，反而对于利类思和安文思依附张献忠的“罪行”不肯积极营救，无怪乎给利、安二人辩护的金弥格(Michael Trigault)讥讽汤若望说：“坐在玻璃房里的人不可拿石块投掷别人！”[②] 这正说明了他们的步伐是一样的！

杨光先跟汤若望争讼，这是历史上的一次反天主教运动，在此以前已经发生过两次。第一次在1616年，那时汤若望还没来到北京。当时南京礼部侍郎沈漼上疏弹劾天主教[③]，列有北京、南京和其他城市里几个传教士的姓名。疏中所开条款的大意说：谲诈不测的外国人宣扬主宰全世界的天主教，到处劝人信奉，以为非此不足救赎灵魂；在他们的天文学中为天空的每一星宿都另画轨道，而禁止教徒奉祀祖先。它的结论是：人们应当把这些夷族摒诸八万里之外，没收他们的书籍；并且追究他们何时到中国，人数若干，款项从何处供给，何人曾经帮助他们编纂书籍，然后国家才可以太平。疏上以后，结果把住在南京的王丰肃(P. Vagnoni)、鲁德照(Alvarode Semedo)和住在北京的熊三拔(Sabatthinus de Ursis)、庞迪我(Diegeo de Pantoja)都驱逐到广东、澳门去了。[④]

---

① 1622年邓玉函(Jean Terenz)给罗马教廷法倍耳(Faber)的信里说过：“吾等在此修历，对日蚀之推算最感需要，因借修历之名义，可免被驱逐出境也。”

② 参看魏特(Alfons Väth)《汤若望传》，杨丙辰译本第93、212、227、261、265、398、467页。

③ 沈漼，字铭缜，乌程人，《明史》卷二一八有传。

④ 《汤若望传》第76、95页。

第二次是喇嘛教跟天主教的斗争。1651 年顺治亲政以后，汤若望曾经弹劾喇嘛僧徒势力过于强大，结果酿成喇嘛教跟天主教的暗斗，到了顺治末年，僧侣曾经假借皇帝的名义发表一种反对天主教的文件。当时因为顺治猝死，未能实行。康熙即位后，辅政大臣清理宫廷，驱逐太监，才把僧侣所作的那些反对天主教的文件焚毁，这场斗争也就没闹起来。①

关于杨光先跟汤若望的争讼，本文中已经简略叙述过了，这里可不再提。这场争讼虽然由杨光先开端，可是政治背景并不简单。他的背后有辅政大臣、回教的天算家以及太监、喇嘛等。他们在政治上和经济上都有很大的势力。这桩缠讼八年的案件直到 1667 年康熙亲政才算完结。

从现在来看，杨光先在科学上是失败的，在政治上虽然有了反对帝国主义的初步思想，不幸也终归失败。我们发表这批材料原来只为供给一些中国音韵史料，可是研究清初历史和帝国主义侵华史的人们如果能利用它再找到一些历史的意义，那更是我们所企望的了。

1951 年“七七”14 周年纪念，罗常培补记。

① 《汤若望传》第 95、262、322、327 页。

封面前

xám chù hě liú
上主兪騐
siuēn ý yū xí
宣義於西
In conspectv gentivm revelavit Ivstitiam svam. .
psal. 97

封面后

INNOCENTIA
VICTRIX
SIVE
Sententia Comitiorum Imperij Sinici
PRO
INNOCENTIA
CHRISTIANÆ RELIGIONIS
Lata juridicè per Annum 1669.
&
Iussu R.P. Antonij de Gouvea Soc. IESU, ibidem V. Provincialis
Sinico-Latinè exposita
In Quàm cheū metropoli provinciæ Quàm tūm in Regno Sinarum.
Anno Salutis Humanæ MDCLXXI.

扉页前

FACVLTAS
R. P.
V. Provincialis.

Opusculum Sinico-Latinum cui titulus Innocentia Victrix, quod examtum fuit, vt constaret liquidiùs ac magis autentice veritas eorum, quæ de Sinicâ persecutione vulgata sunt per Europã variorum litteris atque sermonibus, cùm iam recognitum fuerit atque approbatum à quatuor Societatis nostræ Sinicæq; Mißionis Patribus: Ego infrascriptus potestate mihi factâ ab Adm. R.P.N. Ioanne Paulo Oliuâ Societatis eiusdem Præposito Generali facultatem concedo vt typis excudatur. In quorum fidem has manu meâ signatas, & sigillo officij mei munitas dedi. In Quàm cheu metropoli provinciæ Quàm tum. Die 28. Decembris Anni 1670

Antonius de Gouvea.

扉页后

Accusauerat Evangelicas Praecones in Chinâ Liuor & Impietas Ethnicorum de ignorantiâ artis Astronomicæ, de meditatâ perduellione. de falsitate Religionis ac prauitate. Verùm pugnante pro suis illo, qui ipsa est Veritas; Cœlum quidem, experimentaque cœlestia, erroris & ignorantiæ conuicerunt æmulos: suspicionem perduellionis communis vbique neophytorum quies, innocentia, patientiaque dispulit: calumniam falsæ prauæque Religionis Christiana tam Veritas, quàm Sanctitas oppressit: pœnas interim seuerißimas de peruersis impijsque tum calumniatoribus, tum etiam judicibus exigente DEO, teste, judice, & vltore; ac tandem Innocentiam & æquitatem causæ suæ per illos ipsos, à quibus damnata quondam fuerat, eo, quo subijcimus, ordine, & modo, mirabiliter declarante, & in conspectu Sinarum reuelante Iustitiam suam.

Multa quidem peccauerant quatuor Proceres natione Tartari, à quibus, Imperatore etiamnum puero Sinica res administrata fuerat vicariâ cum potestate. Verumtamen haud aliâ re vllâ peccauerant grauius, quam quod innocentissimam Christi Legem vti seditiosam prauamque damnauerant. Neque tulit iniuriam innocentiæ vindex DEVS. Vnum ex ipsis (Soni vulgò nominabatur) mors morbum consecuta, humano quidem eripuit iudicio supplicióque; at non Diuino. Alterum, Sucamà nomine, ipsemet Imperator, simul atque suscepit Imperium anno 1667. totâ cum stirpe iussit interfici. Reliqui duo per anni spatium non impuniti modò perstiterunt; sed in gratiâ quoque ipsius Principis, cuius adolescentia indigere adhuc videbatur consilio ipsorum: quoad tandem

叶一后

anno Christi 1669. is cui Patrocum, nec non Ngao Pai nomen erat, conscientiâ meritorum suorum (quæ vtique non fuerant mediocria in familiam hanc Imperatoriam Tartarorum) tumidus atque insolens; iamque non authoritatem modò Regiam, sed etiam potestatem visus affectare; idemque hostis acer & acerbus Christianæ Religionis cecidit tandem aliquando; reusque agitatæ defectionis, alios complures, qui ipso nitebantur; nec non Collegam suum, Erpicum nomine, in eamdem secum (minus tamen atrocem) suspicionem traxit ac ruinam.

Edictum protinus, vt quicunque damni quidpiam ab alterutro passi fuerant, oblatis de more libellis id exponerent Imperatori. Plurimum passa fuerat Christiana res. huius ergo causam suscipiunt tres è Societate IESV sacerdotes Ludouicus, Gabriel, Ferdinandus; qui destinato planè consilio Numinis iussi fuerant in au-

lâ

lâ persistere; reliquis omnibus Diuinæ Legis præconibus numero uiginti quinque in extremam provinciarum Australium ablegatis. Commodissimè etiam paucis ante mensibus acciderat, vt peritia singularis rei Astronomicæ, quâ pollebat Ferdinandus, eam denuò portam reseraret Euangelio; quam cùm olim aperuisset industria Societatis IESV; Sinarum deinde superbia, inuidiaque Mahometanorum occluserat: sed nunc demonstratis sole propè ipso clariùs & horum & illorum erroribus, emerserat quodammodo velut ex eclipsi suâ annorum circiter quatuor, Astronomia Europæa, pristinoque vsui & dignitati restituta, plurimorum studijs ac sermonibus, maximè quidem Tartarorum, celebrabatur. erantque iam isto nomine non modò Ferdinandus, sed etiam duo Socij perquàm gratiosi apud ipsum Imperatorem: cui adeò non per libellum supplicem; sed (quod rarissimæ felicitatis est) coram & per se exponunt omnia; occasionem prorsus insperatam tantæ

iet

叶二后

rci offerente DEO.

Et ſpem quidem ſucceſſûs optati audien-tis attentio benignitaſque fecerat. Eâ tamen haud ontenti, exacto deinde biduo, Regulis, ſiue Principibus Stirpis Regiæ, quibus ſuſcipiendo-rum libellorum datum erat munus, de ſcripto uoque declarant acceptas in re Chriſtianâ iniurias atque damna.

Libellvs ſvpplex.

		上 xám		
具 kiú	懷 hoâi	陷 hién	惡 ngǒ	同 ‘tûm
呈 ‘chîm	仁 gîn	良 leâm	以 ỳ	鄉 hiām
利 lí	呈 ‘chîm	神 xîn	表 piào	遠 yuèn
類 lúi	為 guéi	人 gîn	忠 chūm	臣 ‘chîn
思 sū	詭 quèi	共 cūm	魂 hoên	湯 ‘tām
安 ngān	隨 sûi	憤 fuén	事 sú	若 jǒ
文 vên	狐 hû	懇 ‘kèn	痛 ‘túm	望 vám
思 sū	假 kià	殲 ciēn	思 sū	自 çú
南 Nân	罔 vàm	黨 tàm	等 tèm	西 sī

叶三前

權 quén 惡 ngŏ 楊 yâm 光 quām 先 siēn 其 kî 在 çài 明 mîm 時 xî 以 ỳ 無 vû 籍 çié 建 kién 言 yên 曾 çêm 經 kīm 廷 tîm 杖 cháń 今 kīn

皇 hoâm 恩 nghēn 欽 kīn 勅 chě 修 siēu 曆 liě 二 lh́ 十 xě 餘 yû 載 çài 久 kièu 合 hŏ 天 tiēn 行 hîm 頒 pān 行 hîm 無 vû 異 ý 哭 cŏ 遭 çāo

朝 châo 廷 tîm 停 tìm 革 kĕ 荷 hô 蒙 mûm

肯 chì 修 siēu 曆 liě 恭 cūm 逢 fûm 我 ngò

來 lâi 住 chú 京 kīm 四 sú 十 xě 八 pă 載 çài 在 çài 故 cú 明 mîm 時 xî 即 çie 奉 fúm.

叶三后

天 tiēn 主 chù 一 yĕ 教 kiáo 即 çiĕ 經 kīm 云 yûn

皇 hoâm 矣 ỳ 上 xám 帝 tí 臨 lín 下 hià 有 yeù 赫 hĕ 萬 ván 物 vĕ 之 chī 宗 çūm 主 chù

恩 ngēn 命 mím 南 nân 懷 hâi 仁 gîn 仍 yêm 推 chūi 新 sīn 曆 liĕ 此 çù 已 ỳ 無 vû 容 yûm 置 chí 辯 pièn 惟 guêi 是 xí

無 vû 有 yeù 不 pŭ 合 hŏ 蒙 mûm

先 siēn 帝 tí 數 sú 十 xĕ 年 niên 成 chîm 法 fă 妄 vâm 譖 chín 幸 hîm 諸 chū 王 vâm 貝 pói 勒 lĕ 大 tá 臣 chîn 考 cào 正 chím 新 sīn 法 fă

倚 ỳ 恃 xí 權 kiuên 奸 kiēn 指 chì 爲 guêi 新 sīn 法 fă 舛 chuèn 錯 çŏ 將 çiām

叶四前

諸 chū 大 tá 端 tuōn 徃 vàm 徃 vàm 爲 guêi 名 mîm 公 cūm 卿 kīm 所 sò 敬 kím 慕 mú

以 ỳ 敬 kìm 天 tiēn 愛 ngái 人 gîn 爲 guêi 宗 çūm 旨 chì 總 çùm 不 pú 外 vái 克 kĕ 己 kì 盡 çín 性 sím 忠 chūm 孝 hiáo 節 çiĕ 廉 liên

賓 teú 東 tūm 來 lâi 創 chuám 宇 yù 行 hîm 教 kiáo 已 ỳ 八 pă 十 xĕ 餘 yû 載 çài 其 kî 著 chú 書 xū 立 liĕ 言 yên 大 tá 要 yáo

可 cò 大 tá 可 cò 久 kièu 之 chī 教 kiáo 也 yè 郤 çiĕ 在 çài 中 chūm 國 quĕ 萬 ván 曆 liĕ 年 niên 間 kiēn 西 sī 士 sú 利 lí 瑪 mà

者 chè 在 çài 西 sī 洋 yâm 三 sān 十 xĕ 多 tō 國 quĕ 如 jû 一 yĕ 家 kiā 千 çiēn 三 sān 百 pĕ 年 niên 如 jû 一 yĕ 日 gĕ 是 xí

叶四后

世 xí 祖 çù 皇 hoâm 帝 tí 數 sú 幸 hìm 堂 tâm 宇 yù 賜 sú 銀 yn̂ 修 sieū 造 çào 御 yú 製 chí 碑 pōi 文 vên 門 muên 額 nghě 通 tūm 微 vî 佳 Kiā

境 Kìm 錫 siě 望 vám 通 tūm 微 vî 教 Kiáo 師 sū 若 jŏ 係 hí 邪 siê 教 Kiáo

先 siēn 帝 tí 聖 xím 明 mîm 豈 Kì 不 pú 嚴 yên 禁 Kín 今 Kīn 為 guêi 光 quām 先 siēn 所 sò 誣 vû 火 hò 其 Kî 書 xū 而 lĥ 毀 hoéi 其 Kî 居 Kiū

又 yéu 光 quām 先 siēn 誣 vû 妄 vám 謀 mêu 叛 púon 思 sū 等 tàm 遠 yuèn 籍 çié 跋 pă 涉 xě 三 sān 年 niên 程 chîm 途 tû 九 Kieù 萬 ván

餘 yû 里 lì 在 çài 中 chūm 國 quě 不 pú 過 quó 二 lh 十 xě 餘 yû 人 gîn 俱 Kiū 生 sēm 於 yū 西 sī 而 lĥ 來 lâi 於 yū 東 tūm

叶五前

之 chī 時 xî 冒 máo 懇 Kèn

等 tèm 負 fú 不 pú 平 pîm 之 chī 鳴 mîm 者 chè 今 Kīn 權 Kiuên 奸 Kiēn 敗 pái 露 lú 之 chī 日 gě 正 chím 奇 Kî 冤 yuēn 暴 pǒ 白 pě

抄 chāo 没 mǒ 之 chī 罪 çùi 今 Kīn 房 fâm 屋 vǒ 令 lìm 人 gîn 居 Kiū 住 chú 墳 fuên 墓 mú 被 pí 人 gîn 侵 çīn 占 chén 此 çù 思 sū

二 lh 十 xě 餘 yû 人 gîn 押 yǎ 送 súm 廣 quàm 東 tūm 羈 Kī 紲 siě 不 pú 容 yûm 進 çín 退 túi 且 çiè 若 jǒ 望 vám 等 tèm 無 vû

有 yeù 何 hô 羽 yù 翼 yě 足 çǒ 以 ỳ 謀 meû 國 quě 今 Kīn 遭 çāo 橫 hêm 口 Keù 蠛 miě 誣 vû 將 çiām 無 vû 辜 cū 遠 yuèn 人 gîn

叶五后

康 cām
熙 hī
八 pǎ
年 niên
五 ù
月 yuě
初 çō
五 ù
日 gě

上 xám
呈 chîm

天 tiēn
恩 nghēn
俯 fù
鑒 kién
覆 féu
盆 pûên
恩 nghēn
賜 sú
昭 cháo
雪 siuě
以 ỳ
表 piaò
忠 chūm
魂 hoên
生 seīn
死 sù
啣 hiên
恩 nghēn

叶六前

Id est:

Offerunt libellum supplicem Ludouicus Buglius Gabriel Magellanius, Ferdinandus Verbiest. Causa supplicandi multiplex: fraus inprimis quà circumventus Princeps; & violentia, quâ præcipitati in interitum innocentes, communi cum indignatione & offensâ tam superûm quàm mortalium. Obtestamur itaque Maiestatem Regiam, vt extinguat quidquid etiamnum latet nequitiæ confœderatæ; & sic palàm faciat mundo causam innocentiamque Ioannis Adami Schal vitâ licet iam defuncti. Hoc igitur cum dolore gemituque nos tres dicimus, annum iam agi quadragesimum octauum, quòd popularis ille noster & longinquus aduena Ioannes Adamus peruenit ab occidente in hanc aulam, & imperante etiamtum familiâ superiore Mîm, protinùs ex mandato Regio curam suscepit rei Astronomicæ: deinde verò beneficio singulari nouæ huius familiæ, (Tartaricæ), nouo iussus diplomate perseuerare in illo munere, constanter annos viginti & ampliùs, nemine omnium vel aduersante, vel obtrectante motus cœlestes, annuasque vicissitudines accuratè supputatas, ritè quotannis vulgauit per Imperium. quoad (proh dolor!) tandem incidit in insidias ac manus improbi veteratoris yâm quām sien: qui quidem homo imperante familiâ mîm, iussu regio cæsus fustibus, iam pœnas semel dederat accusationis absque iusto fundamento, & cum peruicaciâ institutæ: & tamen idem nunc rursus, tyrannicâ fretus authoritate (vnius maximè Patrocinn) haud dubitauit erroris arguere Astronomiam Europæam, eamq; regulam, quam præcedens Imperator ab annis decem & amplius stabiliuerat, temerè criminari: quoad indictis nuper comitÿs (in rem nostram sanè feliciter) iussi sunt Principes primi & secundi ordinis, nec non Regionum tribunalium Præsides & Assessores examinare de nuò nouam illam methodum; quæ & approbata tunc fuit summo consensu omnium, ipseque mox Ferdinandus, iussu beneficioque regio, Astronomicæ rei curam denuò suscepit: nec fas deinde cuiquam fuit mouere ampliùs hanc controuersiam.

Sola nunc superest declaranda similiter

叶七前

Lex atque Religio Domini cœlorum, de quo peruetustus ille codex vester ait: supremus est & maximus Imperator scilicet qui descendens in hæc inferiora tremendam suã maiestatem manifestat, estque ipse Conditor omnium rerum ac Dominus. In Occidente quidem nostro seruant ipsius Legem triginta & amplius tum regna tum satrapiæ, vnius omnes familiæ adinstar; idque iam per annos mille ac trecentos, nec secus ac si foret dies vna: ex quo etiam potest intelligi Legis eiusdem tam antiquitas quam amplitudo. Quid? quod imperante Ván liě Rege iam existebat in hâc Chinâ; suntque adeò iam anni octoginta & amplius, quod eam Doctor Europæus Matthæus Riccius fixo hîc domicilio, scripto verbóque vulgauit. Summa porrò Christianæ Legis hæc est, vt veneremur Cœleste Numen, ac diligamus proximum: nec aliò ferè spectant quæ docet prætereà, quam vt nos vincamus ipsi, & impleamus naturæ nostræ leges omnes, fidei inprimis erga Regem, obedientiæ obseruantiæque erga maiores; moderationis item

叶七后

modestiæque ; quæ omnia præcipua sunt illius capita. Et talis quidem inter ipsa statim principia passim hic audiebat Lex nostra : quam adeò tum nobilitas, tum etiam magistratus habebant charam & in pretio. (Xún chí) certè conditor familiæ huius Imperatoriæ, adiuit sæpenumerò ædes nostras ac templum : & in huius quidem atrio iussit ipse de censu Regio marmoreum erigi monumentum suæ erga nos beneuolentiæ : aliud item præfigi voluit ipsis foribus, quo ædes ipsas more gentis celebrabat, nimirum : Sedes illustris penetrantis arcana. Ipsum denique Adamum honorauit nouo hoc cognomento: Præstantis & arcanæ legis Doctor. Quòd si Religio Christiana peruersa est, ac falsa ; quomodo virtus illa ac sapientia memorati Imperatoris non eam seuerè omnibus interdixit ? Et nunc tamen propter ea quæ yâm quām siēn confinxit, concremati fuerunt libri Diuinæ Legis, ædesque destructæ. quin & idem præterea yâm quām siēn reum egit Ioannem Adamum meditatæ perduellionis : atqui nos, cæterique sociorum, tam remotis è regnis advenæ, & qui

terrâ maríque posuimus annos omnino tres in hoc itinere sta-
diorum nonagesies mille, & ampliùs; nos, inquam, qui nunc
in Chinâ degimus homines duntaxat viginti & aliquot,
nati quidem in Occidente, sed viuentes ac morientes in hoc
Oriente, quibus tandem aliis instructi sumus, quibus, obsecro,
subsidijs ad suscipienda perduellionis consilia, & occupandũ
armis scilicet hoc Imperium? Et tamen os illud tortuosũ,
subdoleque confictiones, tantum effecerent; vt innocentes
isti aduenæ viginti & aliquot ablegati sint in prouinciã
Cantoniensem; vbi etiamnum hærent miseri vinctorum
instar, & nec progredi sinuntur nec regredi: cùmque nul-
lum crimen admiserint, quod bonorum publicationem me-
reatur; ædes tamen ipsorum traditæ sunt alijs incolendæ:
loca sepulturæ destinata alij inuaserunt. quò magis etiam
vrgemur nos tres clarâ voce conqueri de tantâ iniquitate.
Cùmque iam tyrannis illa Patrocinij tandem protracta sit
in lucem; & insignis ista insolentia solis instar iam pate-
scat: obsecramus Maiestatem Regiam, vt demittat sese, ac
discooperiat hos, qui etiamnum latitant, dolos; ritéque exa-
minet ac declaret causam istam: vt sic patefacta desi...

叶八后

iam ministri innocentiâ, depraedicet is ipse beneficentiam Regis sui, quam viuus mortuusque senserit. Offerebant hunc libellum anno octauo Cām Hī Imperatoris Lunae quintae die quinto; salutis humanae 1669. 21. Iuny.

Exceperunt eum Reguli cum inusitatâ quâdam significatione voluntatis erga nos suae; quamuis id haudquaquam tunc probaretur Concilij Rituum Praesidi, quippe hosti capitali Christiani nominis. quò etiam acerbius ipsum deinde vsserit, opinor; quòd eumdem libellum iussus ipsemet è Sinico reddere Tartaricum, referri viderit inter alios primi ordinis ac primo loco recitandos Imperatori. Recitatus est igitur, & quidem ab eo, qui nunc Colaos inter est primus, idemque patruus Imperatricis. Verum perspecta iam dudum erat Principi causa nostra, & causae aequitas: placuit ipsi nihilominus (quò perennius, credo, esset firmiusque beneficium suum) referri de postulatis nostris ad Concilium, quod modò dixi, Rituum. Est illud inter sex maiora Concilia Regia ordine tertium, propriumque illius munus de rebus ad religionem spectantibus sententiam dicere. Cæterùm nunquam adhuc fuisse visum . . . rei Christianæ, postremis verò hisce temporibus aduersari damnoque esse persæpè. cuius rei egregiè conscij tres Patres, vbi delatam eò causam cognouerunt; angi animo atque æstuare scilicet: nec mora; is cui Ferdinando nomen, adit rursus Imperatorem, rogat cum lachrymis, & obtestatur, ad aliud tribunal causam traduci vt iubeat. annuit: iubet traduci. Sed enim fauorem benigni Principis celeritas inimicorũ iam anteuerterat. Prodit illicò responsum, quo homines impij ipsam illam sententiam, quæ ante annos quatuor iniquè lata fuerat, tuentur & confirmant iniquiùs.

Responsvm Concilij Ritvvm ad postvlata trivm Patrvm.

禮 lì 部 pú 等 tèm 衙 yâ 門 muên

題 tî 爲 guéi 請 çìm

旨 chì 事 sú 該 cāi 臣 chîn 等 tèm 會 hoéi

議 ý 得 tĕ 據 Kiú 利 Lí 類 lui

思 sú 安 Ngān 文 vên 思 sú 南 Nân

叶九后

yù châ tě　xún chí xě sān niên xě yě yuě cîn fùm

語查得　順治十三年十一月恭捧

ngái mîn guêi çūm chì çùm pú vái kě kě çín sím chūm hiáo çiě liên tá tuōn tèm

愛民爲宗旨總不外克己盡性忠孝節廉大端等

chuám yù hîm kiáo ỳ pě xě yû çái kì chú xū liě yên tá yǒ ỳ kím tiēn

創宇行教巳八十餘載其著書立言大約以敬天

tiēn chù yě kiáo çiě çái chūm quě cú mîm ván liě niên kiēn sī sú lí mà teù tūm lâi

天主一教邪在中國故明萬曆年間西士利瑪竇東來

hoâi gîn sò cáo chuám núi

懷仁所告狀內

京師輦轂重地借口進香然肆行無忌男女雜糅

者王命希謀屢行嚴飭不意餘風未殄實繁有徒

乃有左道惑眾結黨夜聚曉散小者貪財恣淫大

釋道三教並存皆使人為善去惡反邪歸正此外

上諭諭禮部朕惟治天下必先正人心而黜邪術儒

叶十后

天主教之說也但若望入中國已數十年而能守教奉
tiēn chù kiáo chī xuĕ yè tán jŏ vâm gĕ chūm quĕ ỳ sú xĕ niên lŭ nêm xeù kiáo fím

其几上之書則曰
kî kì xám chī xū çĕ yuĕ

祠宇見神之儀貌如其國人堂牖器飾如其國制
çū yù kién xîn chī ŷ máo jû kî quĕ gîn tâm yeù kí xĕ jû kî quĕ chí

世祖皇帝賜湯若望碑文內一段曰朕巡幸南苑偶經
xí çù hoâm tí sú tām jŏ vâm pōi vên núi yĕ tuón yuĕ chín siûn hìm nân yuèn nghèa kīm

特諭欽遵通行嚴禁在案又
tĕ yú kīn çun tūm hîm yên kín çài ngán yéu

叶十一前

天主必憐而赦之又祖宗亡故者不燒紙乃是不行孝

tiēn chù piě lîen lh xé chī yéu çù çūm vâm cú chè pú xāo chì nài xí pú hîm hiáo

天主解赦又凡人病危用聖油傳其五官

tiēn chù Kiài xé yéu fân gîn pím guêi yúm xím yêu chuên kî ù quōn

洗額赦他的罪又入教男女凡所犯罪過替

sì nghě xé tā tiě çúi yéu gě Kiáo nân niù fân sò fán çúi quó tí

可尚等因又南懷仁等原供內男女入教用清水

cò xám tèm yīn yéu nân hoâi gîn tèm yuên cūm núi nân niù gě Kiáo yúm çīm xùi

神肇新祠宇敬慎蠲素始終不渝孜孜之誠良有

xîn chào sīn çû yù Kím xín Kiuēn sú xì chūm pú yû çū çū chī chîm leâm yeù

天主教之物已經焚燬其宣武門內堂房屋奉
tiēn chù kiáo chē vě ỳ kīm fuên hoèi kî siuēn vù muên núi tâm fâm vǒ fúm

銅像天學傳聚書板俱係
tûm siám tiēn hiǒ chuên cái xū pàn kiū hí

房屋令人居住墳墓被人侵占并語西洋教書籍
fâm vǒ lím gîn kiū chú fuên mú pí gîn çīn chén tem yù sī yâm kiáo xū cié

天主教非為正教不便舉行又稱火其書而毀其居令
tiēn chù kiáo fī guêi chím kiáo pǒ pién kiù hîm yéu chēm hò kî xū lh hoêi kî kiū lîm

道又無明顯解救有益之處且係三教以外之教
taò yéu vû mîm hièn kiài kiéu yèu yǐ chī chú çiè hí sān kiáo ỳ vái chī kiáo

叶十二前

伊等又門上所書通微佳境並賜與湯若望通微
ȳ tèm yéu muên xám sò xū tūm vî kiā kìm pím sú yù tām jǒ vâm tūm vî

吉未經折毀令人居住其墳地並未與人仍留與其
chě vi kīm çě hoèi lím gîn kiū chú kî fuên tí pím vi yù gîn gêm lieû yù kî

所買之人將堂房折毀至于外省堂造
sò mài chī gîn çiām tâm fâm çě hoèi chí yû vái sèm tâm çáo

住阜城門外墳前所有堂交工部工部具題變賣
chú feú chîm muên vái fuên çiên sò yeù tâm kiāo cūm pú cūm pú kiú tî piēn mái

吉給與欽天監監正其東堂與湯若望利類思等居
chě kiě yù kīn tiēn kiēn kiēn chím kî tūm tâm yù tām jǒ vâm lí lúi sū tèm kiū

叶十二后

並革去又西洋人二十餘名留此處恐復行邪教
pím kě kiü yeú sī yâm gîn lh' xě yû mîm lieû çù chú cùm fó hîm siê kiáo

天主教緣由華職交與刑部議時將通微教師之名一
tiēn chù kiáo yuên yeû kě chě kiāo yù hîm pú ý xî çiām tūm vî kiáo sū chī mîm yě

天主教賜也因湯若望傳行
tiēn chù kiáo sú yè yīn tām jŏ vám chuên hîm

世祖皇帝賜之非爲表揚
xí çù haîm tí sú chī fī guêi piào yâm

教師之名皆因若望能知天象故
kiáo sū chī mîm kiāi yīn jŏ vám nêm chī tiēn siám cú

叶十三前

華職無容再議查得此案俱係詳查相應並題明
hě chě vû yûm çái ý châ tě çù ngán kiū hí çiàm châ siām ȳm pím tî mîm

銀修堂或因入教或因作天學傳槩書序俱治罪
ŷn siēu tâm hoě ȳn gě kiáo hoě ȳn çó tiēn hiŏ chuên cái xū siú kiū chî çuì

者押送廣東又有佟國器許纘曾許之漸等或因助
chì yǔ súm quàm tūm yéu yeù tûm quě kí hù çuōn çēm hiù chī çién tèm hoě ȳn çú

共題遵
kiú tî çūn

Id est:

Praeses Concilij Rituum cum suis Aßeßoribus, caeterisque Consiliarijs libellum offert, quo exquirit reuerenter voluntatem Suae Maiestatis. Ego subditus ac minister Regius, caeterique administri, institutâ communi consultatione, comperimus, secundùm ea, quae referuntur in libello supplice Ludouici Buglij, Gabrielis Magellanij, Ferdinandi Verbiest, quòd Lex & religio Domini Coeli iam existebat in Chinâ temporibus Ván liě, qui fuit superioris familiae mîm (siue Taimingae) Imperator: iamque adeò effluxiße annos octoginta & amplius, quòd Europeus Doctor Matthaeus Riccius peruenit in hunc Orientem, fixoque hîc domicilio, vulgare coepit doctrinam suam; quam & scripto verboque declarauit. Summam porrò Christianae Legis hanc eße: Venerari coeleste Numen, ac diligere proximum: nec aliò ferè spectare, quae Lex ista praeterea doceat, quàm vt vincamus nos ipsi, & impleamus naturae nostrae leges omnes, fidei inprimis ergà Regem, & obedientiae obseruantiaeque ergà maiores; nec non modestiae & moderationis. Nos interim factâ disquisitione rursum comperimus, quòd anno decimo tertio Xvn chí Imperatoris p-

51

ximè defuncti) lunâ vndecimâ exceperimus venerabundi edictum Regium, quo præcipiebat is huic Rituum Concilio hisce verbis: Ego vt administrem rectè hoc Imperium, debeo ante omnia necessariò dirigere probéque instituere subditorum meorum corda; adeoque reijcere doctrinas omnes artesque prauas ac peruersas. Et tres quidem sectæ, vna Literatorum scilicet, ac duæ quæ suo quæque ritu idola colunt, si pariter considerentur, omnes hoc efficiunt, vt agant homines quæ bona sunt; abijciant, quæ mala; vt auertant sese ab eo, quod prauum est; & ad id, quod est rectum, conuertant. Verum dantur præter istas aliæ quædam sectæ aberrantes ac sinistræ, quæ confundunt imperitam multitudinem; quæ sociant inter sese homines improbos: noctu congregantur; disperguntur ortâ luce. Ex harum sectatoribus, ij qui tenuiores sunt, nummis ferè inhiant, ac turpitudini dedunt sese; qui verò potentiores sunt, prorsus abijciunt obedientiam Regi debitam, & clanculum machinantur defectiones. Porrò adhibui ego sæpenumerò seuera quædam remedia: nondum tamen (vtique præter meam opinionem) penitus extingui potuerunt reliquiæ istius mali. Totum hoc reuerà oritur ex eo quod dentur in ipsâ curiâ sectatores quidam, qui cùm assistant Imperatori; patrocinantur interim illis hominibus, qui specioso utentes nomine religiosarum supplicationum & oblationum, multa interim perpetrant temerè & inverecundè, viris pariter ac fœminis parum honestè concurrentibus. &c.

Nos igitur voluntati Regiæ tam disertæ reuerenter morem gerentes, vulgauimus tunc severam interdictionem: exstatque processus totius rei in archiuio nostro.

Præterea fundator huius nouæ dominationis, Imperator (defunctus) honorauit Ioannem Adamum elogio marmori insculpto. elogij pars vna sic habebat: Ego dum lustro septa mea venatoria sita ad meridionalem plagam Regiæ nostræ; fortè transiui per templum quoddam, in quo vidi Spiritûs cuiusdam venerandam effigiem, similem hominibus illius regni; (scilicet Europæi, atque fermè de pictâ Christi Salvatoris imagine) forma quoque templi & supellex, & ornamenta, respondebant normæ illius Regni. Libri denique mensæ impositi dicebantur agere de rebus quæ spectant ad legem Domini Cœli. Ioannes autem Adamus, qui ante decades aliquot annorum in Chinam est ingressus, præclarè seruat Legem istam, seruitq; dicto Spiritui (cui etiam exstruxit novum istud Templum)

non sine laude insignis obseruantiæ, integritatis, innocentiæ; 13
planè, id est egregiâ vitæ morumque constantiâ: ad hæc ve-
rè impiger ac sedulus; & denique vir prorsus eminens. A-
liaque ibi dicuntur eiusdem ferè sententiæ.

Dicimus præterea Ferdinandum Verbiest, ac Socios i-
psius, prout ipsimet quondam iuridicè interrogati professi
sunt, admittere in Legem suam mares æquè ac fœminas: quo
etiam tempore vtentes aquâ purâ abluunt ipsis frontem, &
sic remittunt eorumdem peccata. Ad hæc quotiescunque seu vi-
ri seu fœminæ ex ijs, qui iam susceperunt Legem, quodpiam de-
lictum commiserunt, ipsos tunc loco DEI soluere illud ac remit-
tere: quotquot item ægrotant cum periculo, inungere illis oleo
sacro organa quinque sensuum; & DEVM tunc procul dubio
miseratum illos, ignoscere peccata. Cæterùm ijdem
isti Christiani non cremant papyrum auis suis ac maioribus
vitâ functis: (ridicula superstitio est, quâ ij maximè, qui Bonzios audiunt, fa-
bulasque Pythagoricas, opitulari conantur suorum manibus apud inferos detentis):
quod est vtique non obseruare legem honorandorum parentum.
Nec est interim quidquam, ex quo dilucidè patescat vel solutio
peccatorum, vel opitulatio, vel alia quæpiam vtilitas istius Legis;

叶十五后

sed pertinet ipsa ad sectas à tribus supra memo... ereas. non est igitur vera lex, Lex Christiana: neque expedit eam admitti.

Ad id verò quod præterea in libello suo prædicant tres Europæi homines, crematos fuisse libros suos; ædium suarum alias fuisse destructas; alias verò traditas certis hominibus, qui incolerent: loca item sepulturæ suæ destinata, ab aliys fuisse occupata, &c. Respondemus; Libros quidem qui tractant de Religione Europeâ; item ærea numismata; tabulas item libelli de propagatione Religionis eiusdem nouissimè excusi: hæc, inquam, omnia, tamquam res proprias Christianæ Religionis, iam tum fuisse concrematas; templum quoque ipsorum ac domicilium, quod ad plagam Occidentalem Regiæ Pekinensis situm est; ex mandato Regis (quatuor scilicet dictorum Procerum tunc vices gerentium Imperatoris patri) tradita fuisse duobus summis Præsidibus (Tartaro et Sinæ) Collegij Astronomici. alterum verò eorundem templum situm ad plagam Orientalem eiusdem Regiæ, concessum fuisse Adamo, Ludovico, Gabrieli, Ferdinando incolendum. tertium denique templum situm extra portam seu ... dictum, traditum fuisse Concilio Regio operarum publica.

rum, à quo est venundatum est, emptor verò demolitus est illud in usum suum. Alia interim templa extra Pekinensem provinciam sita, nos obtemperantes mandato item Regio, nondum destruximus; sed habitari iussimus ab alijs. Loca tamen destinata sepulturæ ipsorum, nondum cuiquam attribuimus; sed ipsis relicta sunt. Præterea quod attinet ad titulum fauore Regio præfixum foribus **Sedes illustris penetrantis arcana** simul cum altero titulo, qui similiter collatus fuit ipsimet Ioanni Adamo, scilicet **Præstantis & arcanæ legis Doctor**, vterque hic titulus ideò collatus ei fuit à fundatore nouæ dominationis, quia callebat ipse Astronomiam: non autem vt commendaret vel illustraret ipsius Religionem. quin imò propter ipsam illam causam, quòd exerceret Ioannes Adamus, ac propagaret Christianam Religionem; idcircò priuatus fuit suâ dignitate, & traditus Criminum Tribunali, vt castigaretur. (veritatem hanc ex inimicis nostris audiat Europa, causamque persecutionis tam gloriosam gratuletur nobis, qui vtique gloriari nemimus etiam inter Sinas in Cruce Domini nostri IESV Christi). dum autem deliberatur de supplicio; nos interim titulos modò dictos eradi jussimus.

De reliquis interim hominibus Europeis numero supra

viginti, cum vererentur ne, si relinquerentur hic, denuò vulgarent prauam legem et doctrinam suam; nos consultâ prius Maiestate Regiâ ablegauimus illos in provinciam Cantoniensem. (Inuidenda sors nostra! saeculum ter felix! utinam decennale fiat, quod iam nunc est quinquennale, quando talis fuit anhelandi causa.)

Ad extremum, quod attinet ad tres illos ministros regios, tûm quĕ Kí (hic tribus in provinciis, quas Prorex administrauerat, impensè fauerat rei Christianae, sumptibusque fuerat in extruendas aedes sacras): Doctores item Hiù çuĩn çem, Hiù chĩ gién, aliique; hos omnes vel propter collatas pecunias in extruenda templa; vel quia susceperant legem ipsam; vel propter conscriptum proœmium Libelli supra dicti de propagatione Religionis Christianae, reos esse tunc judicavimus, adeoque priuandos dignitate publicâ. Neque est quòd res ista vocentur iam amplius in deliberationem: quippe post examen accuratum latae fuerunt sententiae; exstatque processus rei totius in Archiuis nostro. Caeterùm par erat à nobis simul omnia sic exponi, et exquiri sententiam Maiestatis Tuae.

Haec illi; multa nequidquam cogitantes consilia, quae nunquam stabilire potuerunt. Protinùs enim cognouit vel Imperator ipse, vel certè priuatum ipsius ac supremum concilium (quod ex Colais fere constat) non aliò tendere ambages tam subdolas istorum iudicum, & narrationes nomini Christiano tam invidiosas, quàm ut tenebras offunderent animo Principis adolescentis; & inani quâdam specie æquitatis, iniquitatem maximam superiorum temporum ac iudiciorum offuscarent: parum interim memores, peccari ab se hoc pacto non solùm adversùs eum, qui nunc imperat; sed etiam adversùs Xunchium eiusdem patrem, & fundatorem Tartaricæ dominationis, dum sic perseuerant reos agere doctrinæ falsæ peruerseque homines illos, è quibus alterum filius tantâ cum significatione honoris ac beneuolentiæ, rei Astronomicæ rursum præfecerat; alterum pater ipse tam raris celebrârat encomijs, ijsque non ab unâ petitis Astronomiâ; sed multò etiam magis ab observantiâ cultûs religiosi, ab eximiâ vitæ morumque constantiâ, innocentiâ, integritate; à præstantiâ denique ipsiusmet Diuinæ Legis, quam vox illa 教 Kiáo citra controversiam significat isto loco, uti 師 sū vox altera Magistrum seu Doctorem, quæ adeò Legis auditores atque discipulos ei similiter permisisse dici debet: quam denique Legem, ut alia defuissent omnia, solæ septem voces Regio præfixæ monumento elogij suprà memorati

御 yú 製 chí 天 tiēn 主 chù 堂 tâm 碑 poi 記 kí

id est: monumentum incisum marmori autho-
ritate Regiâ pro Templo Domini Coelorum.
satis superque & tueri debuerant & commendare: cæcis
interim hominibus impijsque nihil prorsus afferentibus, quo
probarent innocentissimæ Legis prauitatem, præter neglectum
superstitionis unius, quam ipsamet Literatorum Sinensium schola
disertis verbis 可 笑 siáo ridiculam & inanem vocat.
Sic vt miranda planè fuerit cæcitas ista hominum verè pertina-
cium, & eò quidem magis miranda, quòd suis ipsi oculis iam
poenas viderunt justissimas, quas dederant (dederant autem non
isto quidem rei nomine; verè tamen & illo rei, & occulto iu-
stoque judicio DEI vindicantis) omnes illi, qui tribus antè an-
nis in vtroque Concilio & Rituum & Criminum, causam rei
Christianæ tam iniquè violentèque tractauerant; omnes sci-
licet præter unum, qui nunc Præses erat, spoliati suâ digni-
tate; succedentibus in eorum locum hisce, qui, vti nunc vi-
demus, & errare cum prioribus, & pugnare secum ipsi per-
seuerabant. Cæterùm Imperator multò plus tribuens
æquitati causæ nostræ, & Ferdinandi lachrymis, quàm pa-
tronis impijs tot calumniarum, & judicij tam peruersi pa-

ber sine morâ transferri causam totam à tribunali Rituum ad comitia ipsius Imperij, quæ dum verbis edicit sanè grauibus, ordiri voluit (vtique de industriâ) ab illo nomine, quod consiliarij illi consultò malitiòséque præcrierant, veteratoris scilicet yâm quām siēn, qui quidem dux et administer fuerat totius fraudis ac sceleris.

Mandatum Imperatoris

quo causa nostra Comitijs Imperij traditur examinanda.

旨 chì 前 çiên 楊 yâm 光 quām 先 siēn 告 cáó 湯 tām 若 jŏ

望 vám 擬 ỳ 以 ỳ 重 chúm 罪 çuì 令 Rīn 既 Kí

稱 chīm 湯 tām 若 jŏ 望 vám 之 chī 罪 çuì 究 ……

枉 vàm 豈 Kì 可 cò 不 pŭ 將 çiām 是 xí 非 fī

議 ý 明 mîn 着 chŏ 議 ý 政 chím 王 vâm 貝 pái

叶十八后

勒 lĕ	科 cō	行 hîm	康 cām	月 yuĕ
大 tá	道 taò	詳 çiân	熙 hī	二 lh
臣 chîn	會 hoéi	議 ý	八 pă	十 xĕ
九 kièu	同 tûm	具 kiú	年 niên	六 lŏ
卿 kīm	再 çái	奏 çéu	七 çiĕ	日 gĕ

id est:

Superioribus mensibus iam semel similibus in comitijs indicatus fuit yâm quām siēn reus esse grauioris criminis, atque adeò & capitis; quamuis id ei protinus condonatum fuit, per iniquâ violentiâque ser[illegible] non tam Imperatoris, quàm duorum procerum Patrocùm et Erpiaùm, qui etiamnum dominabantur, propter accusationem, quam instruxerat quondam contra Ioannem Adamum: quâ quidem accusatione & processu judiciali homines item aliquot (quinque scilicet Mandarini Christiani ex Collegio Astronomico) damnati fuerunt capitis, alijque alijs addicti pœnis. Verùm cùm nunc apertè dicatur, quòd crimen & condemnatio Ioannis Adami ex inimicitiâ calumniâque processerit; quomodo fas sit non examinare dilucidè, num ita res habeat necne? Quocirca præcipio Principi comitiorum Præsidi, aliÿsque Principibus ac primoribus Stirpis Regiæ, item Præsidibus tam Sinis quàm Tartaris Conciliorum nostrorum; nec non Censoribus Imperÿ nostri, vt coacto rite cœtu examinent denuo accuratè singula; ac deinde faciant me de omnibus certiorem. Hactenus Imperator.

Omnino sexies coactus est cœtus iste grauissimus, nec nisi ob res admodum graues solitus indici. Tres Societatis IESV Sacerdotes ter adesse jussi: & in secundis quidem comitÿs cum impio yâm quām sien, præcipuo persecutionis administro, pugnatum fuit acerrimè: perduellionis simul ac falsæ Religionis infame crimen, cuius ille nos reos agere perseuerabat, egregiè dilutum; sic prorsus, vt cum indignabundi Principes ac primores Tartari calumniatorem tam grauem sine morâ vinciendum esse judicarent, judices autem Sinæ hic dissentirent; consulto per internuncios Imperatore, & assentiente Tartaris, in ipso statim vestigio conspectuq; 13 omnium catenis vinciretur. Confecta res erat, nisi fraus intercessisset. cum enim comitia, quæ proximè seu ta sunt, multa preclarè statuißent in rem nostram; memoratu[s] ille Præses Concilij Rituum à nobis & à Christo alieni, alienißimus & ipse, dum acta comitiorum describit Imperatori recitanda; vnicâ vnius fraudulentâ commutatione euertit rem nostram. Sed Imperator fraudem, credo, subodoratus (Præses certè quidem non multò post dignitate suâ priuatus est.) iterum iubet, iterumque haberi comitia, & quæ minus declarata videbantur, rursum discuti. Prioribus iterum adstitêre Patres, & pro libertate innocentiâque Christianâ fortißime dimicauerunt: quo autem successu; patebit ex sententiâ Comitiorum, quam subiungimus.

Sententia Comitiorum

議 ý 覆 fǒ 禁 kín 止 chì 今 kīn 看 c'án 得 tĕ

天 tiēn 主 chù 教 kiáo 係 hí 邪 siê 教 kiáo 已 ỳ 經 kīm

先 siēn 揑 niĕ 詞 çû 控 c'úm 告 cáo

再 çái 議 ý 得 tĕ 惡 ngŏ 人 gîn 楊 yâm 光 quām

欽 kīn 此 çù 該 cāi 臣 chîn 等 tèn 會 hoéi 同 tûm

叶二十前

名 mîm 復 fǒ 行 hîm 還 hoân 給 kiě 該 cāi 部 pú 照 cháo 伊 ȳ 原 yuên 品 pìn

槩 çí 銅 tûm 像 siám 等 tèm 物 vě 應 ȳm 仍 gîm 行 hîm 禁 kín 止 chì 其 kî 湯 tām 若 jǒ 望 vám 通 tūm 微 vî 教 kiáo 師 sū 之 chī

天 tiēn 主 chù 教 kiáo 仍 gîm 令 lím 伊 ȳ 等 tèm 照 cháo 舊 kiéu 供 cūm 奉 fúm 其 kî 伊 ȳ 等 tèm 聚 çiú 會 hoéi 散 sán 給 kiě 天 tiēn 學 hiǒ 傳 chuên

天 tiēn 主 chù 教 kiáo 並 pím 無 vû 爲 goêi 惡 ngǒ 亂 luón 行 hîm 之 chī 處 chú 相 siām 應 ȳm 將 çiām

供 cūm 奉 fúm

叶二十后

差人解送來京候到日該部請

chāi gîn kiài súm lâi kīm heú táo gě cāi pú çìm

天主教緣由解送廣東西洋人二十五名行令該督撫

tiēn chù kiáo yuên yêu kiài súm quàm tūm sī yâm gîn ùl xě ù mîm hîm lîm cāi tō fù

仁等因

gîn tèm yn

阜城門外堂及房屋其所賣之價空地還給南懷

feú chîm muên vái tâm kiě fâm vǒ kî sò mái chī kiá cūm tí hoân kiě nân hoâi

賜卹其許纘曾等應令該部查明原職給還至於

çú sú kî hiù çuōn çēm tèm yīm lím cāi pú châ mîm yuên chě kiě hoân chí yū

曆法可見楊光先前日之誣告實權奸敖拜使爲

lie fă cò kién yâm quām siēn çiên gĕ chī vû cáo xĕ kiûen kiēn ngâo pái sù guêi

皇上天察楊光先惡虜奪其監職復用南懷仁管理

hoâm xáng tiēn chă yâm quām siēn ngŏ chù tŏ kî kiēn chĕ fŏ yúm nân hoâi gîn quòn lì

倚勢奸情已經

y xí kiēn çîm y kīm

恩卹其流徙子弟有職者各還原職等虜今楊光先

nghēn siŏ kî lieû sì çù tí yeù chĕ chè cŏ hoân yuên chĕ tèm chù kīn yâm quām siēn

旨又李祖白等各官該部照原官

chì yeú lì çù pĕ tèm cŏ quōn cāi pú cháo yuên quōn

叶二十一后

子流徒寧古塔可也
çù lieû sì nîm cù tǎ cò yè

爲巳上誣告等欵緣由將楊光先仍即行處斬妻
guéi ỳ xám vû cáo tèm quòn yuên yêu ciám yâm quām siēn gêm ciě hîm chù chàn çī

天主堂龕座碑記自行折毀等今爲寃枉叅人多欵又
tiēn chù tâm càn çó pāi kí çú hîm çě hoéi tèm kīn guêi yuēn vàm çān gīn tō quòn yeú

旨所畱
chì sò lieû

他等語楊光先倚附惡黨誣陷是實又光先將奉
tā tèm yù yâm quām siēn ỳ fú ngǒ tàn vû hién xí xě yeú quām siēn ciām fúm

Idest:

Ego summus Præses Comitiorum, (primus hic est Principis sanguinis Regij; idemque mirificè nunc favet hominibus nostris, & rei Christianæ) cæterique mecum judices, obtemperantes huic mandato Imperatoris nostri, postquam coacto ritè coetu denuò instituimus disquisitiones, & consultationes nostras; comperimus yâm quam sien hominem improbum & nequam, confictis malignè criminibus, importunè violenterque accusâsse Religionem Christianam falsitatis ac pravitatis: quæ quidem Religio reiecta tunc fuit ac vetita per sententiam (trium Conciliorum, cui deinde subscripserunt Imperatoris nomine quatuor Proceres).

Nunc autem perspicuè nos cognovimus, quòd professio illa Christianæ Religionis nihil prorsus contineat, quod pravum sit, vel ad defectiones vergat perturbationesque publicas. Quapropter par est rursum constituere, vt ijs, qui sequuntur Religionem Christianam, liceat eamdem profiteri pristino cum ritu, ac libertate; sic tamen, vt prohibeantur instituere coetus maiores: item spargere supradictum libellum de propagatione eiusdem Religionis; ærea item numismata. (ne dsetur ansa scilicet renovandæ suspicionis, & calumniæ, quâ nos iam absoluerant, de agitatâ dom defectione).

Cognomentum Ioannis Adarii (qui ipsum Xún Chí Imperator ho

(... artis gratiâ quondam ornavit) scilicet Præstantis & arcanæ Legis Doctor, eidem restituatur.

Curæ sit etiam Concilio Magistratuum (primum est inter six regis, propriumque illius munus dispensare magistratus, & de eorundem causis cognoscere) vt eidem similiter restituatur gradus suus, dignitásque pristina. (Cumetsi vitâ iam pridem functo: more peruetusto gentis scilicet, quotiescunque post mortem comperta est cuiusquam innocentia).

Pari modo quod attinet ad Doctorem Hiù çuōn çēm, & alios (circiter duodecim Christianæ Legis causâ priuatos suâ dignitate) mandetur dicto Concilio, vt exquirat, ecquid publici muneris ipsi quondam gesserint, & restituatur unicuique munus suum.

Quod item attinet ad Templum ac domicilium (Societatis IESV) sita quondam extra portam huius Regiæ seù chîm dictā, restituátur, & pretium quo venumdata fuerunt (à Quæstore Regio, & ab emptore dein destructa) & fundus ipse Ferdinando, ac Sociis.

Detur verò in mandatis supremo Gubernatori Prouinciarum Quàm tūm & Quàm sī, nec non Proregi proprio prouinciæ prioris, vt expediant aliquos è ministris suis, qui homines Europæos quinque & viginti ob causam Religionis

Christianæ ablegatos in dictam prouinciam, deducant in hanc aulam: qui vbi peruenerint, exquiret tunc Concilium Rituum voluntatem Suæ Maiestatis.

Præterea Mandarinis Lì çù pě & aliis (quatuor è Collegio Astronomico priuatis publico munere, fortunis, ac vitâ) procuret Concilium magistratuum, vt singulis pro suo cuiusque gradu ea impendatur beneficentia Regia, quæ mortuis consueuit impendi; filijque & fratres eorundem ab exilio reuocati, quotquot publicam gesserunt dignitatem, eam recuperent.

Iam si agatur rursum de yâm quām siēn; vtique nixus ille fuit iniquo patrocinio gratiâque (Patrocum). Nuper certè cùm per se examinâsset Imperator, quæ ab illo peccata fuerunt, (varijs in rebus spectantibus Astronomiam, cui fuerat præfectus; impunè tamen peccata, propter authoritatem perfidi patroni) sine morâ priuauit hominem suo magistratu, vsurus deinceps operâ Ferdinandi ad Astronomicæ rei curam & administrationem. Ex quo potest colligi, eundem yâm quām siēn dum grassatus quondam fuit tot mendacijs & calumnijs; id reuerà fecisse fretum authoritate potentiâque perfidi Ngáo pái (siue Patrocum); qui & auctor ipsi fuit, vt sic faceret. Planè sic res habet: innixus yâm quām siēn isti societati improborum atque rebellium per meras fraudes et calumnias præcipitauit homines innocentes in interitum.

Idem quoque suapte authoritate demolitus est ac destruxit altare (seu pegma sacrum); nec non marmoreum monumentum in Templo Domini Cœli: cùm tamen ea mandato Regis vetita fuissent violari.

Quæ cùm ita sint, cùm fuerint octo capita accusationum ex odio et temeritate profectarum, quibus yâm quām siēn nocuit certis hominibus: cumque alias similiter instruxerit calumnias paulò ante memoratas; ipse quidem plectatur capite; vxor verò et liberi exules abeant in Tartariam nostram. Nim cu tà. Hactenus Comitia.

Quid nunc aliud expectet, quisquis priora considerârit attentiùs, quàm promptißimè subscripturum Principem æquitati iustitiæque tam patenti? poscebat id quidem res ipsa et ratio Sed enim voluit is vincere duntaxat Innocentiam Christianam; triumphare (quod tamen erat iustißimum) necdum voluit

Responsum Imperatoris ac Sententia

旨 chì 楊 yâm 光 quām 先 siēn 本 puèn 當 tām 依 ȳ 議 ý 處 chù 死 sù 但 tán 念 nién 其 kî 年 niên 已 ỳ 老 lào 姑 cū 從 çum

寬 quōn 免 mièn 死 sù 妻 çī 子 çù 亦 yě 免 mièn 流 liêu 徙 sì 西 sī 洋 yâm 二 úl 十 xě 五 ù 人 gîn 不 pǔ 必 piě

取 çiù 來 lâi 京 kīm 城 chîm 其 kî

天 tiēn 主 chù 教 kiáo 除 chû 南 nân 懷 hoâi 仁 gîn 等 tèm 照 cháo 常 châm 自 çú 行 hîm 外 vái 恐 kùm 直 chě 隸 lí 各 cǒ 省 sèm 或 hoě

復 fǒ 立 liě 堂 tâm 入 jě 教 kiáo 仍 gêm 着 chǒ 嚴 yên 行 hîm 曉 hiào 諭 yú 禁 kín 止 chì 餘 yû 依 ȳ 議 ý

叶二十四后

Id est:

Oportebat me quidem hîc subscribere sententijs vestris, ipsumque yâm quâm sieñ morti addicere: verumtamen considerata hominis ætate admodùm iam provecta, (erat septuagenario iam maior incertum ille dierum malorum) ego pro lenitate meâ, & clementiâ ipsum hâc quidem vice mortis supplicio; uxorem verò & liberos exilij poenâ absoluo. (At non absoluit DEUS; quippe duobus post mensibus extinxit impium calumniatorem sævo prorsus ac pestilenti morbo correptum) Europæos homines quinque & viginti non est necesse adduci in aulam. Ad Christianam Religionem quod attinet, (excepto quidem Ferdinando & reliquis, qui eam sicut priùs ipsimet exerceant licet) quoniam verendum est, ne foris in hâc Provinciâ Pekinensi cæterisque denuò forte exstruantur Templa, & suscipiatur ista religio; mando rursus expediri diplomata, quibus id severè interdicatur. Cætera verò quæ censuistis (de innocentiâ scilicet Legis Christianæ, atque adeò ut Sinis, qui Christiani iam sunt, perseverare liceat in illâ more pristino: ut item recuperent suam libertatem, nec non honores pristinos ac facultates, quicunque ea propter Christianam religionem nuper amiserunt) omnia approbo, & rata habeo.

Protinùs itaque executioni mandata omnia, revocati exules, restituta bona &c. Non respondit quidem hæc sententia spei nostræ, qui summa quæque (nec temerè) sperauerāmus. fatendum tamen, eâ nos id fuisse consecutos, quod temporibus maximè secundis, & per annos octoginta summis expetitum votis, numquam potueramus consequi, vt scilicet Innocentia Christianæ Legis grauissimo testimonio Comitiorum Imperij & ipsiusmet Imperatoris tandem confirmaretur. Regijs itaque diplomatibus vulgata per vniuersam Chinam hæc sententia, adeò non deiecit animos Neophytorum, (quod principio timuerant Socij) vt è contrario erexerit deiectos, & quæ religio apud Ethnicorum non paucos in odio & contemptu fuerat propter calumnias superiorum temporum; hâc tandem auditâ sententiâ, cœpit esse in honore. Formidines interim nescio quæ iniectæ animo Principis, etiamnum adolescentis, ab uno alteróue Consiliario, plus quàm par erat, politico, hîc in causâ fuerunt, ne penitùs explerentur spes nostræ ac vota. Verumtamen numquam fuit, neque nunc erit, consilium contra Dominum. Cœpit, vtique perficiet. Sic sperare nos iubet eiusdem bonitas summè sapiens, summè potens. quin & ille ipse, qui errauit; Imperator, inquam, creduli timoris ac facilitatis suæ quodammodo poenitens, haud multò pòst coram solatus Ferdinandum sperare illum iußit meliora. Et verò explorauerat iam ipse studiosius, quo animo ferrent Socij promulgandæ Legis Euangelicæ interdictionem; certoque cognouerat instar acerbißimi fuiße vulneris. Quocirca spem datam quantocyùs confirmare volens, missis postridiè duobus aulicis ad ædes nostras, significari iußit suo nomine Socijs in genua prouolutis, (sic enim mos est audire, quicquid nuntiari iubet Sinica Maiestas) æqua sibi videri, adeoque iam tum probari, quæ postulabant: quò tamen ordinatiùs stabiliusque fierent omnia; libellum de more supplicem denuò offerrent. Quibus quidem verbis inde etiam summum accedebat pondus, quòd idem Princeps tribus antè diebus Apologiam nostram, & summam doctrinæ Christianæ gemino comprehensas volumine exhiberi sibi voluißet. Quamuis igitur hoc in negotio nunc quoque aduersarios habeamus & acres & potentes; procul dubio tamen (sed fauente Regum Rege) quæ nunc vicit Innocentia, breuì etiam triumphabit.

Fauoris interim humani, & spei similiter humanæ pignus haud exiguum, præter ea quæ paulò antè commemorata sunt, fuit eximius honor ille, sumptusque è fisco petitus Regio, quo celebrari iußit idem Imperator memoriam & exequias P. Ioannis Adami Schall : illius nimirum viri, quem tribus antè annis per tot rapta tum tribunalia, tot oppreßum calumnijs & iniurijs, quatuor illi Proceres, quamuis iniqui infestique, absoluerant tamen ; primum quidem peracerbo mortis supplicio, ad quod ipsum calumniatrix (vt ita loquar) superstitio, ceu reum perduellionis, condemnauerat; quasi consultò scilicet diem infaustum designâßet ad funus efferendum infantis Regij : deinde verò absoluerent ipso etiam crimine, quando nempe Imperatoris nomine declarauerunt :

念 nién　掌 chàu　司 sū　天 tiēn　文 vên
選 siuèn　擇 çĕ　非 fī　其 kî　所 sò　習 siĕ

idest: exercere judiciarias observationes & electiones temporum, non esse munus proprium illius, qui supremus Astronomiæ est Præses : Quem item virum Imperij Comitia, vti modò vidimus, altero crimine, sed longè gloriosißimo, liberauerant, promulgatæ Legis Christianæ ; quatenus scilicet eam Legem nullo esse crimine pronuntiârant : eos tandem Princeps ipse Sinarum simul ac Tartarorum vitâ iam defunctum tantis *est prosecutus non modò laudibus, sed etiam gratijs, quam a non solent, nisi in viros summos, optimeque meritos de Imperio conferri.*

Elogivm Exeqviale.

皇 hoâm 帝 tí 諭 yú 祭 çí 原 yuên 任 gîn 通 tūm

政 chím 使 sù 司 sū 通 tūm 政 chím

使 sù 加 Kiā 二 lh 級 Kiě 又 yeú

加 Kiā 一 yě 級 Kiě 掌 cham 欽 Kīn

天 tiēn 監 Kiēn 印 yí 務 vu 事 sú

叶二十七前

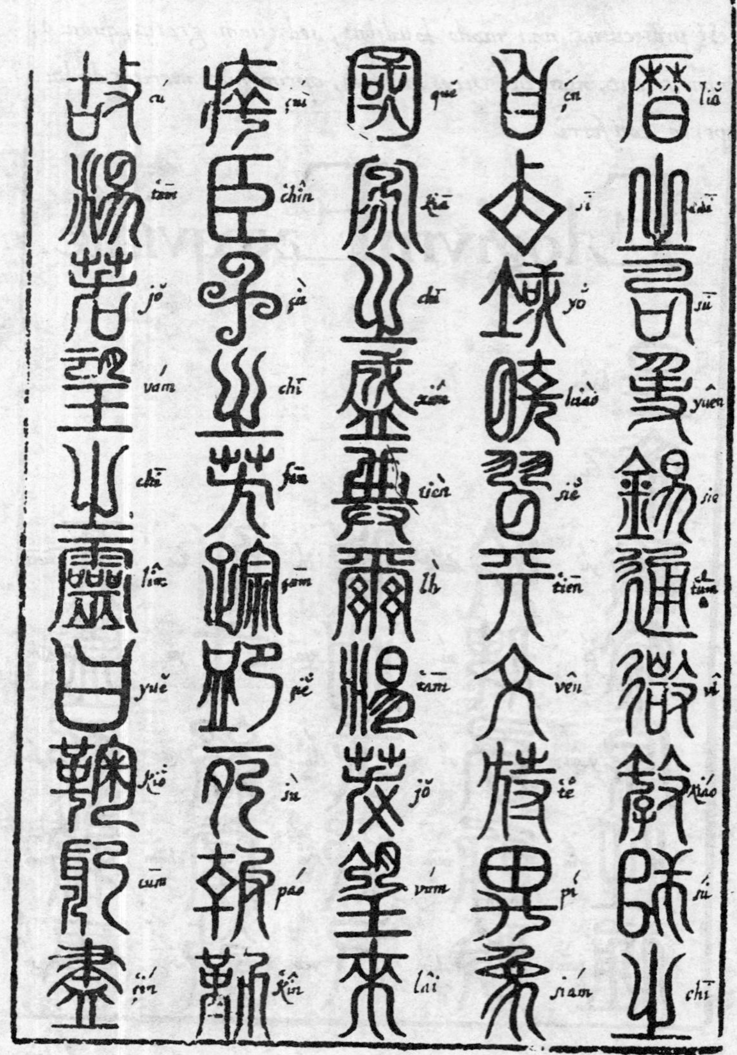

叶二十七后

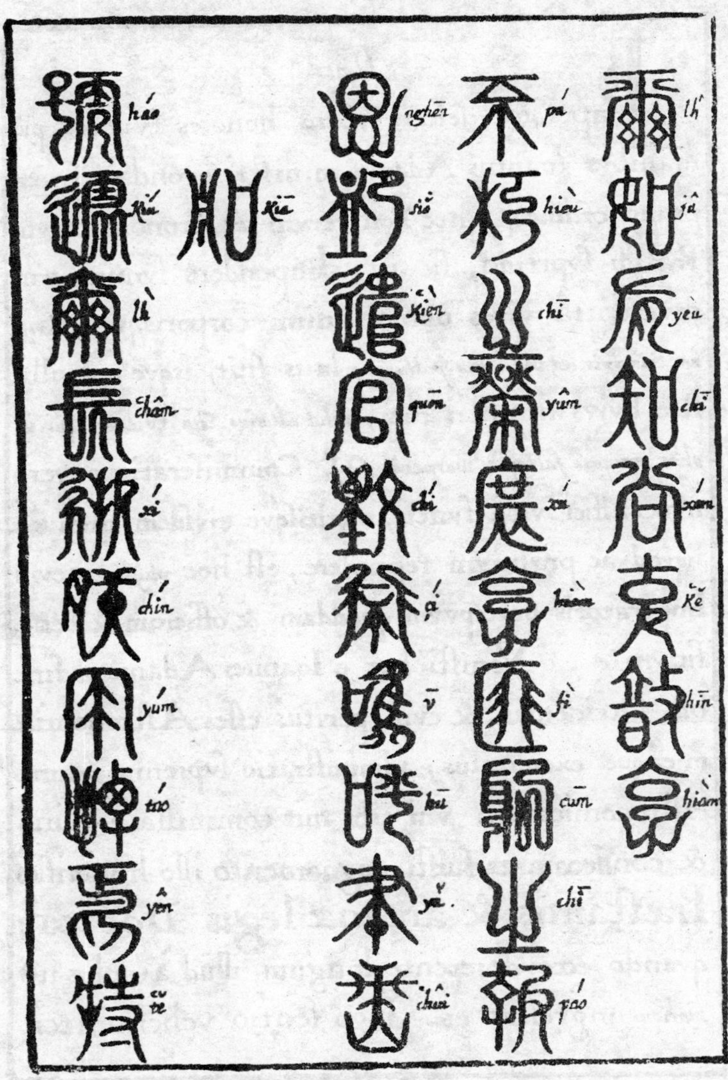

叶二十八前

Idest:

Imperator deferri ivbens honores fvnebres pÿs manibvs *Ioannis* Adami miniſtri qvondam ſvi ex primo ordine;(a) nec non rervm Aſtronomicarvm Præſidi ſvpremo, ſic ait: Impendere ſvmmâ cvm reverentiâ vires omnes animi corporiſqve *in obsequium Principis et vtilitatem publicam*; laus fuit, atqve opvs illvſtre hvivs miniſtri mei, *velut alterius Cheū Cō Leám, qui id olim sermone factóque vsurpauit.* (b). Commiſeratione verò nvnc affici vitâ fvncti, meritiſqve eivſdem mvnvs aliqvod ac præmivm rependere, eſt hoc *viciſsim* mevm Imperatoris præcipvvm quoddam & officium & beneficivm. Veniſti hvc ô Ioannes Adame à finibus Occidentis, & cvm peritus eſſes Aſtronomiæ, in eâque exercitatus; adminiſtratio ſvprema rerum Aſtronomicarvm vni tibi fuit commiſſa: quin & condecoratus fuiſti cognomento illo honorifico

Præſtantis & arcanæ legis Doctor;

qvando ecce derepente longum illud à nobis iter *moriens* ingreſſus es. Ego ſentio vehementer hanc mortem tuam, datâque operâ collaturus tibi beneficium, cuiusmodi solet in mortuos conferri, legaui vnum ex ministris meis Regÿs, qui honores hosce exequiales tibi meo nomine rite persoluat. ah! ah! Tu quidem inter nos immortalem famam relinquis ac gloriam nominis tui: at suscipe tamen hanc qualemcunque remunerationem constantis fidei, quâ tuimet oblitus, totum te vtilitati publicæ quondam consecrâsti: & quando is es, qui etiam nunc percipias sensum animi mei; potes vtique venire, & quæ deferimus, suscipere.

(a) *Sinicæ dignitatis ordines omnino sunt nouem: primus idem est, qui supremus; adeoque paucissimorum.*

(b) *Colaus ille, qui cum defunctus hîc comparatur, vir fuit integerrimæ fidei, publicæque salutis studiosissimus, et nulli prope eorum, quos China deprædicat, secundus: Imperator quidem Chāo Liě iam moriturus (anno Christi 223.) sic eum relinquebat filio suo et heredi Consiliarium, Magistrum, et patrem, ut simul capessere juberet coronam et imperium deiecto filio; si paulo is monitis illius haud obtemperaret. Floruit imperante familiâ Heù Hán inter familias Imperatorias ordine sextâ.*

Hunc igitur in modum quatuor illi præcones innocentissimæ Legis Christi, Adamus, Ludovicus, Gabriel, Ferdinandus, (præter alios sex & viginti; quatuor scilicet ex Sacrâ Diui Dominici familiâ; ex Seraphicâ S. Francisci vnum; reliquos minimæ Societatis nostræ) cum Legis eiusdem causâ innocentes & ipsi, multas tamen, grauesque ærumnas & contumelias passi fuissent præ reliquis in Regiâ Pekinensi; præ reliquis etiam honorati sunt in eâdem Regiâ: volente sic ipsos honorari non tam Sinico Rege; quàm eo, in cuius manu sunt omnium corda Regum: qui vti potuit, ita etiam voluit illustrare innocentiam Legis immaculatæ, innocentium contumeliâ simul & honore: idque eò admirabilius, quò suauius, fortiusq; & accommodatius (ut ita loquar) ad ingenium Sinarum. Cuius quidem fortissimæ suauitatis, &, quæ huic famulata est, Regiæ voluntatis adeò propensæ in rem nostram, & plerisque magistratuum procul dubio iam perspectæ, non minùs illustre, quàm recens argumentum hoc est, quòd videamus interdictionem illam, seu veriùs, suspensionem propagandæ Religionis Christianæ sic esse vulgatam, vt timori quidem officioque politico factum sit satis; re autem verâ, propagetur ipsa Religio, numerusque Christianorum nouis in dies accessionibus, tam in hâc, cæterisque prouinciarum, quàm in ipsâ Regiâ, nemine vel prohibente, vel inquirente, feliciter augeatur.

Duobus circiter post mensibus, quam superior narratio typis edita fuerat, cùm nos admodùm suspensi animo, successus nouos expectaremus nouorum conatuum atque certaminum: tandem die nonâ Martij anni huius 1671. ex priuatis publicisque nuntijs cognouimus. desideratam diu potestatem nobis fieri ab Imperatore ad Ecclesias ac Stationes pristinas reuertendi. Annus erat, eoque amplius, quòd Socij Pekinenses conscripserant libellum, & ex consilio virorum prudentium atque amicissimorum sæpiùs ad limam reuocatum, verbis instruxerant ac rationibus ad ingenium gentis vtriusque, Sinensis ac Tartaræ, mirè accommodatis; quibus adeò gratiam illam ac potestatem supplices flagitabant. Verùm cùm vsitata ac propè necessaria offerendi libelli ratio ac via hæc esset, vt per manus illius, qui Rituum Concilio præsidebat, offerretur; numquam hic, id vt faceret, exorari potuerat. Quarè Socij aliam ingressi viam, patrocinante nobis tum patruo Imperatricis, eodemq;

primo Imperij administri, tum etiam Principe stirpis regio, qui Preses fuerat comitiorum antecedentium, tandem assecuti sunt, ut admissus ab alio magistratu (qui tūm chím sū vulgò dicitur) libellus ad manus Principis perueniret. Magistratum hunc, qui tertij est ordinis, literati complures constituunt, quos quidem rectè magistros supplicationum voces: ipsorum namque munus est admittere libellos supplices, admissos discutere; et si quidem æqua postulari videantur; Colais, ac Principi repræsentare.

Libellus supplex.

皇 hoâm 上 xám 睿 júi 智 chí 洪 hûm 慈 çû 古 cù 今 Kīn 無 vû

臣 chîn 等 tèm 仰 niàm 荷 hô

奏 çéu 為 guéi 天 tiēn 恩 nghēn 難 nân 報 paó 事 sú

文 vên 思 sú 南 nân 懷 hoâi 仁 gîn 等 tèm 謹 kìn

遠 yuèn 西 sī 臣 chîn 利 lí 類 lúi 思 sú 安 Ngān

十 xě 八 pǔ 十 xě 不 pǔ 等 tèn 之 chī 年 niên 其 kî 中 chūn 十 xě 餘 yû 人 gîn 有 yeù 通 tūm 曉 hiào 曆 liě 法 fǎ 於 yū 順 xún

安 ngān 當 tām 等 tèn 二 lh 十 xě 餘 yû 人 gîn 久 kieù 羈 kī 東 tūm 粵 yuě 切 çiě 念 nién 安 ngān 當 tām 等 tèn 半 puón 係 hí 七 çiě

賜 sú 卹 siǒ 生 sēm 者 chè 頂 tìn

仁 gîn 昊 hào 天 tiēn 之 chī 恩 nghēn 無 vû 微 uî 不 pǔ 照 cháo 矣 ỳ 惟 guêi 是 xí 栗 liě

九 Kieù 卿 Kīm 科 cō 道 taó 會 hoéi 同 tûm 詳 çiâm 議 ý 革 kě 職 chě 者 chè 復 fǒ 官 quōn 流 lieû 徙 sì 還 hoân 鄉 hiām 歿 mǒ 者 chè

兩 leám 者 chè 也 yè 如 jû 楊 yâm 光 quām 先 siēn 誣 vû 告 caó 湯 tām 若 jǒ 望 vám 一 yě 案 ngán 議 ý 政 chím 王 vâm 貝 pói 勒 lě

叶三十一前

製chí 碑pēi 文vên 屢liù 次çú

世xí 祖çù 皇hoâm 帝tí 深xīn 知chī 天tiēn 主chù 教kiáo 無vû 敝pí 故cú 賜sú 堂tâm 賜sú 扁pièn 御yú

西sī 洋yâm 發fǒ 則çé 中chūm 國quě 自çú 明mîm 迄hiě 今kīn 已y̌ 將çiām 百pě 年niên

旨chì 入gě 國quě 禮lì 部pú 題tî 請çìn 在çái 案ngán 至chí 臣chîn 等tèn 自çú 幼yéu 棄kí 家kiā 學hiǒ 道tào 生sēm 雖sūi

治chí 拾xě 陸lǒ 年niên 奉fúm

皇上再造之德也伏乞

hoâm xám çái çáo chī tĕ yè fŏ kĭĕ

世祖皇帝柔遠之仁則諸臣有生之年皆

xí çù hoâm tí jêu yuèn chī gîn çĕ chū chîn yeù sēm chī niên kiāi

世祖皇帝時得生歸本堂老歸本墓以繼

xí çù hoâm tí xî tĕ sēm quēi uèn tâm lào quēi puèn mú ỳ kí

皇上垂浩大之恩念安當等無辜之苦賜仍依

hoâm xám chûi hào tá chī ngēn nién ngān tām tèm vû cū chī kù sí gîn ȳ

聖駕臨堂容臣等各居本堂焚脩伏乞

xím kiá lîn tâm yûm chîn tèm kŏ kiū puèn tâm fuên siēu fŏ kĭĕ

睿鑒施行已經具呈禮部未蒙代

題爲此具本謹具奏

聞

康熙九年十一月二十日遠西臣利類思

臣安文思

臣南懷仁

叶三十二后

康 Cām 熙 hī 九 kieù 年 niên 十 xě 一 yě

月 yuě 二 ùl 十 xě 八 pǎ 日 ğe 奉 fúm

旨 chì 這 ché 本 puèn 內 núi 情 çîm 節 çiě 該 gāi

部 pú 確 kiǒ 議 ý 具 kiú 奏 çeú

Id est:

Nos Ludovicus Buglius, Gabriel Magellanius, Ferdinandus Verbiest, caeterique ex remoto Occidente subditi tui, reuerenter ac supplices certiorem facimus Tuam Maiestatem de rebus ad tuam ipsius spectantibus munificentiam, cui perdifficile est referre vices ac grates. Nos subditi tui suspicimus admirabundi, reque ipsâ experimur Imperatoriæ Maiestatis Tuæ perspicacitatem, prudentiam, clementiamque amplissimam nunc & alias semper vnam & eamdem. Sicut patuit nuper, quando scilicet examinato processu judiciali, quo yâm quām siēn falsi criminis accusauerant Ioannem Adamum Schall; & post totam illam causam tuo jussu per Principem Comitiorum Præ-

叶三十三前

sidem, aliasque Principes ac primores Stirpis Regiæ, Præsides item Conciliorum tuorum, nec non Censores Imperij, coactis rite comitijs, singillatim & accuratè discussam; ijs quidem omnibus, qui munere publico fuerant priuati; restituta fuit dignitas pristina; qui verò in exilium ablegati, restituta patria; mortuis ea quæ solet impensa est miseratio: superstites autem (eorum filij) gaudent iam humanitatis & clementiæ tuæ, munificentiæque donis (censu paterno scilicet ac dignitate) nihil denique tam fuit humile, tamque exile, quo non pertigerit collustratio benignitatis Tuæ. Soli ex omnibus, Antonius (de S. MARIA, scilicet, ex Diui Francisci familiâ; qui cum persecutionis tempore primus in aulam perductus fuisset, primum Regijs in catalogis locum, qui stylus est, mortuus quoque semper obtinuit) cæterique homines (Sacerdotes Europæi) supra viginti multo iam tempore vinctorum in morem detinentur in Prouinciâ Cantoniensi. Obuersantur autem assiduè oculis mentis nostræ dicti Socij: ex quibus multi iam nati sunt annos plus minus septuaginta vel octoginta; plures item quam decem artis astronomicæ periti anno decimo sexto imperantis Xún chí, mandato eiusdem Chinam sunt ingressi; postquam nempe Concilium Rituum (cuius acta etiamnum exstant) voluntatem regiam exquisiuerat. Porrò nos subditi tui, ab ineunte iam ætate nostrâ res omnes curásque humanas abiecimus, & disciplinæ religiosæ peramdamus: cumque vitam hauserimus in Europâ; tamen finimus illam in Chinâ, idque per annos prope centum, à temporibus familiæ Taimingæ ad hunc vsque diem. Et defuncto quidem Imperatori (patri tuo) penitus perspectum fuit Legem Diuinam expertem esse labis omnis ac vitij: quocirca etiam benefice nobis concessit quæ Templum; tribuit titulum foribus eiusdem præfixum; tribuit elogium marmori incisum: repetitis quoque vicibus sacra Maiestas illa accessit ad Templum nostrum; & permisit nos, ceterósque Sociorum commorari singulos proprijs in Templis, & vacare diuino cultui, studiosque virtutum. Obsecramus ergo supplices Tuam Maiestatem, vt demittas in nos perennem illam magnámque beneficentiam tuam; & benignè memor ærumnarum Antonij ac reliquorum omni culpâ vacantium, digneris permittere, vt eâdem cum libertate, quâ tempore Imperatoris defuncti, liceat ipsis, qui vegetioris quidē ætatis sunt, remigrare proprias ad ædes ac templa; qui verò senes atque decrepiti, ad loca sepulturæ suæ destinata: vt sic humanitas atque benignitas illa, quâ (pater tuus) Imperantis familiæ conditor homines exteros complecti ac fouere consueuerat, per te perpetuetur. Hoc pacto, siquid vitæ nobis omnibus subditis tuis

叶三十四前

erit reliquum ; id omne virtutis tuæ, quâ nos ad vitam quodammodo reuocaueris, munus erit . Iterum hic supplices imploramus sapientiam tuam, quâ expendas ea, quæ modò proposuimus, & executioni mandari jubeas . Concilio quidem Rituum similiter exposuerimus hæc omnia de scripto : sed impetrare non potuimus, vt referret ea pro nobis Maiestati Tuæ . Quocirca nos ipsi oblato reuerenter libello certiorem facimus Tuam Maiestatem, eiusq; mandatum præstolamur.

Ex remoto Occidente subditi

Buglius . Magellanius . Verbiest .

Imperantis Cam Hi anno IX. die 20. mensis vndecimi.

Libellum hunc admisit Imperator, & in intimo ac supremo Colaorum Concilio perlectum, transmisit de more ad Concilium Rituum.

Mandatum Imperatoris quod prodyt eiusdem anni & mensis die 28.

Quæ continentur hoc libello, Concilium Rituum singula consideret ac discutiat accuratè, nosque certiores faciat .

Cùm necesse fuerit huic mandato vel inuitos morem gerere; patebit ex duplici, quod hîc subijcitur, consulto, quantâ cum pertinaciâ simul & calliditate homines politici aduersati sint propensæ in rem nostram voluntati Regiæ, pristinæque libertati ad Legem Diuinam suscipiendam.

I. Consultum ac Responsum Concilij Rituum

叶三十五前

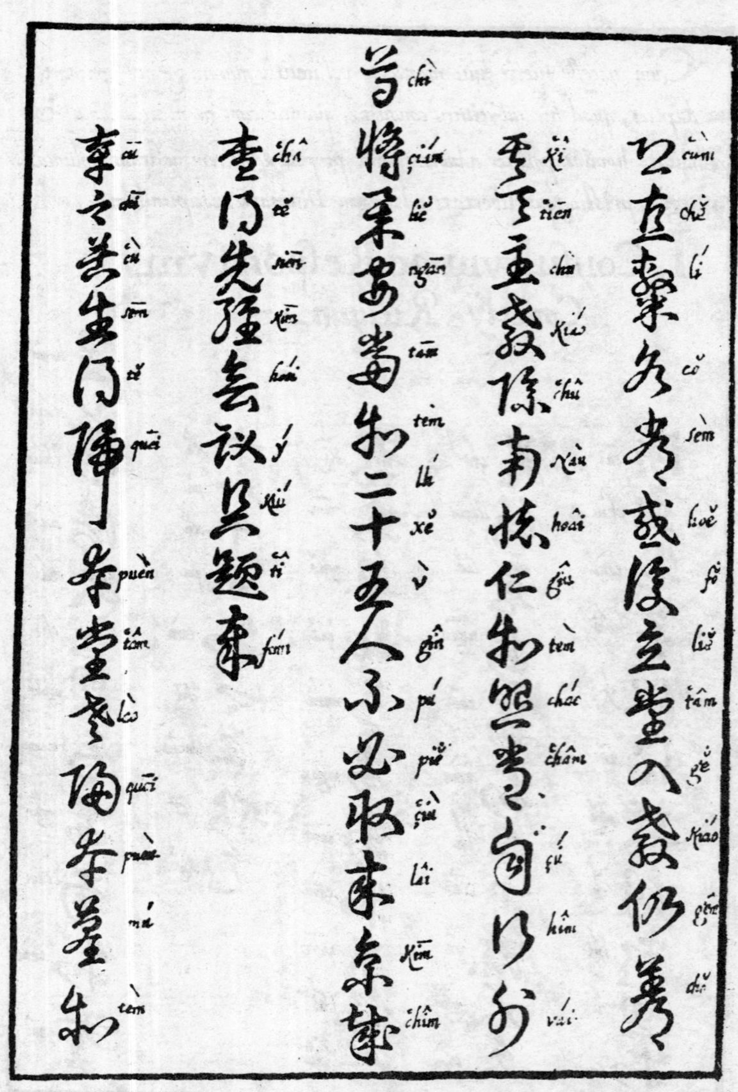

叶三十五后

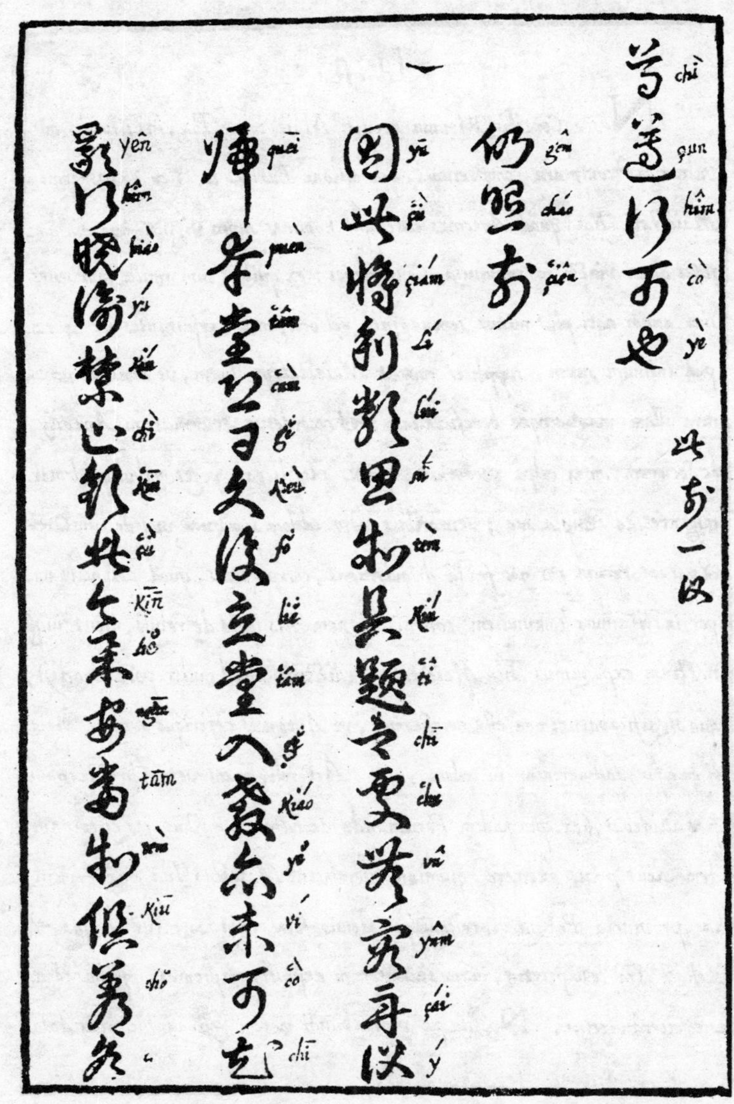

叶三十六前

Id est:

Nos è Concilio Rituum subditi Maiestatis Tuæ, institutâ consultatione communi comperimus, quâ ratione Buglius ac Socij exposuerint Maiestati Tuæ, quòd Antonius cæterique homines supra viginti iam diu hæreant quasi vincti in provinciâ Cantonensi: ex quibus cum multi iam senes sint annos nati plus minus septuaginta vel octoginta, reputantes hoc ipsi apud animum suum, supplices rogent Maiestatem Tuam, vt demittat perennem illam magnamque beneficentiam; et recordetur ærumnarum Antonij, ac Sociorum, omni culpâ vacantium: quibus adeò liceat, vegetioribus quidem remigrare ad templa sua; senioribus verò ad loca sepulturæ suæ destinata etc. Quarum rerum per nos factâ disquisitione, comperimus, quòd postquam nuper instituimus communem consultationem his ipsis de rebus, mentemque nostram exposuimus Tuæ Maiestati; edictum haud multò post prodyt, quo significabatur, non esse necessarium, vt Antonius cæterique homines viginti quinque adducerentur in aulam. Ad religionem verò Christianam quod attinebat, (excepto quidem Ferdinando ac cæteris, quibus fas esset eamdem sicut prius exercere) quoniam verebatur Maiestas Tua; ne foris in hâc provinciâ Pekinensi reliquisque denuò forte exstruerentur templa, et Religio ista susciperetur, mandauit iterum expediri diplomata, quibus id seuerè interdiceretur. Nos itaque venerabundi morem gessimus huic mandata

Nunc autem si quidem Antonius de cæteri iubeantur singuli redire ad sua templa; veremur & nos, ne lapsu temporis denuò instituant ipsi templa exstruere, & facere Christianos: res est saltem incerta. Quapropter ea quæ de Antonio cæterisque proposita sunt Tuæ Maiestati, non vocentur amplius in deliberationem: sed reuerenter procedatur secundùm edictum præcedens.

At verò rursus edixit Imperator, vt ij quos innocentes declarârunt; cæteri domicilijs suis, perpetuo in exilio contabescerent, quæ nostra hic videtur esse sententia.

Alterum consultum & responsum eiusdem Concilij

[illegible] chê [illegible] hûm [illegible] chû [illegible] hiâ [illegible] sì [illegible] chê

會 hoêi 同 tûm 具 kiú 題 tî 革 kě 職 chě

九 kieù 卿 kîm 科 cō 道 tào 官 quōn 員 yuên

查 châ 得 tě 議 y 政 chím 王 uâm 貝 poí 勒 lě

又 yeú 一 yĕ 議 y

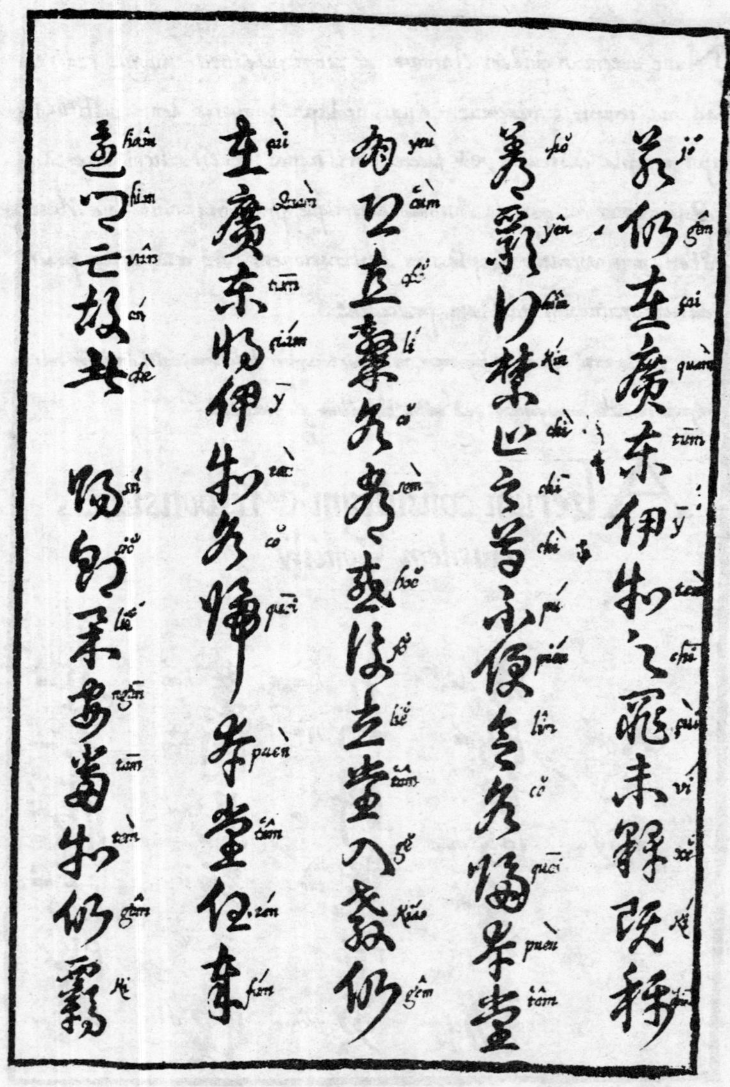

叶三十七后

Id est:

Rebus iterum discussis, comperimus, quòd sententia superiorum Comitiorum proposita Maiestati Tuæ, fuerit, vt restitueretur priuatis dignitate dignitas pristina; vt exulibus restitueretur solum patrium; vitâ functis vt impertiretur solita miseratio; Antonio, cæterisque etiamnum decentis in prouinciâ Cantoniensi potestas ut fieret singulis ad propria templa redeundi. [Liquet igitur, idque testimonio hominum tam aciter nobis aduersantium, placuisse tunc Comitijs Imperij eucteri nos Pekinum, eo maximè consilio, vt dimitteremur inde maiori cum honore et authoritate ad pristinas Ecclesias ac Stationes nostras, & quidem sine vlla prohibitione Diuinæ Legis propagandæ.] Sed quoniam venerandum Maiestatis Tuæ responsum deinde fuit ac placitum, vereri te, ne forte in hâc aliisque prouincijs denuò extruerentur ab ipsis templa, atque indigenæ Le-

gem istam susciperent; cumque adèo rursum prescripseris eneram eius-
dem prohibitionem: censemus & nos haud expedire ut singuli revertantur
ad sua templa. Veruntamen quia cariturj sunt yilem communi illà
vexarum condonatione & gratiâ, siquidem detineantur etiamnum in Pro-
vinciâ Cantoniensi; & quia plures quàm decem dicuntur esse inter ipsos periti
Astronomia; poterunt satis convenienter euocari omnes in hanc Regiam, vt ibi-
dem simul cum Ferdinando commorentur. Die 18. mensis 12.mi

Mitior aliquanto sententia; verùm Diuinæ Legi promulgationi, nostraeque libertati non
minùs quàm prima aduersaus. Quamquam sperari non potuit quidquam melius ab eo cœtu
Consiliariorum, à quo nulla vnquam secta vel Religio legitimè recepta vel approbata fuisse di-
citur, quamdiu Stetit hæc Monarchia, præter vnam quæ Jû Kiáo nuncupatur, estque pro-
pria hominum litteratorum ac magistratuum: quantumuis interim multi sæpè Principes
Imperij totius; quin & Præsides ac Senatores huius ipsius Consilij priuatâ quâdam super-
stitione sectis alijs alijsque impensè fauerint. Secta porro Jû Kiáo rationi le-
gique naturæ satis consentanea, primis illius Monarchiæ temporibus, diu sanè persistitisse vi-
detur inuiolata: Quantum nobis licet conjicere ex vetustissimis gentis libris ac monumen-
tis: quoad lapsu vitioque temporum deprauari cœperunt, qui illam maximè profiteban-
tur, ac tot erroribus totque superstitionibus tandem inquinati, ut hoc tempore pris-
quidem codices illam conseruent; litteratorum verò multi solo illius nomine, & fuca-
tâ quâdam specie glorientur. Quo minus est mirandum aduersari tam constanter

Legis gratiæ, qui Legi naturæ parum deseruerunt. Accedit etiam, quod tam Sinæ, quam Tartari proprijs insuper stimulis contra nos concitentur: Sinæ quidem liuore ac inuidia, dum se non æquari modo, sed etiam superari vident ab ijs, quos in incultis barbarisque numerauerant: dum item Lux Euangelica suas vel inuitis exhibet maculas, ac palam facit, quam tenue lumen fuerit priscæ ipsorum Philosophiæ; quam cum vsqueadeo deprædicent tumidi, suis tamen erroribus vitijsque tam fœdè commaculant. Tartaros autem perpetuæ quædam suspiciones agitant atque formidines, quas gignit paucitas sua, consternatioque occupati Imperij, & sic occupati: quo etiam fit, ut nihil ipsis esse videatur alienius ab omni prudentia cautioneque politica, quam homines exteros, & quidem magistros peregrinæ Legis per vrbes ac prouincias suas dispergi. Malitiosè interim callideque metus istos & curas nonnulli Sinarum exaggerant, non tam ut consulant publicæ incolumitati, quam vt ferocius barbari creduli que victoris animus contra nos concitetur. Superstitio denique & dæmoniorum cultus multorum animos vehementer à nobis alienat: (quamuis hoc ipsum mira tegant dissimulatione, quotiescunque ius dicunt) ferunt enim peracerbè, quod ea numina, quæ ipsi tanta cum superstitione colunt, christiana Religio spernat ac detestetur, & dæmonia esse doceat æternis inferorum supplicijs addicta. Et his quidem alijsque de causis, vbi duo ista senatus consulta ad supremum intimumque Concilium delata sunt, tam ferociter ibi contra nos ac vota nostra pugnatum fuit; vt ab amico nuntiaretur tribus Socijs, non posse iam diutius adolescentulum Principem tam obfirmatis [illegible] tantorum virorum sententijs reluctari. Constabat certè Colaos omnino

叶三十九前

tr... uatione Sinas palàm aduersari rebus nostris: sic ut stupendum fuerit, ac Diuinæ tribuendum potentiæ, euincisse bonum Principem, ut redtius nobis ad Fideliis, cum tanti iusti testificatione innocentiæ nostræ; tametsi non cum eâ, quâ par erat, libertatę concederetur.

Placitvm Imperatoris ac Sententia

Data einsdem mensis duodecimi die vigesimâ primâ

羈 Kĭ 東 tūm 粵 yuĕ 等 tèm 語 yù 此 çù 内 núi 有 yeù 通 tūm 曉 hiaò 曆 liĕ

半 puōn 係 hí 七 çiĕ 十 xĕ 八 pă 十 xĕ 之 chī 年 niên 無 vû 辜 cū 久 Kièu

旨 chì

據 Kiú 利 lí 類 luí 思 sū 等 tèm 奏 çeú 稱 chīm 栗 Liĕ 安 ngān 當 tām 等 tèm

八 pă 日 gĕ 題 tî 本 puèn 月 yuĕ 二 lh 十 xĕ 一 yĕ 日 gĕ 奉 fúm

等 tèm 因 yn 康 Cām 熙 Hī 九 Kièu 年 niên 十 xĕ 二 lh 月 yuĕ 十 xĕ

叶三十九后

仍着遵前旨禁止 gêm chŏ çūn çiên chì kín chì

隸各省一應人等不許入教 lí cŏ sèm yĕ ym̄ gîn tèm pŭ hiù jĕ kiáo

歸本堂除伊教焚脩外其直 queī puèn tâm chû ȳ kiáo fuên sieū vái kî chĕ

同居其不曉曆法的准其各 tûm kiū kî pŭ hiào lĕ fă tiĕ chùn kî cŏ

法的着取來京與南懷仁等 fă tiĕ chŏ çiù lâi kīn yù nân hoâi gîn tèm

Id est:

Secundùm ea quæ nobis significata sunt à Ludovico Buglio ac s...; Antonius ac cæteri, (quos inter multi sunt annos plus minus septuaginta vel octoginta nati,) iam diu, & absque culpâ suâ detinentur in provinciâ Cantoniensi, &c. Ex his igitur qui periti sunt rei Astronomicæ, jubemus seligi ac venire in Regiam, vnà cum Ferdinando commoraturos: qui verò periti non sunt; ijs gratiam facimus; vt reuer-

叶四十前

tantur singuli ad propria templa. Verùm præter exercitia virtutum cultùsque Divini propria Religionis ipsorum, haud permittimus, vt quisquam in hâc alijsque provincijs suscipiat Legem istam; sed etiamnum vigere volumus superiorem prohibitionem.

Effluxerant duo menses cum dimidio post decretoriam hanc in causâ nostrâ sententiam, quando perlatæ sunt litteræ curiales ad Gubernatorem provinciæ Cantoniensis à duobus excussæ Concilijs Regijs, Rituum scilicet, reique militaris, quibus executio sententiæ de more demandata fuerat. Repetebatur autem dictis litteris magnâ cum fide supplex libellus noster; ac deinde recensebantur nostrin Sacerdotum Europæorum nomina; nec non provinciarum, in quibus dicata DEO habemus templa. Dignumque est animaduersione, quòd cùm similis enumeratio templorum bonâ fide per nos facta in libello quodam paulò ante persecutionem edito tam graviter offenderit, ac innocentiam nostram in suspicionem crimenque vocauerit, nunc vbi declarata fuit innocentia, judices ipsimet in fauorem nostrum eamdem repetant provinciarum ac templorum enumerationem hoc ordine:

欽 kīn	遵 çūn	山 xān	堂 tâm	當 tām
此 çù	查 châ	東 tūm	栗 liě	汪 vām
欽 kīn	得 tě	省 sèm	安 ngān	汝 jù

爵 ciŏ 陝 xèu 西 sī 省 sèm 堂 tâm 李 lì 方 fām 西 sī 穆 mŏ 格 kĕ 我 ngò 廣 quàm 東 tūm 省 sèm 堂 tâm 瞿 kiû 篤 tŏ 德 tĕ 陸 lŏ 安 ngān 德 tĕ

度 tú 真 chīn 閔 mìn 明 mîm 我 ngò 費 fí 里 lì 白 pĕ 白 pĕ 道 táo 明 mîm 福 fŏ 建 kién 省 sèm 堂 tâm 何 hô 大 tá 化 hoá 郭 quŏ 納 nă

迪 tiĕ 我 ngò 江 kiām 西 sī 省 sèm 堂 tâm 聶 niĕ 仲 chúm 遷 ciēn 聶 niĕ 伯 pĕ 多 tō 殷 yīn 鐸 tŏ 澤 cĕ 浙 chĕ 江 kiām 省 sèm 堂 tâm 洪 hûm

滿 muòn 畢 piĕ 嘉 kiā 潘 p'uōn 國 quĕ 光 quām 劉 liêu 迪 tiĕ 我 ngò 成 chîm 際 çí 理 lì 栢 pĕ 應 ym 理 lì 湖 hû 廣 quàm 省 sèm 堂 tâm 穆 mŏ

望 vám 山 xān 西 sī 省 sèm 堂 tâm 金 kīn 彌 mî 格 kĕ 恩 ngēn 禮 lì 格 kĕ 江 kiām 南 nân 省 sèm 堂 tâm 張 chām 瑪 mà 諾 nŏ 魯 lù 日 gĕ

叶四十一前

Id est:

Nos omni cum reuerentiâ obsequentes mandato Regio, comperimus, qui annis superioribus degebant, in Ecclesijs quidem prouinciæ Xān Tūm, Antonius de S. MARIA (Hispanus) (a), Ioannes Valat (Gallus). In Ecclesijs prouincia Xān Sī, Michael Trigault (Gallobelga) & Christianus Herdtrich (Austriacus). In Ecclesijs prouinciæ Nân kīm, Emmanuel Georgius (Lusitanus), Franciscus Rougemond (Flandrobelga), Ioannes Dominicus Gabiani (Pedemontanus), Franciscus Brancati (Siculus) (a), Iacobus le Faure (Gallus), Felicianus Pachecus (Lusitanus), Philippus Couplet (Flandrobelga). In Ecclesijs prouinciæ Hû-Quàm, Iacobus Motel (Gallus). In Ecclesijs prouinciæ Kiām Sī, Petrus Canevari (Genuensis), Adrianus Grelon (Gallus), Prosper Intorcetta (Siculus). In Ecclesijs prouinciæ Chě Kiām, Humbertus Augeri (Gallus), Dominicus Nauarrete (Hispanus), Philippus Leonardi (Hispanus), Dominicus Sarpetri (Siculus). In Ecclesijs prouinciæ Fŏ Kién, Antonius de Gouuea (Lusitanus), Ignatius à Costa (Lusitanus) (a). In Ecclesijs prouinciæ Xèn Sī, Franciscus de Ferrarijs (Pedemontanus), Claudius Motel (Gallus). In Ecclesijs prouinciæ Quàm Tūm, Stanislaus Torrens (Romanus), Andreas Lubelli (Lupiensis).

Post hæc referebantur ea, quæ duplici consulto statuerant Consilij, & quæ Imperator ipse cum supremo Colaorum Concilio decreuerat: ac tandem hâc sequenti clausulâ litteræ finiebantur:

(a) Hi quatuor obierunt in Cantoniensi exilio.

康熙十年正月十八日　兵部行咨各省總督撫院

Cām Hē xě niên chīm yuě xě pă gě　pīm pú hîm çú cǒ sèm çum tǒ fù yuên

旨內事理欽遵施行

chù nui ní lì kīn çūn xī hîm

歸各省本堂可也為此合咨前去煩為查照

quēi cǒ sèm puèn tâm cò yè guéi çù hǒ çū çiên kiú fân guêi chă chao

曆法的幾名即行起送來京其不知曆法者即令各

liě fă tiě kì mîm ciě hîm kì súm lâi kīm kî pǔ chī liě fǎ chè ciě lîm cǒ

欽此欽遵到部相應移咨廣東總督查明內有通曉

kīn çù kīn çūn táo pú siām yīm ŷ çū quàm tūm çum tǒ chǎ mîm nui yeù tūm hiào

叶四十二前

Il est:

Vbi decretum hoc regium debitâ cum veneratione delatum est ad Curiam nostram; oportuit nos pro officio expedire litteras ad Gubernatorem supremum provinciæ Cantoniensis, qui adeò perlectis illis diligenter examinet, quàm multi sint inter ipsos valde periti rei Astronomiæ, & curet vt honorificè deducantur in aulam: efficiat etiam, vt, qui minùs periti sunt Astronomiæ, ad suas singuli provinciæ cuiusque ædes ac templa reuertantur. Nos itaque præmittimus hîc exacte totius seriem & acta. Gubernator autem prouinciæ istius non grauetur expendere omnia, & secundùm ea, quæ Imperatoris placito continentur, reuerenter executioni mandare. Hactenus Concilium.

Porrò quod vix ausi fueramus sperare, permissum nobis fuit eligere pro arbitrio qui pergerent in aulam, nec coacti fuimus plures duobus eò destinare; magno vtique commodo rei Christianæ in tanta Ministrorum penuriâ. Dum hæc itaque prælo committuntur, ipsi nos ad iter accingimus; & alij quidem ad leucarum ducentarum iter, ad quadringentarum alij; multi etiam ad quingentarum eoque amplius. Qui aulam petent, expensis ibunt Regijs, & singulari cum honore, quem Gubernatores oppidorum, vrbium, prouinciarum, eis de more deferent. * Quoniam vero

叶四十二后

superioris argumenti litteræ ad Præfectos aliarum quoque Provinciarum sunt expeditæ; dubitari vix potest, quin diu ante quàm revertamur ad Ecclesias nostras, curâ ministrorum Regiorum (sic quidem sperare nos iubent Socij Pekinenses) vacuæ serventur in adventum nostrum.

Quod interim prohibeantur indigenæ Legem Christi suscipere, non usquequaque nos angit: tum quia non vetantur in eâ perseverare qui iam susceperunt; tum verò maximè, quod viri graves ac prudentes, et in his Ethnici, fidenter asserant, specietenus id factum. Et verò quî potest fieri, vt quo edicto Lex sca tam seriò, tamque disertè pronuntiatur innocens, et innocentes qui illam profitemur, ac promulgamus, eodem ipso edicto seriò prohibeatur. Quodsi post interdictum anno 1670 primâ vice vulgatum, tamen illo ipso anno, et quidem in aulâ, conspectuque Principis, tria circiter millia Christo sunt adiuncta (vti ex postremis Sociorum litteris accepimus): quid in terris ab aulâ remotioribus erit sperandum! Necessaria tamen erit in posterum, summèque necessaria moderatio, prudentia, vigilantia singularis: verendum est enim, ne errore quamuis levi, et peccato zeli festinantis atque præfervidi, sive eorum, qui foris adhuc degant,

aditum sibi querent in hasce missiones; sin horum, qui filios suos in
Christo, à quibus per exilium sex annorum fuerunt abstracti, demum
iam reuisent, Christiana res iterum adducetur in discrimen, & [illegible]
quidem grauius eo, quo modò est perfuncta : atque adeò quæ Sinarum
claustra porteq; Europeis hominibus adhuc quidem non fuerunt nisi
ænea; metuendum erit, ne culpâ nostrâ reddantur adamantinæ, æ-
ternumq; obserata, cum incredibili damno tot animarum, pro quib9
mortuus est Christus; nec minori iniuriâ Diuini nominis, dum atroces
impieq; suspiciones & calumnie, que in multorum animis non tam
extincte sunt, quàm consopite, denuò (quod auertat DEVS!) suscita-
buntur & multò quàm antè vehementius exardescent : cum è contra-
rio sperare possimus non libertatem modò pristinam, sed æmulā Con-
stantiniani quoque temporis pacem ac felicitatem, si quidem fuerit DEO,
cum prudenti charitate Apostoli gentium, qui omnibus fiebat omnia, con-
iunxerimus mansuetudinem ac patientiam Christi IESV; cuius innocen-
tia peccatorum alienorum pondere quondam oppressa, & in crucem
acta, tam gloriosè vicit ac triumphauit, & triumphabit in æ-
ternum.

BRITISH 20 MY 98 MUSEUM

* Reliquis etiam omnibus (quod modò nobis nuntiatur) Prorex huius [illegible]
nauigia per trecentas circiter leucas attribuenda esse illis censuit, [illegible]
fieri [illegible], ut [illegible] cum exemplo ipsius [illegible] frequentis [illegible] con-
[illegible]

叶四十三后

（原载北京大学《国学季刊》7卷2期，1951年）

印度对于汉语音韵学研究的影响[①]

一 叙 论

中国宋朝时候有一个学者叫做郑樵(1104～1162)的,在他有名的著作《通志·六书略》里曾经讨论华文和梵文的不同说:"梵人别音,在音不在字;华人别字,在字不在音。故梵书甚简,只是数个屈曲耳,差别不多,亦不成文理,而有无穷之音焉。华人苦不别音,如切韵之学自汉以前人皆不知,实自西域流入。所以韵图之类释子多能言之,而儒者多不识起例,以其源流出于彼耳。……故梵有无穷之音,而华有无穷之字。……梵人长于音,所得从闻入;华人长于文,所得从见入。"这一段话很能说出中国文字和印度文字的根本异点来。因为中国文字照旧来的说法虽然分作(1)象形、(2)会意、(3)指事、(4)谐声、(5)转注、(6)假借六种不同的结构或功用(就是所谓"六书"),但从它一般的性质来看,可以说是以字形和字义为主,而不以声音为主的。从一个方块汉字可以看出它所表的形象、所含的意义,但是找不着它该念什么声音。谐声字的偏旁虽然算是声符,但一追溯到声符的本身仍旧不知道究竟怎样念。这因为声符还是一个整个的字,和拼音字母不同,从它上面分析不出声音元素来。每个字既然有不同的形

---

① 编者注:本文的英文稿收入《罗常培文集》第十卷。

体就须有各别的声音，字各有音，音不由形而显，散漫无绪，不能执简驭繁，即使归纳出音韵系统来，也还找不出代表纯粹音素的基本字。这是研究中国音韵学所碰到的顶大困难。比如我们先看一看下面四组中国字：

(甲)牛

(乙)羊

(丙)犬

(丁)马

即使我们不认得中国字也可以一望而知它们所象的物形。再看下面另外四组中国字：

(甲)　“拱手”

(乙)　“攀”或“扳”

(丙)　“多手抬物”

(丁)　“两手对举”

从结构上也可以看出会意的旨趣。可是无论中国人或外国人，从这八个字上哪里找得出丝毫声音的影儿来呢？就连“江、河、松、柏”的声符“工、可、公、白”还不是一样表现不出该念什么声音吗？中国字的特质既然这样不适于表音，那么要从事音韵的研究，势必得借助于其他拼音文字然后才会有进步的。

至于印度文字就不然了，因为它不单和其他印欧系的语言都属于拼音文字的系统，而且从很早就注重音韵学的研究。六种吠陀分(吠檀迦 Vedāṅga)的第一种式义论(Śikṣā)就是“适应声调(Svara)、时间(Kāla)、位置(Sthāna)、口筋运用(Prayatna)、发扬(Anupradāna)、抑止(Savana)，而发出各字声音的学问”(莎柯罗《人伦学》第四章第三节80、81条)。十八明处(Aśtādaśavidyā-sthānāni)的第五目也是讨论声音(Sabda)的。印度古代重要学术总称五明(Pañca-vidyās)，学者肄习则自记论(Vyākaraṇa)始。因为记论是分别声韵、训释文例的,大体和后世所谓文法等书相近,是研究各种学术的基础。印度人管这种学问叫做"声明"(Sabda-vidyā)。玄奘的《大唐西域记》说"印度开蒙诱进,先遵十二章(即悉昙章,Siddhirastu),七岁之后渐授五明大论(Pañca-vidyās),一曰声明(Sabda-vidyā)"是也。所谓声明并不限于音韵学,但起首却以分别声韵为重。悉昙(Siddham)的本义译云"成就",印度人缮写字母时常用它做篇首的"吉祥标章"(Mamgala)。义净《南海寄归内法传》说:"创学悉昙章亦曰悉地罗窣睹斯(Siddhirastu)乃小学标章之称,但以成就吉祥为目"是已。后人因字母次序先韵后声,韵前既标悉昙如韵母之名,慢慢地遂用作字母的总称。所以后来学者常举悉昙字母(悉驮摩土哩迦 Siddhamātṛkā)为言,于是就把讨论字母连缀音声转变的书也叫做悉昙章。他们既然把分别声韵当做七岁以前"童而习之"的"小学",而且文字本身也适于分析声音的元素,难怪印度的音韵学要比中国发达了。

印度文化自从汉末输入中国以后,对于中国的哲学宗教发生了很大的影响。从小的方面说,它在中国语言学,尤其是音韵学的研究上,也放了空前的异彩。《隋书·经籍志》说:"自后汉佛法行于中国,又得西域胡书能以十四字贯一切音,文省而义广,谓之婆罗门书,与八体六文之义殊别。"这虽然还觉得印度文字和中国固有的文字不同,但《高僧传·慧叡传》已经记载谢灵运受这种影响而创造"十四音训"了。然而照我看起来,印度语文对于中国音韵学研究影响最大的三件事是(1)守温字母、(2)等韵和(3)音译梵书与中国古音。

二　守温字母

中国音韵学家沿用的三十六字母相传是唐末的和尚守温所造

的。守温的事迹,漫无可考,只有郑樵《通志·艺文略》和王应麟《玉海》著录《守温三十六字母图》一卷,《宋史·艺文志》载有守温《清浊韵钤》一卷,这两部书现在都已散佚,内容如何,无从知道。法国国家图书馆藏伯希和(Paul Pelliot)所得敦煌石室写本二〇一二号有残卷三截,其一首署"南梁汉比丘守温述",并列字母三十:

唇音　不芳並明

舌音　端透定泥是舌头音

　　　知彻澄日是舌上音

牙音　见[君]溪群来疑等字是也

齿音　精清从是齿头音

　　　审穿禅照是正齿音

喉音　心邪晓是喉中音清

　　　匣喻影亦是喉中音浊

它的总数和标目和伦敦不列颠博物馆所藏的敦煌写本《归三十字母例》相同,只是排列的次序稍有差异。我根据这两个写本考证,守温的时代不能远在唐代宗、德宗以前。他起初所定的只有三十字母,宋人为求韵表整齐,增加帮、滂、奉、微、床、娘六母,又把"不芳"改作"非敷",五音的分类也颇有出入,于是就成功了宋元以来等韵图里的三十六母。

这一套字母既然是和尚所创造的,当然和印度文化有关系了。不过有人说出于《华严经》(*Avataṃ śaka Sūtra*)的四十二字母,有人说出于《大般涅槃经》(*Mahāparinirvāṇa Sūtra*)的四十七字。其实若拿三十六字母和这两部经里的字母一比较,我们立刻就可以知道前一说不对,后一说对,因为《华严经》里ष्ट ṣṭa, श्व śva, क्ष kṣa, स्त sta, स्थ stha, स्म sma, ह्व hva, स्क ska, स्य sya, श्च śca 等音完全和守温字母不相干,它实在是采自《大般涅槃经》的四十七字,"参以中华音韵而去取之"。对于梵文所没有的声音又借藏文来补充。我们为证明这一点，先列成下面的表以资对照：

《大般涅槃经》译音	迦	呿	伽	伽$_{\text{重}}$	俄	遮	车	阇	阇$_{\text{重}}$	若
梵文文字	क	ख	ग	घ	ङ	च	छ	ज	झ	ञ
	ka	kha	ga	gha	ṅa	ca	cha	ja	jha	ña
藏文字母	ཀ	ཁ		ག	ང	ཅ	ཆ		ཇ	ཉ
	ka	k‘a		ga	ṅa	ca	c‘a		ja	ña
守温三十字母	见	溪		群	疑	照	穿		（禅）	日
宋人三十六字母	见	溪		群	疑	照	穿		床	日

《大般涅槃经》译音	吒	侘	茶	茶$_{\text{重}}$	拏	多	他	陀	陀$_{\text{重}}$	那
梵文文字	ट	ठ	ड	ढ	ण	त	थ	द	ध	न
	ṭa	ṭha	ḍa	ḍha	ṇa	ta	tha	da	dha	na
藏文字母						ཏ	ཐ		ད	ན
						ta	t‘a		da	na
守温三十字母	知	彻		澄		端	透		定	泥
宋人三十六字母	知	彻		澄	娘	端	透		定	泥

《大般涅槃经》译音	波	颇	婆	婆$_{\text{重}}$	摩					
梵文文字	प	फ	ब	भ	म					
	pa	pha	ba	bha	ma					
藏文字母	པ	ཕ	བ		མ	ཙ	ཚ	ཛ	ཝ	
	pa	p‘a	ba		ma	tsa	ts‘a	dza	wa	
守温三十字母	不	芳	並		明	精	清	从		
宋人三十六字母	帮	滂	並		明	精	清	从		

《大般涅槃经》译音	邪				啰轻	罗	和	赊
梵文字母	य				र	ल	व	श
	ya				ra	la	va	śa
藏文字母	ཡ	ཞ	ཟ	འ	ར	ལ		ཤ
	ya	ža	źa	h̲a	ra	la		śa
守温三十字母	喻	禅	邪	匣		来		
宋人三十六字母	喻	禅	邪	匣		来		

《大般涅槃经》译音	沙	娑	呵	阿	
梵文文字	ष	स	ह	अ	
	ṣa	sa	ha	a	
藏文字母		ས	ཧ	ཨ	
		sa	ha	ʻa	
守温三十字母	审	心	晓	影	
宋人三十六字母	审	心	晓	影	非敷奉微

照上面的表来看，我们可以说，守温初作字母的时候，大概是类聚《切韵》里的反切上字而参对梵、藏“体文”（Vyañjanam）的读音，对于梵藏有而华音没有的固然删除，对于华音有而梵藏没有的也不列进去。所以梵、藏文的 ra、wa、va 等在中国的字母里都没有对照，同时《切韵》里庄[tʂ]、初[tʂʻ]、崇[dʐʻ]、以[0]四类也因为梵藏文没有可对的音而附属在照[tɕ]、穿[tɕʻ]、禅[dʑʻ]、喻[j]里面。然而从大的体系讲起来，中国唐代的守温字母是模仿梵文的体文系统所造成，确已成为不能否认的事实了。

三 等 韵

所谓"等韵"就是仿照印度悉昙章(Siddhirastu)的体制所作成的中国语拼音字表。它的做法是把同声母的字列在一直行,同韵母的字列在一横行,因为中国字从上到下写和梵文从左到右写不同,所以列表的方法恰好相反,并且由声调高低不同而分平上去入,由元音侈弇不同而分四等,也都是梵文所没有的,因此中国等韵的列表法就比印度的悉昙章复杂多了。

等韵创自什么时候,虽然还不能确定,不过在《切韵》成书(公元601年)后大约就有这种悉昙章式的韵表随着它产生了。在敦煌唐写本守温韵学残卷里有"四等重轻例"一段,其中所列例字的分等和宋元韵表都相符合,可见以等分韵在守温以前就流行了。等韵表流传到现在或只见于前人所著的书目上的大部分都跟和尚有关系。比如宋朝的《四声等子》虽然不见得像陈澧所说和僧宗彦的《四声等第图》就是一部书,可是它至少也出自和尚之手。此外像《韵镜》《七音略》《切韵指掌图》《切韵指南》,都直接间接跟和尚有关系,日本流传的《韵镜》几乎全由和尚注释,中国老版的《切韵指南》也是和尚所刊行的。并且《康熙字典》卷首的《字母切韵要法》,原来的单行足本叫做《大藏字母切韵要法》,它的第一页前面是佛像,后面是香赞,第二页题曰"大藏字母文字陀罗尼经","清中天竺沙门阿摩利谛译",经的后面才是《大藏字母切韵要法》。可见这部书跟和尚的关系更密切了。大抵和尚因诵咒而调舌,于是作成韵表以便转唱,辗转相传甚至拿"参禅为大悟门,唱韵为小悟门",宗教的意味越发浓厚了。

四　音译梵书与中国古音

在1922年一位俄国的汉学家钢和泰伯爵(Baron A. Von Staël-Holstein)作了一篇《音译梵书与中国古音》(*Transliterated Sanskrit Texts and the Ancient Pronunciation of Chinese Character*)。大意说宋朝初年(公元1000年左右)有一个印度和尚叫法天(Dharmadeva)的译了一些短的梵咒(Mantras)和长的宗教颂诗。法天所译的梵书有些已找到原本,有些虽然找不到原本但已经学者根据西藏文的译本把梵文原本逐字推测出来了。钢和泰借着构拟《犍稚梵赞》的机会,附带把书中的梵汉对音归纳出来,并且参照高本汉研究中国古音的结果,推证法天所根据的是宋初的西北方音。他更希望中国学者应该注意另外许多梵文的音译也许比法天还有更大的用处,因为有些译本是三国时吴国的,有些或真是后汉的。如果有人把那些译音也都像法天的梵咒那样研究分析出来,一定可以得到很重要的结果,不但汉语音韵演变史可以得许多旁证,研究印度史和中亚史的学者也可以得益不少。(参看北京大学《国学季刊》第一卷第一号,第47～56页)

经钢和泰这一番提倡,果然引起汪荣宝的研究兴趣来。在前篇文章发表后不久,汪氏就发表了那篇哄动一时的《歌戈鱼虞模古读考》。他说:"中国文字以形为主,无记音之符,故语言之变迁为尤易。近世学者据谐声偏旁及经典中有韵之文以考古韵所得甚多。然偏旁韵文之功用至考见古今韵分部之异同而止。若古某部之当读某音其与今读之差别如何,则虽遍稽旧籍,无由得确实之证明。……夫古之声音既不可得而闻,而文字又不足以相印证,则欲解此疑问者,惟有从他国之记音文字中求其与中国古语有关者取为旁证而已。其法有二:一则就外国古来传述之中国语而观其切音之如何,一则就中国古来音译之外国语而反求原语之发音是也。"他根据这种方法推证"唐宋以上,凡歌戈韵之字皆读 ɑ 音,不读 o 音;魏晋以上,凡鱼虞模韵之字亦皆读 ɑ 音,不读 u 音或 ü 音"。

"何以知唐宋以上凡歌戈韵之字皆读 ɑ 音也?"我们且摘举几个他所搜集的梵文例子:

Agada	阿伽陀	Dhuta	头陀
Anuttara	阿耨多罗	Nīlapīṭa	尼罗蔽茶
Amita	阿弥陀	Panasa	婆那娑
Aśoka	阿输柯	Paramārtha	波罗末陀
Asura	阿修罗	Pāramitā	波罗密多
Kapiñjala	迦频阇罗	Buddha	佛陀
Karpūra	羯布罗	Bodhisattva	菩提萨埵
Karmadāna	羯磨陀那	Brāhmaṇa	婆罗门
Gādā	伽陀	Muhūrta	牟呼栗多
Candra	战达罗	Yama	阎魔,锬摩
Cintā	振多	Vihāla	毗诃罗
Deva	提婆,提鞶	Rāhūla	罗睺罗

"何以知汉魏之音凡鱼虞模之字亦读 ɑ 音也?"我们再举几条汪氏所搜集的梵语例子:

Buddha	佛陀亦作浮屠、浮图
Upāsaka	优婆塞亦作伊蒲塞
Māyā-devī	摩耶亦作莫邪
Piṇḍola, Pāṇḍurā	宾度罗亦作宾头卢

Sinra(?)　　　　　　新罗亦作新卢

总之,从现在看来,汪氏结论的后半虽然牵涉到印度方言或其他中央亚细亚的语言问题还不能成立,可是它的前半总算是可以成立的了。他所以能够有这样的新贡献,就是善于应用梵汉对音的结果。后来我作了一篇《知彻澄娘古读考》,也是应用这种方法的。

在中印文化的接触上,语言学或音韵学并不占怎样重要的地位,可是专就这一点说,从汉末到现在的几千年间,我们就陆续得到不少学术上的帮助,旁的像宗教、哲学、文化等许多大的方面那就更不用提了。当我初来印度的时候,我愿意提出这一点本行以内的感谢,希望中印两国继续不断地保持这种联系,并设法去发挥光大它,好叫中印的语文学在东方格外显耀出它的光芒来!

[1944 年 11 月 23 日在印度寂乡国际大学中国学院(Viśva-Bhāratī, Cheena-Bhavana, Sāntiniketan, Bengāl)的讲演。它的英文稿在《中印研究》(*Sino-Indian Studies*)第 1 卷第 3 号(1945 年 3 月)发表,印地语译稿在印地文本《国际大学季刊》(*Viśvā-Bhāratī Patrikā*)第 4 卷第 2 号发表]

汉语中音译梵文借字的规律

1 前言

1.1 借字的类型

1.1.1 方言借字——例:“像煞有介事”,“白相”,“黄巴郎”,“搞”……

1.1.2 文化借字

1.1.2.1 声音的替代

1.1.2.1.1 纯译音的——例:菩提(Bodhi),刹那(Kṣaṇa),燕梳(insure),士担(stamp),沙发(sofa),水汀(steam)……

1.1.2.1.2 音兼义的——例:恒河(Gaṅgä),马神(машин),裂粑(хлеб),德律风(telephone),爱斯不难读(Esperanto)……

1.1.2.1.3 音加义的——例:贝叶(Pattra),昙花(Udumbara),恤衫(shirt),则纸(check),白塔油(butter),佛兰绒(flannel)……

1.1.2.1.4 译音误作译义的——例:爱美的(amateur)……

1.1.2.2 新谐声字——例:珋(Velūriya),嚫(Dakṣiṇa),袈裟(Kaṣäya),玻璃(Sphāṭika 或 Phālika),茉莉(Malli),莳萝(Jīra)……

1.1.2.3 借译词——例:我执(Ātama-grāha),法性(Dharmakāra),有情(Sattva),因缘(Hetupratyaya)……

1.1.2.4 描写词——例:梵夹,梵嫂,罗汉斋,胡萝卜……

这次所要讨论的以梵文借字中有关 1.1.2 项 1.1.2.1、1.1.2.2 两目的为限。

1.2 研究这个问题的困难

1.2.1 旧译和新译的问题

1.2.1.1 旧译——公元 148 年到 618 年译经人籍贯的统计。(根据南条文雄《大藏目录》附录二,从 381 页第 4 到 434 页第 131,中国僧人和来源不明的没计入。)

天竺	11	西域	21
中天竺	12	安息	5
南天竺	1	康居	5
北天竺	1	月氏	8
西天竺	1	于阗	1
罽宾	11	睹货罗	1
师子国	1	龟兹	1
扶南	3		
	41		42

1.2.1.2 新译——玄奘(公元 603 ~ 664 年)从公元 645 年回长安直到他死,共译佛经 75 部,1335 卷,都是直接从梵文或中世印度文翻译的。从他以后的译经人很少受中央亚西亚的影响。

1.2.1.3 旧译跟新译的不同点

1.2.1.3.1 旧译经文大部分是由中央亚西亚僧人口述的,新译经文是直接从印度带来的。

1.2.1.3.2 旧译先由外来僧人口述,再由中国僧人笔受,严格说起来,意译多于直译;新译的翻译人并通华梵语,而且隋唐以来翻经院的组织和纪律都很谨严。

1.2.2 古今音的异同

例如:“佛”对 Buddha 的第一音节,跟中古音 bhi̭uat 合,跟现代音 fo 不合。

1.2.3 方音的异同

例如:Dharma 原译“达摩”,但厦门的一个庙里译作“陈茂”。

1.2.4 本文材料的来源和处理上述困难的方法

1.2.4.1 资料来源共计 18 种,目录从略。

1.2.4.2 怎样克服困难?

1.2.4.2.1 采用的例字尽量以梵音与中古汉语相合或有对应的为准。

例如:Buddha——佛陀——bhi̭uat d‘â Śākyamuni——释迦牟尼——si̭ɛk ka mau nji

1.2.4.2.2 对音跟梵文不合而别有来源可寻的,应断定它出于别的语言。例如:

汉译	梵文	巴利文或中世印度文
浮屠(浮图)	Buddha	Bhudhu, Bhudho
比丘 bhi khi̭ə̆u	Bhikṣu	Bhikkhu
沙门 ṣa muən	Śtamaṇa	Samaṇa
劫波 ki̭ɐp pâ	Kalpa	Kappo
塔婆 thâp bhuâ	Stūpa	Thūpa
玻璃柯 phuâ liei k‘â	Sphāṭika	Phāḷika
目犍连 muk ghi̭ɐn lien	Maudgalyāyana	Moggallāna

1.2.4.2.3 对音与梵音不合而来源不明的,暂时存疑。例如:

汉译	梵文
和尚,和阇,乌社,鹘社(邬波驮耶)	Upādhuāya(uvajjhaya > ojjha > jjha)
伊蒲塞(优婆塞)	Upāsaka

2 本论

2.1 音译梵文借字的几种方式

2.1.1 保存全部音节的

Bhikṣu(巴利 Bhikkhu)	必刍(* 比丘)	Kṣaṇa	* 刹那
Dhūta	杜多(头陀)	Yakṣa	* 夜刹(药叉)
Bodhi	菩提	Amita	* 阿弥陀
Yoga	瑜伽	Dhāraṇī	陀罗尼
Śāla	* 娑罗	Pippala	毕钵罗
Maṇi	摩尼	Mandāra	曼陀罗
Namas(巴利 Namo)	那摩(南谟、南无)		

2.1.2 省去两个音或两个音节的

2.1.2.1 省去前两个音节的

Bodhidharma 菩提达摩 > * 达摩

2.1.2.2 省去后两个音的

Mañjuśrī 文殊师利(旧)、曼殊室利(新) * 文殊、满予、满濡

2.1.2.3 省去第一和第四音节的

Sphāṭika (巴利或中世印度文 Phāṭika 或 Phāḷika)塞颇胝迦,窣坡致迦 > 颇梨,玻瓈,* 玻璃

Saṃghārāma 僧伽蓝摩 > 伽蓝(僧寺,《洛阳伽蓝记》)

2.1.2.4 省去第二和第四音节的

Bodhisattva 菩提萨埵 > * 菩萨

Yamarāja 阎摩罗社 > * 阎罗

2.1.3 省去一个音或一个音节的

2.1.3.1 省去第一个音节的

Arhan(Arhat) 阿罗汉 > * 罗汉

Ācārya 阿阇梨 > 阇梨

Āraṇyaka 阿兰若 > 兰若 （唐上官仪诗:“高步寻兰若。”）

Valḍūrya(巴利 Veḷūriya) 璧流璃 > 流离

吡琉璃,鞞流离 （参看下文“琊”字。）

2.1.3.2 省去第二音节的

Maudgalyāyana(巴利 Moggallāna) 目犍连 > * 目连(《孽海记·思凡》:“昔日有个目连僧。”)

2.1.3.3 省去第三音节的

Nirvāṇa(Nibbaṇ) 涅槃那 > 涅槃

Samādhi 三昧地 > * 三昧 （宋苏轼诗:“发轫此幽谷,清游得三昧。”又:“泻汤旧得茶三昧,觅句近窥诗一斑。”）

Śarĭra 设利罗 > 舍利

Rākṣasa 罗刹婆 > 罗刹

2.1.4 汉语中单音化的

Buddha 佛陀 > 佛(旧义《说文》“佛,见不审也。”《礼记·学记》“其求之也佛”,佛读若“愎”;《诗经·周颂·敬之》“佛时仔肩”,佛读若“弼”。)

Śākyamuni 释迦文,释迦牟尼 > 释迦 > 释 (例如:释子,释教,释典,释藏,均与“解释”之义无关。)

Brahma 梵缆摩,婆罗贺摩 > 梵[“梵”字首见于葛洪(公元

284～364)《字苑》。]

Dhyāṇa(巴利 Jhāna) 禅那 > 禅(例如:禅定,禅师,禅宗,均与“禅让”之义无关。)

Kalpa(巴利 Kappo) 劫波 > 劫(与“劫夺”之义无关。)

Saṃgha 僧伽 > 僧(《广韵》:“僧,沙门也。梵音云:僧伽。”)

Gatha 偈佗 > 偈 (旧藏:扬雄《太玄经》“其人晖且偈”,注:“偈,健也。”《诗经·匪风》“匪车偈兮”释文:“偈,疾也。”)

2.1.5 缩减梵音附加汉语类名的

Udumbara 优昙波罗、乌昙跋罗、优昙钵、优昙 > 昙花

Bimba 吡罗婆、频婆 > 频果、蘋果

Pattra 贝多罗、贝多、[illegible]METHOD多 > 贝叶

Bhikṣunī(巴利 Bhikkhunī) 苾刍尼、比丘尼 > 尼姑

Piṇḍāyasa 宾铁、镔铁(见《礼言·梵语杂名》。《广韵》:“镔铁为刀甚利。”)

Gaṅgā 殑伽、恒伽 > 恒河

Phala 波罗(果) > 波罗蜜(跟“波罗蜜多”无关。)

Tūla 兜罗,妒罗 > 兜罗棉(例如:“兜罗棉手”。)

Mokṣa-mahā-pariṣād 无遮大会

2.1.6 用梵音一部或全部另造新谐声字的

Stūpa(巴利 Thūpa,西北旁遮普 tōp) 窣堵婆,苏偷婆,塔婆,鍮婆 > 塔

Pātra 钵多罗 > 钵[始见于《法显传》(公元 414):“一切寂然,器钵无声。”]

Dakṣiṇā 达嚫,达䞋 > 䞋(《玉篇》:“䞋,䞋也。”《广韵》:“䞋与嚫同,嚫,施也。”《洛阳伽蓝记》大统寺又作“襯”。襯施供具,诸寺莫

及焉。)

Pāṭha　呗

Māra　磨罗,魔罗＞魔　(相传"魔"字创自梁武帝。)

Valḍūrya(巴利 Veḷūriya)　璧流离,吠流离,吠瑠璃,流离,瑠璃＞琊　(琊,始见于《说文》。)

Sphaṭika (Phāṭika; Phaḷika)　塞婆胝迦,窣坡致迦,飒破置迦,婆致迦,玻瓈柯＞颇黎,玻瓈,玻璃

Kaṣāya　毼娑,袈裟　("袈裟"从衣自葛洪《字苑》始。)

Jīra(中世纪波斯文 Žīra 或 zīra,印度斯坦语 zīra)　莳萝

Malli(Mallika)　茉莉

2.2　对应规律

2.2.1　有些音素在梵汉都是各别的音位,它们照例有对应的译音:

梵音	汉音	例字	
pā	puâ	波	Pāramitā
pha	phuâ	坡,颇	Sphāṭika
mā	muâ	魔	Maṇi,摩 Samādhi
tā	tâ	多	Pāramitā
kā	ka	加,假	Kaṣāya
ca	tɕi̯a	遮	Pañcavārṣika
ja	ʑia＜*dʑ-	社	Yamarāja
han	xan	汉	Arhan
ṣa	ṣa	沙,毼,娑	Kaṣāya
śa	ɕi̯a	奢	Catur-deśa,舍Śarīra
śā	sâ	娑	Śāla

ya	ia	耶,邪	Maitreya
kya	kia	迦	Śākya
-ai	-uâi	梅	Maitreya
-m	-m	昙	Udumbara
-ṃ	-ŋ	僧	Saṃgha
-k	-k	索	Upāsaka
-p	-p	劫	Kappo(巴利)

2.2.2 有些音素在梵音是两三个音位,在汉音只有一个音位,那就要用汉语仅有的音位去对译梵音中不同的音位:

梵音	汉音	例字	
ba	bhuâ	婆	Udumbara
bhi(kṣ)	bhiet	苾	Bhikṣu
dā	dhâ	陀	Mandāra,
dhā	dhâ	陀	Dhāraṇī
na	nâ	那	Dhyāna, Namas, Candana
ṇa	nâ	那	Śramaṇa
nī	nji	尼	Bhikṣunī
ṇī	nji	尼	Maṇī, Dhāraṇī
ñju	ȵʑiu	濡	Mañjuśri
jña	ȵʑiak	若	Prajña
ṇyak	ȵʑiak	若	Āraṇyaka
ga	ghia	伽	Yoga, Graṅgā
gha	ghia	伽	Saṃgha, Saṃghārāma
la	lâ	罗	Tula, Sala, Pippala

ra	lâ	罗	Arhan, Brahma, Udumbara Sarira, Patra, Paramita
pā	puâ	波	Pāramitā
pa	puâ	波	Kalpa, Stūpa
ka	ka	加、毼、袈	Kaṣāya
ka	ka	迦	Sphāṭika, Upāsaka
dhi	dhi	地	Samādhi
ri	li	利	Śarīra
-n	-n	汉	Arhān, 旃 Candana, 檀 Candan
-ṇ	-n	宾、镔	Piṇḍāyasa, 亲 Dakṣin
-ñ	-n	满、曼	Mañjuśrī, 般 Pañca-vān
-t	-t	密	Pāramitā
-d	-t	佛	Buddha
-l	-t	钵	Pippala
-r	-t	跋	Udumbara, 达 Badhidharm
-kṣ	-t	达	Dakṣiṇā

2.2.3 有些音素在汉语是不同的音位，在梵音却没有分别的，就用它们交替着对译梵文中类似的音：

梵音	汉音	例字
kṣ-	tɕ-	遮 Mokṣa
	tʂʻ-	䞋 Dakṣina, 叉 Yakṣa, 刹 kṣaṇa
-i, -ī	-i	地 Samadhi, 利 Śarīra
	-iĕ	斯 Upāsika, 弥 Amita
	-iei	提 Bodhi
-e	-i	尼 Śrāmaṇera

-iei	提 Catur-desa，丽	Maitreya

2.2.4 有些用汉文浊音对译梵文的例子，这些清音大部分都在两个元音中间：

梵音	汉音	例字
pā	bhuâ	婆 Upasaka，Upāsika
tā	dhâ	陀 Dhuta
ta	dhâ	陀 Amita
cā	ẑia＜*dẑ	阇 Acārya
kṣu	dẓĥiu	刍 Bhikṣu

2.2.5 遇到梵文只有一个辅音不能自成音节的地方，古代的译经者大部分用汉语的入声字来对译它：

梵音	汉音	例字
b-	bhuat	跋 Brahma
b-	bhuat	勃 Brahma
t-	tat	怛 Maitreya
s-	suət	窣 Sphāṭika，Stūpa
s-	sək	塞 Sphāṭika
ś-	ɕîĕt	室 Mañjuśri

2.2.6 有些在两个元音中间的辅音，古代译经者一方面拿它做前一音节的韵尾，一方面又拿它做后一音节的声母：

梵音	汉音	
Yamarāja	阎摩罗社	-m-是"阎"的韵尾，"摩"的声母。
Saṃgharāma	僧伽蓝摩	-m-是"蓝"的韵尾，"摩"的声母。
Śākyamuni	释迦牟尼	-k-是"释"的韵尾，"迦"的声母。

Upāsaka	邬婆索迦	-k-是“索”的韵尾,“迦”的声母。
Yakṣa	药叉	-k-是“药”的韵尾,“叉”的声母。
Dakṣiṇa	达嚫拏	-ṇ-是“嚫”的韵尾,“拏”的声母。
Āraṇyaka	阿兰若	-ṇy-是“兰”的韵尾,“若”的声母。
Pāramitā	波罗密多	-t-是“密”的韵尾,“多”的声母。
Dakṣiṇa	达嚫	-kṣ-是“达”的韵尾,“嚫”的声母。

2.3 几种不合规律的现象

2.3.1 梵文 ū,u 的对音。

2.3.1.1 用中古汉语-ə̆u 或-iə̆u 来对的:

梵音	汉音	例字	
tū	tə̆u	兜	Tūla
dhū	dhə̆u	头	Dhūtā
mu	mi̯ə̆u	牟	Śākyamuni
u	i̯ə̆u	优	Udumbara, Upāsaka, Upāsika

2.3.1.2 用古汉语-uo 或-i̯wo,-i̯u 来对的:

tū	tuo	妒	Tūla, 堵 Stūpa
u	uo	乌	Udumbara, 邬 Upādhyāya, Upāsaka

2.3.1.3 对这种现象的解释:

2.3.1.3.1 旧译新译的不同(参看《罗常培文集》第七卷《梵文腭音五母的藏汉对音研究》附表)。

2.3.1.3.2 汉语本身的音变。

2.3.2 用古汉语 bh-对译梵文 v-的:

梵音	汉音	例字	
va	bhuâ	婆	Vilva(Bimba?)(Marathi:bei-)

van	bhuân	槃	Nirvana(nibban)
vi	bhi	毗	Vilva(Bilva)
vil	bhiĕn	频	Vilva(Bilva)
vai	bhiwɛi	吠	Vaidūrya(Veḷūriya)(Baidūrya)

宋法天译音：

毗婆尸　尾钵始也　Vipaśyi　释迦牟尼　设枳也(二合)母黠

毗舍浮　尾湿嚩(二合)部　Viśvabhū

2.3.3　用古汉语 j-对译梵文 v-或 j[dʑ]的：

梵音	汉音	例字	
var	jiu	于	Pañca-vārṣika
var	jiu	越	Pañca-vārsika
ju[dʑ-]	jiwo[j-]	予	Mañjuśri

2.3.4　汉语对音中入声韵尾的混乱：

pip	piet	毕	Piippala(> pīpal > pimpola)
kṣa	tʂhat	刹	Kṣana, Rākṣasa, Yakṣa
ṣi	ʂiĕt	瑟	Pañca-vārṣika
ve	piɛk	璧	Veḷūriya
var	jiu[j-]	于	Pañca-vārṣika

2.3.5　用古汉语 p-对译梵文 v-的：

va	puâ	波	Vilva
ve	piɛk	璧	Ve ḷūriya

以上这些现象都需要进一步研究和解释。

3. 结论

3.1　音译梵文借字跟古汉语大部分是有对应规律的，但是由于两种语言间音位的参差，这种声音的替代只能作为构拟古音的参考，不能作为构拟古音的根据。

3.2　借字都有适应本国语言习惯的趋势，音译梵文借字的单音化，新谐声字以及大多数缩减成两个音节，都是这种趋势的表现。有人说，因为汉语是单音节语所以才创造了汉字，我却以为有了方块汉字才把汉语逐渐局限在单音节。"琊""佛""僧""偈"，便是例证。

3.3　汉语从单音节变到双音节乃至于多音节是逐渐发展的；演变成多音节后，有许多单音节的基本词汇还是可以并存的。

（1954年7月2日在中国科学院语言研究所学术讨论会上第一次报告提纲）

王兰生与《音韵阐微》

一、《音韵阐微》在汉语音韵学史上的地位

“反切”的方法在汉语音韵学史上的确是一件重要的发明，有了这种方法之后才不至于感受“直音”无字可注和隐僻难识的两种困难了。不过，反切的原理虽然很简单，可是拿汉字来表现这种方法却不是人人可以懂的事。因为反切上字是用来定“声”的，只有上一半有用，下一半的“韵”本来是赘疣；反切下字是用来定“韵”的，只有下一半有用，上一半也等于废物。例如：

蟲，直弓切，“直”应读作[ȡʻĭək]，“弓”应读作[kjĭuŋ]，拿上字的[ȡʻ-]拼下字的[-ĭuŋ]就可以呼出“蟲”字的《切韵》音[ȡʻĭuŋ]来，上字的[-ĭək]和下字的[kj-]都是没用的东西。

秦，匠鄰切，“匠”应读作[dzʻĭaŋ]，“鄰”应读作[ljĭĕn]，拿上字的[dzʻ-]拼下字的[-ĭĕn]就可以呼出“秦”字的《切韵》音[dzʻĭĕn]来，上字的[-ĭaŋ]和下字的[lj-]也都是没用的东西。

要是不明白这种原理，那么，切“蟲”字时总觉着[ȡʻ]和[ĭuŋ]之间有[-ĭəkkj-]音在里头夹杂，切“秦”字时也感到[dzʻ]和[ĭĕn]之间有[-ĭaŋlj-]音在那儿裹乱。所以三家村的老夫子教人读反切，总是把“直弓……”“匠鄰……”之类反复快读，纵然闹得唇焦舌敝，还是很难拗成一音。这是汉字本身不适于拼音的毛病，自然也难怪他们这样了。

但是,我们现在有音标的帮助,自然可以把每个字的音素都分析得那么"像煞有介事",在从前专靠汉字本身来讲反切的时候,恐怕就很难用几句话把它的原理讲得叫人明白。受过梵文影响的等韵学家虽然也想出种种方法来说明它,可是,照我看起来,还不免有周折繁琐的毛病。例如,要知道什么是"双声",必得先念熟一套"归纳助纽字"(见《韵镜》):

帮:宾边　　滂:缤篇　　並:频蠙　　明:民眠
非:分蕃　　敷:芬翻　　奉:汾烦　　微:文樠
端:丁颠　　透:汀天　　定:廷田　　泥:寧年
知:珍邅　　彻:獯延　　澄:陈廛　　娘:纫繎
见:经坚　　溪:轻牵　　群:勤虔　　疑:银言
精:精煎　　清:亲千　　从:秦前　　心:新仙　　邪:饧涎
照:真毡　　穿:瞋燀　　床:蓁潺　　审:身膻　　禅:辰禅
影:殷焉　　晓:馨祆　　匣:礥贤　　喻:匀缘
来:鄰连　　日:人然

那么,在三十六字母以外还得记牢 72 字。要想把一个反切归纳到转图的哪一格里,那就更麻烦了。《韵镜序例》论《归字例》云:

> 归释音字——如检礼部韵。且如得"芳弓反",先就十阳韵求"芳"字知属唇音次清第三位,却归一东韵寻下"弓"字便就唇音次清第三位取之,乃知为"豐"字。盖"芳"字是同音之定位,"弓"字是同韵之对映,归字之诀,大概如此。

这虽然已经不见得省事,却还算是正则的方法。此外,像"慈陵反缯",慈、缯都在第四位而陵在第三位;"先侯反涑",侯、涑都在第一位而先在第四位。又有"声虽去音,字归上韵"的例,如"莫蟹""奴罪"诸反,那是因为宋时浊上变去已然和《切韵》读音不符的原故。这两种情形比起"芳弓反豐"的例来已经麻烦多了,若是再碰见难字,那就越发地费周折了。《归字例》说：

> 凡归难字，不知正音，即就所属音四声内任意取一易字横转，便得之矣。今如千竹反亀字也，若取嵩字横呼，则知平声次清是为枞字，又以枞字呼下入声则知亀为促音，但以二冬韵同音处观之可见也。

这是因为“亀”字不好认，于是在同转同位的平声里找到容易认的“嵩”字，按齿音的顺序横呼到次清位，再由次清位按四声相承纵调到入声，便可呼出“亀”字的读音来了。不过《韵镜》第一转齿音次清平声第四位是没有字的，于是又得借用二冬的“枞”字来纵调。它所经过的曲折，可以拿下面的图来表示（凡字外加规识皆借用第二转字）：

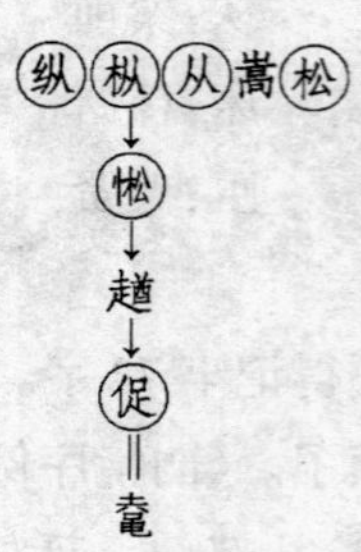

这种调音法，姑无论“屋”韵三等应否和“烛”韵完全同音，单就它本身来讲也就够绕弯儿的了！

后来李世泽的《切韵射标》又倡为射标法，他说：

> 经史切脚并以两字切一字，今以两字内上一字定标，下一字作箭，假如德红切，德字先标，红字作箭，得东字法，例先审德字在入声谱内与革字同韵，便在革字横列内寻见，看顶上是端字即定为标，既得端字为标，即舍却德字不用可也。次审红字在平声谱内，与公字同韵，便在公字横列内寻见，即用为箭，不须复看顶

上何标也。然后将红字箭望本声内端字标下平衡射去，至标而止，止处恰是东字，即为所切之音。馀并仿此。

这种方法仍然和《韵镜·归字例》的正则方法相同，可是在所有的反切里并不能完全适用，所以李氏又立了“隔标”“隔列”“浊声”三法。他说：

上条乃正法也，经史切音中者什得八九，如或箭到遇空，或虽有字而觉欠谛当，于意不安者，则用三活法以通之：一曰隔标法，二曰隔列法，三曰浊声法，该括尽矣。

什么叫“隔标法”呢？

谓如箭遇端标，觉有乖张，看端标下小字乃是知字，便转却箭，更射知标即中。如徒减切湛字，芳懷切胚字，扶基切皮字，皆此例也。

什么叫“隔列法”呢？

谓如箭射某标，觉有乖张，邻标又无可借，虽有亦欠谛当，直须不出本标，不拘上列下列，隔一隔二，以至五六，谛审其音，一者文义通贯，二者文意安稳，即从其音读之。如白伽切皤字，渠寒切乾字，许戈切靴字，皆此例也。

什么叫“浊声法”呢？

上声内有十标，标下字尽似去声，盖浊音也。若作去声安箭即差。今除平上入三声箭少过失外，但去声箭觉有乖张，即向上声内觅真正箭自中。如多动切董字、思兆切小字、奴罪切餧字之类是也。

他总括“正法”和“活法”，又编成下面两首口诀：

先将上字定标竿，下字如同弩箭安，认取本标平放箭，箭来标下中无难。（正法）

箭到遇空或不中，隔标隔列堪借用；若遇去声有乖张，寻向

上声却真正。(活法)

这种方法现在中国内地还有流传的,在调诵极熟的人固然也可以帮助读音,然而隔标、隔列漫无定准,古今南北,方言不同,从反切的本身上始终达不到"缓读则为二字,急读即成一音"的境地。这时候如果有天资颖悟的人,或独得于胸臆,或受外来的影响,都会感觉旧反切的不好,而自己想法来改良它。《音韵阐微》就是一部改良反切的韵书,但在它以前,却还有吕坤的《交泰韵》和杨选杞的《声韵同然集》两部书。

吕坤的《交泰韵》作于明万历三十一年(1603),现在的传本只有序文、凡例、总目,并不是完帙,可是全书的纲要已经大体具备了。吕氏以为"反切旧法从等字来,得子声又寻母声,得子母又念'经坚'","心力俱费,而字才仿佛",乃作《交泰韵》,使平声以入子切(如空,酷翁切),入声以平子切(如酷,空屋切),上声必用两上(如宠,楚陇切),去声必用两去(如送,素瓮切),① 并且所切的字若是阴平,下一字也不能用阳平(如同字旧用徒红切,通字旧用他红切,吕氏以为他红仍切同字,不切通字,改通字为他翁切)②。他自己说:"此韵所切,即妇人孺子、田夫仆僮、南蛮北狄,才拈一字为题,彻头彻尾,一韵无不暗合。"③ 其实,反切的方法,上字论清浊而不论四声,下字论四声而不论清浊,纵然说"阴""阳"是调不是声,那么,上去又何必拿本调作上字呢?至于《交泰韵》的定名虽然由平、入互为终始的意义而来,可是以平切入,以入切平,实在不能减除切字时的窒碍。并且他在凡例"辨通用"条说:以入叶平,"但可借口调声,不能落笔作韵",尤属自乱

① 《交泰韵》,凡例三,"辨子声"。

② 《交泰韵》,凡例四,"辨母字"。

③ 《交泰韵》,凡例一,"明本旨"。

其例，予人以口实。所以他改革的新法和旧反切比较起来，不过是五十步笑百步罢了。[①]

杨选杞的《声韵同然集》作于清顺治十六年(1659)冬季，据卷首《同然集纪事》说：

> 余成童时，见字之有切而疑之，询之季兄，兄为举一二隅以示，三四日恍然有得。间与季兄私论其拗者难者，爰揆度二字以易之。其所切之音仍与彼同，而反视彼原切较顺而易。辛卯(1651)糊口旧金吾吴期翁家，其犹子芸章一日出《西儒耳目资》以示予。予阅未终卷，顿悟切字有一定之理，因可为一定之法。为集胼肢外数章，以存其书之大指，并志予观书之有得。癸巳(1653)李子秩南授粲梅轩，笔墨六载。风雨篝灯之夜，亦未尝不详为辨论。戊戌(1658)从李子游都，李子下第归，强予成一韵谱。予多病，成而不克终卷。今己亥(1659)以特恩制开科目，李子则已迴隔云泥矣，寓书促成其事。时又以夏秋剧病之后，勉力应之。自己亥仲冬初三日始厥事，至月之末旬平韵尚未成帙。乃置上与去，先求入声北韵之别于南者，而丽之南韵之下。且为之以南切北，以上去韵切入声。至于上去二韵，更俟续成。

这里已经把作书的缘起叙述得很详细了。他所拟定的改良反切方法，是把字音分成25个大韵，每韵各分“宏”“中”“细”3声；所谓“宏”“中”“细”，实际就是“合”“开”“齐撮”的变名。又所定31“字祖”(就是声母)并知、彻、澄、娘于照、穿、床、泥，并非于敷，恰好和《洪武正韵》的声类相合。拿“宏”“中”“细”三声分配于31字祖及25大韵，于是“立为字父以该声，立为字母以该韵”。宏声常用的声15个，常

① 参看罗常培《汉语音韵学导论》第五讲“改良反切运动”节，中华书局，1956年，第104～113页；又见《罗常培文集》第三卷，第236～244页。

用的韵13个;中声常用的声21个,常用的韵19个半;细声最完备,一共有31声,24韵。杨氏照分析的结果,一一定出"字父"和"字母"的代表,"各求其不易之字,以定不易之切。并师《西儒耳目资·音韵活图》之法,列字祖、字类、字母为一同然总盘,更立宏、中、细三盘,盘各分天地","以便旋转"。总计字父和字母还不过124个,可是"父母递相摩荡,则靡音不备","声韵之理已和盘托出"。他定法的初意,本来想"字父"按宏、中、细的区别,分用孤、赀、基3韵收尾,"字母"都拿匣、影、喻3纽起头,便可以让所作的反切上字后面没有韵母作梗,下字的前面减少声母阻隔,顺切调音,自然不会有拗口的毛病了。可惜他设计虽工,汉字本身对于标音的缺陷却没法避免。所以遇到和他预拟的原则不符时,不是勉强假借,就得委曲譬况。全书里共用"假如"7次,用"勉借"5次,用"仿佛"和"不得已"各4次,用"勉求"3次,用"勉而又勉"和"无可举似"2次,用"强借"、"终觉勉然,于心不慊"、"宛转旁求"、"宛转设法"、"渺茫难辨"、"实不能出诸口,惟善悟者默会而得之"和"不能为之拈出,恨恨"各1次;这都可以见出他"自得于心终不能宣诸楮墨"的苦衷来!他自己也觉出此路不通,所以又打算"译以清字及西儒元音字,以俟海内及后世淹雅通敏之士,推而广之,考而正之",不过还没等到实现,他就遗憾而死了。①

这两个人虽然一个是独出心裁,一个是受外来的影响,结果却同归失败了。杨氏的方法比吕氏较合音理,只是受汉字不适于拼音的限制,终不能把反切的难拗完全减除。在他们以后没有多少年,又有受了满洲文影响的《音韵阐微》继之而起。

---

① 参看本书《〈声韵同然集〉残稿跋》。

《音韵阐微》是清康熙五十四年(1715)李光地和王兰生奉敕纂修,到雍正四年(1726)才完成的。关于它的著者,李光地的名头虽然比王兰生的大,论起他们的功绩,王兰生却比李光地的多。书里所创的“合声”反切法,据“凡例一”说是“启自国书十二字头,括音韵之源流,握翻切之窍妙,简明易晓,前古所未有”。照这样说起来,旧反切的困难岂不都解决了么?可是究竟做到了没有呢?本文宗旨就在于,一方面表彰王兰生纂修《音韵阐微》的功绩,一方面探讨“合声”反切是否有彻底改良旧法的可能。

二、王兰生传(1680~1737)

关于王兰生的事迹,《清史稿》(列传七七)和清国史馆的《大臣列传》(《耆献类征》卷七四引)都有记载,但都不大详尽。此外可以找到的史料有下列几种:

(一)《交河集》六卷,王兰生自著,道光十六年丙申(1836)其玄孙松刻于四川大足官署(以下简称《本集》);

(二)王诚《清赐进士出身通奉大夫刑部右侍郎管礼部侍郎事显考坦斋府君行状》(《交河集》卷首,以下简称《行状》);

(三)杭世骏《刑部右侍郎王公行状》(《道古堂集》卷三八,页三至六,又见《耆献类征》卷七四,以下简称杭《状》);

(四)全祖望《清通奉大夫刑部右侍郎管礼部侍郎事坦斋王公神道碑铭》(《鲒埼亭集》卷一八,《交河集》卷首,以下简称全《碑》);

(五)徐用锡《清赐进士出身通奉大夫刑部右侍郎管礼部侍郎事坦斋王公墓志铭》(《圭美堂集》卷□,《交河集》卷首,以下简称徐《志》);

(六)刘天谊《坦斋王公传略》(《交河集》卷首,以下简称刘《传》);

(七)李光地《榕村全集》卷二〇、卷二九,《榕村续集》卷一;

(八)李垣《耆献类征》卷七四引《陈康祺纪闻》。

底下这一篇传记,就是我参酌清史本传和以上几种材料重新写成的。

王兰生字振声,一字信芳,号坦斋。清直隶河间府交河县人(《行状》)。曾祖桂宫(字步蟾),由副榜贡士出身,历任浙江衢州府通判、山西汾州府同知,遭逢明末变乱,弃官归里,家贫节俭,不能延师赁仆。祖父某(字伯实)仅以县里的庠生训蒙乡里终其身。父席珍(字待聘)幼年也得帮着操劳家务,不能专心读书(《本集》卷六《先考待聘公行述》,《行状》,刘《传》,杭《状》)。后来家愈贫,事愈多,席珍笃守先训,艰苦支撑,读书馀暇,只带着农夫耕耘,凡贸易经营和舌耕他乡一类的事都不肯去做。每逢荒年,虽然极力撙节衣食,也穷得不能支持(《先考待聘公行述》)。

兰生是康熙十九年(1680)正月初六日在原籍生的(徐《志》)。他处在这种"余生十室邑,幼乏师友助"(本集卷六《送安溪先生请假归里》诗)的环境之下,本来很难有所成就;可是,他生而颖异,端凝好学(《行状》,刘《传》,杭《状》)。刚就外傅读小学,就能粗通大意,进反必依于书。家贫,夜读每以香火代烛(刘《传》)。三十五年(1696)年方弱冠,应童子试,能背诵朱子的《易本义》和《小学》一字不漏。这时候正赶上安溪李光地(字晋卿,号厚庵,谥文贞)督学直隶,特别赏识他,把他拔列第一,入县学为诸生(《行状》,徐《志》)。光地勉以实学,并把自己的易学传授给他。他在《送安溪先生请假归里》诗中所说"应试始童子,抠衣谒公署,拔之孺丱中,诏以贤关处。手授揲蓍法,口传太极注",又在《寿安溪先生七袠》诗中所说"三辅视人文,清风歌满路。蔼蔼师弟情,德音每倾吐。共知经学尊,一扫时文蠹"(《本集》卷六),就是指着这时候的事情。

康熙三十七年(1698)十二月李光地授直隶巡抚,奏开莲池书院于保定,檄调视学时所赏识的学生来肄业,得暇亲自督课,兰生就是其中的一个(刘《传》,《行状》,全《碑》,徐《志》)。那时的主讲者还有山东德州孙勷(字子未,号峨山,又号诚斋——刘《传》引孙绍芳原传)。光地的幕府里又有宣城梅文鼎(字定九,号勿庵)、长洲何焯(字屺瞻,晚号茶仙,学者称义门先生)。一般学者名士,都很佩服兰生,时常和他往还(徐《志》,刘《传》)。他既得到名师益友的教导,更加刻苦自励。所学自经书性理以外,旁及乐律、音韵、中西象数,无不殚思竭虑,深造其微(《行状》,杭《状》,徐《志》,刘《传》)。《送安溪先生请假归里》诗所说"及擢镇封疆,九郡才英聚,得厕精舍旁,与闻名理趣,如宝盈市廛,取携恣所慕,愿奢力不充,驽马蹶长路"(《本集》卷六),颇可表现出当时的情况来。

康熙四十四年(1705)十一月,李光地升任文渊阁大学士,招他进京,助修《朱子全书》,校勘编纂的工作差不多都出自兰生之手。他从三十七年起追随光地,前后凡13年。"无风雨晨晦,质难磋切,意契心授,汩然于声华荣禄之外"(《行状》,杭《状》,徐《志》)。《本集》《寿安溪先生七袠》诗:"生也驽骀资,奚堪良造驭。春风十二年,化雨润草庶。抚己惭劣薄,匪颜劳孔铸。亦尝冀一得,何敢辞千虑。有时觑微茫,惊喜彻宵曙。"《送安溪先生请假归里》诗:"竭来游帝都,校雠得参与,朱子八十篇,从头味章句。"这两诗颇能道出他们师生间的关系和参与编校《朱子全书》的事。五十一年(1712)康熙帝拟在蒙养斋开局,修乐律历算书,光地因为阁务繁重不能复任编纂,于是才推荐了兰生和魏廷珍(字君璧,直隶景州人)、梅瑴成(文鼎孙,字玉汝,号循斋)三人(全《碑》,徐《志》,《行状》)。当年十月二十九日康熙帝召见兰生于武英殿,叫他讲《易经》乾坤两卦,抉疑释滞,精奥畅达。两天之间召见三次(《本集》卷一《恩荣备载》,刘《传》)。五十二年(1713)

四月二十日奉旨召入内廷行走，校勘《朱子全书》《性理精义》《周易折中》等书。七月初五日奉旨"生员王兰生、监生梅瑴成做人正道，所学亦好，赐与举人一体会试"(《恩荣备载》)。又九月二十日上谕诚亲王允祉、十六阿哥允禄说："尔等率领何国宗、梅瑴成、魏廷珍、王兰生、方苞等编纂朕御制历法律吕算法诸书，并制乐器，著在畅春园奏事东门内蒙养斋开局。"(同上)兰生自入蒙养斋后，分校《律吕正义》《数理精蕴》《卜筮精蕴》等书，并纂修《音韵阐微》(《恩荣备载》,《国史列传》,《清史稿》,《行状》,全《碑》)。其中以《律吕》和《音韵》两部书他尽力最多(《行状》,杭《状》,全《碑》,徐《志》)。五十三年(1714)冬，因父病请假归省，次年(1715)二月丁父忧。居丧才三个月，皇帝就把他叫到热河行宫来。后来因母病再请假，又叫他把韵书带回家去纂辑(《行状》,杭《状》)。当年九月，他到热河行在谢恩销假(《恩荣备载》)。服满以后，复回到书局，日侍讲殿，辰入酉归，不问寒暑(《行状》,杭《状》)。六十年(1721)应会试。事前，主试的很想预先认识他，他却故意地赁居僻舍，连业师孙峨山处都没去投刺。场后谒见，峨山当面责备他，他也不加申辩(刘《传》引孙绍芳原传)。发榜以后，没有他的名字。那天，康熙帝给大学士下了一道上谕说：

> 今日出榜，黄雾四塞，霾沙蔽日，如此大风，榜必损坏。或因学问优长声闻素著之人不得中式，怨气所致；或此番中式之人将来有大奸大恶，乱臣贼子，亦未可知。……(《康熙东华录》卷一〇七)

三月初八日己巳遂命磨勘会试中式原卷(同上)。第二天又下了一道上谕给大学士，里面有这些话(据《交河集·恩荣备载》,《东华录》词句稍异)：

> ……王兰生……学问优长，屡试不中，或文章不好，或别有故？再举人留保，满洲蒙古汉军中未有如彼者，即翰林中谅亦如

彼者少。今番满洲内巡抚苏克济之亲属二人俱中，张伯行之胡乱修书者数年来亦相继中式。王兰生、留保并在朕前行走之人，朕深知其学问，非属偏向。诸大臣如不信，可于天安门外传集举人进士同伊等一体出难题考试。将朕此旨记于档案。王兰生、留保俱赐进士，令其今科殿试。钦此。

经过这一番破格的“圣眷”，殿试后他就中了辛丑科二甲第一名（《恩荣备载》，《国史列传》，《清史稿·列传》，《行状》，刘《传》）。同年四月十一日点翰林院庶吉士，校对钦若历书（《恩荣备载》），作《万年宝历诗》（《本集》卷六）。次年（1722）六月十四日点充武英殿总裁，纂修《骈字类篇》《子史精华》等书（《恩荣备载》，《行状》，杭《状》，刘《传》）。他以一介布衣，蒙受特达之知，难怪康熙帝死的时候，他会“哀恸迫切，过于恒情”了！（《行状》）

雍正元年（1723）十一月二十一日翰林院散馆，十二月初八日授职编修。三年（1725）四月二十七日署理国子监司业（《恩荣备载》）。他在监中每天为三舍肄业诸生讲解，都本着李光地的学说，一年之间讲了《中庸》一部，《孟子》数章，后来集成《太学讲义》二卷（《行状》，《列传》，徐《志》，全《碑》）。次年（1726）五月充广东乡试正考官（《国史列传》，《恩荣备载》）。入闱后，副考官编修曹腾蛟病死了，他独自检阅，三昼夜没睡觉。所取的都是些宿学之士，广东人非常佩服他（刘《传》引孙绍芳原传）。考试完了还没返京报命，九月二十五日即实授司业，十月初五日又因张廷玉荐（刘《传》）奉命提督浙江学政。他十一月底匆匆回京请训，返里省亲。转过年来（1727）正月初四日从本籍启程，二月初十日便到了浙江，就学政任。当年八月二十五日补授翰林院侍讲，次年（1728）五月二十九日升任翰林院侍读，七年（1729）六月二十一日又晋升翰林院侍读学士（《恩荣备载》）。

七年九月二十八日调安徽学政。次年（1730）正月二十九日从浙江起程，二月十二日到江宁府，接印受事，十六日到太平府驻劄衙门到任。旋因检举浙属临海学优生洪熙采漏粮案内，于雍正八年七月初一日奉旨降二级，从宽留任（《恩荣备载》）。

九年（1731）二月二十三日补授内阁学士，兼礼部侍郎，仍留安徽学政任。十年（1732）闰五月十八日奉旨再留安徽学政任，届期不必更换。七月初二日命充江南考官（《恩荣备载》）。以学使典乡试的从前还没有过，兰生这一次实在是创举（《行状》）。他典试完毕，十月初七日从江宁回到太平复任。刚过了一个月，又奉到提督陕西学政的任命（《恩荣备载》）。

在陕西一年多，因为浙江选拔贡生吴懋育刊刻《求志编》一案的牵累，雍正十三年（1735）闰四月二十一日奉旨销去加一级抵降一级，仍降二级调用（《恩荣备载》，刘《传》）。后来吏部题补学政名单没有合“上”意的（刘《传》，全《碑》），遂于五月二十七日奉旨仍留陕西学政任。八月二十七日左移詹事府少詹事兼翰林院侍讲学士，十月初二日复授内阁学士兼礼部侍郎原任，十二月二十日从三原起程进京（《恩荣备载》）。

他前后三任督学，两典乡试，没人敢拿私情来干求他（徐《志》）。在安庆考试时，诸幕友因为张廷玉的关系拟优待桐城张氏。他以为学使校士应该就文章定去留，奈何因贵胄而弃寒畯，榜发，遂无张氏名。后来主持江南乡试也一样。张氏族人大哗，向廷玉告他沽直钓誉，廷玉笑道：“这不过叫你们多读书罢了！还有什么话说呢？”（刘《传》）他每到一省，对于当地乡贤的文献是很注意的。初到浙江，屡次向全祖望询问黄黎洲的遗书；继到陕西，又征访李二曲的遗书。遇到人问他同里颜习斋的学术时，他也源源本本地辨析宗旨的离合（全《碑》）。

乾隆元年（1736）正月十二日他从陕西到京，十四日到任。四月初二日充殿试读卷官(《恩荣备载》)。七月初七日钦点鄂尔泰、张廷玉、朱轼、甘汝来为三礼馆总裁,杨名时、徐元梦、方苞、王兰生为副总裁(《本集》卷四《奏谢恩简三礼馆副总裁摺》)。名时、元梦和他同出于李光地的门下,方苞也是蒙养斋的旧侣。当时担任分纂的还有光地的孙子李清植(《行状》,全《碑》,徐《志》)和光地的门人徐用锡(徐《志》)。公馀过从,商略疑端,仿佛光地生时(徐《志》)。兰生颇喜可以重振安溪先生的馀绪(全《碑》),退食之暇,取《仪礼》和光地素所论著同清植切磋研究,摘疑论辨,孜孜不倦(《行状》)。十月十七日奉旨署理刑部侍郎事,十一月初四日补授刑部右侍郎,同月十五日以刑部右侍郎衔管礼部侍郎事(《恩荣备载》,《国史列传》)。

二年(1737)二月八日奉命赴泰陵致祭正东峪"后土之神"(《恩荣备载》,《行状》)。二十二日跟着乾隆帝去送孝敬宪皇后的灵柩下葬(《恩荣备载》)。路过良乡,突然得急症去世,年58岁(徐《志》,全《碑》)。乾隆帝甚为悼惜,赐帑金五百两,命直隶督臣代办丧务,停柩涿州,以待家人奔赴,并予祭一坛(《行状》,杭《状》,刘《传》)。五年(1740)入祀乡贤祠(《国史列传》)。

兰生生平操守廉洁,自奉俭约,俸禄所入,大半周给亲友。薄田数亩,才给饘粥;所居数椽,不蔽风雨。从布衣直到位列卿贰,家产并没有尺寸的进益(《行状》,杭《状》,徐《志》),可谓笃守家风,不改初服了。

他的学问不务博而务精(《行状》),不为泛滥(杭《状》)。性理之学原本程朱(《清史稿·列传》),而折衷于李光地之说(《行状》,徐《志》,全《碑》),对于律吕音韵尤有独到的地方(徐《志》,全《碑》,《行状》,杭《状》,刘《传》)。关于音韵部分次章别有详说,这里只介绍一些他对于乐律的贡献。

兰生的律吕之学也传自李光地,但领悟独多,若有神契。光地尝以朱子的《琴律图说》刻本流传多误，乃命兰生校正。他精心订正，抉发证明，遂可推据。光地把它进呈给康熙帝，深蒙嘉许。自入直后，得见康熙帝御制律管风琴诸器，更有启发。于是本程明道的说法，拿人的中声定黄钟之管，积黍来实验，展转生十二律，都和古法相应。又到郊坛亲验乐器，然后知道管音有长短巨细的差别，所以有黄钟积八倍的，也有四倍的。而匏笙的管反有黄钟积八分之一的。此外像埙篪之类也都拿黄钟积实而得其应声。至于弦音则只争长短，或用倍，或用半，它的声音就可以相应；这是因为体与体、线与线的比例不同。他的说法虽然和朱熹、蔡元定不尽相符，但是同《管子》《吕氏春秋》《淮南子》《史记》却相合（全《碑》，《行状》，杭《状》，刘《传》，《国史列传》）。我们且录他所作《历律算法策》中论乐律的一段，以见一斑：

以乐言之，有声焉，有律焉，有调焉；有高下疾徐之异名，弦音管音之异制焉：此作乐之大端也。由蔡氏之《新书》而论之，其以八十一之宫声为主，三分损益，而商角徵羽之音定焉，所谓声也。其以九寸之黄钟为主，三分损益，而十一律之制成焉，所谓律也。以律配声，共得八十有四，去变不用，取六十者以命名，所谓调也。声则有疾徐高下，调则有喜乐怒哀，琴瑟则谓之丝，笙箫则谓之管，此由《新书》而溯之《虞书》、《周礼》、《礼记》、《国语》、《管子》、《吕氏》、《淮南》以及班、马之说俱昭昭可见也。乃自西术既入，而其说与蔡氏合焉。其曰五线六名，即《新书》之所谓声也。其于十二音中取七音，即《新书》之所谓律也。其言喜怒军宾之异乐，即《新书》之所谓调也。其曰八形号，三迟速，即古乐之所谓疾徐；其论弦音管音之不同，即琴瑟笙箫之异制也。凡此者必以黄钟为主焉。夫黄钟之制长九寸，围九分，积八百一十分，容黍一千二百。虽自古已有明文，而至今终无定论者，则以其尺之无准也。我皇上命官测验，定古尺为今尺之八寸，黄钟得古尺之九寸,为今尺之七寸二分,以之容黍而数合,以之制律而声应,此诚破千古之疑,而为旷代所未有者也。①

他的文学天才并不高。《交河集》六卷:卷一《恩荣备载》,卷二“颂”,卷三、四“奏折”,卷五“议、论、考、策、书启、序”,卷六“赞、祭文、行述、条约、诗、算法”,大抵“笔”多于“文”,质胜于华。至于卷二的《圣主躬耕藉田礼成颂》之类,卷六的《万年宝历诗》之类,都是应制阿谀的作品,丝毫见不出文学意味来。

综括兰生的生平,我们可分作八个段落:

(一)童年蒙养时代——康熙十九年至三十三年(1680~1694)——1岁至15岁;

(二)受知安溪时代——康熙三十四年至三十七年(1695~1698)——16岁至19岁;

(三)保定深造时代——康熙三十八年至四十四年(1699~1705)——20岁至26岁;

(四)李幕潜修时代——康熙四十五年至五十年(1706~1711)——27岁至32岁;

(五)内廷纂书时代——康熙五十一年至六十一年(1712~1722)——33岁至43岁;

(六)翰林承旨时代——雍正元年至三年(1723~1725)——44岁至46岁;

(七)三任督学时代——雍正四年至十三年(1726~1735)——47岁至56岁;

(八)翊赞刑礼时代——乾隆元年至二年(1736~1737)——57岁至58岁。

---

① 《交河集》卷五,第14~16页。

三、《音韵阐微》纂修经过

《音韵阐微》的凡例第一条说：

从来考文之典，不外形声二端；形象存乎点画，声音在于翻切。世传切韵之书，其法繁而取音难，今依本朝字书合声切法，则用字简而取音易。如公字旧用古红切，今拟始翁切；巾字旧用居银切，今拟基因切；牵字旧用苦坚切，今拟欺烟切；萧字旧用苏彫切，今拟西腰切。盖翻切上一字定母，下一字定韵，今于上一字择其能生本音者，下一字择其能生本韵者，缓读之为二字，急读之即成一音。此法启自国书十二字头，括音韵之源流，握翻切之窍妙，简明易晓，前古所未有也。

开宗明义，已然揭明合声反切是受满洲文十二字头的影响。但是，上一字怎样“能生本音”呢？凡例第二条说：

凡字之同母者，其韵部虽异，而呼法开合相同，则翻切但换下一字而上一字不换。例如姑翁切公字，姑威切归字，姑弯切关字，姑汪切光字：此四字皆见母合口呼，俱生声于姑字。又如基因切巾字，基烟切坚字，基腰切骄字，基优切鸠字：此四字者，皆见母齐齿呼，俱生声于基字。由此以推，凡翻切之上一字皆取支微鱼虞歌麻数韵中字，辨其等母呼法，其音自合，以此数韵能生诸部之音，在国书十二字头与支微鱼虞歌麻数韵对音者，原为第一部也。

下一字怎样“能生本韵”呢？凡例第三条说：

凡字之同韵者，其字母虽异，平仄清浊相同，则翻切但换上一字而下一字不换。如基烟切坚字，欺烟切牵字，梯烟切天字，卑烟切边字：此四字者皆先韵之清声，俱收声于烟字。又如奇延切虔字，池延切缠字，弥延切绵字，齐延切钱字：此四字者乃先韵之浊声，俱收声于延字。由此以推，凡各韵清声之字皆收声于本韵之影母，各韵浊声之字皆收声于本韵之喻母。盖影、喻二母声有清浊，乃本韵之喉音。天下之声皆出于喉而收于喉，故翻切之下一字用影、喻二母中字收归喉音，其声自合也。

这三条凡例是《音韵阐微》改良反切的基本原则，如果能够完全贯彻，确实可以矫正旧反切窒碍难拗的毛病。这些原则是谁发明的呢？李光地还是王兰生？经过几次商订才得到这样结果？究竟能否行得通呢？本节先搜集李、王往返商讨的文件来解答前三个问题，下一节再统计《音韵阐微》的全部反切来解答末一个问题。

兰生的音韵学知识最初是受自李光地的（全《碑》："音韵则公得之文贞之教者，大略与昆山顾氏同而较密"），所以关于《音韵阐微》的发凡起例，当然大部分是光地的意见。例如《榕村韵书略例》说：

古韵书不可见，而其散于经传者足征也。顾氏宁人之论备矣，后代益详于韵，而等切之学兴。虽其字音韵部间或与古差讹，而其条理可寻，其同异沿革可推。何则？音生于人心，今古不殊故也。夫色不过五，而五色之变不可胜观；味不过五，而五味之变不可胜尝；故音不过五，而五音之变不可胜用也。前世为韵书者，未知五音生生之法，故虽区别有伦，而迷其本始。惟国书十二字头之书但以篇首五字使喉舌齿唇展转相切，而万国声音备焉。盖于韵部以麻支微齐歌鱼虞为首，于字母以影喻为首，独得天地之元声，故可以齐万籁之不齐，而有伦有要也。从来为此学者，部多首"东"，等多首"见"，盖失其本矣。惟邵子于声类以歌韵首列，而词曲家每字收声皆归影母者，乃为得其遗意。然邵之诸部既不尽合，而度曲者只悟收声，不知其为生生之本，故亦不能举而措之而皆通也。然收声之法厘为六部，此则确为声乐本要,而国朝字头亦合焉。神瞽复生,不能易矣。今谱亦区为六部,别为十二行,以首五字宛转相生,为百二十声。于是父子君臣夫妇兄弟朋友各得其位,性术之变,穷于此焉。韵有有声无字者,等亦有有声无字者。计韵之有声有字者三十六,就唐韵而增损改入之也;母之有声有字者亦三十六,依等韵而分别论说之也。然所据者皆今日同文之音也,考之唐宋间则已别,稽之于古则又殊,盖是编之意存乎明韵而已,非合时则不通,非谐俗则不悟。若夫究心小学者将以窥文字之切,辨点画声音之始,则有诸家及宁人之书在,此不能具也。①

文中五五相生的"数理逻辑"固然牵强附会,玄而不实,可是,他受满文十二字头的启示,悟出"韵部以麻支微齐歌鱼虞为首","字母以影喻为首",已然奠定了前述三条凡例的基础。不过《榕村韵书》意在"合时""谐俗","所据者皆今日同文之音也,考之唐宋间则已别,稽之于古则又殊",和《音韵阐微》的主旨稍有不同罢了。此外他还有一段可以和上文互相发明的话:

国书阿厄衣乌于五字妙得声韵之元,毫无勉强。小儿坠地,头一声便是阿,稍转方有厄音,再转方有衣音,又转方有乌音,至会说话方有于音。自喉而舌,而齿,而撮口,而出口,次第一些不差。五字次第叠呼便有四万声,《音学五书》所少者此耳。将来把毛稚黄书及《度曲须知》择其精要语附刻于后,便成完书。至某所就国书推出者则载于某所编乐书之后。毛稚黄及《度曲须知》亦晓得支微齐歌麻鱼虞七部之字无头,它部之字皆有头。却不知七部乃声气之元,别字都是他生的,无有生他者。如西邀乌是萧字,西是字头,邀是字腹,乌是字尾。又支乃真之头,都乃东

① 《榕村全集》卷二〇,第16~17页。

> 之头，于乃元之头。韵部自当用此七部居前，以生各部。他知其无头，却不晓其所以无头之故，故仍旧以东为韵部之首，非也。歌麻支微齐鱼虞收本字之喉音，佳灰收衣字，萧肴豪尤收乌字，东冬江阳庚青蒸收鼻音，真文元寒删先收舌抵腭，侵覃盐咸收唇音。①

这已经能把十二字头和毛先舒的《韵学通指》、沈宠绥的《度曲须知》融合起来讲了。又分析"西邀乌是萧字"，并推究歌麻支微齐鱼虞"所以无头之故"，也都露出改良反切的朕兆来。不过谈到合声反切的方法，还没有《榕村全集》里的《翻切法》讲得详细，那一篇文章说：

> 自东冬江阳庚青蒸，真文元寒山先，佳灰，萧肴豪尤，侵覃盐咸诸部，皆可以合声为切法。如都翁为东，希阳为香，幾莺为惊，之因为真，孤弯为官，沙安为山，低烟为颠，呼隈为灰，西腰为萧，溪忧为邱，妻阴为侵，他谙为贪之类，皆两声合成一声，不用寻其等母韵部便可晓然。但上一字须检是首摄何字所生，必以其字切之；下一字则归其韵之影母字，乃得两声谐叶。或上一字有音无字，则借其字之上去入字；或下一字有音无字，则借晓母疑母字：则声气犹相近，若如古人切法则远矣。惟支微齐鱼虞歌麻七韵乃首摄之字，生天下之万音者，故可以切他部，而他部不能切七部。盖七部之字皆天然独音，非两声合成故也。中间惟麻韵鸦哇等字可以支虞部中字切，歌韵字可以虞部字切，则以鸦哇等元是支虞反切麻部所生，而歌与虞声韵开闭同类故也。此外凡七部中字皆应借本字之上去入为上一字，而下一字归本字影母切之，影母乏字仍借晓疑可也。②

① 《榕村语录》卷三一，第25～26页。

② 《榕村全集》卷二〇，第18～19页。

综观以上所论,可见《音韵阐微》的规模已然大体建立了,兰生后来奉命协纂,只是就着原定的规模再来审核增订罢了。此外《榕村全集》里还有《等韵皇极经世韵同异》(卷二〇,第14~16页)、《覆填写经世声音图满文劄子》(卷二九,第11~12页)、《覆驳谐声韵学劄子》(卷二九,第26~27页)、《南北方音及古今字音之异》(卷二〇,第19~20页)、《韵笺序》(卷一一,第4~5页)五篇,《榕村别集》有《等韵辨疑》一卷(卷一,第1~12页),《榕村续集》有给何屺瞻的四封信(卷一,第10、12、13、15页),都是有关音韵的文章。

据《音韵阐微·序》说,这部书是康熙五十四年(1715)奉敕纂修,到雍正四年(1726)才完成的。然而实际上却在前两年就动手了。在王兰生的《交河集》卷一《恩荣备载》里有几条涉及这件事的记载:

康熙五十二年癸巳(1713)九月"自入蒙养斋分校《律吕正义》《数理精蕴》《卜筮精蕴》,纂辑韵书。"

康熙五十三年甲午(1714)正月二十一日"奉旨发下《谐声韵学》目录谱子一本,一卷至四卷四本,摺子二个。"

二月二十八日"张常住等奉旨交来《谐声韵学》十四本,五卷至十八卷。"

七月初一日"奉旨发下韵书序例一本,摺子三个,字一,著按李大学士摺子做。"

所谓《谐声韵学》,据李光地驳覆的劄子里指出三点毛病:(一)"等韵原有三十六字母,今此书删去其十五,只存二十一母,盖等韵备清浊之声,而此书不分清浊";(二)"每字母中所收平声多是入声,入声多是平声,盖此二声北人多不能辨,故有此误";(三)"字样多系生造"。[①] 这显然是另外一部书,和《音韵阐微》没有关系。至于七月初

① 见《榕村全集》卷二九,第26~27页。

一日发下来的"韵书序例",若参证"著按李大学士摺子做"一句话,显然就是纂辑《音韵阐微》的计划。可见这部书从五十三年乃至于五十二年就开始作起了。在《交河集》和《榕村全集》里我还找到许多李、王往返商讨的文件。康熙五十三年兰生奉旨纂辑韵书后,就写信给他老师李光地去请教说:

> 兰生等奉旨修音韵书,愚意窃谓唐韵今韵宜分二部。盖诗韵之最古者莫如《广韵》,而韵谱之最近古者莫如郑樵之《七音略》,其谱与《广韵》相合。按郑樵之谱,别《广韵》之字,其字之前后依等韵三十六字母次第。反切有不合者改用合声切法。至独用同用条例一仍《广韵》之旧,以为律诗之用。其全书分为六门:歌麻为第一,支齐微佳灰为第二,鱼虞萧肴豪尤为第三,东冬江阳庚青蒸为第四,真文元寒删先为第五,侵覃盐咸为第六,以为古诗词赋歌曲之用,此依唐韵而叙次之者也。外用南北现有之音,依六门四呼之法,一母分为若干呼,每呼贯以三十六母,一如发去式样,以为按音查字之用:此仿《五音集韵》而兼并之者也。大意如此,不知当否?老师详细开明,恭呈御览裁定。①

这封信里所说的规模,大体上还跟前面所引《榕村韵书略例》《榕村语录》相去不远。但是兰生入直内廷后,受康熙帝的熏陶,除去满文以外,还涉猎了高丽、西藏、回回许多语言,比较参证,偶有心得,于是又给光地写了一封信说:

> 兰生近日得观内廷各种韵书,始见郑樵之《七音略》。其书在《通志》内,与《广韵》甚合,实《切韵指南》之所自出也。又蒙恩命考高丽、喇嘛、回回诸韵,其与等韵最近者惟喇嘛韵。可见字母之说原来自梵僧也。回回韵以埃衣乌三韵为首,亦得生字之本也。惟四呼

① 《启安溪相国》,见《交河集》卷五,第37页。

之法向来总不得其根,皇上谓其根出自高丽韵,及观其字果以噶加歌皆锅觉各基姑居等字为首,与四呼之说极合,实四呼之所自来也。凡此皆近日所得,亦老师之所愿闻者,故并达之。[①]

光地接到他这两封信后,一方面修了一道劄子覆奏:

臣李光地谨奏:本月二十四日接王兰生来劄内开六月二十日奉旨发阅韵谱式样。臣反覆详看,其韵部次第,及等切法律,皆有条理。盖古今韵部惟本朝十二字头为得天地之元声,符三代之古法。今昆山乐工及士大夫识韵学者,颇能辨其部分,有条不紊。然一概沿唐人之旧,以东冬江等为弁首,终不如本朝字书冠之以 ᠠ ᡝ ᡳ 一类,其音与支微齐鱼虞歌麻七韵相对,实能生馀韵,而不为馀韵之所生。推之切字,则亦能切馀韵,而不为馀韵之所切。臣愚陋无知,常窃以为圣人复起,不能易也。今若修唐韵,自应且仍其旧,不必更张;至修今韵,似应以本朝字书为根柢,一如发下韵谱次第,匪独昭我文明,诚为与古符契。伏候圣裁。至三十六等母以见溪为先,本朝字书则以影喻为先。意作等韵者置喉音于后,以寓归根还原之意,然亦不如字书揭之于首之为当也,此一事或且仍等韵,先见溪群疑,或遂先之以影喻晓匣,似乎两可。伏候圣裁。王兰生又将所承旨谕高丽、回回、喇嘛诸国音韵与古法合者,详写来说,盖信元音天籁,薄海同归,非皇上天亶聪明,好问好察,孰能博采殊方异域之言语文字,以验此理之同哉?恭遇神圣之朝,睹稽古考文之盛,臣不胜欣幸。中间有应商量数字,臣另写字与王兰生,俟其察明转奏。臣谨具摺奏覆。[②]

---

① 《再启安溪相国》,见《交河集》卷五,第38页。

② 《覆发阅韵谱式样劄子》,见《榕村全集》卷二九,第18~20页。

一方面又答了王兰生一封信：

所示韵书规模皆稳当，其精微处更须细请裁定指示，恐吾辈井蛙之见不能及远也。行文间有应商酌者，如序中“合于古而传于今”一句须润色，盖马邵之书亦无悖于古，而未尝不传于今也。来字中“最古”两字亦然，诸书皆在唐韵之后，非最古者。又说中既以阴平阳平分清浊，则是见溪与群疑之类耳！若官关闲坚则虽南北音异，然皆阴平也。“此又是一样清浊，与阴声阳声之清浊似不可相混。”此一句愚未能晓，或有别说可寄来知。又守温似亦是唐人，序中谓宋人，有所据否？其与神珙或同时，或先后，更须细考。至其大端处，已具摺奏明。①

兰生接到信后，适值光地疝气复发，在家调养，便给光地的儿子李钟侨写了一封信，请他转达。那封信说：

字拜世兄台下，祈代请老师安。前者疝气复发，想已大愈，调养之节不可少忽，其责专在世兄也！二十九日见奏摺并与兰生回字，初一日奉旨“韵书著依李大学士摺子做”。目下遵旨，现查《广韵》。按《广韵》之字有数字即为一韵者，亦有一韵可分数韵者。惟按郑夹漈之谱别之，略有条理。然其声音重复难辨者颇多。若目下所传之等韵，乃元人刘鉴所编，即依郑氏谱而并之者也。愚意修《广韵》须先别以郑氏之谱，使字皆归母，再逐字定其反切，一切仍旧。此外依前发去式样另为一书，以为按音取字之用，然视旧韵变动处甚多，须费斟酌也。前叙字句不妥者，老师指示处极是。然作书条例尚须另开，前序恐不可用也。官关闲坚以韵分轻重，与见溪群疑以母分清浊者不同，郑世子谓韵谱一等四等为重，二等三等为轻；郑夹漈谓东重而冬轻：皆以韵分

① 《寄王振声书》，见《榕村续集》卷一，第16～17页。

者也。神珙唐人，守温宋人，亦郑世子书中之语，其言凿凿，似乎有据，他亦无考也。反切之法，以平切平，以仄切仄，固属甚当，然上一字但取其归母之清，平仄亦可参用；下一字但取其声音之叶，邻韵亦可借用，或借本韵他母字亦好。然旧法亦多有借邻韵用者，似亦不妨也。愚谓出切之上一字须用平入二声，若用上去，则北人全不能辨其清浊矣。又切上去二声宜用入声字出切，盖平声浊母下字人多错读，以之出切，恐不能得本字之音也。又浊声上字人皆读作去声，愚意反切之第二字皆用清上以矫之，使人能辨。至其清浊之分，原有出切之字以管之，似亦不紊。凡此曲折，并祈呈之师座。内有可用不可用者，仍祈便中开示。或即付大山先生家人，使其家信中封来亦可。此启。[①]

他们师生间反复切磋的情形可谓不厌求详了。康熙五十四年(1715)二月初三日兰生丁父忧，于二十九日到京报明，奉旨准许回籍治丧；五月二十七日再到热河行宫，因母病请假，奉旨：

许他回去，教他将韵书带回家去收拾，有不明白处，问大学士李光地。钦此。[②]

他在家住了将近三个月，家事稍微就绪，遂于八月十六日进京，向光地请教，二十日才把研究的经过情形具摺奏明：

臣于五月二十七日乞假回家，奉旨："许他回去，教他将韵书带回家去收拾，有不明白处，问大学士李光地。钦此。"

臣自回家后，谨依李光地所说，将平声上声按字查对编次，虽略有草稿，以臣愚陋，实难自信。及八月内，臣家事粗安，随于十八日到京，再问大学士李光地，谨拟凡例数条，式样数页。然

① 《与李世兄书》，见《交河集》卷五，第39~40页。

② 《恩荣备载》，见《交河集》卷一。

李光地亦未敢定其可用与否，惟求皇上裁示。又臣以下里庸才，幸得恭聆圣训，于翻切之法，不过微有一隙之明，至于笔画之本于六书，字义之出于经史者，臣素日全未讲究。伏望简用学问渊博之臣查对笔画字义，臣但与备检校音切之一役。庶几稍成篇帙，取次呈稿，以俟圣明裁定。臣不胜惶恐之至。谨奏。[①]

那年七月李光地上书乞休，奉旨给假二年，事完即来京办事。兰生独自在京编纂韵书。五十五年(1716)四月拟得凡例谱式，并东冬江支微五韵翻切用字，遂于二十日具摺奏覆说：

臣谨奏，臣于去年五月二十七日奉旨著修韵书。臣谨遵旨拟得凡例数条，谱式数页，并东冬江支微五韵。其中翻切用字，分母分韵仍仿唐宋旧法，谨依国书合声切择其声音之相近者。至于收字之多寡，谨依《佩文韵府》与宋《礼部韵略》增修之。其注释详略，参考《说文》《广韵》《集韵》《正韵》诸书而节删之。谨缮写成帙，恭呈圣览，伏祈皇上指示！臣等浅陋，未知当否？不胜惶恐之至。谨奏。[②]

康熙五十六年(1717)四月李光地返京，转过年(1718)二月二十九日由诚亲王允祉、十六阿哥允禑传旨：

著王兰生将所纂的韵书送与大学士李光地仔细看阅过，具摺启奏。钦此。[③]

光地奉旨覆阅后，先给兰生写了一封信说：

韵书未能细看，大抵规模亦好，且依此修去，从头斟酌损益，亦不难也。重中重、轻中轻之类，亦不甚确知，古人有此说，姑存

---

① 《奏覆编次韵书草稿摺》，见《交河集》卷三。

② 《奏覆拟得韵书凡例谱式并东冬江支微五韵翻切用字请指示摺》，见《交河集》卷三。

③ 《恩荣备载》，见《交河集》卷一。

之以俟商定。看来东冬锺支脂之之类，虽唐人强为分别，只好仍其旧贯，必替他寻一着落，终属影响耳。馀面论，不多。[①]

然后又奏覆了一道很长的摺子说：

臣李光地谨奏：二月二十九日奉旨"著王兰生将所纂的韵书送与大学士李光地仔细看阅过，具摺启奏。钦此。"王兰生所修韵书，臣于前岁乞恩回籍之先，曾经奉旨与王兰生商量斟酌。今看得王兰生所修，其大体似颇洁净。但声音之道微眇，臣与兰生等俱浅陋末学，且拘于风土，不能周知古今语言文字之变，亦不能备悉九州方音谣俗之殊。但据古人成书数种，略为折中，而以本朝字书为之根本。恭维皇上亶聪天授，兼于方域内外以及四裔之音无不入耳立辨，通其异同之故，非臣等下愚之所能窥也。谨摘书之大凡数条，恭请皇上指示可否：

一、三十六母及四等四声之类，自江左隋唐以来已极详备。惟是字韵部分则至本朝字头书始为派别支分，各从其类。自来韵家及俗乐声谱亦有窥见一二者，然终未能睹其源流也。何则？声乐之家虽或知有部分，然所分部不免皆从东冬韵起。惟本朝字书第一头所对者乃歌麻支微齐鱼虞七韵之音。此七韵者实声气之元，万籁之所从出，能生诸部而不为诸部之所生，能切诸部而不为诸部之所切，是此七韵允宜列为韵部之首，以明为天地元音；更唱迭和，以尽无穷之变：如十一律之有黄钟，班固所谓能生他律而不为他律役者也。今应否仍依一东二冬之旧，以存不遽变古之意，独于凡例中特发明本朝韵部之精当，使后人知唐虞三代之绝学实嗣音于圣世。是否相合，乞圣裁！

一、历代反切之法，盖用上一字定母，下一字取音，两字相求

① 《寄王振声书》，见《榕村续集》卷一，第17页。

而真声得矣。然此必知等母者乃能辨之，初学童孺则不能也。惟本朝连字之法，两字相合，即得真声，不待知等母者然后能辨也。盖其上一字乃第一头之母所对歌麻支微齐鱼虞七韵之音，以其能生诸部而为之根柢，是以能切诸部而无不谐协也。今应否兼存古人反切，其后则以合声正之，其有音无字不可合者，则借傍近之声代之？要其上一字必取于歌麻支微齐鱼虞七韵之中，不似古人杂用诸韵也。至歌麻支微齐鱼虞七部声音之本，非他部之所能切，今应否借本韵平仄字以自相切？乞圣裁！

一、反切之法，其下一字古人亦杂用诸母字，甚至有不论平声之清浊者。本朝字书第一头以阿厄衣窝乌五字喉声为主，盖凡声皆出于喉，然后传于鼻舌齿唇之间；及乎鼻舌唇齿之响既终，又未有不收声于喉音。今下一字取音，应用影喻喉声叶之，然后两音合成一音，浑然无迹。惟至喉声有音无字无从取用者，则间取傍近之声代之。是否相合，乞圣裁！

一、影喻虽为诸音母之本，然古法列之于后，而以见溪群疑当先。今反切取声虽以影喻为重，至于每韵中列母应否仍先以见溪群疑，存不轻变古之意？乞圣裁！

一、等韵书分列四等者，以声有开口、齐齿、合口、撮口四呼，凡同此四呼之中者其音皆可通用，此三代秦汉之古音也。唐人又细别之为东冬以下诸韵，此则律诗所用唐家一代之音也。今仍用唐人部分，则每韵之中四呼不能悉备。然亦有备二呼至三呼者，如东备合口、撮口，支备齐齿、合口，麻与阳备开口、齐齿、合口之类是也。是否相合，乞圣裁！

一、古今音不同，如韵部中江字古音读与东冬为类，今读与阳为类，字母中知彻澄古读与端透定为类，今读与照穿床为类，敷字古音与非字异读，今亦读为一类：此等近代元明韵书多混而一之,似非存古之意。故音虽从时,而其部伍则犹仍旧。是否有当,乞圣裁!

一、韵书所收字样必须繁简得中,以便学者考究。凡经史子集中用过之字皆应收采。臣与王兰生等学皆狭陋,不能淹博。仰候皇上选择臣下中有博涉经史,兼晓六书本末者,公同采摭。使之备而不冗,约而不漏,庶几成书仰副皇上诏修之意。是否有当,乞圣裁!臣愚蒙,但据所见陈奏,恭候皇上指示![1]

这道奏摺所条陈的已然把全书的纲领都详悉地商订到了。过了不到三个月,光地就在五月二十八日病死了!五十八年(1719)四月初十日虽然由诚亲王允祉、十二贝子允禄、十六阿哥允禑传旨:"著尚书徐元梦同王兰生修韵书"(《恩荣备载》),事实上还是由兰生独负纂辑的责任(刘《传》)。到雍正六年(1728)全书告成,由雍正帝定名为《音韵阐微》(《行状》,杭《状》)。

由上面这许多文件看来,我们可以说,倡议用满文合声方法来改良反切,并且对于纂修始终在发踪指示的,是李光地;而实际负纂辑全书的责任的都是王兰生。不过,他们的意见前后也经过几度变迁。最初光地的意思只想参照满文和曲韵之类修一部当代审音的书以求"合时""谐俗",并没顾到历史上的唐韵。所以他"所据者皆今日同文之音也,考之唐宋间则已别,稽之于古则又殊"(《榕村韵书略例》),又嫌"以东为韵部之首"的不对(《榕村语录》卷三〇,第26页)。兰生入直内廷以后,看见了郑樵的《七音略》和许多韵书,又受康熙帝的指导,参证了高丽、西藏、回回几种殊语,于是乎主张"唐韵今韵宜分二部"(《启安溪相国》,《与李世兄书》)。光地却始终觉得"若修唐韵,自应且仍其旧,不必更张;至修今韵,似应以本朝字书为根柢"(《覆发阅

[1] 《覆发阅王兰生所纂韵书劄子》,见《榕村全集》卷二九,第20~26页。

韵谱式样劄子》)。最后的结果,这部《音韵阐微》还只是"按郑樵之谱,别《广韵》之字,其字之前后依等韵三十六字母次第。反切有不合者改用合声切法"(王兰生《启安溪相国》);"仍依一东二冬之旧,以存不遽变古之意,独于凡例中特发明本朝韵部之精当"(李光地《覆发阅王兰生所纂韵书劄子》)罢了。至于"以本朝字书为根柢""以为按音查字之用"的今韵却不再提起了。

合声反切的方法虽然由李光地倡议,可是要推本溯源,还得说是由康熙帝启发出来的。因为康熙帝除去满洲文以外,还兼通许多种语言文字,比较参证,因而悟出一种改良汉字反切的道理来。四十四年(1705)十一月壬申,他因为大学士等以俄罗斯贸易来使赍至原文及翻译之文进呈,于是下了一道上谕说:

> 此乃喇提诺托、多乌祖克、鄂罗斯三种文也。外国之文亦有三十六字母者,亦有三十字母、五十字母者。朕交喇嘛详考视之,其来源与中国同,但不分平声、上声、去声而尚有入声。其两字合音甚明。中国平、上、去、入四韵极精,两字合音不甚紧要,是以学者少,渐至弃之。问翰林官四声无不知者,问两字合音则不能知。中国所有之字外国亦有之,特不全耳。[①]

其中虽不免有似是而非的议论,但已提出"两字合音"的说法了。又四十七年(1708)六月丁卯《清文鉴》成,他在御制序文里也说:"十二字母,五声切音,具载集中,名曰《清文鉴》,用探音声之本源,究字画之详尽……诵是编者,尚其体朕历载之勤劬,因声音以求字画,因字画以求文章。"[②] 这部书颁行后,对于汉字反切借镜满洲文的地方更可得到准则了。四十九年(1710)三月乙亥,他在给陈廷敬的上谕里又说:

---

① 《康熙东华录》,卷七六。

② 《康熙东华录》,卷八一。

> 朕留意典籍，编定群书，比年以来，如《朱子全书》《佩文韵府》《渊鉴类函》《群芳谱》，并其馀各书，悉加修纂，次第告成。至于字学，并关切要，允宜酌订一书。《字汇》失之简略，《正字通》涉于泛滥。兼之四方风土不同，南北声音各异。司马光之《类篇》分部或有未明，沈约之声韵人不无訾议。《洪武正韵》虽多驳辨，迄不能行，仍依沈约之韵。朕尝参阅诸书，究心考证。凡蒙古、西域、外洋诸国多从字母而来，音由地殊，难以牵引。大抵天地之元音发于人声，物类之象形寄于点画。今欲详略得中，归于至当，增《字汇》之阙遗，删《正字通》之繁冗，勒为成书，垂示永久。尔等酌议式例具奏。[①]

这便是纂修《康熙字典》的起头儿。他既然知道"凡蒙古、西域、外洋诸国多从字母而来，音由地殊，难以牵引"，这比过去认为俄罗斯文"其来源与中国同"，观念已经清晰多了。料想他对于拼音文字可以影响汉字反切的地方，一定对李光地、王兰生时常谈起过。直到五十八年(1719)十月壬子，《音韵阐微》差不多就绪了，他给内阁学士长寿的上谕，还斤斤比较汉字和清字的异同说：

> 朕览邵子声音图于各国声音有不能该括处。朕于声音之学究心二十馀年，虽未亲至乡里，而乡里人之声音无不悉知。有如清字之音有汉字所无者，汉字之音亦有清字所未备者。朕将此声音图讨论多日，欲该括各国声音断乎不能。朕以为《性理精义》内邵子声音图宜仍用汉字，其清字图可以不用。蒙养斋修书举人王兰生谙晓音字之学，尔与之商酌，观其意见如何？并将此旨令汉大臣同阅。[②]

---

① 《康熙东华录》，卷八四。

② 《康熙东华录》，卷一一四。

李光地、王兰生既然常和这位“于声音之学究心二十馀年”、富有审音天才的皇帝在一起，朝夕熏习，日月浸润，自然不难悟出合声反切的方法来了。

然而兰生纂修的结果，何以只成了一部“分母分韵仍仿唐宋旧法”的韵书，而没做成另外一部“以本朝字书为根柢”的今韵呢？我想，光地最初听到康熙帝的理论，相信“国书十二字头之书，但以篇首五字使喉舌齿唇展转相切，而万国声音备焉”（《榕村韵书略例》），颇想就满洲文的音韵系统修成一部合时谐俗的韵书。后来兰生看书多了，眼光远了，既然觉得“唐韵今韵宜分二部”，又知道今韵“视旧韵变动处甚多，须费斟酌”（《与李世兄书》），不免踌躇起来。但帝政时代比不得现在，在没摸着皇帝的准主意以前是不敢违旨的。幸而康熙帝自己研究的结果，认为“清字之音有汉字所无者，汉字之音亦有清字所未备者”（《谕内阁学士长寿》），于是兰生才毅然改变计划，这部《音韵阐微》仅仅“依国书合声切择其声音之相近者”附了进去，大部分已经不是光地本来所想像的了。

不过就是专从他所附入的合声反切而论，究竟能否行得通呢？这还是一个有待我们解决的问题。

四、从全书反切的统计估量《音韵阐微》的价值

合声反切为什么“缓读之为二字，急读之即成一音”呢？实际上也没有什么奥妙，只是把上字后半的赘疣，下字前半的废物，设法排除罢了。所谓“上一字择其能生本音者”，并不是因为支、微、鱼、虞、歌、麻数韵当真“能生诸部之音”，只因为这几韵部都是没有韵尾辅音的“阴韵”，也就是孔广森所谓“阴声”，再让它跟下一字的等呼一致，那么，事实上就等于把后半的赘疣减掉了。所谓“下一字择其能生本

韵者”，也并不是因为“影、喻二母声有清浊，乃本韵之喉音。天下之声皆出于喉而收于喉，故翻切之下一字用影、喻二母中字收归喉音，其声自合”，只因为影母的喉塞声[ʔ]并不十分作梗，喻母本无辅音；那么，反切下字用影、喻两母，前半的废物自然就没有了。如果这个办法行得通，当然是很理想的。可是本母本呼的字在支、微、鱼、虞、歌、麻几韵里未必有，影、喻两母也未必都见于本韵，于是不得不在原则以外另想例外的救济办法。

这一层困难，李光地早想到了。他最初提出来的办法是“或上一字有音无字，则借其字之上去入字；或下一字有音无字，则借晓母疑母字”（《翻切法》）。后来又笼统地说：上一字“有音无字不可合者，则借旁近之声代之”，下一字“至喉声有音无字无从取用者，则间取旁近之声代之”（《覆发阅王兰生所纂韵书劄子》）。王兰生也尝说：“上一字但取其归母之清，平仄亦可参用；下一字但取其声音之叶，邻韵亦可借用，或借本韵他母字亦好”（《与李世兄书》）。在《音韵阐微·凡例》里便斟酌以上的说法，定了一条“今用”的例：

> 其有系以“今用”二字者，因本母本呼于支、微、鱼、虞数韵中无字者，则借仄声或别部之字以代之，但开齐合撮之类不使相淆。遇本韵影、喻二母无字者，则借本韵旁近之字以代之，其清母浊母之分不使或紊。

一条“协用”的例：

> 系以“协用”二字者，再借影、喻两母中字以协其声也。

还有一条“借用”的例：

> 或系以“借用”二字者，乃虽借邻韵并非影、喻两母中字，其声为近，而亦不甚协者也。

像这样例外层出不穷，已经显然露出捉襟见肘的现象了。假如例外少于原则，那么，拿多数来涵盖少数，似乎还有可说。可是，据我统计的结果，全部《音韵阐微》共有 3884 个音纽，反切的分配情形大致如下：

合声	485	占全数 12.5%弱
今用	2591	占全数 66.7%弱
协用	47	占全数 1.2%强
借用	33	占全数 0.8%强
今用合声	28	占全数 0.7%强
合声借用	1	占全数 0.2%强
今用协用	404	占全数 10.4%强
今用借用	42	占全数 1.1%弱
借用协用	1	占全数 0.2%强

拿合乎原则的 12.5%和 66.7%以上的例外对峙，怎么能希望它行得通呢！假如我们不拿数字来核对，专从《音韵阐微·凡例》上所说的原则去衡量全书的价值，那就难免估计错误了。李光地和王兰生花在这部书上的心思功力并不算少，往返磋商也不能说不审慎周详，可是费了那么大事，临了儿不过得到这样结果。这并不是他们两人的聪明才智不够，归根结蒂只是汉字不适于做拼音工具罢了。

由此看来，王兰生对于改良反切的企图，结果和他以前的吕坤、杨选杞、潘耒，以后的刘熙载、郦珩同样归于失败了！

1943 年 5 月 31 日写竟于昆明青园。

（原载《学术季刊》1 卷 3 期，1943 年；又编入《罗常培语言学论文选集》，《选集》编者附言："编入《选集》时，前数页据作者改写手稿，原载全文经编者删节，主要是删节王兰生传部分。"）

王兰生年谱

曩因探究改良反切之原委而绎及王兰生所创之合声法。兰生在清代虽无赫赫之名，然其起自寒微，见知圣祖，校勘《朱子全书》《性理精义》《周易折中》，分校《律吕正义》《数理精蕴》《卜筮精蕴》，并纂修《音韵阐微》，对于学术不无贡献，而其在音韵学史上之功绩尤须表彰。前曾汇集兰生纂修《音韵阐微》时与李光地往返商讨之经过，并统计"合声""今用""协用""借用"之百分比，成《王兰生与〈音韵阐微〉》一文，兹复分年排比其事迹及其师友渊源以成斯篇，客中书籍缺乏，罣漏知所难免，倘有片言之匡，宠逾百朋之锡！

清康熙十九年庚申(1680)，1岁。

徐用锡《坦斋王公墓志铭》："公讳兰生，字振声，号坦斋，生于康熙庚申正月六日亥时，世为河间府交河县人。"

按：全祖望《清通奉大夫刑部右侍郎管礼部侍郎事坦斋王公神道碑铭》"十九年"误作"十八年"，王诚《清赐进士出身通奉大夫刑部右侍郎管礼部侍郎事显考坦斋府君行状》"庚申"误作"丙申"。

八月，李光地入京，即授内阁学士。

是年梅文鼎48岁，颜元46岁，万斯同42岁，陈廷敬41岁，李光地39岁，潘耒34岁，刘献廷32岁，王源32岁，徐元梦22岁，孙勷24岁，徐用锡24岁，李塨22岁，杨名时21岁，何焯19岁，方苞12

岁。

康熙二十年辛酉(1681),2岁。

是年孙勷中解元,梅瑴成生。

康熙二十一年壬戌(1682),3岁。

"五月,内阁学士李光地以送母回籍乞假,允之。"(王先谦《康熙东华录》卷二九)

"顾炎武卒,年七十。"(《清史稿·列传》二六八《儒林传》二)

康熙二十二年癸亥(1683),4岁。

"四月乙未(二十三日),以陈廷敬为礼部右侍郎,十二月壬寅(初五日)转左侍郎。"(《康熙东华录》卷三一)

"徐元梦迁中允,充日讲起居注官,寻复迁侍讲。"(《清史稿·列传》七六)

十月,修理《十三经注疏》《二十一史》刻板。

康熙二十三年甲子(1684),5岁。

"正月乙未(二十九日),调陈廷敬为吏部左侍郎管右侍郎事,九月癸酉(初十日)迁左都御史。"(《康熙东华录》卷三三)

"九月辛卯(二十八日),帝启銮南巡,十一月庚寅(二十九日),还京师。"(同上)

是年潘耒坐浮躁降调归里。初耒"以布衣试鸿博,授检讨,纂修明史……寻充日讲起居注官,修实录、圣训。尝应诏陈言……请弛其禁……二十三年,甄别议起,坐浮躁降调,遂归。"(《清史稿·列传》二七一《潘耒传》)

康熙二十四年乙丑(1685),6岁。

孙勷中进士。

康熙二十五年丙寅(1686),7岁。

"始就外傅读小学,即粗通大意,进反必依于书。家贫夜读,每以香火代烛。"(刘天谊《坦斋王公传略》)。依一般学龄推测,假定兰生启蒙于是年。

"七月,以李光地为额外内阁学士。"(《康熙东华录》卷三八)"十月授翰林院掌院学士,直经筵,兼充日讲起居注官,教习庶吉士。"(《清史稿·列传》四九)

"九月丁未(二十六日),以陈廷敬为工部尚书。"(《康熙东华录》卷三八)

康熙二十六年丁卯(1687),8岁。

二十五年,李光地"教习庶吉士"(《康熙东华录》卷三九),逾年,旋以母病乞归省(《清史稿·列传》四九)。"入辞,面奏德格勒、徐元梦学博文优。逾月,上召尚书陈廷敬、汤斌等及德格勒、徐元梦试于乾清宫。阅卷毕,谕曰:朕政暇好读书,然不轻评论古人,评论古人犹易,评论时人更难。如德格勒每评论时人,朕心不谓然,故召尔等面试。妍媸优劣,今已判然。学问自有分量,毋徒肆议论为也。"(《清史稿·列传》六九《德格勒传》)

"二月戊午(初十日),调陈廷敬为户部尚书。"(《康熙东华录》卷三九)"七月戊子(十二日),又调为吏部尚书。"(同上,卷四〇)

康熙二十七年戊辰(1688),9岁。

"李光地至京。"(《清史稿·列传》四九)

"明珠罢。未几",翰林院"掌院学士库勒讷劾德格勒私抹起居注,下刑部论罪。故事,起居注数易稿然后登籍,德格勒所删易者,实未定稿也。谳上论斩,命改监候秋后处决,徐元梦亦坐……光地还京师,上命尚书张玉书等以德格勒试卷示九卿,并诘光地。于是玉书等奏称:德格勒文实鄙陋。光地亦以妄奏引罪,命从宽免究。德格勒寻遇赦,释归本旗。卒。"(《清史稿·列传》六九)

"二月己未(十六日),刑部议覆翰林院奏参侍讲徐元梦与德格勒互相标榜,情罪可恶,应徐元梦拟绞监候。得旨:徐元梦著免死,枷号三月,鞭一百,入辛者库。"(《康熙东华录》卷四一)

"三月上谕:前以李光地曾奏德格勒、徐元梦所学甚优,汉官亦不能及,谕兵部尚书张玉书等传集九卿公阅德格勒试卷。奏称:德格勒之文词语粗鄙,毫无文气。诘问李光地,亦自甘妄奏之罪。请将李光地下部议处。上曰:李光地本应治罪,念其任学士时,凡议事不委顺从人,台湾之役人皆谓不可取,李光地独言可取,此其所长。除此事外,别无妄奏之处,姑从宽免,令仍为学士。"(同上)

康熙二十八年己巳(1689),10岁。

"正月丙子(初八日),帝南巡启銮。三月丙戌(十九日),还京师。"(《康熙东华录》卷四三)

"十二月壬申(初十日),李光地由通政使迁兵部右侍郎。"(同上,卷四四)

梅文鼎"至京师,谒李光地于邸第",商讨历法,梅"因作《历学疑问》三卷。光地扈驾南巡,驻跸德州,遂以进呈"。(节录《清史稿·列传》二九三《畴人传·梅文鼎传》)

康熙二十九年庚午(1690),11岁。

杨名时中举人。

四月,《大清会典》成。

康熙三十年辛未(1691),12岁。

“李光地典会试。”(《清史稿·列传》四九)

“杨名时成进士,改庶吉士。李光地为考官,深器之。从受经学。”(《清史稿·列传》七七)

方苞《梅徵君墓表》:“康熙辛未余再至京师。时诸公方以收召后学为名,天下负时誉者皆聚于京师。而君(梅文鼎)与四明万季野亦至。……君所抱历算之学好之者甚希,惟安溪李文贞与其徒三数人从问焉。”(《方望溪先生全集》卷一二)

“六月癸亥,初九日,调陈廷敬为刑部尚书。”(《康熙东华录》卷四七)

康熙三十一年壬申(1692),13岁。

“八月乙酉(初八日),刑部尚书陈廷敬丁父丧,命回籍守制。”(《康熙东华录》卷五〇)

康熙三十二年癸酉(1693),14岁。

朱轼“举乡试第一”。(《清史稿·列传》七六)

康熙三十三年甲戌(1694),15岁。

“正月,李光地提督顺天学政。闻母丧,命在任守制。光地乞假九月回里治丧。御史沈恺曾、杨敬儒交章论劾,上令遵初命。给事中彭鹏复疏论光地十不可留,目为贪位忘亲,排诋尤力。乃下九卿议。”(《清史稿·列传》四九)

“五月,九卿议覆:给事中彭鹏奏参提督顺天学政兵部右侍郎李光地母故贪恋视位,不请终制,应将李光地解任,不准回籍,在京守制。从之。”(《康熙东华录》卷五三)

“闰五月丁丑(十一日)上谕:李光地、汤斌、熊赐履皆讲道学之人,然而各不相合。李光地曾授德格勒《易经》。李光地请假回籍时朕召德格勒进内讲《易》。德格勒奏言:李光地熟精兵务,其意欲为将军提督。皇上若将李光地授一武职,必能胜任。反复为李光地奏请。尔时朕即疑之。又奏熊赐瓒所学甚劣,非可用之人。朕欲辨其真伪,将德格勒、熊赐瓒等考试。汤斌见德格勒所作之文,不禁大笑,手持文章堕地,向朕奏云:德格勒文甚不堪,臣一时不能忍笑,以致失仪。既而汤斌出,又向众言:我自有生以来未曾见有似此一番造谎者,顷乃不得已而笑也。使果系道学之人,惟常以忠诚为本,岂有在人主前作一等语,退后又别作一等语者乎?今汤斌虽故,李光地、德格勒见在也。又熊赐履所著《道统》一书,王鸿绪奏请刊刻,颁行学宫,高士奇亦为作序,乞将此书刊布。朕览此书内过当处甚多。凡书果好,虽不刻自然流布,否则虽刻何益?道学之人又如此务虚名而事干渎乎?今将此等处不过谕尔等闻知。朕惟以治天下国家之道存之于心,此等人议论又何足较也。”(《康熙东华录》卷五三)

“十一月戊寅(十四日),以陈廷敬为户部尚书。”(《康熙东华录》卷五四)

康熙三十四年乙亥(1695),16岁。

“刘献廷卒,年四十八。”(钱仪吉《碑传集》卷一三〇)

“黄宗羲卒,年八十六。”(全祖望《黎洲先生神道碑》,《鲒埼亭集》卷一一)

康熙三十五年丙子(1696),17岁。

"李光地服阕,仍任顺天学政。"(《清史稿·列传》四九)"招(魏廷珍)入幕阅卷。"(《清史稿·列传》七七《魏廷珍传》)

兰生应童子试,能背诵《易本义》及《小学》不遗一字。光地校士河间,深器异之。拔冠其曹,置县学为诸生,遂廪学焉。(王诚《行状》,徐用锡《墓志铭》,杭世骏《道古堂集》卷三八《刑部右侍郎王公行状》)。按康熙五十七年兰生《祭安溪先生文》云:"廿载之前,试士于瀛,时方弱冠,得预陶成。饮食教诲,笑语从容。自顾薄劣,愧坐春风。少涉经子,嚼蜡茹蔬,读师所注,章句生腴。童蒙之见,扪烛扣槃,获承指授,拨雾见天。门墙高峻,世莫与京,质疑问难,怀抱尽倾。偶诵前言,间述往行,返躬内省,皆中吾病。"(《交河集》卷六,第5页)以时考之,兰生承光地教当自是年始。又《送安溪先生请假归里》诗:"应试始童子,抠衣谒公署,拔之孺丱中,诏以贤关处。手授揲蓍法,口传太极注。"《寿安溪先生七衮》诗:"三辅视人文,清风歌满路。蔼蔼师弟情,德音每倾吐。共知经学尊,一扫时文蠹。"(《交河集》卷六,第38、39页)及《先考待聘公行述》:"兰生因吾父理家务,得一意读书。及兰生文艺略通,吾父始不应考。兰生既入泮,获从安溪夫子游,岁间略有所入,而贫稍舒。有时经岁之久一无所寄,吾父亦惟勉强拮据,俭啬食用,从未有责备兰生之书。"(《交河集》卷六,第7页),皆记是年前后事也。

杭世骏生。

康熙三十六年丁丑(1697),18岁。

"四月,以李光地为工部右侍郎,九月转左侍郎,留任顺天学政。"(《康熙东华录》卷五九、六〇,《清史稿·列传》四九)

康熙三十七年戊寅(1698),19岁。

“十二月,李光地授直隶巡抚。”(《康熙东华录》卷六二,《清史稿·列传》四九)

康熙三十八年己卯(1699),20岁。

“是年光地奏设莲池书院于保定,檄调视学时赏识诸生肄业其中,暇辄亲课之,兰生与焉。”(刘《传》,《行状》,杭《状》,全《碑》,徐《志》)“自兹厥后,兰生追随光地者凡十有二年。”(《行状》、杭《状》、徐《志》均作十三年,刘《传》作十四年,此依《寿安溪先生七袠》诗)《送安溪先生请假归里》诗:“及擢镇封疆,九郡才英聚,得厕精舍旁,与闻名理趣,如宝盈市廛,取携恣所慕,愿奢力不充,驽马踬长路,佳药赠参苓,名医延扁跗,成我如再生,奚止陶冶铸。”及《寿安溪先生七袠》诗:“生也驽骀资,奚堪良造驭。春风十二年,化雨润草庶。抚己惭劣薄,匪颜劳孔铸。亦尝冀一得,何敢辞千虑。有时觑微茫,惊喜彻宵曙。”(《交河集》卷六,第38~40页)即指兰生肄业书院及随光地入京时事。又兰生从孙勷受业(刘《传》引孙绍芳原传)及获交梅文鼎、何焯诸人,亦当在此数年间。(徐《志》,刘《传》)

“二月癸卯(初三日),帝南巡,奉太后启銮,五月乙酉(十七日)还京师。”(《康熙东华录》卷六三)

“十一月,调陈廷敬为吏部尚书。”(同上,卷六四)

“是年方苞中举人。”(《清史稿·列传》七七,全祖望《鲒埼亭集》卷一七《前侍郎方公神道碑铭》)

康熙三十九年庚辰(1700),21岁。

“十月,上谕大学士等:……李光地为学院时官声最优。凡居官贤否,惟舆论不爽。果其贤也,问之于民,民必极口颂之;如其不贤,

问之于民，民必含糊应之。官之贤否于此立辨矣。”（《康熙东华录》卷六六）

康熙四十年辛巳（1701），22岁。

“十月壬戌（初九日），谕大学士等：……李光地自授巡抚以来，居官甚好。但所参属员多属汉军。不知人才优劣实不分汉军汉人。……近见汉人惟护汉人，汉军惟庇汉军，皆非公道，深为不取。”（《康熙东华录》卷六八）

康熙四十一年壬午（1702），23岁。

“正月，以杨名时督顺天学政，用李光地荐也。十一月迁侍读。”（《清史稿·列传》七七）

全祖望《清通奉大夫刑部右侍郎管礼部侍郎事坦斋王公神道碑铭》：“安溪李文贞公督学畿辅，倡士以实学，畿辅士风为之一振。继之者江阴杨文定公，即文贞高座弟子也。两公讲学谆谆于居敬穷理，躬行心得之要，不徒从事词章。公时方试童子，文贞一见奇之，拔冠其曹，勉以正学。文定公至，公以师文贞者师之，所学益进。”（《鲒埼亭集》卷一八）

徐用锡《坦斋王公墓志铭》：“江阴杨文定公文贞公高弟也，嗣督学政，施予公饩。”（《圭美堂集》，又《交河集·卷首》）

“十月，直隶巡抚李光地以草泽遗才荐何焯入直南书房。”（《清史稿·列传》二七一）

全祖望《翰林院编修赠学士长洲何公（焯）墓碑铭》：“最后始为安溪相国所知，相与发明大义，脱落枝叶，醇如也。”（《鲒埼亭集》卷一八）

“是年万斯同卒，年六十五。”（《碑传集补》卷四四，《清史稿·列

传》二七一作卒年六十）

“斯同平生淡于荣利，修脯所入，辄以赒宗党。故人冯京第死义，其子没入不得归，为醵钱赎之。尤喜奖掖后进。自王公以至下士，无不呼曰‘万先生’。李光地品藻人伦，以谓顾宁人、阎百诗及万季野，此数子者，真足备石渠顾问之选。而斯同与人往还，其自署则曰‘布衣万某’，未尝有他称也。”（《清史稿·列传》二七一）

康熙四十二年癸未（1703），24岁。

“正月壬戌（十六日），帝巡视南河启銮。……三月庚申（十五日）还京师。”（《康熙东华录》卷七一）

“赐何焯举人，试礼部下第。复赐进士，改庶吉士，仍直南书房……兼武英殿纂修。”（《清史稿·列传》二七一，《鲒埼亭集》卷一八《长洲何公墓碑铭》）

“三月甲戌（二十九日），谕大学士等：……举人汪灏、何焯、蒋廷锡学问优长，今科未得中式，著授为进士，一体殿试。”（《康熙东华录》卷七一）

“四月丙申（二十一日），以陈廷敬为文渊阁大学士兼吏部尚书。又谕：今吏部尚书缺尚未补人。巡抚李光地、徐潮原在内任，历年已久，早应擢用。朕因地方起见，所以暂留在任。伊等居官诚优，且得大臣体。……李光地自任直隶巡抚以来，每年雨水调顺，五谷丰登，官吏兵民无不心服，吏部尚书员缺以李光地、徐潮问九卿。寻大学士问九卿，言二人俱优，覆奏。上命李光地为吏部尚书，仍管直隶巡抚事。”（同上）

是年复潘耒原官。《清史稿·列传》二七一《潘耒传》：“圣祖南巡，复潘耒原官。大学士陈廷敬欲荐起之，力辞而止。”

康熙四十三年甲申(1704),25岁。

“六月,阎若璩卒,年六十九。”(《清史稿·列传》二六八)

颜元卒,年七十。

康熙四十四年乙酉(1705),26岁。

“二月癸酉(初九日),上南巡启銮。……闰四月辛酉(二十八日),还京师。”(《康熙东华录》卷七五)

《清史稿·列传》二九三《畴人传·梅文鼎传》:“二月,南巡狩,光地以抚臣扈从。上问:‘宣城处士梅文鼎焉在?’光地以‘尚在臣署’对。上曰:‘朕归时汝与偕来,朕将面见。’四月十九日,光地与文鼎伏迎河干,越晨,俱召对御舟中,从容垂问,至于移时。如是者三日。上谓光地曰:‘历象算法,朕最留心,此学今鲜知者,如文鼎,真仅见也。其人亦雅士,惜乎老矣。’连日赐御书扇幅,颁赐珍馔,临辞,特赐‘绩学参微’四大字。”

方苞《梅徵君墓表》:“其后李文贞以君历算书进呈,圣祖仁皇帝南巡,召见于德州行在所,命坐赐食,三接皆弥日,御书‘绩学参微’以赐。于时公卿大夫群士皆延跂愿交,而君亟告归,营祠庙定宗禁。”(《方望溪先生全集》卷一二)

“十一月,李光地拜文渊阁大学士,调河南巡抚赵宏燮为直隶巡抚。时上潜心理学,旁阐六艺,御纂《朱子全书》及《周易折中》、《性理精义》诸书,皆命光地校理,日召入便殿研求。”(《康熙东华录》卷七六,《清史稿·列传》四九)

兰生随光地入京(全《碑》,《行状》,杭《状》,刘《传》),助校《朱子全书》。《送安溪先生请假归里》诗:“竭来游帝都,校雠得参与。朱子八十篇,从头味章句。”(《交河集》卷六,第39页)

“十一月壬申(十二日),大学士等以鄂罗斯贸易来使赍至原文及翻译之文进。上谕大学士等:此乃喇提诺托、多乌祖克、鄂罗斯三种文也。外国之文亦有三十六字母者,亦有三十字母、五十字母者。朕交喇嘛详考视之,其来源与中国同,但不分平声、上声、去声而尚有入声。其两字合音甚明。中国平、上、去、入四韵极精,两字合音不甚紧要,是以学者少,渐至弃之。问翰林官四声无不知者,问两字合音则不能知。中国所有之字外国亦有之,特不全耳。”(《康熙东华录》卷七六)

全祖望生。

李颙卒,年七十九。

康熙四十五年丙戌(1706),27 岁。

“方苞会试中式,将应殿试,闻母病,归侍。”(《清史稿·列传》七七)

康熙四十六年丁亥(1707),28 岁。

“正月丙子(二十二日),帝南巡阅河启銮。五月癸酉(二十二日),还京师。”(《康熙东华录》卷七九)

康熙四十七年戊子(1708),29 岁。

“六月丁卯(二十二日),《清文鉴》成。帝亲制序文云:朕惟自昔圣人易结绳以书契,用使天下之义理悉归文字,天下之文字悉归六书,六书备而义理无不毕具。苟不为讲习修明,则形、声、点、画之制虽存,其义几息矣。……朕以凉德膺祖宗之鸿图,即位多年,未尝晷刻不以法祖为念,兢兢自守,宵旰靡遑。万几之暇,惟以读书穷理尽吾之志。凡五经四书已经翻译之外,如纲目讲义等有关于治道者,靡不译尽。近老成耆旧渐就凋谢,因而微文奥旨久而弗彰,承讹袭舛,习而不察,字句偶有失落,语音或有不正,国书所关甚钜,政事文章皆由此出，非详加厘定，何所折衷？非编辑成书，何以取法？爰诏儒臣分类排纂，日以缮稿进呈，朕亲御丹黄，逐一审订。解诂之疑似者，必晰同异于毫芒；引据之阙遗者，必援经史以互证。或博咨于故老，或参考于旧编，大而天文地理，小而名物象数，十二字母，五声切音，具载集中，名曰《清文鉴》，用探音声之本源，究字画之详尽。为部三十有六，为类二百八十，为书二十一卷，清文得此而无馀蕴。……诵是编者，尚其体朕历载之勤劬，因声音以求字画，因字画以求文章，继自今诏令之出纳，章奏之敷陈，以及达于遐陬，勒诸琰琬者，大经大法，咸有依据，一话一言，式循典则，庶几国书永贻于千百祺，而与日星河汉长垂天壤也夫。"（《康熙东华录》卷八一）

"是年潘耒卒，年六十三。"（《碑传集》卷四五）

康熙四十八年己丑（1709），30岁。

八月，朱彝尊卒，年八十一。

是年"戴名世年五十七，始中式会试第一，殿试一甲二名及第，授编修"。（《清史稿·列传》二七一）

《渊鉴类函》成。

康熙四十九年庚寅（1710），31岁。

"三月，敕议《康熙字典》式例。"（《康熙东华录》卷八四）"三月乙亥（初十日），谕大学士陈廷敬等：朕留意典籍，编定群书，比年以来，如《朱子全书》《佩文韵府》《渊鉴类函》《群芳谱》，并其馀各书，悉加修纂，次第告成。至于字学，并关切要，允宜酌订一书。《字汇》失之简略，《正字通》涉于泛滥。兼之四方风土不同，南北声音各异。司马光之《类篇》分部或有未明，沈约之声韵人不无訾议。《洪武正韵》虽多驳辨，迄不能行，仍依沈约之韵。朕尝参阅诸书，究心考证。凡蒙古、西域、外洋诸国多从字母而来，音由地殊，难以牵引。大抵天地之元音发于人声，物类之象形寄于点画。今欲详略得中，归于至当，增《字汇》之阙遗，删《正字通》之繁冗，勒为成书，垂示永久。尔等酌议式例具奏。”

陈廷敬卒，年七十二。

王源卒，年六十三。

康熙五十年辛卯(1711)，32岁。

李光地70岁。兰生作《寿安溪先生七衮》诗。(《交河集》卷六，第39、40页)

“四月癸亥(初五日)，谕大学士等：李光地病尚未平复，大抵皆湿热所成，服温补之药所致。朕从前岁病后，乃知温补之药大非平人所宜，医必深明乎此，然后可无错误，不然，徒增益其疾耳。又谕张玉书曰：朕所纂《朱子全书》现在李光地处校勘。彼既有疾，汝可阅之，此是极切实紧要之书，须随得随刻，亟令告成。”(《康熙东华录》卷八七)

是年方苞坐序《南山集》案下狱。《清史稿·列传》二七一《戴名世传》：“先是戴名世门人尤云鹗刻名世所著《南山集》。集中有《与余生书》称明季三王年号，又引及方孝标《滇黔纪闻》。当是时，文字禁网严，都御史赵申乔奏劾《南山集》语悖逆，遂逮下狱。孝标已前卒，而苞与之同宗，又序《南山集》，坐是方氏族人及凡挂名集中者皆获罪，系狱。”

又同书《列传》七十七《方苞传》：“副都御史赵申乔劾编修戴名世所著《南山集》《孑遗录》有悖逆语，辞连苞族祖孝标。名世与苞同县，亦工为古文，苞为序其集，并逮下狱。”

康熙五十一年壬辰(1712)，33岁。

"正月丙午(二十二日),刑部等衙门覆奏:察审戴名世所著《南山集》《孑遗录》内有大逆等语,应即行凌迟。已故方孝标所著《滇黔纪闻》亦有大逆等语,应剉其尸骸。戴名世、方孝标之祖父子孙兄弟及伯叔父兄弟之子年十六岁以上者,俱查出解部,即行立斩。其母女妻妾姊妹,子之妻妾,十五岁以下子孙伯叔父兄弟之子,亦俱查出给功臣家为奴。方孝标归顺吴逆,身受伪官,迫其投诚,又蒙恩免罪,仍不改悖逆之心,书大逆之言,令该抚将方孝标同族人,不论服之已尽未尽,逐一严查,有职衔者尽皆革退。除已嫁女外子女一并即解到部,发与乌喇宁古塔、白都纳等处安插。汪灏、方苞为戴名世悖逆书作序,俱应立斩。方正玉、尤云鹗闻拿自首,应将伊等妻子一并发宁古塔安插。编修刘岩虽不曾作序,然不将书出首,亦应革职,佥妻流三千里。上曰:此事著问九卿具奏。案内方姓人俱系恶乱之辈,方光琛投顺吴三桂,曾为伪相,方孝标亦曾为吴三桂大吏,伊等族人不可留本处也。"(《康熙东华录》卷八九)

九月十一日壬辰,诏开蒙养斋,修乐律历算书。李光地荐兰生及魏廷珍、梅瑴成三人入直。全祖望《坦斋王公神道碑铭》:"时庙堂方开书局,旁求哲士。文贞以阁务繁,不能复任编纂,乃荐三人:其一今礼部尚书景州魏公,其一即公,其一今顺天府丞宣城梅公,同入直。"又方苞《梅徵君墓表》:"壬辰诏开蒙养斋修乐律历算书,下江南制府征其孙瑴成入侍。"(《方望溪先生全集》卷一二)。

"十月癸亥(十三日),谕大学士李光地曰:尔曾以易数与众讲论乎?算法与易数吻合,朕凡阅诸书必考其实,曾将算法与《朱子全书》较过,今人看正书者少,宋儒讲论性理,亦未尝不作诗赋,但所作诗赋皆醇厚。朱子以苏轼所作文字偏于粉饰,细阅之,果然。若看圣贤讲论性理诸书,虽赋性鲁钝,及至日就月将,定有裨益。"(《康熙东华录》卷九〇)

十月二十九、十一月初一等日，兰生召见三次，俱由光地带领。(《交河集》卷首《恩荣备载》)命兰生“讲乾坤卦，抉疑释滞，精奥畅达”。(刘天谊《坦斋王公传略》)

兰生《先考待聘公行述》:“自前五十一年冬，兰生蒙恩召见。”(《交河集》卷六，第8页)

是年“何国宗成进士，改庶吉士，命直内廷学算法”。(《清史稿·列传》七〇《何国宗传》)

康熙五十二年癸巳(1713)，34岁。

“四月二十日，奉旨召入内廷，御前校对《朱子全书》《周易折中》。”(《恩荣备载》)

“六月丁丑(初二日)，谕和硕诚亲王允祉：律吕算法诸书应行修辑。今将朕所制律吕算法之书发下，尔等率领庶吉士何国宗等于行宫内立馆修辑。”(《康熙东华录》卷九一)

“七月初五日奉旨：生员王兰生、监生梅瑴成做人正道，所学亦好，赐与举人一体会试。”(《恩荣备载》)

《南山集》狱成，方苞以李光地言免死，并入直南书房。《清史稿·列传》七七《方苞传》:“《南山集》狱成，戴名世坐斩。方孝标已前死，戍其子登峄等。苞及诸与是狱有干连者，皆免罪入旗。圣祖夙知苞文学，大学士李光地亦荐苞，乃召苞直南书房。未几，改直蒙养斋，编校御制乐律算法诸书。”同书《列传》四九《李光地传》:“桐城贡士方苞坐戴名世狱论死。上偶言及侍郎汪霦卒后，谁能作古文者。李光地曰：‘惟戴名世案内方苞能。’苞得释，召入直南书房。其扶植善类如此。”又《列传》二七一《戴名世传》:“九卿覆奏《南山集》案名世、云鹗俱论死，亲族当连坐。圣祖矜全之。又以大学士李光地言，宥方苞及其全宗。”

“魏廷珍成一甲三名进士，授编修。”(《清史稿·列传》七七《魏廷珍传》)

“九月二十日，诚亲王允祉、十六阿哥允禑奉旨：‘尔等率领何国宗、梅瑴成、魏廷珍、王兰生、方苞等编纂朕御制历法律吕算法诸书，并制乐器，著在畅春园奏事东门内蒙养斋开局。’兰生自入蒙养斋后，分校《律吕正义》《数理精蕴》《卜筮精蕴》，纂辑韵书。”(《恩荣备载》)兰生《先考待聘公行述》：“及五十二年召入内廷行走，随驾至热河，朝夕获觐天颜，时聆圣训。蒙恩赐癸巳科举人，一体会试。特用为御前校对，兼蒙养斋律吕馆纂修。继赐银米衣服食物等，赐第，赐御书数种，皇恩频频。”(《交河集》卷六，第8页)又《送安溪先生请假归里》诗：“遴才广辟门，匪俊亦获吁。顽璞缀琮璜，短翮随鸳鹭。理数聆精微，大乐闻韶护。分薄荣宠多，夙夜抱忧惧。孚愧未盈缶，井起徒射鲋。凛凛师傅言，昭昭圣哲谕。事上在立身，日惟尊矩度。重任不易胜，至道难遽悟。所期一艺明，敢辞千辛赴。”(《交河集》卷六，第39页)

“九月庚午(二十六日)，谕大学士李光地：《朱子全书》《四书注解》刊刻告竣，可速颁行。又谕：孟子云排淮泗而注之江，朱子谓淮水不入江。古今水道不同，当时淮水或有入江之迹，后湮塞，亦未可知。李光地曰：皇上此论诚发千古所未发也。上曰：尔传谕九卿，有明于性理实学之人，令其各举所知。”(《康熙东华录》卷九二)

康熙五十三年甲午(1714)，35岁。

“正月二十一日，奉旨发下《谐声韵学》目录谱子一本，一卷至四卷四本，摺子二个。”(《恩荣备载》)

“二月二十八日，张常住等奉旨交来《谐声韵学》十四本，五卷至一八卷。”(同上)

兰生奉旨纂辑韵书后，两度上书光地，商订凡例，并告在内廷所见各种韵书，及参证高丽、喇嘛、回回诸韵之心得。(《交河集》卷五，第37、38页，《启安溪相国》《再启安溪相国》)光地覆兰生书论韵书规模(《寄王振声书》，《榕村续集》卷一，第16～17页)，又具摺覆奏。(《覆发阅韵谱式样劄子》，《榕村全集》卷二九，第18～20页)

"七月初一日，奉旨发下韵书序例一本，摺子三个，字一，著按李大学士摺子做。"(《恩荣备载》)

兰生致书李钟侨请转达光地商讨韵书疑点。(《与李世兄书》，《交河集》卷五，第39、40页)

"十一月乙卯(十七日)，和硕诚亲王允祉等以《御制律吕正义》进呈。得旨：律吕、历法、算法三书著共为一部名曰《律历渊源》。"(《康熙东华录》卷九四)

谕梅瑴成以《律吕正义》一部寄其祖文鼎。《清史稿·列传》二九三："瑴成奉上谕：汝祖留心律历多年，可将《律吕正义》寄一部去令看，或有错处，指出甚好。夫古帝有都俞吁咈四字，后来遂止有都俞，即朋友之间亦不喜人规劝，此皆是私意，汝等须竭力克去，则学问长进。可并将此意写与汝祖知之。"

"十二月十八日，因闻父病，时值圣驾幸围，启明王爷告假回家省亲。"(《恩荣备载》，《交河集》卷五《上诚亲王启》)

兰生《先考待聘公行状》："自去年五月内吾父得脾胃病，缠绵不愈，十月间兰生随驾回京始知之。既而病渐笃，丐假归省，日侍左右。见吾父食渐减，身渐弱，其安和清明犹如无病日，绝无痛楚呼号震动昏惑状。"(《交河集》卷六，第8页)

康熙五十四年乙未(1715)，36岁。

"正月初六日至海甸展假，奉旨：'许他再去，到会场时再来罢。

钦此。'因父病重未进京。"(《恩荣备载》)

"二月初三日丁忧,于二十九日到京报明丁忧。奉旨:'教他回去治丧事,百日后再进来行走。钦此。'"(同上)

兰生《先考待聘公行述》:"兰生问所欲言,则详谕以尽心事上之义。于家事惟指示课税数目,不及私琐。属纩之前,兰生就枕再问,犹勉强应曰:所欲言者皆已言之,更无他说。言毕而卒。卒后颜色犹如生。"(《交河集》卷六,第8页)

四月初六日,安葬父柩于祖茔之次。(《与同馆书》,《交河集》卷五,第38页)

"五月二十七日再到热河行在,因母病又乞假回家。奉旨:'许他回去,教他将韵书带回家去收拾,有不明白处,问大学士李光地。钦此'。"(《恩荣备载》)

"七月甲辰(十一日),大学士李光地以老病乞解任葬亲。命给假二年,营葬毕仍来京办事。"(《康熙东华录》卷九六)兰生作诗送之。(《送安溪先生给假归里》,《交河集》卷六,第38、39页)

"八月辛未(初八日),大学士李光地以予假葬亲,至行宫谢恩,上亲制诗以赐,并敕诸王大臣各赋诗送之。"(《康熙东华录》卷九六)

八月二十日具摺奏覆编次韵书草稿。(《交河集》卷三)

"九月内至热河行在谢恩销假。"(《恩荣备载》)

"十一月癸卯(十一日)谕吏部:翰林何焯为人狂妄,众所共知。朕钦赐以举人进士,伊当终身感激。乃生性不识恩义,将今时文章比之万历末年。将伊女与允禩抚养,又为潘耒之子夤缘,罪应正法。但念其稍能记诵,从宽免死,著将伊官衔并进士举人革去,在修书处行走。如不悛改,著该管官员即行参奏。"(《康熙东华录》卷九六)

是年"梅瑴成中进士,改编修,与修国史"。(《清史稿·列传》二九三《梅文鼎传》)

康熙五十五年丙申(1716),37岁。

《康熙字典》成。

四月二十日奏覆"拟得韵书凡例谱式并东冬江支微五韵翻切用字请指示"摺。(《交河集》卷三)

康熙五十六年丁酉(1717),38岁。

四月,李光地返京。

"五月初二日,奉旨与李钟侨寻房。当日自热河起程。初五日到京,与李钟侨寻访至初十日,在猪市口西路南寻得官房一所,原七十二间,除破损外现有六十馀间。备情具摺回奏讫。"(《恩荣备载》,又《交河集》卷三《奏覆同李钟侨寻得官房一所由》)

杨名时授直隶巡道。(《清史稿·列传》七七)

康熙五十七年戊戌(1718),39岁。

"二月二十九日,诚亲王允祉、十六阿哥允禑传旨:'著王兰生将所纂的韵书送与大学士李光地仔细看阅过,具摺启奏。钦此。'"(《恩荣备载》)

李光地覆发阅王兰生所纂韵书劄子。(《榕村全集》卷二九,第20~26页)

五月二十八日,李光地卒,年七十七。兰生为文祭之。(《交河集》卷六,第4~5页)《康熙东华录》卷一〇二:"六月己丑(十二日)上览原任大学士李光地遗疏,谕大学士等曰:'李光地屡经求退,其奏摺已呈览数次,因大学士王掞患病告假,故暂止其奏,俟王掞到阁时,令其具本奏请,并非李光地贪恋官职而借以为名也。前摺衷心毕露,甚是详明。今览遗本,因斗染重疾,辞不达意,深可悯悼。前摺既经朕览，即系奏明，故将前摺自京取来，与伊遗本一并批发。随命皇五子恒亲王允祺、内大臣公马尔赛往奠茶酒，赐银一千两。又命尚书徐元梦等自热河还京，护其丧事。寻子祭葬，谥文贞。”又《清史稿·列传》四七《李光地传》：“复谕阁臣：‘李光地谨慎清勤，始终一节。学问渊博，朕知之最真，知朕亦无过光地者。’”

康熙五十八年己亥（1719），40岁。

“二月《皇舆全览图》成。甲寅（十一日）谕内阁学士蒋廷锡：‘《皇舆全览图》朕费三十馀年心力始得告成，山脉水道俱与《禹贡》相合。尔将此全图并分省之图与九卿细看，倘有不合之处，九卿有知者即便指出，看过后面奏。’”（《康熙东华录》卷一〇三）

“四月初十日，诚亲王允祉、十二贝子允禄、十六阿哥允禑传旨：‘著尚书徐元梦同王兰生修韵书，钦此。’”（《恩荣备载》）

“冬十月壬子（十三日），谕内阁学士长寿：‘朕览邵子声音图于各国声音有不能该括处。朕于声音之学究心二十馀年，虽未亲至乡里，而乡里人之声音无不悉知。有如清字之音有汉字所无者，汉字之音亦有清字所未备者。朕将此声音图讨论多日，欲该括各国声音断乎不能。朕以为《性理精义》内邵子声音图宜仍用汉字，其清字图可以不用。蒙养斋修书举人王兰生谙晓音字之学，尔与之商酌，观其意见如何？并将此旨令汉大臣同阅。’”（《康熙东华录》卷一〇四）

王士祯卒。

康熙五十九年庚子（1720），41岁。

康熙六十年辛丑（1721），42岁。

“三月乙丑（初四日），谕大学士等：‘今日出榜，黄雾四塞，霾沙蔽日，如此大风，榜必损坏。或因学问优长声闻素著之人不得中式，怨气所致；或此番中式之人将来有大奸大恶，乱臣贼子，亦未可知。……'"(《康熙东华录》卷一〇七)

"三月己巳(初八日)，命磨勘会试中式原卷。"(同上)

"三月庚午(初九日)，奏事双全等转交大学士马齐等奉旨：'览会试中式卷内劳必达等十二名文章俱不好，今科著停殿试，过三年仍准会试。场内每屋原派同考官二员，今卷面上只有一人印记，或系一人独看，或系二人同看，是何情由？著该部严察具奏。此番应试之人有学问优长不得中式，以致抱屈，朕亦无从而知，即有人奏，朕亦难信。如举人王兰生学问，南人或有胜彼者亦未可定，直隶人无有如之者。前《周易折中》《性理精义》《朱子全书》等书，魏廷珍、何国宗、王兰生、吴孝澄在朕前昼夜校对五年，不遗一字。伊等知朕最真，朕亦深知伊等。读书人无全看性理者，王兰生甚为熟习。学问优长，屡试不中，或文章不好，或别有故？再举人留保，满洲蒙古汉军中未有如彼者，即翰林中谅亦如彼者少。今番满洲内巡抚苏克济之亲属二人俱中，张伯行之胡乱修书者数年来亦相继中式。王兰生、留保并在朕前行走之人，朕深知其学问，非属偏向。诸大臣如不信，可于天安门外传集举人进士同伊等一体出难题考试。将朕此旨记于档案。王兰生、留保俱赐进士，令其今科殿试。钦此。'"(《恩荣备载》,《康熙东华录》卷一〇七)

"遵旨殿试中辛丑科二甲第一名进士。"(《恩荣备载》)

"四月十一日，授翰林院庶吉士，校对钦若历书。"(《恩荣备载》)

作《万年宝历诗》。(《交河集》卷六)

梅文鼎卒，年八十九。方苞《梅徵君墓表》："辛丑夏，历算成，瑴成请假归省。逾月而君卒，时年八十有九。所著《历算全书》八十六种，《勿庵文集》若干卷，《笔记》若干卷，惟《平三角举要》《弧三角举要》《环中黍尺》《堑堵测量》《笔算》《历学骈枝》《交食蒙求》七种,《历学疑问》三卷,李文贞锓版行于世。"(《方望溪先生全集》卷一二)。又《清史稿·列传》二九三《梅文鼎传》:"文鼎为学甚勤。刘辉祖同舍馆,告桐城方苞曰:吾每寐觉,漏鼓四五下,梅君犹篝灯夜诵,乃今知吾之玩日而愒时也。居京师时,裕亲王以礼延致朱邸,称'梅先生'而不名。李文贞公命子钟伦从学,介弟鼎徵及群从皆执弟子之礼。宿迁徐用锡、晋江陈万策、景州魏廷珍、河间王兰生皆以得与参校为荣。家多藏书,频年游历,手抄杂帙不下数万卷。"

康熙六十一年壬寅(1722),43 岁。

"六月十四日,奉旨充武英殿总裁,汇纂《骈字类编》《子史精华》,仍兼对钦若历书。"(《恩荣备载》)

六月九日,何焯卒,年六十一。(《清史稿·列传》二七一《何焯传》,《鲒埼亭集》卷一八《翰林院编修赠学士长洲何公墓碑铭》,但全碑卒年作六十二)

"是年方苞充武英殿修书总裁。"(《清史稿·列传》七七《方苞传》)

雍正元年癸卯(1723),44 岁。

"蒙赐松花石砚一件。"(《恩荣备载》)拟文赞之。(《交河集》卷六《恭拟松花石砚赞》)

"十月二十七日引见。十一月二十一日散馆,十二月初八日授职编修。"(《恩荣备载》)

"正月丙戌(初六日),赠原任大学士李光地太子太傅。"(《雍正东华录》卷二)"祀贤良祠。"(《清史稿·列传》四九)

"十月丁未朔,圣祖仁皇帝御制《律历渊源》一百卷刻成,分三部:一曰《历象考成》,一曰《律吕正义》,一曰《数理精蕴》。上钦制序文。"

(《雍正东华录》卷三)

“何国宗授侍读学士,再迁至内阁学士。”(《清史稿·列传》七〇《何国宗传》)

雍正二年甲辰(1724),45岁。

“二月丙午(初二日),以圣谕广训颁行天下。”(《雍正东华录》卷四)

“二月仲春辛亥(初七日),世宗亲耕藉田,兰生献颂八章。”(《雍正东华录》卷六,《交河集》卷二《圣主躬耕藉田礼成颂》)

“三月朔,世宗亲诣太学,兰生献颂八章。”(《交河集》卷二《圣驾亲诣太学大礼庆成颂》)

“年羹尧、岳钟琪平定青海,兰生献颂八章。”(《交河集》卷二《圣武远扬青海平定颂》)

作《田君静安七十寿序》。(《交河集》卷五)

雍正三年乙巳(1725),46岁。

二月己巳朔,越翼日庚午(初二日),两曜同度如璧之合,五纬相连如珠之贯,兰生献《日月合璧五星联珠颂》。(《交河集》卷二)

“三月初二日应御试。”(《恩荣备载》)

“四月十四日,奉旨实录典训国史会典等馆有律吕等书著王兰生会同纂修。”(《恩荣备载》)

“四月二十七日,奉旨署理国子监司业。”(《恩荣备载》)“期年讲《中庸》一部,《孟子》数大章,悉本李文贞公之指而畅之,衍为《太学讲义》二卷。”(《行状》)

“六月初七日,奉旨阅八旗食钱粮举人试卷。”

“七月二十九日,因武英殿所修书完,奏明回本衙门。”(以上二条

并见《恩荣备载》)

九月初十日,奏请严禁赌具。(《交河集》卷三)

"九月二十八日,奉旨阅贡监考职卷。"(《恩荣备载》)

十月初五日,奏请劝民积粟。(《交河集》卷三)

"十月二十七日,奉旨阅吏员考职卷。"(《恩荣备载》)

十二月初六日,奏请辨别常服制度。(《交河集》卷三)

"十二月辛巳(十八日),刑部等衙门议奏:妄作《西征随笔》之汪景祺照大不敬律,拟斩立决。得旨:汪景祺作诗讥讪圣祖仁皇帝,大逆不道,应当处以极刑。今大臣等定拟立斩具奏,姑从其请,著将汪景祺立斩枭示。其妻子发遣黑龙江,给与穷披甲之人为奴。其期服之亲兄弟亲侄俱著革职发遣宁古塔。其五服以内之族人见任及候选候补者,俱著查出一一革职,令伊本籍地方官约束,不许出境。"(《雍正东华录》卷七)

是年"命何国宗巡视黄、运河道"。(《清史稿·列传》七〇)

雍正四年丙午(1726),47岁。

"正月初十日,引见国子监属,奉旨交部严加议处。部议降一级,罚俸一年。蒙恩宽免。"(《恩荣备载》)

"五月十五日制签。十六日奉旨差广东正考官。十七日赴圆明园谢恩请训,面奏奉差事竣,回日路经本籍,乞假几日省亲。奉旨:准给假几日。即于二十一日起程赴粤。八月初一日抵广州,九月初三日揭晓,因中式举人区瀛、关光瑞官卷雷同,初四日具题检举。"(《恩荣备载》,又《交河集》卷三《为广东丙午科乡试官生区瀛、关光瑞试卷雷同具题检举摺》)作《广东乡试录序》。(《交河集》卷五)

"九月二十五日自广起程,十月二十一日至江西南昌府,见邸钞内开:'雍正四年九月二十五日奉旨:王兰生补授国子监司业,钦此。'

十一月初七日至江南临淮县，见邸钞内开：'雍正四年十月初五日，内阁九卿奉上谕：提督浙江学政著王兰生去，王兰生著来京请训旨再赴任，钦此。'"(《恩荣备载》)

"十月甲子(初六日)，设浙江观风整俗使，以王国栋充之。甲戌(十六日)，谕大学士九卿翰詹科道等：……自唐宋以来，去古已远，习俗浇漓，人心诈伪，狂妄无忌惮之徒往往腹诽朝政，甚至笔之于书，肆其诬谤，如汪景祺、查嗣庭，岂能逃于天谴乎？……查嗣庭请托贿属之书札，不一而足，其日记所载狂妄悖逆之语与汪景祺相为表里，而其诽议圣祖仁皇帝用人行政大逆不道之言不可胜举，实共工、驩兜之流也。乙卯(十一月二十七日)，谕九卿等：读书所以明理，讲求天经地义，知有君父之尊，然后见诸行事，足以厚俗维风，以备国家之用，非仅欲其工于文字也。浙江文词甲于天下，而风俗浇漓，敝坏已极。如查嗣庭、汪景祺自矜其私智小慧，傲睨一世，轻薄天下之人，遂至丧心悖义，谤讪君上。圣祖仁皇帝六十馀年圣德神功，深仁厚泽，普天率土，浃髓沦肌。圣敬日跻，纯亦不已。用人行政至公至正，事事周详尽善，实自古帝王中所罕见者。而查嗣庭、汪景祺乃敢肆行谤议，悖逆猖狂，公然纪载。谁无君父，能不痛心！能不切齿！昔孔子作《春秋》，历代因之，各有史册，以垂法戒。今若容悖逆之人颠倒是非，私行纪载，则史册皆不足凭矣。岂非千古之罪人乎？浙江风气如此，倘听其颓蔽，不加整饬，何以成一道同风之治？朕思开科取士原欲得人任用，岂徒以其文章词藻之工有益于民生吏治乎？且巡抚李卫等从查嗣庭家中搜出科场坏挟细字密写文章数百篇，似此无耻不法之事，不但藐视国法，亦且玷辱科名。浙江士子未必不因此效尤。应将浙江乡会试停止，俟风俗渐趋醇朴，再降谕旨。至于生员岁考仍旧举行。朕因人心风俗关系重大，不得不严加整理，以为久安长治之计也。"(《雍正东华录》卷九)

“十一月十一日至徐州，见邸钞内开检举官卷雷同一案，雍正四年十月二十四日奉旨：‘王兰生从宽免其议处，该部知道，钦此。’十一月二十五日到京，具摺谢恩，交奏事张文彬转奏。奉旨：‘知道了。著起身之前来请训旨，钦此。’十二月初十日至圆明园恭聆圣训，蒙恩赐端砚一方，贡墨一块，湖笔一封。并奏明前奉差广东正考官，曾奏于回时路经本县乞假省亲，奉旨准假。后因在途屡闻恩命，一直进京，未曾归省。今又蒙恩提督浙江学政，仍乞假十馀日，回家省亲。奉旨：‘准给假，钦此。’于十一日起程归省。”(《恩荣备载》)

是年所修韵书成，奉旨定名《音韵阐微》。

雍正五年丁未(1727)，48岁。

“正月初四日自本籍起行，于二月初十日到浙江学政任。”(《恩荣备载》)

“三月十九日，准浙江巡抚李卫以黄河澄清案内奉旨加一级。”(同上)

“五月壬戌(初七日)，内阁衙门议奏：查嗣庭蒙恩擢用，历至礼部侍郎，阴怀二心，忍行横议。臣等谨将查嗣庭所著日记悖逆不道大罪，并夤缘请托关节私书，逐款究审。嗣庭亦俯首甘诛，无能置喙。除各轻罪不议外，应照大逆律凌迟处死。今已在监病故，应戮尸枭示。查嗣庭之兄查慎行、查嗣瑮，子查沄，侄查克念、查基，应斩立决。查嗣庭之子查克上在监病故，次子查长椿、查大梁、查克缵，侄查开、查学，俱年十五以下，应给功臣之家为奴。所有财产查明入官。得旨：查嗣庭著戮尸枭示，伊子查沄改为应斩监候。查慎行年已老迈，且家居日久，又南北相隔路远，查嗣庭所为恶乱之事伊实无由得知，著将查慎行父子俱从宽免，释放回籍。查嗣庭之胞兄查嗣瑮，胞侄查基，俱免死，流三千里。案内拟给功臣之家为奴各犯亦著流三千里。

其应行拿解之犯，该抚查明一并发遣。查嗣庭名下应追家产，著变价留于浙江，以充海塘工程之用。"(《雍正东华录》卷一〇)

"七月十三日，奏请刊行《性理精义》。"(《交河集》卷三《为刊行〈性理精义〉奏请俞允摺》)

"九月十日，据提塘官陈起夙赍送钦颁圣祖仁皇帝钦定《诗经传说汇纂》一部。"

"十月十六日，准浙江巡抚李卫咨准吏部咨开雍正五年八月二十五日奉旨：'王兰生补授翰林院侍讲，钦此。'"(以上二条并见《恩荣备载》)

何国宗授大理寺卿。(《清史稿·列传》七〇)

雍正六年戊申(1728)，49岁。

"三月初十日，准翰林院咨送颁赐柏梁体诗一册。二十七日，据提塘官陈起夙赍送钦赐御定《子史精华》一部。"

"七月初一日，准浙江总督李卫咨准吏部咨开雍正六年五月二十九日奉旨：'王兰生补授翰林院侍读，钦此。'"

"十月，准吏部劄为钦奉上谕事，因奉令赴考生员共识奉公大义案内议叙，于雍正六年九月十七日奉旨：'王兰生著纪录二次，钦此。'"

"十一月初四日，准浙江总督李卫差送钦赐御定《音韵阐微》一部。"(以上均见《恩荣备载》)

"自雍正四年因查嗣庭、汪景祺以诽谤得罪，停浙江士子乡会试。至是兰生奏言：'生员以立品奉公为尚，若有潜通胥役，欺隐钱粮，包揽抗欠者，一经查出，即行黜革重处。臣于按考所至，严加晓谕，并令地方官开报，使其完粮然后收考。若能久而成风，人人以急公为荣，以欠粮为耻，则士习民风愈觉醇厚。'疏入谕曰：'天下之人不外乎士与民,天下之俗不外乎士习与民风。士民虽分而为二,而其实则一也。有司有治民之责,学政有课士之任,虽各有专司,而实则相为表里。尝见有司但以为职在临民,而置学校于不问;而学政则以为统属士子,若不优容庇护,无以播其称扬。因而曲为徇隐,百计包荒。遇有生员违抗钱粮者,又以催科乃地方官之事与督学无涉,以致士子无所忌惮。此等陋识,实庸劣学臣之所同也。不知士子乃百姓之坊表,士习不端,民风何由而厚?况倚仗青衿,抗延国课,则士品颓坏已极,其害实在世道人心,不仅关系钱粮而已。王兰生令地方官开报欠粮之生员,必使完纳方准收考,俾人人以急公为荣,以欠粮为耻,此实鼓励化导之善政。而他省学政从未有如此举行者,未必皆见不及此,大抵瞻徇苟且之习未除耳。王兰生著交部议叙。向来浙江士习浇薄,中外所知。朕为世道人心计,不得不严加整理。今二年以来,李卫、王国栋、王兰生先后奏称:两浙士子感朕训诲之恩,省愆悔过,将旧日嚣陵奔竞之习,痛自改除,可称士风丕变。前年朕原降旨,浙人秉性聪慧,既知读书必明大义,非如强悍执滞之难于感化者,一经指示则醒悟亦必最捷,不出二三载可以望其自新,今果然矣。明年即届乡试之期,浙省士子准其照旧乡会试,以示朕训俗牖民,乐闻迁善至意。'"(《清史·大臣列传》)

《全谢山年谱》:"戊申先生年二十四岁,督学交河王公将以贤良荐。先生以两尊人年高,独子鲜侍养者,上书辞之。"(《鲒埼亭集》卷首)

何国宗擢内阁学士,迁工部侍郎。(《清史稿·列传》七〇)

雍正七年己酉(1729),50岁。

"七月十六日,准署浙江总督性桂资准吏部咨开雍正七年六月二十一日奉旨:'王兰生补授翰林院侍读学士,钦此。'十一月初二日,准

浙江总督李卫咨准吏部咨开雍正七年九月二十八日奉旨：'提督浙江学政王兰生著调安徽学政，钦此。'"（《恩荣备载》）

兰生任浙江学政三年，"杜苞苴，绝干请，诸生童卷皆亲自磨阅，曾无暇晷。"（王诚《行状》）"浙中素称多士，公未尝稍徇物望，而高才俱列甲选。"（全祖望《碑铭》）"初，公之按试嘉兴也，时李祖惠尚为附生，公特列第一。己酉选拔，有忌之者造为浮言，以沮其事。公弗为动，卒贡成均。他如陆祖锡、全祖望、梁其新、金简辈皆得自特鉴，后俱知名。"（刘天谊《传略》）《全谢山年谱》："己酉，先生年二十五岁，充选贡。督学王公以先生充贡，先生又辞，王公不许。太夫人曰：欧阳詹求有得而归，以为亲荣。夫但言有得，尚不过世俗之荣，倘能有得而又有闻焉，是则吾所望于汝也，汝其行矣！遂以明年春治装北上。"（《鲒埼亭集》卷首）

雍正八年庚戌（1730），51岁。

"正月二十七日交印浙江总督李卫，于二十九日自浙省起程。至二月十二日抵江宁府，准署两江总督范时绎移送安徽学政印信，受事。于十六日到太平府驻劄衙门到任。"（《恩荣备载》）

"八月初一日，准吏部劄为检举报优等事，因检举浙属临海学优生洪熙采漏粮案内，于雍正八年七月初一日奉旨：'王兰生著降二级，从宽留任，钦此。'"（《恩荣备载》）

定晓谕生童条约十六则。（《交河集》卷六《督学安徽任内晓谕生童条约》）

雍正九年辛亥（1731），52岁。

"三月初十日，据提塘官石文甫等禀称，雍正九年二月十五日在内阁领得御赐钦定《书经传说汇纂》一部。二十日，准两江总督高其倬、安徽巡抚程元章各咨准吏部咨开雍正九年二月二十三日奉旨：'王兰生补授内阁学士兼礼部侍郎，仍留安徽学政之任，钦此。'"

"七月初二日，准吏部劄为题参事，因领到书籍应用题本而用奏本，与例不合，部议罚俸三个月。雍正九年六月初七日奉旨：'王兰生从宽免罚俸，钦此。'"（以上均见《恩荣备载》）

"十月戊申（十八日），魏廷珍由湖北巡抚迁礼部尚书。"（《雍正东华录》卷一九）

十二月初三日，兰生奏请予选勇健，以壮武备。（《交河集》卷四）

"上申何国宗，勘工错误，贻害民间，夺官。"（《清史稿·列传》七〇）

雍正十年壬子（1732），53岁。

"正月二十八日，据赍摺家人孟发捧回雍正九年十二月二十四日蒙恩赐御书'福'字一幅。"

"六月十一日，准吏部劄开雍正十年闰五月十八日奉旨：'王兰生著再留安徽学政之任，届期不必更换，钦此。'七月十八日，准礼部劄开雍正十年七月初二日奉旨：'江南正考官著王兰生去。王兰生于应起身时前赴江宁入闱，将学政印务交署督尹继善暂管，钦此。'八月初三日交印起程，赴江宁入闱。九月初二日揭晓，即准署总督尹继善送学政印篆视事。十月初六日自江宁起程，初七日回太平驻劄衙门。"（以上均见《恩荣备载》）作《江南乡试录序》。（《交河集》卷五）

"九月庚寅（初六日），以魏廷珍署两江总督。"（《雍正东华录》卷二一）

"十一月三十日，准署江南江西总督魏廷珍咨准吏部咨开雍正十年十一月初七日奉旨：'"提督陕西学政著王兰生去，钦此。'"（《恩荣备载》）

兰生"按试安庆时，诸幕友以张廷玉故，拟优于桐城张氏。兰生以为学使校士，宜据文为去留，奈何以贵胄弃寒畯？榜发，遂无张氏名。后主壬子江南乡试榜亦然。张族大哗，有以沽直钓誉告者。廷玉笑曰：'伊欲尔等多读书耳，他何说焉。'"（刘天谊《传略》）

雍正十一年癸丑(1733)，54岁。

"正月初四日送印交署总督魏廷珍，即于是日自江南太平府起程。"（《恩荣备载》）"随一幕一仆，敝裘素服遄程赴任，人弗知为朝贵也。经陕州属镇，见悬彩飘扬，官吏奔忙，若有所伺。公觅小店宿，忽吏役挝门，乘舆者街坐，立命迁移。从者大为所窘，急曰：主人王阁部也。舆中闻言惊骇，跃出喝止，公服入谢。公以礼接之，知为本县令。顷府道交刺禀谒，衢巷充满，盖奉河督命也。河督为公同宗同榜进士，讳士俊者，随至。公出门欢迎，登堂道故，夜分送归，见前县令带仆役跪门外，公笑起之。未曙就道，河道遣问，则阒其无人矣。"（刘天谊《传略》引孙绍芳原传）"二十五日入陕西潼关。二十八日至临潼县，准前院潘允敏委三原县训导佟宗汤赍送学政印信，即于旅次接受。二月初一日抵西安府三原县驻劄衙门到任。"（《恩荣备载》）

夏四月壬申（二十一日），方苞由翰林院侍讲学士迁内阁学士。（《雍正东华录》卷二二）

雍正十二年甲寅(1734)，55岁。

"二月三十日，据提塘官李文彪赍到朱批谕旨一分十九本。八月初七日，从圆明园传出恩赐荔枝一瓶。同日，提塘官李文彪交家人赵忠赍回朱批谕旨十八本。"（以上均见《恩荣备载》）

"高台县知县某以军需故佥派生员充乡保，借以催办，屡事比责，甚或至监禁。诸生大哄，期罢考。公闻之，立惩其造言者，并切示利害。诸生悔泣入场,试事得无废。大吏致启为某令婉谢,且请勿入告。而公则谓讳饰非所以事君,遂于十一月二十四日将激变情事奏闻,并谢教士不谨。"(刘天谊《传略》,又《交河集》卷四《奏陈惩处高台县生员图谋罢考经过摺》)

"是时准夷策凌虽悔祸请贡,势尚鸱张。哈密巴里坤一带戍守恒严。甘州军士值换防,时公试甘州,有妇女数百绕署啼号,为提督某扣克军粮,装未及办,且刻期促,众势汹汹,几致大变。公乃出署抚谕,皆敛手听命。事稍定,公立具摺,将入奏。幕议以行伍事非学政所与闻,乃飞咨督抚使参办。军民安堵,公之力也。"(刘天谊《传略》)

定晓谕生童条约十四则。(《交河集》卷六《督学陕西任内晓谕生童条约》)

"十二月丁已(十六日),以魏廷珍为兵部尚书。"(《雍正东华录》卷二五)

雍正十三年乙卯(1735),56岁。

"正月初五日,据赍折家人赵忠捧回雍正十二年十二月初九日从景运门传出恩赐御书'福'字一幅,宁绸一匹。"(《恩荣备载》)

"二月庚戌(初九日),调魏廷珍为礼部尚书。"(《雍正东华录》卷二六)

"闰四月初十日,据提塘官李文彪赍到钦赐御制文集一部。十七日,赍到朱批谕旨十二本。"(《恩荣备载》)

五月初三日,荐陆祖锡堪膺鸿博试。(《交河集》卷四《奏为陆祖锡堪膺鸿博试摺》)

"五月癸丑(十四日),王兰生缘事降调,以吴家骐为内阁学士。"(《雍正东华录》卷二六)

"五月二十六日,准陕西总理巡抚史贻直、陕西抚都院硕色咨准刑部咨开发审事,因浙江选拔贡生吴懋育刊刻《求志编》一案,雍正十三年闰四月二十一日奉旨:'王兰生著销去加一级抵降一级,仍降二级调用,钦此。'即于五月二十八日委三原县训导佟宗汤、典史胡松赍送学政关防印信交陕西总理巡抚史贻直、陕西抚都院硕色。"(《恩荣备载》)

"六月二十一日进吏部题补学政事,五月二十七日奉旨:'王兰生著仍留陕西学政之任,钦此。'随委西安府水利通判刘深源、教谕薛伟器,交送陕西学政印信到三原县接收视事。"(《恩荣备载》)

兰生因在浙江选拔贡生吴懋育刊刻《求志编》一案挂吏议,左迁需代。吏部推翰詹诸人入,请补授学政。世宗熟视良久曰:王兰生之后恐难为继。因改为革职留任。(全祖望《碑铭》,刘天谊《传略》)

"九月庚戌(十四日),以徐元梦为内阁学士。"(《乾隆东华录》卷一)

"十月初二日,准陕西巡抚硕色咨准吏部咨开雍正十三年八月二十一日奉旨:'王兰生补授詹事府少詹事兼翰林院侍讲学士,钦此。'二十四日,准陕西巡抚硕色准吏部咨开雍正十三年十月初二日奉旨:'王兰生补授内阁学士兼礼部侍郎,钦此。'"(《恩荣备载》)

"十月辛未(初六日)谕:徐元梦年老衰迈,不能办理刑名事件,恳辞刑部侍郎之任。徐元梦著调礼部侍郎,其刑部侍郎员缺著木和林调补。"(《乾隆东华录》卷一)

"十一月初二日,准陕西巡抚硕色准吏部咨开雍正十三年十月初十日本部将内阁学士王兰生降二级留任一案,应否准其开复之处摺奏,奉旨:'王兰生降级之案准其开复,钦此。'"(《恩荣备载》)

"十二月丙寅朔,转徐元梦为礼部左侍郎。"(《乾隆东华录》卷一)

"十二月二十日,兰生自陕西三原县起身。"(《恩荣备载》)

"十二月壬辰(二十七日),纂修《明史》成。"(《乾隆东华录》卷一)

兰生"督学安徽时,李文贞公嫡孙立侯视学浙江,以文贞公女从夫吴任隆德,吴没,欠帑,羁留甘凉,嘱公佽助南归。公慨然任之。莅陕谒巡抚溧阳史公,备述图报意,虑学政俸薄,难独任,义形于色。溧阳大感动,许赞成其事,移书甘抚讳荣徐公,督讳廷桂黄公,备述公意,并差官赍金二百札慰吴氏母子。公感激泣下。及试西省,捐金接吴氏母子,吴公及二妾柩至。公往奠,见吴夫人,痛悼失声,泪雨下。盖见吴夫人如见文贞公也。隆德至安溪万里程,凡诸资用,公独任之(?),差役护送,并致书经过省府故旧当事者。"(刘天谊《传略》引孙绍芳原传)

乾隆元年丙辰(1736),57岁。

"正月十二日到京,十三日召见,叩谒梓宫,十四日到任。"(《恩荣备载》)

"三月戊午(二十四日),颁圣祖御制《周易折中》《性理精义》《朱子全书》、钦定《尚书传说汇纂》《诗经传说汇纂》《春秋传说汇纂》储于太学,刊示诸生。"(《乾隆东华录》卷三)

"四月初二日,奉旨充殿试读卷官。"

"五月二十四日,奉旨阅拔贡卷。"(以上均见《恩荣备载》)

"五月,颁圣祖御制《律历渊源》于直省学宫书院。"

"六月己卯(十六日)上谕:昔我皇祖圣祖仁皇帝阐明经学,嘉惠万世。以《大全》诸书驳杂不纯,特命大臣等纂集《易》《书》《诗》《春秋》四经传说,亲加折衷,存其精粹,去其枝蔓,颁行学校,昭示来兹。而《礼记》一书尚未修纂,又《仪礼》《周礼》二经,学者以无关科举,多未寓目。朕思五经乃政教之源,而礼经更切于人伦日用,传所谓经纬万端,规矩无所不贯者也。昔朱子请修三礼,当时未见施行,数百年间学者深以为憾。应取汉唐宋元以来注疏诠解精研详订,发其义蕴,编辑成书。俾与《易》《书》《诗》《春秋》四书并垂永久。其开馆纂修事宜,大学士会同该部定议具奏。'"(以上均见《乾隆东华录》卷三)

"七月初九日，钦点鄂尔泰、张廷玉、朱轼、甘汝来为三礼馆总裁官，杨名时、徐元梦、方苞、王兰生为副总裁官。"(《交河集》卷四《奏谢恩简三礼馆副总裁摺》)

"八月丙寅(初五日)，礼部左侍郎徐元梦以老病乞解任，允之。命加尚书衔食俸，在史馆内廷等处行走。"(《乾隆东华录》卷四)

《杨名时传》:"高宗即位，召诣京师。乾隆元年，名时至，赐礼部尚书衔，兼领国子监祭酒，兼直上书房、南书房。"(《清史稿·列传》七七)

"九月朔，杨名时卒，年七十七。丁酉(初六日)上谕:加赠太子太傅，准入贤良祠，谥文定。"

"朱轼卒，九月庚戌(十九日)上谕:加赠太傅，入祀贤良祠，谥文端。"(以上均见《乾隆东华录》卷四)

全祖望《坦斋王公神道碑铭》:"还京，公以江浙铜政大坏，长吏之任事者辄困，请变通其旧例(参阅《交河集》卷五《钱法议》)。陕中流旧皆令士人养之，宜令有司别为安插，皆仁心仁术也。而杨文定公正自滇来，商量旧学。适诏修三礼，以文定与公同总其局，文贞之孙清植与分纂。公方喜得再振师门之绪，而文定遽卒，公哭之恸。"(《鲒埼亭集》卷一八)徐用锡《坦斋王公墓志铭》:"余老处田间(雷铉《徐用锡圭美堂集·序》云丙辰先生年八十)，一旦与文贞公之孙立侯同蒙恩召。而公先自陕右入觐，江阴杨文定公继至自滇南，皆会于京师。天子缵述丕绪，命大臣典修三礼，文定公偕公副其事，而余与立侯亦侧编纂之列。公馀过从，商略疑端，仿佛如从文贞公时。数月之前文定公薨，余临其丧，公再四慰余，惧余之老而伤也。"(《圭美堂集》)

王诚《行状》:"逮修三礼，退食之馀，取《仪礼》及文贞公素所论著与公孙侍读立侯切磋究之。"

"七月二十日，蒙恩颁发朱批谕旨二十八本。"

“九月初五日，礼部奏请钦点大臣考取汉教习，本日奉旨：‘著派王兰生，钦此。’”

“十月十七日，内阁奉上谕：‘王兰生著署理刑部侍郎事，钦此。’本月二十五日到任。”

“十一月初四日奉旨：‘王兰生补授刑部右侍郎，钦此。’十一月十五日，内阁奉上谕：‘王兰生著以刑部右侍郎衔管礼部侍郎事，钦此。’本月二十二日到任。”（以上均见《恩荣备载》）

《交河集》卷五有部议一则，议流罪宜分别轻重，以示鼓励。当即任刑部侍郎后所作。

“十一月，三礼馆总裁大学士鄂尔泰等奏拟定纂修三礼条例：一曰正义，乃直诂经义，确然无疑者。二曰辨正，乃后儒驳正旧说，至当不易者。三曰通论，或以本节本句参证他篇，比类以测义，或引他经与此经互相发明。四曰馀论，虽非正解，而依附经义，于事物之理有所发明，如程氏《易传》、胡氏《春秋传》之类。五曰存疑，各持一说，义皆可通，不宜偏废。六曰存异，如《易》之取象，《诗》之比兴，后儒务为新奇，而可欺惑愚众者，存而驳之，使学者不迷于所从，然后再加按语，遵折衷汇纂之例。庶几经之大义开卷了然，而又可旁推交通以曲尽其义类。得旨：‘此所定六类，斟酌允当，著照所奏行。’”（《乾隆东华录》卷四）

“十二月□日奉旨阅拔贡卷。”

“十二月二十三日，御赐‘福’字一张，羊一只，鹿尾一个，野鸡五只，鱼四尾，藏枣、红枣、藏杏、藕粉四样。”（以上均见《恩荣备载》）

全祖望成进士，入庶常馆。（《鲒埼亭集》卷首《全谢山年谱》）

起何国宗充算学馆、律吕馆总裁。（《清史稿·列传》七〇）

乾隆二年丁巳（1737），58岁。

"二月初二日，礼部摺奏奉旨：'正东峪祀后土之神，著王兰生去，钦此。'初八日起身，十二日祭祀，十五日回外城，十六日恭请圣安，奉旨：'知道了，钦此。'"

"二月二十二日，随圣驾送孝敬宪皇后梓宫奉安泰陵。"（《乾隆东华录》卷四，《恩荣备载》）"行次良乡，尚能造谒履亲王于幄次，为具食饮，谈论如平时，是夜留宿幄中。二十三日早发，将午，舁隶息肩，从者揭帘有所白，则凭伏轼上，已不能应。履亲王即以上闻，遽命太医诊视，则已不可复药矣。圣恩悯悼，赐帑金五百两，又命直隶督臣监护丧务，停柩涿州，以待家人奔赴。"（王諴《行状》，杭世骏《行状》）

"五月癸巳（初六日），予故刑部侍郎衔兼礼部右侍郎事王兰生祭。"（《乾隆东华录》卷四）兰生"娶于贺儒学彭年女，生女三，无子，宗支衰落，一弟以哭公故，逾时而殁。继母在堂，年逾七十，哀公无子，以族子諴继公嗣承荫。"（杭世骏《行状》）

（原载 1947 年《现代学报》第 1 卷第 2、3 期合刊）

官话字母与合声简字

注音符号以前的音符运动，自清光绪十八年以迄1913年开读音统一会，可谓风起云涌，盛极一时；吴稚晖先生说“个个想做仓颉，人人自算佉卢”，很可以表示当时的状况。其中属于假名一派的简字，南方首推卢戆章，北方要算王照和劳乃宣两个人的影响最大。所以我们把王氏的“官话字母”和劳氏的“合声简字”跟注音符号作一比较研究，以推寻它们演进的痕迹。

王照的官话字母草创于清光绪二十六年庚子(1900)，定为50音母(即声母)，12喉音(即韵母)；用这些字母四声展转相拼，得二千馀音，可以包括北平的语音，其取音用合声之法，和满文字头相表里，其字体则减省汉字笔画而成，和日文的假名甚相似。他的声母所以多至50个，是因为他把区别等呼的丨、ㄨ、ㄩ三个介音都消纳在声母里面的原故，这一点和蔡锡勇的《传音快字》适得其反。其形体如下：

50音母：[①]

ㄑ衣(丨)　ㄓ五(ㄨ)　于于(ㄩ)

弋戈(ㄍ)　ㄐ科(ㄎ)　ㄊ禾(ㄏ)

丄基(ㄐ丨)　廾其(ㄑ丨)　乂希(ㄒ丨)

① 按王氏原谱，流传甚稀，其《官话字母报》中所列之50音母次序，以唇为始，由外而内，而不分开齐合撮。篇中所列，系依劳乃宣《京音简字谱》之顺序。

孑孤(ㄍㄨ)　刂刳(ㄎㄨ)　亅乎(ㄏㄨ)

尸居(ㄐㄩ)　𠂇趋(ㄑㄩ)　彡须(ㄒㄩ)

刂德(ㄉ)　牜特(ㄊ)　乚勒(ㄌ)　亻讷(ㄋ)

乙低(ㄉㄧ)　𠃋题(ㄊㄧ)　厶离(ㄌㄧ)　匕尼(ㄋㄧ)

𠂇都(ㄉㄨ)　土土(ㄊㄨ)　七卢(ㄌㄨ)　又奴(ㄋㄨ)

口吕(ㄌㄩ)　女女(ㄋㄩ)

之之(ㄓ)　小迟(ㄔ)　寸诗(ㄕ)　日日(ㄖ)

亍朱(ㄓㄨ)　刀初(ㄔㄨ)　卞书(ㄕㄨ)　入入(ㄖㄨ)

乂姿(ㄗ)　千辞(ㄘ)　幺丝(ㄙ)

二租(ㄗㄨ)　广粗(ㄘㄨ)　夂苏(ㄙㄨ)

乂必(ㄅㄧ)　夕皮(ㄆㄧ)　十米(ㄇㄧ)

卜卜(ㄅㄨ)　扌扑(ㄆㄨ)　才木(ㄇㄨ)　扌夫(ㄈㄨ)

12喉音：

了阿(ㄚ)　乀我(ㄛ)　一哀(ㄞ)　㇇危(ㄟ)

㇁豪(ㄠ)　丨怄(ㄡ)　乁亢(ㄤ)　㇆翁(ㄥ)

冖安(ㄢ)　𠃊恩(ㄣ)　㇏爷(ㄝ)　儿儿(ㄦ)

官话字母把介音都容纳在音母里头，所以但有两拼的字，并没有三拼的字。他分别四声的方法，还是照着圈声的旧例，在喉音的四角上点点儿；不过他所谓四声，完全用北平的方音，只有上平、下平、上声、去声罢了。

王氏创造了这种字母之后，极力想把它传播于一般社会，当时先在北京设立了拼音官话书报社和简字学堂。后来袁世凯根据大学堂学生何凤华的请求，逐渐把它推行于保定、天津和直隶全省；赵尔巽也把它推行于东三省；于是，山东、山西等省都“闻风影从”，传播极速。凡设学堂数十处，认识这种字母的已有数万人之多。因为它易知易解，聪明的人几天便可学会，就是极笨的人，至迟数月也没有不了解的,所以才能不久风行一时,颇著成效。不过,这种字母专以“京音”为主,于南音尚略有未备,虽然风行于北方,犹未能推广于南省。光绪三十一年(1905)劳乃宣乃以王氏的京音原谱为本,添了轻齿音“夕”祭(ㄗㄧ)、“ヨ”妻(ㄘㄧ)、“フ”西(ㄙㄧ)、“丑”咀(ㄗㄩ)、“力”趋(ㄘㄩ)、“ス”须(ㄙㄩ)六母,和“丿”安[æ̃]、“ㄋ”延[iæ̃],“ㄙ”吴[ŋ]三韵;又在有入声的“了”“㇂”“一”“フ”四韵下右方加一撇(丿)做入声之号,成《增订合声简字谱》,以赅括宁属各府州县和安徽一部分的语音(劳乃宣《增订合声简字谱·例言》第1页,上海蟫隐庐印行《简字五种》本)。更就宁音谱增加了鼻音“千”我(π)、“丏”吾(πㄨ),重唇音开口“丂”百(ㄅ)、“弓”泼(ㄆ)、“卩”墨(ㄇ),和轻唇音开口“ㄈ”弗(ㄈ),齐齿“飞”飞(ㄈㄧ)等七母和“丁”行[ɐŋ]、“尔”你[ṇ]、“ㄐ”姆[ṃ][1] 三韵,又在字母之左加一点(,)作为浊音之号,成《重订合声简字谱》,以赅括苏属和浙江一部分的语音(劳乃宣《重订合声简字谱·例言》第1页,上海蟫隐庐印行《简字五种》本)。当时经两江学务处陈请总督周馥,设立简字学堂于江宁,就拿劳氏宁音谱做课本,先造就了一班师范人才。师范班毕业后,随即招生传习,两年的工夫,陆续毕业了13次,得到文凭的有数百人,其中聪明的分子,口操“京音”和北京人无异,并且动辄能用简字写成洋洋千言的文章。这些毕业的人,又展转传授,江浙各属通晓简字的人,遂一天比一天的多。及端方继任两江总督,又令江宁的40所初等学堂都附设简字一科。于是素不识字的妇女村氓,居然一旦能看报写信,好像盲瞽忽见青天一般;其效验之大,也可以想见了。

---

①　本文注音,用注音符号,其为注音符号所无者,用国际音标,并依惯例外加方括弧。

综上所记，可见劳乃宣的合声简字比较王照的官话字母，只有增补，并无更张。但是，他们两个人对于推行的办法，却有很不同的一点：王氏主张直接拿京音统一全国的言语，劳氏主张“先各习本地方音以期易解，次通习京音，以期统一”。劳氏的主张在当时很引起许多人怀疑，他自己却也“持之有故，言之成理”。他曾在《致中外日报馆书》里说：

> 贵报述简字学堂办法一则，虑随地增撰字母，愈远于同文之治，谓宜强南以就北。……反复筹维，乃以随地增撰通其变；而仍以有增无减统其同。……夫欲文字简易，不能遽求语言之统一；欲语言统一，则必先求文字之简易：“至鲁”“至道”，有不能一蹴几者。……故必各处之人，教以各处土音，然后易学易记。……迨土音简易之字既识之后，再进而学官音，其易有倍蓰于常者。……盖明于母韵声之条理，则易于贯通。今先以土音学简字，于拼音之法，母韵声之理，已了然于胸矣；而官话母韵声之字，与土音母韵声之字无异也，所异者音耳。以本识之字，本明之法，而但变其音，有不涣然易解者哉？……今有增无减，将北音全谱包括于中，相通而不相悖，则不必强南以就北，自能引南以归北矣。（劳乃宣《简字丛录》第 27 ~ 29 页，上海蟫隐庐印行《简字五种》本）

他既然抱着这“以随地增撰通其变”“以有增无减统其同”的主张，所以在吴音之外，增加了：

轻舌音的：

[illegible] [ȶə]	[illegible] [ȶi]	[illegible] [ȶu]	[illegible] [ȶy]
[illegible] [ȶʻə]	[illegible] [ȶʻi]	[illegible] [ȶʻu]	[illegible] [ȶʻy]
[illegible] [ɲə]	[illegible] [ɲi]	[illegible] [ɲu]	[illegible] [ɲy]

重齿音的：

ㄘ[tʃi]　　ㄅ[tʃy]

ㄓ[tʃʻi]　　ㄗ[tʃʻy]

ㄛ[ʃi]　　ㄔ[ʃy]

ㄎ[ʒi]　　ㄆ[ʒy]

等20母和闭口音2韵：

ㄤ[am]　　ㄋ[im]

定为闽广音谱；又于清光绪三十三年(1907)"本等韵之理，考诸方之音，上宗《音韵阐微》《同文韵统》合声定切之法，广征古今南北声韵迁流之故，订为《简字全谱》一编；中国各处方言皆包括于内，而仍以京音为主"。他所订的全谱是在闽广以外，又添设了：

喉音的：

ㄏ[ə]

鼻音的：

ㄗ[ŋi]　　ㄋ[ŋy]

重舌音的：

ㄈ[ty]　　ㄎ[tʻy]

轻舌音的：

ㄊ[ʎə]　ㄌ[ʎi]　ㄜ[ʎu]　ㄓ[ʎy]

轻齿音的：

ㄐ[ʒə]　ㄚ[ʒi]　ㄨ[ʒu]　ㄠ[ʒy]

重唇音的：

ㄇ[py]　　ㄆ[pʻy]

ㄕ[φə]　ㄟ[φi]　ㄕ[φu]　ㄈ[φy]

ㄏ[my]

轻唇音的：

ㄌ[pfə]　ㄟ[pfi]　ㄚ[pfu]　ㄢ[pfy]

[pfʻə] [pfʻi] [pfʻu] [pfʻy]

[fy]

[ŋə] [ŋi] [ŋu] [ŋy]

等33母，统共计算起来，凡有清浊各116母、12韵（《简字全谱》第1～5页）。劳氏想“使中国同文之域，诸方之音，举括于内，乃足为推行全国之权舆”（《简字全谱·自序》）。至于定谱的意思，他自己说道：

> 人生之音发于喉、鼻、舌、齿、唇，母音皆然。母则分喉、鼻、重舌、轻舌、重齿、轻齿、重唇、轻唇八音，喉惟一类，馀皆分戛、透、轹、捺四类，为二十九母；合清浊为五十八母。古母三十六，即括在其内。二十九母又各分开、齐、合、撮四等，则为一百十六。简字之法，四等分于母，故为清浊各一百十六母，韵皆分喉音三部，鼻与舌，齿与唇各一部，为六部；各部分阴阳，喉一部又有下声：是为十三摄。韵部三十即括于其内。六部又各有次音、馀音。简字之法，字母即喉一部下声，韵惟用十二摄。而次音用者有四，加以四馀音，故为二十韵。综此一百十六母、二十韵，再合以四声，中国同文之音包括无遗矣。（《简字全谱》第21页）

劳氏全谱里的声母，是根据守温三十六字母而定，他以为：“古人三十六字母，本参合当时宇内方音而设。今已多历年所，而各省方音尚不能出其范围。”（《简字丛录》第17页）所以他说：“全谱包括全国语音，而一处不能全用；当就其音之所有，于全谱中取之。”（《简字全谱·例言》第1页）这种意思本来很对，不过，他把闽广音并为一类，又谓闽广今有舌上音，都和实际的情形不合；当别作专篇来批评他。

清光绪三十四年（1908），劳氏把他所作的《简字全谱》《京音简字述略》《增订合声简字谱》《重订合声简字谱》等五种进呈，奉旨交学部议奏。宣统元年（1909），他又奏请在筹备立宪清单中所开的简字识字学塾内，附设简字一科，并令能识此简字者，一体准为自治选民，摺上，仍交学部议奏。他又两次上书学部，催他们核议覆奏。那时学部中人，多疑此种简字有妨汉文，并有分裂语言之弊，遂置之不议不答。他于是和赵炳麟、汪荣宝发起简字研究会于北京，入会的人很多。适唐景崇掌学部，劳氏复于宣统二年（1910）致唐氏一函，催他决议复奏。信里有几句话道：

> 夫文化之演而弥进也，其几既动，则不可遏。今天下纷纷造作，其几之动已久矣，他日中国在汉字之外，别用一种主音简易之字，以为辅助，可信其必有此事。特风气之开，提倡自上者其效速，传衍自下者其效缓，其成功则一也。

劳氏对于此事自信甚坚，希望见诸实行的心也很切。这一年资政院成立，简字问题遂成为国语议案。议员江谦质问学部分年筹办国语教育的说帖里面，有一段和国音字母有关系的话：

> 文字之用，主音者简易，主形者繁难。形摄万有，造字数万，犹有未尽之形；音出口舌，造母数十，已尽发音之蕴。且课本既为语体，则与文殊；用音字拼合，则唇吻毕肖；若仍用形字，则各省读之仍为方音：虽有齐傅，不敌众咻；方法即乖，效力全失。不知学部编订此项课本时，是否主用合声字拼合国语，以收统一之效；或用形字而旁注合声字，以为范音之助；抑全不用音字，仍抄袭近时白话报体例，效力有无，置之不顾？

这次质问，议员连署者，有方还、籍忠寅、罗杰、易宗夔、陆宗舆等32人。那时江氏又著有《小学教育改良刍议》一篇，其第一条云："初等小学前三年，非主用合声简字国语，则教育断无普及之望。"后来江宁程先甲，直隶韩德铭，四川刘照藜，京师韩印、符庆福等，都有陈请资政院提议变通学部筹备清单官话传习所办法用简字教授官话的说帖。当时资政院特任股员长严复在审查这些说帖的报告书上面说：

> 简字当改名"音标"。盖称简字，则似对繁体之形字而言之。

称推行简字,则令人疑形字六书之费而不用。且性质既属之拼音,而名义不足以表现。今改名"音标",一以示为形字补助正音之用,一以示拼音性质与六书形字之殊。

经过这次的"正名",于是音标的功用才决定是"注合声字于形字之旁,以为范音之助"。严氏在宣统二年(1910)十二月初十日提出审查报告于议场,经多数赞成通过;而学部多未会奏。到了宣统三年(1911)六月学部召集中央教育会议于北京,交议各案中有国语音韵释例案。后来会员王劭廉等复提议统一国语办法案;于闰六月十六日第十六次会议,多数可决通过。现在把其中关于审定标准音和制造音标的两原则,写在后面:

1. 审定音声话之标准:各方发音至歧,宜以京音为主。京语四声中之入声,未能明确,亟应订正,宜以不废入声为主。话须正当雅驯,合乎名学,宜以官话为主。

2. 定音标:音标之要则有五:(一)音标须准须备;(二)拼音法须合公例;(三)字画须简;(四)形式须美;(五)书写须便:无论造新征旧,必以兼合此要则者,方能使用;又须兼备行楷两种。该音标订定后,先在各省府厅州县酌定期限,试行传授;遇有滞碍,随时具报总会修正;修正确当后,再行颁布,作为定本。

由上面所记的看来,可见劳氏的简字,虽然未经公家颁布实行,而从他引起的影响,在在足以促进注音符号的诞生,所以我们如果追溯注音符号演进的历史,总不能不承认他是一个有力的先驱者啊!

(本文署名心恬,分两期连载于《国语周刊》1932年6月18日第39期及25日第40期)

国音字母以前的音标运动

凡是受过小学教育的人都应该知道我们现在所用的国音字母有两种样式:

第一式:注音符号,是1918年11月23日教育部公布的,本来叫做“注音字母”,1930年4月21日中央执行委员会才议决改用现在的名称。

第二式:国语罗马字,是1928年9月20日大学院公布的。

有了这两种东西,然后汉字的标音方法才从反切一变而为拼音,这是中国音韵史上的一件大事。从它们公布的历史来看,第一式才有十五年的生命,第二式才有五年的生命,好像是很幼稚的。然而我们要知道,一切文化的演进都是渐变的而不是顿变的,国音字母的公布虽然是十五年以内的事,可是从三百年前就播下了种子,从近五十年来已然在那儿欣欣向荣地发育滋长,它的演进历程可以清清楚楚地看出来。我现在且简略地说一说。

一、外来的影响

自从明朝万历年间耶稣会的教士到中国来传教,利玛窦(Matteo Ricci)、郭居静(Lazane Cattaneo)、庞迪我(Diegeo de Pantoja)等相继作了《泰西字母》和《西字奇迹》等书,其中尤以金尼阁(Nicolas Trigault)

的《西儒耳目资》系统最为完整。他所定的字母有 5 个叫“自鸣”的(就是元音),有 20 个叫“同鸣”的(就是辅音),拿这 25 个字母“因重摩荡”便可拼切中国所有的字音,这比反切旧法自然便利多了。这部书是明朝天启六年(1626)作成的,当时的中国学者方以智、杨选杞、刘献廷等都受了它的影响。可惜从清朝雍正元年(1723)因为耶稣会士接近允礽,于是徇闽浙总督满宝的请求,除去在钦天监供职的西洋人都驱逐到澳门去看管,不许随便到内地来。从此以后,这一点音韵学上革新的曙光又渐渐暗淡下来了。

到了鸦片战争(1840~1842)以后,海禁大开,因为通商传教的关系对外交涉日繁。凡是税关、邮局和外交文件上所用的地名、人名都得要译成西文对音。并且侨居中国的西洋人为学习华语、广播“福音”起见,也有很多人研究拼音法式。他们关于这方面的著作一时数也数不过来;但是各人有各人的系统,始终没有统一的方式。其中流行最广的要算是威妥玛式(T. F. Wade's System)。然而学校、教会、税关、邮局等还不免自成风气。并且对于四声的辨别有的另加数码,有的在元音上附加辨音符号,不闹得“满脸都是麻子”就闹得“满头都是帽子”。写起来既然麻烦,印刷上更感困难。所以外国人所造的罗马字拼音,虽然盛极一时,可是到了这一步,已竟得另想改良的方法了。

二、国人的自觉

清朝中叶以后,有一班爱国的志士感于国势的衰弱由于教育不普及,教育不普及由于汉字繁难,于是大家都来提倡汉字改革。当时的主张约可分作三派:

(一)急进派 主张废弃汉语简直地用爱斯不难读(Esperanto,世界语)来替代。这种议论大多载在光绪三十四年到宣统二年间

(1908～1910)巴黎留法学生所办的《新世纪》周刊中。

(二)折衷派　主张仿照西洋教士所创造的罗马拼音字,制造字母来替代汉文,或辅助汉文。

(三)稳健派　主张仿照日本的假名制造拼音简字以改良反切,辅助读音。

第一派不在本讲的范围以内,这里暂且不来讨论。第二派的说法就是国语罗马字的来源。第三派的说法就是注音符号的来源。底下我们就分别叙述这两派主张演进的大势。

三、国语罗马字演进史

自从西洋教士所创的罗马拼音字盛行以后,国内也有很多人仿照他们的办法来自定新制。它的演进情形可以分作三期:

(一)国语罗马字萌芽期(1892～1918)　这一期可以举六个人做代表。

a. 卢戆章《中国第一快切音新字》(清光绪十八年,1892)。

b. 朱文熊《江苏新字母》(清光绪三十二年,1906)。

c. 江亢虎《通字》。

d. 刘孟扬《中国音标字书》(光绪三十四年,1908)。

e. 黄虚白《拉丁文臆解》(清宣统元年,1909)。

f. 邢岛所定字母(1913)。

这几家的体制虽然各有不同,却有一个共同的缺点,就是他们只知道拿罗马字来拼切单个的汉字,还不能运用"词类连书"的方法减少同音异义的困难。至于标注声调的方法多数还是附加辨音符号,不过朱文熊、刘继善和黄虚白已然想用字母来替代它。这可以算是给国语罗马字导乎先路的人!

(二)国语罗马字的发育期(1918～1924)　当1918年注音字母公布的前后,急进派的汉字改革论者,复持以Esperanto(世界语)代替汉字的说法。于是废弃汉字改用罗马拼音的主张也就旧事重提起来了。这种议论多载于《新青年》、《新潮》、《时事新报》、《学灯》及《国语月刊》等刊物中。例如胡适同朱我农往返讨论罗马字拼音的信,傅斯年《汉语改用拼音文字的初步谈》,都可以算是这一期最初的代表。他们已然知道拿罗马字来拼切汉语应该用词作单位,不应该用字作单位;并且对于罗马字的观念,已然从辅助汉字的"拼音"进而为代替汉字的"拼音文字"。后来黎锦熙作《高元国音学序》和《汉字革命军前进的一条大路》,对于"语词复音化"和"词类连书"两个意义发挥得更透辟了。经过这一番精密的讨论,于是在1922年到1924年出版的《国语月刊》汉字改革号和字母讨论号里陆续发表了钱玄同、赵元任、周辨明、林语堂几种新拟的罗马字拼音制。各式的选母对音的方法虽然各有出入,然而对于"词类连书"和"用字母标调"两个基本观念,讨论的结果已然趋于一致。于是国语罗马字就由发育期到了成熟期了。

(三)国语罗马字的成熟期(1925～1928)　自从钱、赵、周、林四式发表以后国语罗马字已然略具雏形。同时,黎锦熙在国语统一筹备会提出"废除汉字采用新拼音文字案"(1922),叶谷虚在中华教育改进社第二次年会提出"请审定一种罗马字拼音制度案"(1923)。后来教育部国语统一筹备会第五次大会又根据钱玄同所提"请组织国语罗马字委员会案",议决组织罗马字拼音研究委员会,以钱玄同、赵元任、黎锦熙、林语堂、刘复、汪怡、周辨明等七人为委员。当时因为政治的影响,统一会不能积极进行。于是刘复约集在北平的委员组织数人会,由专家私自商拟国语罗马字的体制。计自1925年9月26日到1926年9月6日,一年间开了22次会,才拟了一种国语罗马字拼音法式，由数人会提出于统一会。统一会于9月10日召集国语罗马字拼音研究委员会，议决通过。20日即函请教育部公布。10月间专门司已然将指令稿拟就，可是当时的教育当局，坚决不肯画行。延到11月9日统一会乃自行公布。两年以后才由大学院正式公布。于是三十年来诸家所辛勤研究热心提倡的，到这时候才得了一个结果。这种罗马字拼音法式的特点就在“字各有调，以字母注”。如果拿美观、便用、合理三点来衡量中西各式罗马字的得失，现在的国语罗马字实在是最好的一种。

四、注音符号的演进史

注音符号的公布在国语罗马字以前，可是简字运动的发轫却在罗马拼音以后。当明末清初的时候，方以智、刘献廷已然有提倡拼音的意思，龚自珍在《拟上〈今方言〉表》里，也有统一国语的意见，可惜他们的方法现在都不传了。从甲午战争(1894)以后，国人受外患的激荡想要改良汉字的，在罗马拼音派以外，又有稳健派的简字运动。计自清光绪二十一年(1895)到民国七年(1918)提倡这种运动的前后不下四十人，他们所创造的体制大约可以分作七系：

(一)假名系七种：

a. 卢戆章《中国切音新字》——清光绪二十四年(1898)。

b. 王照《官话合声字母》——清光绪二十六年(1900)。

c. 劳乃宣《简字五种》——清光绪三十一年至三十四年(1905～1908)。

d. 李元勋《代声术》——清光绪三十一年(1905)。

e. 黄虚白《汉文音和简易识字法》——清宣统元年(1909)。

f. 蔡璋《音标简字》——民国二年(1913)。

g. 日本伊泽修二《支那语正音发微》——民国四年即大正四年(1915)。

(二)弧矢系九种:

a. 蔡锡勇《传音快字》——清光绪二十二年(1896)。

b. 力捷三《闽腔快字》——清光绪二十二年(1896)。

c. 沈学《盛世元音》——清光绪二十二年(1896)。

d. 王炳耀《拼音字谱》——清光绪二十三年(1897)。

e. 刘世恩《音韵记号》——清宣统元年(1909)。

f. 李良材《简易记音法》——民国二年(1913)。

g. 胡雨人《简字》——民国二年(1913)。

h. 陈振先《陈氏天然拼音新字》——民国二年(1913)。

i. 唐穗田《识字新法》——民国五年(1916)。

(三)篆文系二种:

a. 吴敬恒"豆芽字母"——清光绪二十一年(1895)。

b. 章炳麟《驳中国改用万国新语说》中所附的"纽文"和"韵文"——清宣统元年(1909)。

(四)草书系一种:

列弗雅(Rev. Alfred E. Street)《平民官话字母》——民国十年(1921)。

(五)象数系二种:

a. 杨琼、李文治《形声通》——清光绪三十一年(1905)。

b. 区学泉《识字捷径》——民国二年(1913)。

(六)音义系一种:

左赞平《言文音母一览表》——民国六年(1917)。

(七)其他不属于上列六系的七种:

a. 马体乾《串音字标》——清光绪三十四年(1908)。

b. 郑铎灵《简易新字》——民国元年(1912)。

c. 王雀《普通简易字母》——民国二年(1913)。

d. 高鲲南《记音简法》——民国二年(1913)。

e. 杨麹《注音字母集成》——民国二年(1913)。

f. 陈遂意《简字》——民国二年(1913)。

g. 张海书《简字》——民国二年(1913)。

上面所说的七系可以综为三期:(一)因甲午战争的刺激而兴起的,可以拿卢戆章、蔡锡勇做代表;(二)因庚子事变的刺激而兴起的,可以拿王照、劳乃宣做代表;(三)集前两期的大成以促进注音符号之产生的,可以拿读音统一会的各种提案做代表,后来的各式就都可以算是馀波了。到了1913年开读音统一会的时候简字运动可谓盛极一时,吴稚晖先生说:"读音统一会开会的时节,征集及调查来的音符,有西洋字母的、偏旁的、缩写的、图画的,各种花样都有,而且都具匠心。或依据经典,依据韵学,依据万国发音学,依据科学,无非个个想做仓颉,人人自算佉卢,终着意在音字。几乎也无从轩轾,无从偏采哪一种。"所以争持好久,老没有解决。终于依据马裕藻、朱希祖、钱稻孙、周树人、许寿裳等提议,于3月12日通过一条基本原则:

> 母韵符号取有声、有韵、韵有意义之偏旁(即是简单的独体汉字),作母用其双声,作韵用其叠韵(用古双声叠韵假借法不必读如本字)。

即于13日准此原则公布注音字母38文,这个最初的草案除去以刂为ㄉ、丨为ㄍ、彡为ㄙ、丅为ㄟ、ㄙ为ㄑ,并且没有ㄦ母以外,其馀和1918年11月所公布的都一样。如果推溯它的渊源,实际上就是本着章炳麟所创的"纽文"和"韵文"略把形体和读法变更一下罢了。

五、结　论

我所以要讲这个题目有两种意思：

第一，我们要知道：一件事情既然有了不能不变的动机，无论如何是遏止不住的。汉字标音的方法从“直音”改到“反切”，已然进步了许多，然而反切的毛病很多，不是人人可以懂的。从明朝以来虽然有吕坤、杨选杞、李光地、刘熙载、郦珩等想尽方法来改良它，不过因为“汉文之有音无字者多，欲得正音，必婉转以求其相近”，所以始终没有满意的办法。那么，“反切”必须改成“拼音”，实在是不得已的趋势。近三百年来，音标运动所以屡挫屡进，到了儿还是成了功，就是因为有这个不可遏止的潜势力老在那儿推动。所以我们应该承认国音字母的两式是汉字标音方法自然演进的结果，绝不是人为的强求。

第二，我们要知道：现在政府所公布的两种国音字母是三百年来自然演变的结果，是许多人心血的结晶。在没有公布以前无妨各具匠心，翻新花样，到了公布以后，大家就应该群策群力地叫它们达到“约定俗成”的地位。若是关起门来还在那儿“个个想做仓颉，人人自算佉卢”，那不单要白费心力，而且简直地有点儿不识相了。

（原载《国语周刊》1933年11月11日第111期，并于同年11月3日下午4时15分在中央广播电台播出）

音标的派别和国际音标的来源

研究语音学不得不用一种符号代表声音，就像研究数学不得不用一种号码代表数目一样。照理论讲,印欧语本来是用字母拼音的,它的拼法(orthography)就应该代表真正的语音,它的字母(alphabet)就应该是每个声音的符号。可是这种沿袭下来的字母和拼法,对于语音的研究上实在缺点太多了。就像最普通的英、法两种语言,它们的拼法不幸就是最不合于实际语音的。例如英语的 son(儿子)、sun(太阳) 同音[sʌn],so(如此)、sow(播种)、sew(缝)同音[sou],I(我)、eye(眼睛)同音[ai],法语的 vair(栗鼠皮)、verre(玻璃)、ver (虫)、vers(向着)、vert(绿色)同音[vɛːr],saint(圣)、sain(健康)、sein(胸膛)、seing(画押)、cinq(五)同音 [sɛ̃];这在语源学(etymology)上固然各有来源,可是从语音学的观点看,这种拼法是不能代表现代实际语音的。如果列举它的缺点,我们可以指出下面的六种来:

(1)同样的符号不代表同样的声音。例如:

英语的 gh 在 ghost(鬼怪) [goust]、laugh(笑)[laf]、hiccough(打嗝)[ˈhikʌp]、though(虽然) [ðou]这些字里并不同音;a 在 gate(门)[geit]、father(父亲) [ˈfaːðə] 、fall(降落) [fɔːl]、any(不论谁)[ˈeni]、fat(肥)[fæt]、watch(看守)[wɔtʃ]这些字里也不同音。

法语的 c 在 car(因为)[kaːr]、coco(椰子)[kɔˈkɔ]、cubo(立方体)[kyb]几个字里,和在 cent(一百)[sã]、ce(这个)[sə]、ci(这里)[si]几

个字里完全不同;a 在 bal(球)[bal]里也和在 bas(低)[ba]里不同。

(2)同样的声音不用同样的符号代表。例如:

英语的[dʒ]音在 jam(果酱)[dʒæm]里写作 j,在 gem(芽)[dʒem]里写作 g;[k‘]音在 cat(猫)[k‘æt]里写作 c,在 key(钥匙)[k‘iː]里写作 k;同是一个[ou]音而在 oh(嗳呀)[ou]、owe(该、欠)[ou]、so(如此)[sou]、sew(缝)[sou]、sow(播种)[sou]、hoe(锄头)[hou]、beau(美少年)[bou]、though(虽然)[ðou]这些字里有种种不同的写法。

法语 coq(雄鸡)[kɔk]里的 c 和 q 同样代表[k]音;cessant(停止)[sɛsã]里的 c 和 s 同样代表[s];同是一个[o]音而在 mot(字)[mɔ]、tôt(快)[to]、beau(美丽)[bo]、cheveax(马)[ʃə'vo]几个字里写法也差得很多。

(3)用两个字母代表一个声音。例如:

英语用 th 代表[θ]音:thin(薄)[θin],又代表[ð]音:this(这个)[ðis];用 sh 代表[ʃ]音:shy 害羞[ʃai]。法语用 ch 代表[ʃ]音:champ(野)[ʃã];用 th 代表[t]:the(茶)[te]。

(4)用一个字母代表两个相连的音。例如:

x 字母在这两种语言里有时读作[gz],英语 example(样子)[ig'zæmpl],法语 exercice(练习)[ɛgzɛr'sis];有时读作[ks],英语 wax(腊)[wæks],法语 boxe(拳术)[bɔks]。

(5)有时空有字母并不代表什么声音。例如:

英语 thought(思想)[θɔːt]里的 gh,knit(编织)[nit]里的 k,write(写字)[rait]里的 w,法语 beau(美丽)[bo]里的 e,nez(鼻)[ne]里的 z,hôtel(旅馆)[ɔ'tɛl]里的 h 都是不发音的。

(6)同一字母在两种语言里音值不同。例如:

j 在英语代表[dʒ]:judgment(裁判)['dʒʌdʒmənt],在法语代表[z]:jugement(裁判)[ʒyʒmã];ch 在英语代表[tʃ‘]音:chamber(私室)

[ˈtʃʻæmbə],在法语代表[ʃ]:chambre(房间)[ʃɑ̃:br];p 在英语代表[pʻ]:place(地方)[pʻleis],在法语代表[p]音:place(地方)[plas];t 在英语代表[tʻ]音:tendency(倾向)[ˈtʻendensi],在法语代表[t]音:tendance(倾向)[tɑ̃dɑ̃:s]。因为英、法语的拼法有这么多缺点,所以我们不能拿它当做研究语音的根据。

这种由历史上沿袭下来的拼法,在德语里还比较近于语音:它几乎没有不发音的字母,并且普通是用一个符号代表一个声音,一个符号只有一个音值,在少数简单规则之下有些例外也是容易记忆的。此外像 Spanish、Welsh、Bohemian、Polish、Finnish 各种语言还有更合乎语音的拼法。不过,就是其中最好的也不见得完全;即使它们实际上不至于发生误会,也往往不够做研究各种语音的工具。

为补救旧拼法的缺点和罗马字母的不够用,从前的学者们曾经拟订了许多种语音学的字母。

有一派想完全离开沿袭的拼法习惯,另外创造一套有系统的、合乎科学的字母,使声音和符号之间发生固定的关系。在 1863 年 E. Brücke 所作的《语音学的音标》(*Phonetische Transscription*)里,就打算独抒己见地创造一套普遍的字母,使辅音符号合乎器官的观点,元音符号合乎声学的观点。但是现在大家都公认元音和辅音一样应该有严格的器官的根据。最初能够照这种原理去做的,要算是 A. M. Bell 的《视识语》(*Visible Speech*, 1867)。他根据分析发音器官的部位和动作所得的结果,做成一种"象形指事"式的音符。全套共有 119 个字母,但是因为所用的符号可以反正颠倒(例如:一个 C 可以印成∪∩CƆ 四个方向,一个 D 可以印成⊐⊓ᗡD 四个方向),所以定出 61 个形式就够用了。后来他在《声音及其关系》(*Sounds and Their Relations*, 1882)那篇文章里又修改了几点。Bell 的学生 H. Sweet 在一篇叫做《声音符号》(*Sound-notation*)的论文里对于《视识语》有详细的批评,并且根据它重订了一种“器官的字母”(organic alphabet);后来他在《语音学初步》(*Primer of Phonetics*)和别的著作里都应用它。不过这种字母非常难写,印刷起来也很费钱,所以现在不大通行。

另外还有一种离开沿袭的字母的系统,就是 Otto Jespersen 的“非字母式的音标”(analphabetic notation)。严格地说,《视识语》虽然不用罗马字母,可是它还倾向着记录连续的语言,实际上还得算是广义的字母。至于非字母式的音标就不然了。它把每个声音都用一串类似化学方程式的符号来代表,每个符号并不是代表一个声音,只是代表一个声音的元素,就像某一个声音的构成在发音器官的那一部分,以及口腔的开闭到什么程度之类。Jespersen 所拟的一共选择了 30 个符号,其中有希腊字母,有阿拉伯数字,也有少数罗马字母。每个希腊字母表示器官的部位,每个数字表示口腔开闭的程度。例如,a 指双唇,o 指全闭,那么 ao 在任何表示双唇全闭的声音(像 p、b、m 之类)的公式里全要出现,就像英语 man 字里 m 音的公式是 aoδzεl,其中的 δz 表示后腭低垂,εl 表示声带颤动。

这种音标有两种好处:第一,它对于音素的选择和结合上充分地任我们自由;第二,它用少数普通容易找到的记号就可以做成功。可惜它只能做精密研究语音的工具而不能记录成段的说话罢了。

1927 年 1 月 20 日,亡友刘半农(复)先生草创了一种“图式音标”(the Diagrammatic Phonetic Notation),也应该属于非字母式的系统。那篇文章的后语说:

> 譬之算数,言三加五减四,复以二乘之,常语也;记以(3 + 5 - 4)2,方式也;记以一字母 a 则代数也。
>
> 语音学中,言“双唇闭合,鼻孔出音”常语也;标以“m”则事之类乎代数者。m 中不含“双唇闭合,鼻孔出音”诸义而人往往辨之者,习惯也。是以无此习惯之人,将茫然不知所谓。即有此

习惯之人，亦苦其涵义有定，斟酌损益，多不自由。欲求记音时，节文字叙述之劳，而又能指使从心，精核声音之实，是非借助于一种方式不为功。

昔倍尔造"目睹语"，史维脱采用之，事之类乎方式者也。顾其意欲将方式之事与代数之事混而为一，故习之者烦苦而无功。叶司丕生创"非字母"，纯方式也；又病其未能应用象形指事之法，使人一目了然，故理制虽善而推行不易。余有志于标音方式之创造，始于1923年就学巴黎之时，但只粗定纲凡而已。其后或出于苦思，或得之偶然，意有所悟，便取片纸书之。积之既久，自审可以整理成篇矣，而授读多忙，因循未能也。

今年之冬，北京奇冷。昨日夜半，朔风吼于天空，群犬号于户外，外愈喧而吾内愈寂，乃取向所书片纸，排比损益，另写一通。达旦而写竟，凡得条例五十，符号不满百。自以为错综用之，即未必能穷人世语音之变，要其所缺，亦复无多。补苴罅漏，当有待于将来。甚望斯学达人，不吝明教。

这段后语把非字母式音标的原理，Bell 和 Jespersen 的得失，以及"图式音标"草创的经过，差不多都可以概括了。图式音标草创的全文曾在《清华学报》第四卷第二期中发表，读者可以参看原书。

大多数语音学字母还是就沿袭的字母修改而成的。它们对于原来的字母想出种种方法来补充：有的增加小的大写字母，有的增加希腊字母，有的把旧字母颠倒或稍微改变一点样儿，有的在旧字母上添上附加号（diacritical signs）。这一类的字母很多，像 Lepsius 研究非洲语言所用的，Lundell 研究瑞典方言所用的，Bremer 研究德国方言所用的，美国人类学会研究美洲红印度语言所用的，都属于这一个系统。现在最通行的字母叫做国际音标（International Phonetic Alphabets，简写作 I.P.A.），是伦敦国际语音学协会参照 A.J.Ellis、

Henry Sweet、Paul Passy、Wilhelm Viëtor 和 Daniel Jones 诸人的意见逐渐修订而成的。要推溯它的来源,我们得先从英语改良拼法的运动说起。

英语拼法改良运动的倡始者,要算 1849 年 A. J. Ellis 和 Pitman 所草创的"Fonetic Nuz",后来 Ellis 又在他的《古代英语发音》(*Early English Pronunciation*)里首先提议拿 ʃ 和 ʒ 表示 fish 和 rouge 两个字的尾辅音。当时因为积重难返,一般人对于这种"新式音标"(phonotype)大肆讥评。在几种激烈的计划失败了以后,大家认为还是拿罗马字母作根据比较容易通行;不过每个符号必须只代表一个声音,同时还得省去不发音的字母。Ellis 后来所拟的"English Glossic"就是这种拼法的一个例子。例如:

Ingglish Glosik iz veri eezi too reed. Widh proper training a cheild foar yeerz oald kan bee redili taut too reed Glosik buoks.

这种拼法把短元音和长元音用两个不同的符号(i, ee)来写,只能算是半语音的,就是没有语音学根据的语音符号。并且它只能适用于英语而没有国际性。完备的语音符号必须放弃任何国语的根据,它对于长元音和复合元音得用固定的附加号来表示,或者把短元音的符号结合起来;尽合理的和适宜的范围以内,简单的声音只用单个的字母来写,而不用 sh 一类的合体写法。要想使这些沿袭的字母成为国际的语音符号,最好是恢复原来的普通欧洲声音,换言之,就是近代拉丁的读音。根据这种原理 Henry Sweet 又拟了一种有国际性的"Romic"。例如上面所引的那一节文字要用他的宽式"Romic"注起来就应写作:

iŋgliʃ glosik iz veri iizi tu riid wið propə treiniŋ ə tʃaild fɔəjiəz ould kən bii redii tɔt tu riid glosik buks.

他在这种宽式的以外又拟了一种严式的"Romic":宽式是为表明

每种语言里实际必要的区别的，严式是为比较各种语言的声音差异或一种语言里的方音差异的。在讨论一般的声音时，尤其需要一种可以赅括所有可能的声音的严式音标。照上文所说，这一类有普遍性的科学的字母固然不适于任何语言的实用工作，可是要拿严式"Romic"标明每种语言里用含混的宽式"Romic"所代表的正确读音，那是很有用处的。他为免去混乱起见把宽式的"Romic"写在圆括弧(　)里，把严式的"Romic"写在方括弧[　]里。

严式的"Romic"原来是根据 Ellis 的"古体音标"（palæotype）做的。古体音标所用的符号并没有新字母，都是普通在印刷局里常用的，除了普通罗马字母以外就拿斜体(*i*)，小的大写(ɪ)，倒排的字母(ə、ɔ)或二合体(th、sh)来补充。这种音标是 Ellis 早年所拟新式音标的反动。他在那种音标里拿 ʃ 代表 sh，拿 ʒ 代表 zh，后来 Sweet 在宽式和严式的"Romic"里都采用了。在古体音标里 Ellis 又废弃了附加号，他认为从印刷的观点看这种附加号是和新字母相等的；不过在严式的"Romic"里却用了几个通行的附加号，像ũ、ä 之类。古体音标是一种用罗马音值的符号，它的音值比严式"Romic"更要复杂和随便一点。后来 Ellis 曾经有过一个不幸的意见，他想制造一种用英语音值作根据的"普遍注音"(Universal Glossic)，这比起古体音标来就更加繁难而且不容易记忆了。

制定国际音标的国际语音学协会(International Phonetic Association)是 1886 年在伦敦成立的，会中集合各国的语音学者和语言教师，尽力于语音学的学术研究和实际应用。主持会务的就是法国的 P. Passy、德国的 W. Viëtor 和英国的 D. Jones 几个人。协会成立的第三年(1888)，为把各国的语言精确地标注出来起见，即议决制定一种符号，这就是所谓"国际音标"；它的草案是由 P. Passy 根据宽式"Romic"修订而成的。这种符号的优点：

第一,一个符号只代表一个声音("One Sign One Sound"),免去含混的毛病。

第二,大部分是罗马字母,不敷用的时候或用小的大写字母(如 ɪ、ʊ),或把字母倒排(如 ə、ɔ、ɹ),或用草体(如 ɑ)来补充,至于借用希腊字母(如 β、ð、Φ、γ),或另造新符号(如 ŋ、ɲ),或添用附加号(如 ø、ç、ã),或稍改旧形(如 ʃ、ʒ)的,都占少数;所以懂得欧洲文字的人总容易记认。

第三,从公布到现在已经各国的语音学者和教育家所公认,应用它做出来的成绩很多,不论哪一国都可以通用。

因此,虽有人认为 Passy 不免有适应法语需要的偏见,但是我们还依照"约定俗成谓之宜"的原则拿它当做研究语音学的符号。

照协会的会章所规定,每年开常会时会员可以提议添制新符号或修改原有的符号。所以从国际音标公布以来已然经过了不少的修改;历年修改的结果都载在协会所刊行的 *Le Maître Phonétique* 里面。我现在把协会在 1933 年所印的音标表和赵元任先生的译文,附印在篇末以作本文的结束。去年的国际语音学大会除去把表中的草体[ɡ]改成楷体[g]外,并没有什么更动,所以一直到现在这个表还算是 up to date 的东西。

国际音标

(修改至1932)

赵元任译

			两唇	唇齿	尖龈	尖腭	腭龈	龈腭	中腭	后腭	小舌	喉壁	喉门
辅音	塞		p b		t d	ʈ ɖ		{ȶ ȡ}	c ɟ	k g	q ɢ		ʔ
	鼻		m	ɱ	n	ɳ		{ȵ}	ɲ	ŋ	ɴ		
	边	擦			ɬ ɮ								
		无擦			l	ɭ			ʎ				
	滚				r						ʀ		
	闪				ɾ	ɽ					ʀ		
	擦		ɸ β	f v	θ ð s z ɹ	ʂ ʐ	ʃ ʒ	ɕ ʑ	ç j	x ɣ	χ ʁ	ħ ʕ	h ɦ
	无擦通音及半元音		w ɥ	ʋ	ɹ				j(ɥ)	(w)	ʁ		

		两唇	唇齿	尖龈	尖腭	腭龈	龈腭	前	央	后
元音	关	(ɥ ʮ) (y ʉ u)		(ɿ ʮ)	(ʅ ʯ)			i y	ɨ ʉ	ɯ u
	半关	(ø o)			(ɚ)			e ø	ə	ɤ o
	半开	(œ ɔ)						ɛ œ æ	ɐ	ʌ ɔ ɒ
	开	(ɒ)						a		ɑ

(括弧中符号表示发音副作用)

{ }号中的音标表示国际音标或英文音标图原文所缺的。——译者

其他音——

腭化音:ƫ、ȡ等。

加舌根作用的辅音:ɫ、ɖ、ʑ等。

挤喉辅音(喉部和其他部同时造成的塞音):p'、t'等。

缩气的浊辅音:ɓ、ɗ等。

ɼ擦滚音。

σ、ƍ(圆唇的θ、ð或是s、z)。

ʆ、ʓ(圆唇的ʃ、ʒ{或ʂ、ʐ})。

ʇ、ʗ、ʖ(搭嘴音:Zulu的c、q、x)。

ɺ(r和l之间的一个音)。

ʍ(清w音)。

ɪ、ʏ、ʊ(较低一点的i、y、u)。

ɜ(一种之ə)。

ɵ(ø与o之间的音)。

{ᴀ(中性的ɑ)}

{ᴇ(中性的e)}

塞擦音通常用两个辅音代表(ts、tʃ、dʒ等)。但遇必要时,连在一块儿(ʦ、ʧ、ʤ等)。

或加͡或‿号(t͡s或t‿s等)。

c、ɟ有时可代ʧ、ʤ{或tɕ、dʑ}用。

送气塞音:ph、th 等。

长度,重音,调——

ː(全长)。

ˑ(半长)。

ˈ(重音,放在所标音节之前)。

ˌ(副重音)。

ˉ(高横调)。

ˍ(低横调)。因须避免“平”字,故曰“横”。——译者

ˊ (高升):

ˏ (低升):

ˋ (高降):

ˎ (低降):

^ (升降):

ˇ (降升):

看 Ecriture Phonetique Internationale.p.9。

形容者——

~鼻化。

。清音化(l̥ =清音的 l)。

ˇ浊音化(s̬ = z)。

ʻ在 p、t 等后轻度送气。

.特关的元音(ẹ = 一种很关的 e)。

˓特开的元音(ę = 一种挺开的 e)。

ʷ 圆唇化(n̫—圆唇的 n)。

̪ 齿化(t̪—舌尖抵齿的 t)。

·腭化(ż = ʐ)。

˔ 舌略升高。

˕ 舌略降低。

˒ 唇更圆一些。

˓ 唇更开一些。

央元音ï(= ɨ)。

ü(= ʉ)。

ë(= ə{ɵ})。

ö(= ɵ)。

ɛ̈(= ɜ)。

ɔ̈(= ɞ)。

ˌ(例如n̩)当韵母的辅音。

˘当辅音用的元音。

ʃˢ 一种像 s 的 ʃ 音,馀照样。

1936 年 12 月 1 日,北京

(本文原署名罗莘田,刊《东方杂志》第 34 卷第 1 号)

语音学的功用

学习外国语言的最大困难就是怎样可以得到正确的发音。例如:英语的“th”音,中国学生大部分模仿不好,所以把厚薄的“薄”(thin)不是误念成“鱼鳍”(fin)就是误念作“罪恶”(sin)。法语的 b、d、g 和 p、t、k,有些中国学生也分不清楚,所以“面包”(pail)可以代替“洗澡”(bain),“一切”(tout)可以变成“温和”(doux),“脖颈子”(cou)也可以有“滋味”(gout)。此外像 Paul Passy 所说:“英国人碰见法语的 vo 或 ete 两个小字时,简直没有法子说得好。”德国北方人说“If faut mettre du zele dans les alin ents”,他的意思并不要把“热心”(zele)放在吃的东西里去,只是要放些“盐”(sel)。天下雨了,德国南方人说“If pleut des chats”,他的意思并不是说天上落下猫(des chats)来了,不过想说“天已经(deja)下雨了”。他也可以说“天上落下许多小刀来”(des petites couteaux),而他的意思乃是“天上落下许多水滴来”(des petites gouttes deau)。诸如此类,不胜列举。假使我们有了语音学的知识我们就可以找出错误所在而设法改正它,所以语音学的第一个功用就是指出一种方法来,使人可以说得好外国语。

语音学最显著的功用固然在使学外国语的人发音准确,可是它对于研究本国语言也是同样重要的。中国地方这么广大,方言这么纷歧,要想校正“俗语”(vulga-rism)、“乡音”(provincializm)而使全国人得到一种可以抒情达意的标准国语,惟一有效的方法就是靠着语音学的帮助。例如南京、河北、湖南、江西、四川、安徽几省的人对于“恼怒”和“老路”、“女娘”和“吕良”之类，分不清楚，要是先训练他们辨别 l、n 和 ȵ 三个音，自然就没有问题了。江北和鲁西的人“如”和“卢”不分，“绒”和“龙”不分，他们要知道“r”和“l”是两个音，也就不会混淆了；江浙人可以把“兰坛”念成“来台”，鄂湘人可以把“路堵”念成“漏斗”，假使他们能够分辨 an 和 ai、u 和 ou 本来不同韵，便不至于再弄错了。此外像北京话的“脊妻西”和“鸡欺希”是不分的，假如江浙人学北京话还保持原来的分别，自然不能算大错；可是他们要把“我今天七点钟就起身了”一句话里的“今、就”都念成 ts 声母，“七、起”都念成 tsh 声母，那就不对了。又如广州话把“空”念成“烘”，“康”念成“杭”，可是广东佬学北京话时把“空气”念成“烘系”，固然不对，要把“毛亨”念成“毛坑”就成笑话了！像这类矫枉过正的毛病也是因为不明白语音演变的条理所致，所以语音学的第二个功用就是矫正俗语、乡音，使全国人都会说标准的国语。

从更理论的观点来讲，语音学第一得要算是语言调查的基本科学。方言学家和传教士碰到一种从来没有记载的语言时，要是没受过语音学的训练，他们对于所处理的现象既不能观察得充分，也不能记录得精确。这种调查已经扩大了语言学的范围，现代语言学家不单不轻视土语和白话，而且认为语言的生长问题从这些材料里比文言更看得清楚一点。由这种研究，比较语言学才开始独立起来，语言学才从“字母的科学”（letter science）进步到“声音的科学”（sound science）。近十多年来，中国的语言学家也很努力朝这一方面走，但是已经调查的地方还比没调查的地方少得多呢。要想得到丰富的成绩，还得有受过语音学训练的人来参加这种工作才成呢。所以语音学的第三个功用是要训练一班人才来从事中国现代方言的研究。

至于从前讲中国音韵学之所以弄得那么乌烟瘴气，治丝益棼，完全是没有语音学知识的缘故。例如所谓唇、舌、齿、牙、喉“五音”本来可以按照辅音发音的部位讲得清清楚楚的，可是释真空《篇韵贯珠集》的《总括五行分配例》说：

见等牙肝角木东，舌心徵火喻南飞，北方肾水羽唇下，西面商金费齿中。喉案土宫脾戊已，西南兼管日来同，后进米明先哲意，轩辕格式为君明。

又如所谓平上去入四声，本来可以拿字调的高低升降来指明它的性质的，可是江永《音学辨微》说：

平声音长，仄声音短，平声音空，仄声音实；平声如击钟鼓，仄声如击土木石。

这真是不说还明白，一说倒糊涂了！照这样讲下去，音韵学怎么不越来越神秘呢？假使有了语音学作根柢，那么，凡是从前讲不明白的问题我们都能得到比较合理的解释了。例如声母部分的“清浊”、“发、送、收”或“戛、透、轹、揉”，韵母部分的“等呼”、“内外转”、“韵摄”、“阴韵”、“阳韵”以及“直喉”、“展辅”、“敛唇”、“抵腭”、“穿鼻”、“闭口”的分类，声调部分的“阴阳”和“平上去入”之类，旧来大半模糊影响讲不清晰，从语音学的观点来看，这都是些片言而解的小问题。此外像古音读法的构拟和古音转变规律的抽绎，也非得有语音学作根据不可，所以语音学的第四个功用就是应用它的知识去做研究历史音韵学的工具。

至于聋哑教育的推行，戏剧发音术的训练，都得有语音学作根据才行，像这一类的事情也得算是语音学的实际功用。Henry Sweet 所说“语音学对于语言就如同数学对于天文物理一样”，这并不能算是夸张的话呀！

（原刊《读书通讯》第 36 期，1942 年）

部颁大学中国文学系课程中语文科目平议

1938年春天，教育部曾经委托朱佩弦先生和我拟定大学中国文学系课程草案，当时关于文学组一部分是佩弦起草的，语言文字组一部分是我起草的，不过其中却有不少彼此交换意见的地方，严格说起来也分不清哪些意见究竟是谁的。后来教育部门就把这个草案油印出来，送请各校专家分别签署意见，1939年五六月间又在重庆先后召集大学各学院分院课程会议，详加讨论。听说在开会的时节，大家对于草案颇有批评，有的以为文学组只须读专书，用不着讲文学史，更用不着设立“中国文学史分期研究”；有的对“印支语比较研究”一课认为“支”字有伤国体，而把它改作“中国印度文学的比较”！我当时并没在场，恕不能把各方面妙论一一记录出来。经过这场会议，教育部又迁就各方面的意见把原草案加以修改，于1939年8月12日用训令颁发各大学，限定从1939年度起就第二年级学生开始施行，并将施行情况具报备查。这个部颁的课程里头固然有许多地方保留着原草案的意见，可是有许多修订的地方却和原起草人的意见大相径庭，关于全部课程我想有空儿另外讨论，在这里我先把语文科目提出来谈一谈。

为讨论的方便我先把有关的科目摘抄如下：

（一）大学文学院中国文学系必修科目表

科目	规定学分	第二学年	第三学年	第四学年	备注
文字学概要	6		6		形音义并重
语言学概要	3			3	

(二)大学文学院中国文学系选修科目表

科目	规定学分	设置年度及学期
训诂学	2~3	第三、四学年
古声韵学	3	第三、四学年
中国文法研究	3	第三、四学年

(三)大学中国文学系语言文字组必修科目表

科目	规定学分	第二学年	第三学年	第四学年
文字学概要	6	6		
语言学概要	3		3	
声韵学概要	3		3	
比较语音学	4~6		4~6	
古文字学研究	4~6		4~6	
中国语言文字学专书选读	9		6	3
古音研究	4			4
训诂学	3			3
中国文法研究	3			3

（四）大学中国文学系语言文字组选修科目表

科目	规定学分	设置年度及学期
文字学史	3～4	第三学年
声韵学史	3～4	第三学年
文字形体变迁史	3～4	第三学年
韵书研究	3～4	第三学年
国语运动史	2～3	第四学年
等韵源流	3～4	第四学年
卜辞研究	3	第四学年
铜器铭文研究	3	第四学年
近代语研究	2	第四学年
现代方言	3～4	第四学年
西方学者中国音韵研究	3～4	第四学年

（五）师范学院国文学系必修科目表

科目	规定学分	第二学年	第三学年	第四学年	备注
文字学概要	6	6			形音义并重
语言学概要	3			3	注重国语发音
古今文法研究	2～3			2～3	

（六）师范学院选修科目表

科目	规定学分	设置年度及学期

训诂学	2~3	第三、四学年
国语运动史	2	第四、五学年
声韵学概要	3	第四、五学年
文字形体变迁史	4	第四、五学年

照上面的几个科目表看来，我觉得关于语言文字的科目有四点和原起草人的意见差得很远：

(甲)关于科目的性质者

部里既然想要划一各校的课程，那么，对于所颁布的几种表里的每一个科目都得仔细斟酌它的性质、内容、范围，定出一个纲要来，才不至于让奉行的人感觉犹豫两可、无所适从的麻烦；可是，我们一比勘那几种表，立刻就发现有三个地方违反这个意思：

(1)在文学院中国文学系文学组和语言文字组的必修科目表和师范学院国文学系必修科目表里都定有语言学 3 学分，并且师院国文学系的表里又特别注明"注重国语发音"6 个字。那么前两个表里所规定的学分既然相同，难道说，部里就认为语言学应该以"国语发音"为限吗？原起草人设置这个科目的志趣，至少想把 19 世纪以来欧洲学者研究语言学的情形，世界语言的分类，语言学的一般原理、原则，演变的规律，语法之结构，意义的演变，比较的方法，语言和文化思想的关系等等，作一个简要的介绍，然后再应用它的原则、方法，作研究中国语言的准备。假如这个前提不错，那么，文学组和师院国文学系似乎没有把它定作必修课的必要，而语言文字组规定 3 学分，分量上又嫌不够。照我的意思，语言文字组应当改为 6 学分或 4 学分，文学组可以改作选修，国文学系简直把它删除；假如部里认为国语发音是师范生必修的工具，那么索性把这 3 学分改作"国语及国音"，一方面适合师院国文学系的需要，一方面免得外行人把语言学估价太低,岂不一举两得,直截了当?

(2)语言文字组的必修课定有"古音研究"4 学分,文学组的选修课定有"古声韵学"3 学分,我不知道这两个科目的分野应当怎样划!照原起草人设立"古音研究"课的意思,想把清朝人研究周秦古音的成绩和近年来中外学者关于这方面的新结论先介绍一下,然后再构拟一个周秦古音的系统好给训诂学和藏汉系语言比较研究作准备。现在平空添出"古声韵学"一课,不知道它在"声韵学概要"和"古音研究"以外还应该教些什么?照我的意思,文字组选修课的"古声韵学"也应该改作"古音研究",免得叠床架屋,异名同实,迁就头脑不清的冬烘的意见,反倒惹起行家的笑话。

(3)语言文字组的必修课定有"中国文法研究"3 学分,师院国文学系的必修课定有"古今文法研究"2～3 学分。照原来起草人的意见,所谓"中国文法研究"实际包括现代语法和古今语法比较两项,那么,这两个科目也犯了异名同实的毛病,应该划一,以免发生疑义。

(乙)关于各组科目之偏畸者

(4)语言文字组的必修课定有"声韵学概要"3 学分,师院国文学系便把这 3 学分改在选修课里;文学组的必修课和选修课里根本就没有定它,只在必修课"文字学概要"的备注栏注了"形音义并重"5 个字,和师院国文学系这一科目底下的备注一样。照原起草人的意见和北大、清华、西南联大的先例,全把"声韵学概要"列作文学组和语言文字组的共同必修课,学分和"文字学概要"一样是 4 学分。部定的科目不把它定在文学组里,似乎觉得声韵学和文学不大有关系。其实,照我的意见,要研究中国文学或文学史至少应该知道古近体诗怎样区别,骈散文如何不同,那么,律诗和绝句的平平仄仄,骈文的"上抗下坠",岂是毫无音韵常识的人所能了解的?再往古一点说,要想了解古书必须通训诂,要通训诂必须明白音义相关的道理;往近一点说,填元曲或唱昆曲的人,不单得懂得平、上、去、入,还得懂得阴、阳、清、浊,音律稍微错一点就会“拗折嗓子”:难道这又是没受过音韵学熏陶的人所能做到的吗?所以我认为在文学组和语言文字组的必修课里“声韵学概要”应该和“文字学概要”并列,一律定为4学分;师院国文学系也应该把它改作必修课。

此外,关于学分的多少和设置年期的先后,选修科目的增减,我对于部颁科目表也有好些不敢苟同的地方,在这里恕不一一提出了。

(原载《语文》第6期,1939年,署名罗莘田)

印度文化的另一面

印度，这个哲学和宗教的故乡！它和埃及、巴比伦、中国、中央亚美利加，一向被称做文明五古国。但是讲到文化生命的长久，方面的纷繁，内容的幽深，各部门的尽先发达，别国似乎还赶不上它。尤其是哲学宗教方面，它在古代已然辉耀着灿烂的光芒，就是拿欧洲近代国家来比也不见得有什么愧色。

所以要想讨论思想文化时，竟把印度文化搁在脑后不谈，那简直是笑话！

然而，在这不可解的神秘之邦，它的文化是朝着多方面发展的。它的古代，一方面有梵教和大乘佛教等幽妙的唯心哲学流布着，一方面又有极端的怀疑主义、肉欲主义、唯物主义等顺世外道的思想同时并存着。就是同在印度宗教的圈子里，一方面有自饿、投渊、赴火、自坐、寂寞、牛狗等苦行外道；他方面又有五欲坚著，耽溺于嬉戏娱乐，把放荡受用当做现法涅槃的行乐派。因为这个缘故，往往会使研究印度古代文化的人们发生一种疑问：

"印度古代文化的实相是什么？是以灵为本位呢？还是以肉为本位呢？"

关于这个问题，印度本身乃至欧美、日本和中国的学者议论颇为纷歧。我们现在且举 20 世纪初年两个印度学者的说法来代表相反的两方面。

1915年的春天，现代印度哲人阿难陀阿阇梨（Shrī Ananda Acharya）曾经在北欧挪威的克利斯天尼亚市讲演印度哲学，他在所作的《梵见即绝对直观》一题下说："我们可以承认印度是哲学宗教的乡土。从太古以来的印度思想家便在哲学基础上建设宗教，在宗教基础上建设社会。……欧洲人研究哲学和爱好思索的偏向，决非民众的公有物。然而在印度，哲学却和我们呼吸空气及嘴里吃东西一样，是生活上的必需，所以不单是好奇家和教授学究所独占。"

这种把印度文化立脚在哲学宗教上的神本主义的见解，一向被很多学者所采用。可是，在另外一方面，却有和它恰好相反的人本主义的见解，以为印度文化和近代欧洲相同，也是向四面八方发展人性的。1916年印度学者萨克尔博士（Beno-Kumar Sarkar）曾经刊行了《印度文学中的恋爱观》（*Love in Hindu Literature*）一书，他以为关于性的事项占据印度人本主义的大部分，所以性是印度文化中的重要成分。古今许多文献都可以证明性是印度文学和艺术中的重要主题。按萨克尔说，性在印度宗教教义和实践的构成上无疑地占着有力的地位。

以上这两种不同的见解，都只捉到真理的一半。事实上，印度文化是综合包容着神本主义和人本主义的。从佛教以前婆罗门教的圣经《百步祭书》和附在各祭书后面的《优婆尼沙昙》（即所谓《奥义书》）里的记述来看，印度古代各方面的学艺已经分科发达了。所以研究印度文化的人们，常常得牢记着印度文化的复杂性，才不致有偏于一隅的错误。

关于印度文化的灵的方面，几千年来已经宣扬阐发得差不多了，我现在想拈出那大家所不常谈到的肉的方面来随便说一说。

古代印度雅利安人的四"种性"，虽然隶属不同的阶级（Varna），但他们都拿寻求"四宝"（Chatur-bhadra）作根本的对象。所谓四宝是指着"欲乐、资财、艺业、解脱"来说。在罽宝国三藏般若译的《大方广

佛华严经》卷第十二《入不可思议解脱境界普贤行原品》里说:

仁者当知,人有四姓:一婆罗门种,多修口业;二刹帝利种,多修手业;三吠舍种,多修田业;四戍达罗种,修驰逐业;其馀杂类旃陀罗等,皆多修习恶律仪业。然此四姓及馀杂类,业习不同,居处亦异。从少至老,所务虽殊,皆崇四事。云何为四?一修持艺业,二营办资财,三共受欲乐,四各求解脱。言艺业者,并从髫齿,以至壮年,各于其伦,习学其事。若婆罗门,修智慧,图书印记,纬候阴阳,身相吉凶,围陀典籍。刹帝利种,增修射御,政在养人,政在禁暴,弦歌悦众,征罚不庭。吠舍田业,播种耕耘,粮聚仓储,人天国本。戍达罗种,通商有无,兴贩往来,务滋货殖。言营财者,业艺既成,咸务自事,各于其党,竟构资生。言受乐者,既丰资财,卜定厥居,婚乐宴游,娑娱声色。言解脱者,要言二类:一婆罗门刹利王种,发既斑白,年逾五十,力迈色衰,厌世求道,情深出要,咸谓真修,所习既殊,师承自异,九十六种各业本宗,或求生天,或计解脱;二者释种如来弟子,三乘学人,服甘露味,修习慈悲,利益群品。如是种种邪宗正宗,在家出家,精心道检,皆依王国,而得住持,并因我王演化流布。

由此看来,古代印度各种姓的人在悠久的现实生活中都经历艺业、资财、欲乐诸过程,然后才打算努力达到最后理想的解脱境界。除去释种如来弟子以外,大都在"既丰资财,卜定厥居,婚乐宴游,娑娱声色"以后,直到"发既斑白,年逾五十,力迈色衰",才"厌世求道"。可见他们对于欲乐是看得很重的。从 Kāma 的字义来讲,广义是人生一切快乐,狭义是指快乐中主要的爱欲和性欲。印度的圣哲十分承认性的尊严,并且理解种的保存是一切生物普通的根本欲求。他们允许民众合理的享乐,在一夫一妻的道德律下所行的性欲满足,认为正淫,决不看做罪恶。所以《翻译名义大集》第 216 项所列的"十八明处"第二为"春方",统括印度古代学艺的三十二明里"欲乐论"也算一项,并且印度医方八分科中特设有"强精药科":这都可以反映出印度雅利安民族对于这方面并无禁戒。

再说,古代印度所谓六十四能(Kāla)又有"外能"和"内能"的分别。所谓外能指着治病法、战斗法、星宿法、祠天法、歌舞、论义、问难法等,所谓内能指着拥抱、接吻、爪的搔伤、齿的咬伤、性交、呻吟、拟男性交、唇交等。前者见于唐道暹所撰《涅槃经疏私记》卷三,后者便是所谓欲乐论一类书里所记述的问题。

最近从铁螺山房主人那里借到三本关于这方面的书,都是英国甘伯尔教授(Prof. H. S. Gambers)从梵文翻成英文,在 Amritsar 地方的 Brimohan 书店出版的。书名是:

一、《嬉戏论》(*Rati-Shastra*)　是 1932 年出版的,一名《印度的性学》(*The Hindu Science of Sex*),全书都用印度湿婆天(God Siva or Shiva)和他的爱人难弟(Pārvatī,就是汉译佛经所谓准提 Cundī)对话的体裁写成。Rati 是从语根 Ram 孳衍来的,原来含有放纵、嬉戏等义;Shastra 有科学、学问的意义,旧译作"论"。这本书共分 20 章,计 159 页。

二、《爱神的舞台》(*Ananga Ranga*)　是 1933 年出版的。Ananga 是印度爱神的名字,直译 An 此言"无",anga 此言"肢体";Ananga 和 Rati 同出于语根 Ram,直译为"游戏的地方"(The sportive place)。爱神何以含"无肢体"的意思呢?这里边有一段故事。相传印度古代魔鬼闹得很厉害,除非湿婆天生下来的儿子才能诛灭他。不过那时湿婆还是个净修的童身,大家便想把喜马拉雅山山神 Pārvata Raja(译言山王)的女儿难弟(Pārvatī)配给他。怎奈湿婆终年闭目静坐,既然看不见难弟的容貌,如何能对她发生爱情呢?于是爱神自告奋勇,想拿弓箭把湿婆的眼睛射开。果然他一射就把湿婆前额中间的第三只眼睛射开，登时就冒出三昧真火来把爱神的肢体烧掉！后来湿婆虽然和难弟结婚，他们生下来的儿子六面神（Shanmukha）苏布拉满耶（Subrahmanya）也把魔鬼杀掉，但是爱神的肢体却为这一对情侣牺牲了。因此 Ananga 就作了爱神的名字。这本书共分 10 章，计本文 224 页，附录 118 页。

三、《欲乐经》（*Kāma Sutra*）　是 1935 年出版的，原著者叫做犊子（Vatsyayana），是"印度关于恋爱最古而且最有名的书"。Kāma 出于语根 kȧm，直译为"欲求"；Sutra 原义为"线穿的小结"，译言格言（Aphorism），旧译为"经"。全书共分 6 卷 30 章，计 312 页，又附录 38 页。

这三本书的内容可以说是大同小异的。概括来说，它们所讨论的主题不外下列几项：

第一，择偶的标准（假如我们用"壹"代表《嬉戏论》，"贰"代表《爱神的舞台》，"叁"代表《欲乐经》，那么，这一项见于壹，51 ~ 53 页；贰，153 ~ 173 页；叁，169 ~ 176 页。下仿此。）

第二，做爱的艺术（叁，175 ~ 202 页，又 245 ~ 257 页）。关于这一项，《嬉戏论》和《爱神的舞台》两书里并没讨论到。

第三，男女的分类（壹，12 ~ 30 页；贰，41 ~ 47 页；叁，75 ~ 86 页）。他们把男人分成"野兔""牡牛""公马"三类，女人分成"牝鹿""骒马""母象"三类。牝鹿和野兔，牡牛和骒马，母象和公马，都是合适的配偶；反之，牝鹿配牡牛，骒马配公马，就算阳盛阴衰；若是骒马配野兔，母象配牡牛，那又不免阴盛阳衰了。关于各类男女的鉴别，书里都有详细的描写。

第四，情素（Erotic element）在女性身体上的循环和上弦下弦的关系（壹，12 ~ 30 页；贰，41 ~ 47 页；叁，75 ~ 86 页）。

第五，六十四内能（壹，76 ~ 81 页，又 143 ~ 149 页；贰，175 ~ 222

页;叁,89~117页,又125~158页)。关于"六十四"(Chatush-Shasbti)的解释,有的说,这部分共有64章。有的说,这部分的著者叫潘查罗(Pachala),另外有一个人能够背诵《梨俱吠陀》里含有64段韵文,叫做Dashatapa那一部分的,也叫这同样名字;这部分所以叫做"六十四",有点借重《梨俱吠陀》的意思。另外有人以为,这部分所包含的拥抱、接吻、吮舐、指爪搔伤、咬伤、卧倒、呻吟、拟男8项,各有8种方式,所以合成64的数目。但是犊子却说,这个数目不过是偶合,恰好像七叶树的叶子未必是七个,五色谷的颜色也不见得是五样。照书上所写的细节,后一说比较合理一点儿。

第六,春方明(壹,150~159页;贰,85~151页,又229~342页;叁,291~306页,又335~350页)。这是许多传说中的"验方",不过从现代医学的眼光看,难免有些很神秘的。

关于以上六项的细节,这里不能详说,也不便详说。但是,我们可以简括地比方说,它和波斯的《香园》(*Perfumed Garden*)、叶德辉的《双梅影庵丛书》、艾理斯的《性心理学》(它的节本已经潘光旦先生译出,奉令定名为《健康教育论》)等,是异曲同工的。据印度友人许伯嘉(Shibrurkar)说,在南印马拉巴地方,这一门学问特别发达,用它本地的语言写出来的这一类书很多很多。

总之,如果我们承认印度古代文化的复杂性,固然不能以肉掩灵,同时也不可以灵掩肉。惟其知道佛教徒以外的怎样纵欲,然后格外可以了解《善生子经》所谓"邪淫六变",《大智度论》所谓"邪淫十罪",以及《法句经》所谓"敝屋不密则雨漏,摄意不行则淫佚忽穿"云云,是从什么背景产生的。

然而,人毕竟是人。所以在深山苦修多年的小沙弥,一旦进城,最喜欢的还是"老虎"!

附录

汉语音韵学的外来影响拟目

一、汉语音韵学的外来影响；
二、印度对于汉语音韵学研究的影响；
三、谈字母(新写)；
四、敦煌写本守温韵学残卷序；
五、反切的起源及其流别；
六、等韵源流(新写)；
七、元至治本《通志·七音略》跋；
八、《八思巴字与元代汉语》提要(撮述)；
九、《蒙古字韵》跋；
十、王兰生与《音韵阐微》；
十一、评《音韵逢源》(新写)；
十二、耶稣会士对于汉语音韵学研究的影响；
十三、西洋人对于汉语音韵学研究的影响；
十四、高本汉《中国音韵学研究》述评。

1954年4月20日拟目

图书在版编目(CIP)数据

罗常培文集 第8卷/《罗常培文集》编委会编 . – 济南：山东教育出版社,2001
ISBN 978 – 7 – 5328 – 3100 – 5

Ⅰ. 罗… Ⅱ. 罗… Ⅲ. ①罗常培 – 文集②汉语 – 音韵学 – 文集 Ⅳ. C53

中国版本图书馆 CIP 数据核字(2000)第 59229 号

罗常培文集 第八卷
LUO CHANGPEI WENJI Di-ba Juan

主　　管：山东出版集团
出 版 者：山东教育出版社
　　　　　（济南市纬一路 321 号　邮编：250001）
电　　话：(0531)82092663　**传真**：(0531)82092661
网　　址：http://www.sjs.com.cn
发 行 者：山东教育出版社
印　　刷：山东新华印刷厂
版　　次：2008 年 11 月第 1 版
　　　　　2008 年 11 月第 1 次印刷
规　　格：880mm × 1230mm　32 开本
印　　张：17.25 印张
插　　页：7 插页
字　　数：409 千字
书　　号：ISBN 978 – 7 – 5328 – 3100 – 5
定　　价：70.00 元

（如印装质量有问题，请与印刷厂联系调换）